tistisches Bundesamt

Im Blickpunkt:

Frauen in Deutschland

METZLER
POESCHEL

Die Deutsche Bibliothek – CIP-Einheitsaufnahme

Im Blickpunkt: Frauen in Deutschland
Statistisches Bundesamt - Stuttgart: Metzler-Poeschel, 1998

ISBN 3-8246-0532-5

Herausgeber: Statistisches Bundesamt, Wiesbaden

Fachliche Informationen zu dieser Veröffentlichung können Sie direkt beim Statistischen Bundesamt erfragen:

Gruppe VIII B, Telefon: 06 11 / 75 25 06 oder Fax: 06 11 / 72 40 00

Verlag: Metzler-Poeschel, Stuttgart

Verlagsauslieferung: SFG – Servicecenter Fachverlage GmbH
Postfach 43 43
72774 Reutlingen
Telefon: 0 70 71 / 93 53 50
Telefax: 0 70 71 / 3 36 53
Internet: http://www.s-f-g.com
E-Mail: staba@s-f-g.com

Erschienen im Mai 1998

Preis: DM 22,80

Bestellnummer: 1021204 - 98900

ISBN: 3-8246-0532-5

Recyclingpapier aus 100 % Altpapier.

Allgemeine Informationen über das Statistische Bundesamt und sein Datenangebot erhalten Sie:

- im Internet: http://www.statistik-bund.de

oder bei unseren Allgemeinen Auskunftsdiensten

65180 Wiesbaden
- Telefon: 06 11 / 75 24 05
- Telefax: 06 11 / 75 33 30
- E-Mail: auskunftsdienst@stba.bund400.de

Zweigstelle Berlin
Postfach 276
10124 Berlin
- Telefon: 030 / 23 24 68 66
- Telefax: 030 / 23 24 68 72
- E-Mail: stba-berlin.infodienst@t-online.de

Zum Geleit

Claudia Nolte, MdB
Bundesministerin für Familie, Senioren, Frauen und Jugend

Die Publikation „Im Blickpunkt: Frauen in Deutschland" zeichnet anhand der amtlichen Statistik die Situation von Frauen in ihren verschiedenen Lebensphasen, aber auch in unterschiedlichen Lebenslagen nach. Die Autoren greifen aktuelle Facetten der Lebensbezüge von Frauen auf, die auch in der Politik und breiten Öffentlichkeit diskutiert werden.

Die Bundesregierung hat in den vergangenen Jahren im Bereich der Gleichberechtigungspolitik entscheidende gesetzliche Weichen gestellt. 1994 ist der Artikel 3 des Grundgesetzes um den Zusatz „Der Staat fördert die tatsächliche Durchsetzung der Gleichberechtigung von Frauen und Männern und wirkt auf die Beseitigung bestehender Nachteile hin". ergänzt worden. Im gleichen Jahr ist das Zweite Gleichberechtigungsgesetz in Kraft getreten, das bessere Grundlagen für die tatsächliche Durchsetzung der Gleichberechtigung in der Bundesrepublik Deutschland schafft. Hinzu kommen konkrete Maßnahmen zur Verbesserung der sozialen Sicherung von Frauen im Rahmen des Pflegeversicherungsgesetzes, der Ausbau des Mutterschutzes sowie die verbesserte Berücksichtigung von Erziehungszeiten in der gesetzlichen Rentenversicherung.

Zu einer Verbesserung von Vereinbarkeit von Familien- und Erwerbstätigkeit haben die Einführung von Erziehungsgeld und Erziehungsurlaub, der Ausbau des gesetzlichen Sonderurlaubes zur Pflege erkrankter Kinder, der Rechtsanspruch auf einen Kindergartenplatz sowie die Aufwertung der Teilzeitarbeit und anderer Formen familienfreundlicher Arbeitszeiten beigetragen.

Trotz guter gesetzlicher Rahmenbedingungen, trotz exzellenter schulischer und beruflicher Voraussetzungen sind wir von einer tatsächlichen Gleichberechtigung von Frauen und Männern in allen Lebensbereichen noch weit entfernt. Frauen unterliegen in Zeiten hoher Arbeitslosigkeit größeren Arbeitsmarktrisiken als Männer. Frauen in Führungspositionen sind nach wie vor rar. Die Vereinbarkeit von Familien- und Erwerbstätigkeit ist und bleibt eine gesellschaftspolitische Herausforderung ersten Ranges.

Dies alles zeigt: Die gesellschaftliche Wirklichkeit entspricht noch bei weitem nicht dem Anspruch des Grundgesetzes. Gefordert ist deshalb nicht nur der Staat, gefordert sind auch die Arbeitgeber, Gewerkschaften, Kirchen, Verbände und Parteien.

Eine wichtige Voraussetzung hierfür ist eine verläßliche Analyse des Ist-Standes auf der Grundlage zuverlässiger Daten und Fakten über die unterschiedlichsten Lebensbedingungen und Lebenszusammenhänge von Frauen. Die Publikation "Im Blickpunkt: Frauen in Deutschland" zeigt die vielfältigen Lebensbezüge von Frauen, zeigt zugleich aber auch die Bereiche, in denen noch Handlungsbedarf besteht.

Denn eines steht fest: Gleichberechtigung ist kein gesellschaftspolitischer Luxus, den wir uns nur in guten Zeiten leisten können. Gerade in Zeiten grundlegender gesellschaftlicher und sozialer Herausforderungen benötigen wir sowohl das menschliche als auch das fachliche Potential von Frauen und Männern. Deshalb müssen wir die unterschiedlichen Lebenserfahrungen und Lebensbezüge beider Geschlechter gleichermaßen berücksichtigen und in unsere Entscheidungen einbeziehen. Wir brauchen den Sachverstand der Frauen heute dringender denn je.

In diesem Sinne wünsche ich der Publikation viele Leserinnen und Leser.

Vorwort

Die Verfassung der Bundesrepublik Deutschland vom 23. Mai 1949 garantiert im Artikel 3 Absatz 2 des Grundgesetzes die Gleichberechtigung von Männern und Frauen. Im Rahmen der Überprüfung unseres Grundgesetzes nach der Wiedervereinigung Deutschlands hat der Verfassungsgeber 1994 dieser Bestimmung den Satz angefügt: „Der Staat fördert die tatsächliche Durchsetzung der Gleichberechtigung von Frauen und Männern und wirkt auf die Beseitigung bestehender Nachteile hin". Dies zeigt, daß auch heute, fast 50 Jahre nach Inkrafttreten des Grundgesetzes, die Lage der Frau in der Gesellschaft, die Frage nach dem Vollzug der Gleichberechtigung von Mann und Frau, nach wie vor wichtige Themen der politischen Diskussion sind.

Wie stellt sich die Situation der Frauen in der deutschen Gesellschaft heute dar?

Die Bundesstatistik bietet Erkenntnisse und Zahlen zu dieser Frage. Statistisches Material bietet die Möglichkeit, bestehende Vorstellungen auf ihre Richtigkeit zu überprüfen und Probleme in das Bewußtsein der Öffentlichkeit zu rücken.

In der vorliegenden Veröffentlichung werden aktuelle Ergebnisse aus dem Bereich der amtlichen Statistik zusammengestellt, welche die Situation der Frau in unserer Gesellschaft beschreiben. Die Autoren zeichnen gewissermaßen ein statistisches Portrait der Frauen im Deutschland der 90er Jahre.

Zur Verdeutlichung der Situation der Frauen in unserem Land werden neben den Daten zu Frauen oft auch Daten zu Männer vorgestellt, um die Situation beider Geschlechter miteinander vergleichen zu können. Darüber hinaus wird vielfach die Situation im früheren Bundesgebiet mit der Situation in den neuen Ländern verglichen und im Zeitvergleich dargestellt. Damit spiegeln die Daten der amtlichen Statistik nicht nur die gegenwärtige Situation, sondern auch den Wandlungsprozeß der letzten Jahre wider und vermitteln ein Bild vom Stand des Zusammenwachsens von West und Ost.

Um die Lage der Frauen in Deutschland möglichst umfassend beschreiben zu können, wurden Ergebnisse aus verschiedenen Erhebungen der amtlichen Statistik zusammengetragen. So werden Zahlen zu unterschiedlichen Aspekten des Lebens und der Lebenssituation wie zum Beispiel Bildung, Erwerbsleben, Gesundheit oder der sozialen Sicherung vorgestellt.

Weitere Zahlen zur Ergänzung der Tabellen und Grafiken sowie methodische und definitorische Hinweise und Quellenangaben sind im Anhang aufgeführt.

Allen Mitarbeiterinnen und Mitarbeitern aus dem Statistischen Bundesamt sowie den Statistischen Landesämtern, die dieses umfängliche Material zusammengetragen und aufgearbeitet haben, danke ich herzlich. Ich bin sicher, daß sie viele und interessierte Leser finden.

Der Präsident des Statistischen Bundesamtes

Johann Hahlen

Inhalt

Allgemeine Vorbemerkungen

Gebietsstand

Deutschland:

Angaben für die Bundesrepublik Deutschland nach dem Gebietsstand seit dem 3.10.1990.

Früheres Bundesgebiet:

Angaben für die Bundesrepublik Deutschland nach dem Gebietsstand bis zum 3.10.1990; sie schließen Berlin-West ein.

Neue Länder und Berlin-Ost:

Angaben für die Länder Brandenburg, Mecklenburg-Vorpommern, Sachsen, Sachsen-Anhalt, Thüringen sowie Berlin-Ost.

Zeichenerklärung

0 = weniger als die Hälfte von 1 in der letzten Stelle, jedoch mehr als nichts
– = nichts vorhanden
/ = keine Angabe, da Zahlenwert nicht sicher genug
. = Zahlenwert unbekannt oder geheimzuhalten
X = Tabellenfach gesperrt, weil Aussage nicht sinnvoll
( ) = Aussagewert eingeschränkt, da der Zahlenwert statistisch relativ unsicher ist

Auf- und Abrundungen

Im allgemeinen ist ohne Rücksicht auf die Endsumme auf- bzw. abgerundet worden. Deshalb können sich bei der Summierung von Einzelangaben geringfügige Abweichungen in der Endsumme ergeben.

1 Bevölkerung und Familie

1 Bevölkerung und Familie

In jedem von Menschen bewohnten Gebiet läßt sich im Zeitablauf der Vorgang der Zu- oder Abnahme des Bevölkerungsstandes beobachten. Die wesentlichen Komponenten dieses Bevölkerungsprozesses sind die Geburten- und Sterbefallentwicklung sowie das Wanderungsgeschehen. Sie beeinflußen nicht nur die Zahl der Bevölkerung eines bestimmten Gebietes, sondern auch ihre Zusammensetzung nach Alter und Geschlecht.

Aufbauend auf den Ergebnissen der Volkszählung führen die Statistischen Ämter der Länder die Fortschreibung des Bevölkerungsstandes durch. Zur Bevölkerungsfortschreibung werden die Aufzeichnungen der Standesämter über Geburten, Eheschließungen und Sterbefälle herangezogen, die Familiengerichte liefern die Daten der Ehescheidungen. Über die Wanderungsbewegungen, das heißt die Zu- und Fortzüge, geben die Unterlagen der Einwohnermeldeämter Auskunft.

Daten über Struktur und Entwicklung der Bevölkerung gehören zum grundlegenden Informationsbedarf von Staat, Wirtschaft und Gesellschaft. Für das wirtschaftliche und soziale Geschehen sind demographische Grunddaten von Bedeutung, weil sie Aussagen über die gegenwärtige und künftige Situation der Lebensaltergruppen erlauben. So hat der Altersaufbau der Bevölkerung direkte Auswirkungen auf die Bildungs- und Beschäftigungsmöglichkeiten der nachwachsenden Generation oder die Beanspruchung der Versorgungssysteme, wenn man beispielsweise die Größenordnung der Auszubildenden, des Arbeitskräftepotentials oder der Rentenbezieher betrachtet.

1.1 Altersaufbau der Bevölkerung

Der Altersaufbau einer Bevölkerung ist das Ergebnis der demographischen Entwicklung über einen Zeitraum von mindestens drei Generationen. Er ist damit zugleich ein Spiegelbild der historischen Entwicklung der Bevölkerung.

Jeder vierte Einwohner ist 60 Jahre oder älter und weiblich.

Ende 1996 lebten in Deutschland rund 82 Mill. Menschen, davon waren knapp 40 Mill. (48,7 %) männlichen und rund 42 Mill. (51,3 %) weiblichen Geschlechts. Damit kamen auf 1 000 Männer 1 053 Frauen. Im Vergleich zu 1961, als im früheren Bundesgebiet 1 000 Männern noch 1 127 Frauen gegenüberstanden, hat sich das Zahlenverhältnis der Geschlechter immer mehr angeglichen.

Von 1950 bis 1996 hat sich die Gesamtzahl der Bevölkerung in Deutschland (Gebietsstand seit dem 03.10.1990) um 12,7 Mill. oder 18,3 % erhöht. Die Zahl der weiblichen Einwohner stieg im gleichen Zeitraum „nur" um 12,5 %.

Tab. 1.1: Altersaufbau der Bevölkerung in Deutschland*)

Jahr	Insgesamt	Davon im Alter von ... bis unter ... Jahren							
		unter 20	20 – 30	30 – 40	40 – 50	50 – 60	60 – 70	70 – 80	80 und mehr
	1 000	%							
		Insgesamt							
1950	69 346	*30,4*	*14,1*	*12,3*	*16,0*	*12,6*	*8,8*	*4,8*	*1,0*
1960	73 147	*28,4*	*15,4*	*13,1*	*11,4*	*14,4*	*10,3*	*5,5*	*1,6*
1970	78 069	*30,0*	*12,9*	*14,7*	*12,4*	*10,1*	*11,5*	*6,4*	*2,0*
1975	78 465	*28,8*	*13,5*	*14,8*	*12,6*	*9,9*	*10,9*	*7,3*	*2,2*
1980	78 397	*26,8*	*14,9*	*13,0*	*14,3*	*11,6*	*8,8*	*7,9*	*2,7*
1985	77 661	*23,6*	*16,5*	*13,5*	*14,4*	*12,0*	*8,9*	*7,9*	*3,3*
1990	79 753	*21,7*	*16,7*	*14,9*	*12,7*	*13,5*	*10,3*	*6,3*	*3,8*
1996	82 012	*21,6*	*13,4*	*17,0*	*13,6*	*13,0*	*10,6*	*6,9*	*3,9*
		Weiblich							
1950	37 384	*27,7*	*14,3*	*13,3*	*16,3*	*13,2*	*9,2*	*4,9*	*1,1*
1960	39 074	*25,9*	*14,1*	*13,4*	*12,4*	*14,9*	*11,3*	*6,2*	*1,8*
1970	41 133	*27,8*	*11,9*	*13,4*	*12,7*	*11,3*	*12,7*	*7,8*	*2,5*
1975	41 266	*26,7*	*12,6*	*13,6*	*11,9*	*11,1*	*12,5*	*8,7*	*2,9*
1980	41 059	*24,9*	*13,8*	*12,1*	*13,4*	*12,3*	*10,3*	*9,6*	*3,6*
1985	40 593	*22,0*	*15,3*	*12,7*	*13,6*	*11,7*	*10,4*	*9,9*	*4,4*
1990	41 253	*20,4*	*15,7*	*14,1*	*12,1*	*13,0*	*11,4*	*8,1*	*5,3*
1996	42 057	*20,5*	*12,7*	*16,0*	*13,1*	*12,7*	*10,9*	*8,7*	*5,5*

*) Bevölkerungsfortschreibung am 31.12.

Diese Zunahme der Einwohnerzahl hat verschiedene demographische Ursachen. Zum einen war der Bevölkerungszuwachs bis Anfang der 70er Jahre eine Folge des jährlichen Geburtenüberschusses, zum anderen ist er seit Anfang 1960 vornehmlich das Ergebnis der Zuwanderungen von Ausländerinnen und Ausländern sowie von deutschen Aussiedlerinnen und Aussiedlern in das frühere Bundesgebiet.

Die Entwicklung der absoluten Bevölkerungszahl hat zunächst eine untergeordnete Bedeutung. Aufschlußreicher sind die Veränderungen der Altersstruktur der Bevölkerung, die das zahlenmäßige Verhältnis zwischen den einzelnen Altersgruppen widergibt.

Ein Blick auf die bisherige Bevölkerungsentwicklung in Deutschland zeigt, daß vor allem die älteren Bevölkerungsgruppen überproportional zugenommen haben, während die jüngeren Jahrgänge zunehmend geringer besetzt sind. Seit 1950 ist die Zahl der unter 20jährigen von 21,1 auf 17,7 Mill. zurückgegangen; dies bedeutet, daß sich der Anteil der jungen Menschen an der Gesamtbevölkerung von 30,4 % (1950) auf 21,6 % (1996) verringert hat. Zwar hat sich die Zahl der Bevölkerung im erwerbsfähigen Alter (hier 20- bis unter 60jährige) zwischen 1950 und 1996 von 38,1 Mill. auf 46,8 Mill. erhöht, aber ihr Anteil an der Bevölkerung insgesamt ist nur geringfügig gewachsen (von 55,0 auf 57,0 %). Auffallend ist jedoch, daß die Zahl der älteren Menschen (hier 60jährige und Ältere) in Deutschland innerhalb der vergangenen vier Jahrzehnte um 7,4 Mill. zugenommen hat. Entsprechend hat sich auch der Anteil der Bevölkerung im Rentenalter an der Gesamtbevölkerung deutlich erhöht, von 14,6 % (1950) auf 21,4 % (1996). Der Anteil der über 60jährigen Frauen betrug 1996 25,1 %, 1950 lag er noch bei 15,2 %. Diese Zunahme ist eine Folge des starken Rückgangs der allgemeinen Sterblichkeit und der damit zusammenhängenden gestiegenen Lebenserwartung, insbesondere der Frauen.

Zwischen dem Altersaufbau der Bevölkerung und der Zahl der Geburten sowie der Sterbefälle bestehen enge Wechselbeziehungen. Zum einen hängt von der Stärke der einzelnen Altersjahrgänge auch die Zahl der Geburten und Sterbefälle ab, zum anderen wirken sich Veränderungen der Geburtenhäufigkeit oder der Sterblichkeit bzw. der Lebenserwartung unmittelbar auf die zahlenmäßige Besetzung der jeweiligen Jahrgänge aus.

Die Veränderungen in der Altersstruktur der Bevölkerung lassen sich anhand der sogenannten Alterspyramide besonders anschaulich darstellen. Die typische Pyramidenform ergab sich für Deutschland vor dem 1. Weltkrieg, als nahezu jeder jüngere Geburtsjahrgang zahlenmäßig stärker besetzt war als der nachfolgend ältere. Der breite Fuß spiegelte den damaligen Kinderreichtum wider. Der sich nach oben verjüngende Sockel war die Folge einer hohen, alle Altersgruppen betreffenden Sterblichkeit.

Seitdem hat sich die Altersstruktur der Bevölkerung erheblich verändert, und die Alterspyramide von 1996 ist ein Spiegelbild der geschichtlichen Einflüsse in den vergangenen 100 Jahren. So ist der derzeitige Altersaufbau für Deutschland wesentlich durch das schon Jahrzehnte währende niedrige Geburtenniveau wie auch durch eine deutlich gestiegene Lebenserwartung gekennzeichnet. Der extreme Geburtenrückgang in den vergangenen zwei Jahrzehnten hat zunächst zu einem schmalen Sockel der Alterspyramide geführt. Über diesem Sockel formen die stärker besetzten Jahrgänge des „Baby-Booms" aus den 60er Jahren einen kräftigen Mittelbau. An den älteren Erwachsenenjahrgängen lassen sich die Spuren der Vergangenheit ablesen. Deutlich sichtbar sind anhand der Einbuchtungen die Bevölkerungsverluste und die Geburtenausfälle durch die beiden Weltkriege (Altersjahrgänge um die Fünfundfünfzig und Achtzig). An der Spitze der Alterspyramide ist die weibliche Bevölkerung wesentlich stärker besetzt als die männliche. Bedingt durch die höhere Lebenserwartung für Frauen und die stärkeren Kriegsverluste unter der männlichen Bevölkerung gibt es bei den Senioren etwa ab dem 60. Lebensjahr einen beträchtlichen „Frauenüberschuß". Der nachhaltige Geburtenrückgang bei gleichzeitig steigender Lebenserwartung hat zur Folge, daß sich die Alterspyramide immer mehr der Form eines kopflastigen Pilzes annähern wird.

Das sich abzeichnende Phänomen einer alternden Bevölkerung ist ein Kennzeichen aller fortgeschrittenen Industriegesellschaften. Die daraus erwachsenden sozialen und ökonomischen Belastungen werden sich auf das künftige Verhältnis zwischen den Generationen auswirken.

1.2 Familienstand und Alter

Der Familienstand ist im Unterschied zum Alter und Geschlecht ein soziales bzw. rechtliches Merkmal einer Person, das insbesondere das Heiratsverhalten der Bevölkerung widerspiegelt. Die wesentliche Unterscheidungslinie ist dabei zwischen Ledigen und Nicht-Ledigen, das heißt Verheirateten, Geschiedenen oder Verwitweten zu ziehen. Für die Geburtenentwicklung kommt dem Familienstand eine große Bedeutung zu, weil heutzutage rund 85 % aller Kinder in Deutschland ehelichen Verbindungen entstammen.

Abb. 1.1: Altersaufbau der Bevölkerung Deutschlands
am 31.12.1996

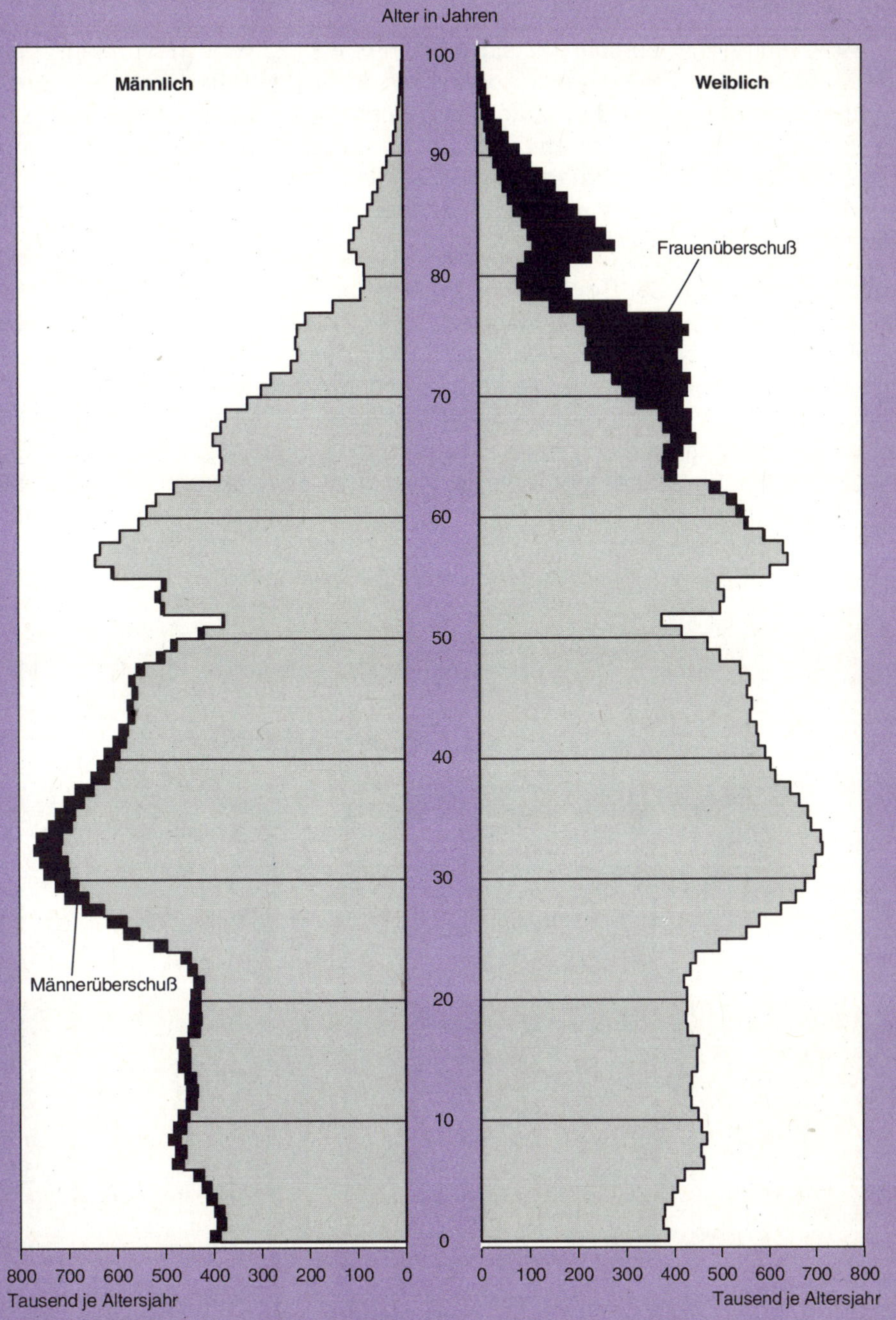

Statistisches Bundesamt 98 - 2 - 0190

Die Altersgliederung der Bevölkerung unter dem Gesichtspunkt des Familienstandes bietet somit eine Augenblicksaufnahme des Heirats- und Scheidungsverhaltens zu einem bestimmten Zeitpunkt.

Sinkender Anteil von verheirateten Frauen.

Ende 1996 waren in Deutschland ein gutes Fünftel (22,5 %) der männlichen und über ein Sechstel (16,2 %) der weiblichen Bevölkerung im Alter über 20 Jahre ledig. Betrachtet man den Anteil der Ledigen je Altersgruppe, dann ist bei den Männern dieser Anteil bis zum Alter von etwa 60 Jahren durchweg höher als bei den Frauen. Erst in den höheren Altersjahrgängen gibt es relativ mehr ledige Frauen als Männer, wobei dieser Anteilswert bis zu den 80-jährigen Frauen noch zunimmt, während er bei den Männern zurückgeht.

Der überwiegende Teil der Bevölkerung im Alter von 20 und mehr Jahren ist verheiratet , 1996 gab es rund 19 Mill. Ehepaare. Der Anteil der Verheirateten übersteigt den der Nicht-Verheirateten bei den Männern ab der Altersgruppe der 30- bis unter 40jährigen bis ins hohe Alter, bei den Frauen ebenfalls ab dieser Altersgruppe, aber bei ihnen nur bis zur Altersgruppe von 60 bis unter 70 Jahren. Da in einer Ehe der Mann im Durchschnitt etwa 3 Jahre älter ist als die Frau, andererseits die Frau im Mittel um gut 6 Jahre länger lebt, werden weit mehr Ehen durch den Tod des Mannes gelöst als durch den Tod der Frau. Ferner sind Männer eher bereit, sich nach dem Tod ihrer Ehefrau wieder zu verheiraten. Die höchsten Anteile der Verheirateten waren bei den Männern in der Altersgruppe der 60- bis unter 70jährigen (84,3 %)

Abb. 1.2: Familienstand und Alter der Bevölkerung 1996

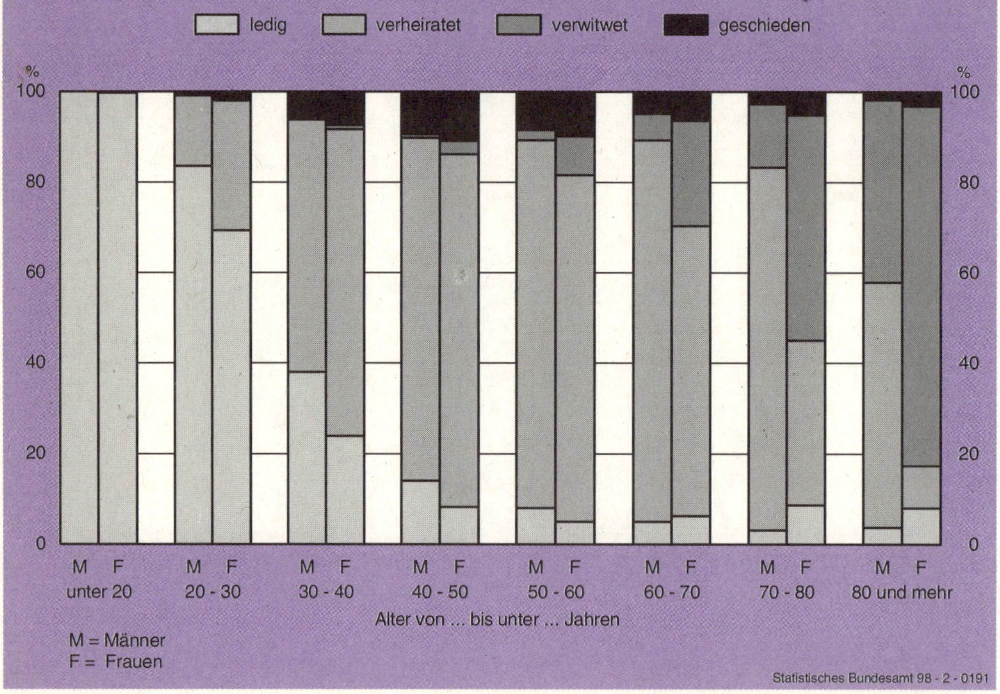

und bei den Frauen zwischen 40 bis unter 50 Jahren (78,0 %) zu finden. Von den über 80jährigen waren noch 54,2 % der Männer und 9,3 % der Frauen verheiratet (näheres siehe auch Anhangtab. A 1.1).

2,6 % der männlichen und 12,9 % der weiblichen Bevölkerung über 20 Jahre waren Ende 1996 verwitwet. Dabei übertraf die Zahl der Witwen (5,4 Mill.) die der Witwer (1,0 Mill.) um mehr als das Fünffache. 1996 waren rund 3,7 Mill. Frauen (8,7 % der Frauen insgesamt) im Alter über 70 Jahren verwitwet. Dies ist vor allem darauf zurückzuführen, daß Männer – wie bereits erwähnt – eine niedrigere Lebenserwartung als Frauen haben und im Durchschnitt älter sind als ihre Ehefrauen.

Der Anteil der Geschiedenen an der Bevölkerung ist bei beiden Geschlechtern in der Altersgruppe der 40- bis unter 50jährigen am höchsten. 1996 war jede zehnte Frau und fast jeder zehnte Mann dieser Altersgruppe geschieden.

Im Lauf der letzten Jahrzehnte haben sich die Anteile der Ledigen, Verheirateten, Geschiedenen und Verwitweten an der Gesamtbevölkerung teilweise stark verändert. Es zeigt sich dabei, daß tendenziell der Anteil der Ledigen und Geschiedenen wächst, während der Anteil der Verheirateten zurückgeht. Diese Entwicklung wird bei den Frauen vor allem anhand von altersspezifischen Familienstandsquoten deutlich. So war im Jahr 1950 fast die Hälfte aller Frauen im Alter von 20 bis unter 30 Jahren ledig. Dies war insbesondere als Folge der im 2. Weltkrieg erlittenen Männerverluste zu erklären. Zwischen 1950 und 1970 hatte sich dann die Heiratshäufigkeit deutlich erhöht. Dadurch verringerte sich innerhalb dieses Zeitraums die Ledigenquote der 20- bis unter 30jährigen Frauen von 48,6 auf 25,7 %. In den folgenden Jahrzehnten ist dieser Anteil, bedingt durch die sinkende Heiratsneigung und das höhere Erst-Heiratsalter, wieder gestiegen, und zwar auf 69,3 % im Jahr 1996. In dieser Altersgruppe ist aber eine dazu korrespondierende Entwicklung festzustellen, denn der Anteil der verheirateten Frauen nahm von 1950 (48,3 %) bis 1970 (71,5 %) sehr stark zu, ging in den folgenden 25 Jahren jedoch laufend zurück und erreichte 1996 einen Anteil von 28,7 %. Dafür waren aber die Verheiratetenquoten der beiden nächst höheren Altersgruppen mehr als doppelt so hoch (näheres siehe Anhangtab. A 1.2).

Es fällt auf, daß seit 1950 der Anteil der geschiedenen Frauen in den höheren Altersgruppen laufend zugenommen hat; diese Zunahme geht insbesondere auf die in den beiden vergangenen Jahrzehnten stark gestiegenen Scheidungszahlen aufgrund des geänderten Ehescheidungsrecht zurück. Die Entwicklung des Anteils der verwitweten Frauen hängt eng mit den zeitgeschichtlichen Ereignissen und den allgemeinen Lebensbedingungen zusammen. So war beispielsweise jede neunte (11 %) der 40- bis unter 50jährigen Frauen 1950 als Folge des 2. Weltkriegs, 1996 hingegen jede 34. (2,9 %) verwitwet. Andererseits wächst im höheren Lebensalter der Frauen der Anteil der Witwen aufgrund ihrer gestiegenen Lebenserwartung. So ist seit 1970 der Anteil der über 80jährigen verwitweten Frauen von 77,4 auf 79,5 % im Jahr 1996 gestiegen.

1.3 Ausländische Bevölkerung

Ende 1996 lebten in Deutschland rund 7,3 Mill. ausländische Staatsangehörige, davon 4,1 Mill. Ausländer (55,8 %) und 3,2 Mill. Ausländerinnen (44,2 %). Der Anteil der ausländischen Bevölkerung an der Gesamtbevölkerung betrug somit 8,9 %, das heißt jeder 11. Einwohner Deutschlands besitzt heutzutage nicht die deutsche Staatsangehörigkeit.

Tab. 1.2: Bevölkerung insgesamt und ausländische Bevölkerung*)

Stichtag	Bevölkerung insgesamt	Weibliche Personen je 1 000 männliche	Ausländische Bevölkerung				
			insgesamt		männlich	weiblich	weibliche Personen je 1 000 männliche
	1 000	Anzahl	1 000	je 1 000 Einwohner	1 000		Anzahl
06.06.1961	56 175	1 127	686	*12*	473	213	451
27.05.1970	60 651	1 101	2 601	*43*	1 633	968	593
30.09.1975	61 746	1 097	4 090	*66*	2 440	1 650	676
30.09.1980	61 653	1 092	4 453	*72*	2 619	1 834	700
31.12.1985	61 021	1 090	4 379	*72*	2 505	1 874	748
31.12.1991	80 275	1 067	5 882	*73*	3 341	2 541	761
31.12.1996	82 012	1 053	7 314	*89*	4 078	3 236	793

*) Volkszählungsergebnisse (1961 und 1970) bzw. Bevölkerungsfortschreibung und Auszählung des Ausländerzentralregisters. – 1961 bis 1985: früheres Bundesgebiet, ab 1991: Deutschland.

Fast die Hälfte der Ausländerinnen lebt über 10 Jahre in Deutschland.

Für die Veränderung der Zahl der ausländischen Staatsangehörigen und ihrer Struktur ist zum weitaus größten Teil die Entwicklung dieser Bevölkerungsgruppe im früheren Bundesgebiet maßgebend. Im Zuge des wirtschaftlichen Aufschwungs mit seinem ständig wachsenden Bedarf an Arbeitskräften wurde die Beschäftigung ausländischer Arbeitnehmer immer wichtiger. Dementsprechend erhöhte sich die Zahl der im früheren Bundesgebiet lebenden Ausländerinnen und Ausländer von knapp 690 000 im Jahr 1961 (1,2 % der Bevölkerung) auf knapp 4,1 Mill. im Jahr 1975 (6,6 % der Bevölkerung). Ab Mitte der 70er Jahre bis Ende der 80er Jahre wurde die Zu- und Abwanderung von Ausländerinnen und Ausländern durch politische Maßnahmen wie Anwerbestopp, Familienzusammenführung oder Hilfen für Rückkehrer ins Heimatland stark beeinflußt; die Zahl der ausländischen Staatsangehörigen im früheren Bundesgebiet schwankte in diesem Zeitraum um etwa 4,5 Mill. Ab 1990 nahm die Zahl der Menschen mit ausländischem Paß wieder kräftig zu – auch bedingt durch den bis Mitte 1993 anhaltenden starken Zustrom von Asylsuchenden sowie durch die Aufnahme von Bürgerkriegsflüchtlingen aus dem ehemaligen Jugoslawien. Insgesamt gesehen ist die Zahl der Ausländerinnen und Ausländer seit 1975 um 3,2 Mill. oder 78,8 % gestiegen, wobei auch die durchschnittlich höhere Geburtenrate der ausländischen Bevölkerung eine Rolle spielt.

Die meisten ausländischen Staatsangehörigen kamen in das frühere Bundesgebiet, um hier Arbeit zu finden. Sie waren größtenteils Männer im erwerbsfähigen Alter. Im Laufe der Zeit nahm der Anteil der Ausländerinnen hauptsächlich aufgrund der Familienzusammenführungen von 31 % im Jahr 1961 auf 44,2 % im Jahr 1996 zu. Damit kommen heute auf 1 000 ausländische Männer 793 ausländische Frauen, 1961 betrug dieses Zahlenverhältnis noch 1000 zu 451.

In Deutschland sind anteilmäßig auch heute noch – von Spanien und Portugal abgesehen – die Angehörigen der Staaten am stärksten vertreten, mit denen in den 50er und 60er Jahren Anwerbevereinbarungen abgeschlossen worden sind. So stammten 1996 von den 7,314 Mill. Ausländerinnen und Ausländern gut 2 Mill. oder 28,0 % aus der Türkei, weitere 750 000 oder 10,3 % kamen aus Jugoslawien (Serbien/Montenegro) und 600 000 oder 8,2 % aus Italien. Noch stark vertreten sind Staatsangehörige aus Griechenland (360 000 oder 5,0 %) sowie aus Bosnien und Herzegowina (340 000 oder 4,7 %); 280 000 oder 3,9 % sind polnische Staatsangehörige. Unter diesen Ausländergruppen wiesen die Staatsangehörigen aus Bosnien und Herzegowina mit rund 49 % den höchsten Frauenanteil auf, niedriger war dieser Anteil bei den Türkinnen und Griechinnen mit je rund 45 % sowie der Jugoslawinnen und Polinnen mit je rund 44 %.

Abb. 1.3: Ausländische Bevölkerung 1996
nach ausgewählten Staatsangehörigkeiten

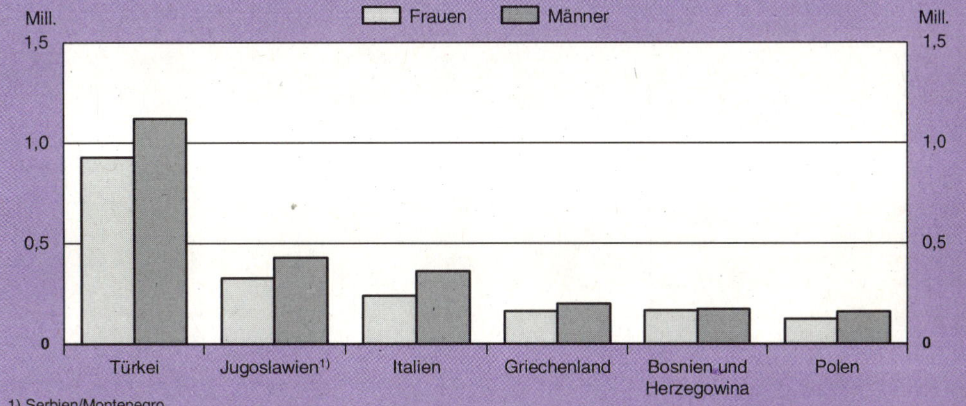

1) Serbien/Montenegro.

Statistisches Bundesamt 98 - 2 - 0192

Ein wichtiger Indikator für den Grad der Integration ausländischer Bürgerinnen und Bürger ist ihre Aufenthaltsdauer. Diese wird ohne Berücksichtigung von Aufenthaltsunterbrechungen als Differenz zwischen Auszählungsstichtag und Datum der ersten Einreise in das Bundesgebiet berechnet.

Ausgehend von dieser Definition wohnten von den Ende 1996 im Ausländerzentralregister erfaßten 7,314 Mill. Ausländerinnen und Ausländern rund 48 bzw. 49 % seit mindestens zehn Jahren in Deutschland, darunter waren 28 % der Ausländerinnen und 30 % der Ausländer seit 20 Jahren oder länger hier ansässig. Jeweils etwa 37 % der ausländischen Frauen und Männer lebten seit weniger als sechs Jahren in Deutschland, 15 % der Ausländerinnen und rund 14 % der Ausländer wiesen einen Aufenthalt von sechs bis unter zehn Jahren auf. Für 1996 ergibt sich eine durchschnittliche Aufenthaltsdauer der Ausländerinnen und Ausländer von 13 Jahren. Es fällt auf, daß teilweise weit über die Hälfte der Ausländerinnen und Ausländer aus den früheren Anwerbestaaten seit mehr als 20 Jahren in Deutschland leben, so rund 64 % der Spanierinnen und 73 % der Spanier, etwa die Hälfte der Griechinnen und Griechen sowie 51 % der Italiener.

Tab. 1.3: Ausländische Bevölkerung 1996 nach ausgewählten Staatsangehörigkeiten und Aufenthaltsdauer in Deutschland*)

Staatsangehörigkeit	Insgesamt	Davon Aufenthaltsdauer von ... bis unter ... Jahren						
		unter 1	1 - 4	4 - 6	6 - 10	10 - 15	15 - 20	20 und mehr
	1 000	%						
		Männlich						
EU-Staaten	1 034	*4,8*	*12,1*	*6,6*	*11,0*	*7,4*	*10,2*	*47,9*
darunter:								
Griechenland	200	*3,1*	*10,1*	*8,3*	*15,7*	*5,7*	*7,6*	*49,5*
Italien	361	*4,1*	*9,5*	*4,6*	*9,7*	*8,4*	*12,9*	*50,7*
Österreich	102	*2,8*	*7,4*	*4,7*	*9,0*	*7,3*	*10,2*	*58,5*
Portugal	77	*10,4*	*25,9*	*9,6*	*8,6*	*3,6*	*6,9*	*35,0*
Spanien	71	*2,8*	*6,0*	*3,2*	*4,3*	*4,0*	*6,3*	*73,4*
Bosnien und Herzegowina	173	*2,6*	*53,2*	*30,9*	*2,4*	*0,9*	*1,7*	*8,2*
Jugoslawien 1)	428	*4,2*	*23,4*	*24,5*	*8,6*	*3,3*	*5,3*	*30,6*
Polen	160	*9,4*	*18,6*	*18,3*	*31,6*	*9,8*	*6,6*	*5,6*
Türkei	1 120	*3,7*	*11,3*	*8,2*	*13,1*	*8,1*	*19,2*	*36,4*
Übrige Staaten	1 164	*9,0*	*23,0*	*17,7*	*18,0*	*10,1*	*7,0*	*15,2*
Insgesamt	**4 078**	***5,7***	***18,2***	***13,6***	***13,8***	***7,7***	***10,8***	***30,3***
		Weiblich						
EU-Staaten	806	*4,3*	*10,9*	*6,9*	*11,5*	*8,5*	*10,9*	*46,8*
darunter:								
Griechenland	163	*2,9*	*9,6*	*8,2*	*14,4*	*6,0*	*8,0*	*50,8*
Italien	239	*3,8*	*10,1*	*5,5*	*11,4*	*10,6*	*14,5*	*44,0*
Österreich	83	*2,7*	*7,0*	*4,7*	*9,8*	*9,2*	*11,0*	*55,6*
Portugal	53	*5,1*	*14,9*	*10,8*	*9,8*	*5,8*	*10,5*	*43,1*
Spanien	61	*3,8*	*8,1*	*4,2*	*6,2*	*5,4*	*8,2*	*64,2*
Bosnien und Herzegowina	167	*2,5*	*53,9*	*33,9*	*1,8*	*1,0*	*2,0*	*4,8*
Jugoslawien 1)	327	*3,9*	*19,3*	*24,5*	*9,6*	*4,5*	*8,0*	*30,1*
Polen	124	*7,6*	*20,5*	*11,8*	*35,2*	*12,9*	*6,9*	*5,1*
Türkei	929	*3,7*	*11,8*	*8,4*	*16,2*	*10,4*	*18,8*	*30,8*
Übrige Staaten	883	*9,5*	*24,1*	*15,7*	*19,1*	*10,2*	*7,2*	*14,2*
Insgesamt	**3 236**	***5,5***	***18,2***	***13,1***	***15,1***	***8,9***	***11,3***	***27,9***

*) Auszählung des Ausländerzentralregisters am 31.12.1996. – Die Aufenthaltsdauer ergibt sich ohne Berücksichtigung von Aufenthaltsunterbrechungen als Differenz zwischen Auszählungsstichtag und Datum der ersten Einreise in das Bundesgebiet. – 1) Serbien/Montenegro.

1.4 Eheschließungen

In den ersten Nachkriegsjahren nahm die Zahl der Eheschließungen in Deutschland zu, bis sie 1950 ihren Höchststand erreichte, der danach nicht mehr erzielt wurde. Mitte der 60er Jahre setzte eine Abnahme ein, die bis Ende der 70er Jahre andauerte (1978 wurde ein Tief mit 469 000 Eheschließungen erreicht). Danach wurden bis 1990 wieder mehr Ehen geschlossen. Seitdem wird erneut weniger geheiratet; 1996 gab es 427 000 Hochzeiten. Diese Veränderungen waren zum Teil durch den Wechsel zwischen geburtenstarken und geburtenschwachen Jahrgängen, die in das Heiratsalter aufrückten, und Verschiebungen des Heiratsalters bestimmt. Über die hier einbezogenen fünf Jahrzehnte gesehen hat sich aber auch die Heiratsneigung deutlich vermindert.

Tab. 1.4: Entwicklung der Eheschließungen

Jahr	Deutschland		Früheres Bundesgebiet		Neue Länder u. Berlin-Ost	
	Anzahl	je 1 000 Einwohner	Anzahl	je 1 000 Einwohner	Anzahl	je 1 000 Einwohner
1946	525 425	*8,1*	400 399	*8,7*	125 026	*6,8*
1950	750 452	*11,0*	535 708	*10,7*	214 744	*11,7*
1960	689 028	*9,5*	521 445	*9,4*	167 583	*9,7*
1970	575 233	*7,4*	444 510	*7,3*	130 723	*7,7*
1980	496 603	*6,3*	362 408	*5,9*	134 195	*8,0*
1985	496 175	*6,4*	364 661	*6,0*	131 514	*7,9*
1989	529 597	*6,7*	398 608	*6,4*	130 989	*7,9*
1990	516 388	*6,5*	414 475	*6,6*	101 913	*6,3*
1991	454 291	*5,7*	403 762	*6,3*	50 529	*3,2*
1992	453 428	*5,6*	405 196	*6,2*	48 232	*3,1*
1993	442 605	*5,5*	393 353	*6,0*	49 252	*3,1*
1994	440 244	*5,4*	387 815	*5,9*	52 429	*3,4*
1995	430 534	*5,3*	376 350	*5,7*	54 184	*3,5*
1996	427 297	*5,2*	373 245	*5,6*	54 052	*3,5*

In den neuen Ländern und Berlin-Ost war der Verlauf in den ersten Nachkriegsjahren ähnlich wie im Westen Deutschlands. Anders als dort wurde aber bereits Ende der 60er Jahre ein Tiefpunkt erreicht, und in den 70ern nahmen die Eheschließungen zu. Mit der Wende 1989 und der deutschen Vereinigung 1990 gingen so starke Veränderungen der Lebensverhältnisse einher, daß die Zahl der Eheschließungen in den neuen Ländern dramatisch zurückging. Inzwischen hat sie sich auf einem niedrigen Niveau stabilisiert.

Vergleicht man statt der absoluten Zahlen, die durch die unterschiedliche Bevölkerungsgröße geprägt sind, die Ziffer „Eheschließungen je 1 000 Einwohner", so zeigt sich, daß im Osten Deutschlands in den 70er und 80er Jahren häufiger geheiratet wurde als im Westen.

Die besondere Lage der Nachkriegszeit zeigte sich 1950 auch an den relativ vielen Witwen (und Geschiedenen) unter den Frauen, die damals heirateten. Erst zu Beginn der 80er Jahre war dann unter den heiratenden Frauen der Anteil derjenigen, die schon einmal verheiratet gewesen waren, wieder höher als 1950; seitdem steigt dieser Anteil weiter an. Dies liegt u.a. an der gestiegenen Scheidungshäufigkeit und an der heute stärkeren Zurückhaltung der Ledigen gegenüber der Eheschließung. Mit der geringer gewordenen Heiratshäufigkeit ist jedoch die Zahl der nichtehelichen Lebensgemeinschaften und die Zahl der Alleinlebenden angestiegen (zu Haushalte und Familien siehe auch Abschn. 1.9 und 1.10). Heute sind von den Frauen, die heiraten, 76 % ledig, und 23 % sind geschieden.

Tab. 1.5: Eheschließende nach bisherigem Familienstand in Deutschland

Jahr	Von 100 eheschließenden					
	Männern			Frauen		
	waren vor der Eheschließung					
	ledig	verwitwet	geschieden	ledig	verwitwet	geschieden
1950	78,8	7,4	13,8	78,1	13,1	8,8
1960	85,8	4,9	9,3	89,1	3,6	7,3
1970	83,9	4,6	11,5	85,9	3,0	11,0
1980	80,8	3,1	16,1	82,0	2,3	15,7
1990	77,8	2,3	19,9	78,1	1,5	20,4
1991	77,7	2,5	19,8	77,5	1,7	20,9
1992	77,7	2,4	19,8	77,5	1,5	21,0
1993	77,6	2,3	20,0	77,1	1,4	21,5
1994	77,4	2,3	20,3	76,6	1,3	22,1
1995	77,0	2,4	20,7	76,1	1,4	22,5
1996	76,9	2,3	20,9	75,6	1,4	23,0

Die Verschiebungen zwischen Ledigen einerseits und Geschiedenen sowie Verwitweten andererseits, die sich bei den Frauen und den Männern ergaben, führten auch dazu, daß heute nur noch bei etwa zwei Drittel der Eheschließungen sowohl die Braut als auch der Bräutigam ledig sind. Etwa ein Siebtel der Eheschließungen entfällt auf Paare, bei denen beide Partner zuvor bereits verheiratet gewesen waren.

Tab. 1.6: Durchschnittliches Heiratsalter Lediger

Jahr	Deutschland		Früheres Bundesgebiet 1)		Neue Länder und Berlin-Ost	
	Männer	Frauen	Männer	Frauen	Männer	Frauen
1950	.	.	28,1	25,4	.	.
1960	25,4	23,4	25,9	23,7	23,9	22,5
1970	25,3	22,8	25,6	23,0	24,0	21,9
1980	25,5	23,0	26,1	23,4	23,9	21,8
1990	27,9	25,5	28,4	25,9	25,8	23,7
1995	29,7	27,3	29,9	27,5	28,5	26,4
1996	30,0	27,6	30,1	27,7	29,0	26,7

1) 1950 ohne Angaben für das Saarland.

Ausgehend von der Mitte unseres Jahrhunderts bis Mitte der 70er Jahre hatten die Frauen wie auch die Männer in immer jüngeren Alter geheiratet. Seitdem wird der Zeitpunkt der Eheschließung ständig weiter hinausgeschoben. Dazu haben auch die längeren Ausbildungszeiten beigetragen. Dementsprechend ist das durchschnittliche Heiratsalter der ledigen Frauen in den letzten beiden Jahrzehnten stetig angestiegen. Heute sind Frauen bei ihrer (ersten) Heirat im Durchschnitt 27,6 Jahre und Männer 30 Jahre alt. Nach wie vor heiraten die meisten Frauen einen Mann, der älter ist als sie (knapp 70 %).

13,5 Prozent der heute vor einem deutschen Standesbeamten geschlossenen Ehen sind solche zwischen einem deutschen und einem ausländischen Partner. Nur noch knapp die Hälfte davon betreffen Ehen zwischen deutschen Frauen und ausländischen Männern, auf die bis Anfang der 90er Jahre der größte Teil der deutsch-ausländischen Eheschließungen entfallen war. Inzwischen heiraten deutlich mehr deutsche Männer eine ausländische Frau als früher. Die bevorzugten ausländischen Ehepartner der deutschen Frauen sind heute Männer mit jugoslawischer, türkischer und italienischer Staatsangehörigkeit. Unter den ausländischen Frauen, die in Deutschland einen deutschen Mann heiraten, stellen zur Zeit die Polinnen, Russinnen und Thailänderinnen die größten Gruppen. Tab. 1.7 enthält jeweils die zehn im Jahr 1996 am häufigsten vorgekommenen Staatsangehörigkeiten der ausländischen Ehepartner bzw. Ehepartnerinnen deutscher Frauen und Männer.

Abb. 1.4: Eheschließungen 1996
nach der Staatsangehörigkeit der Ehepartner

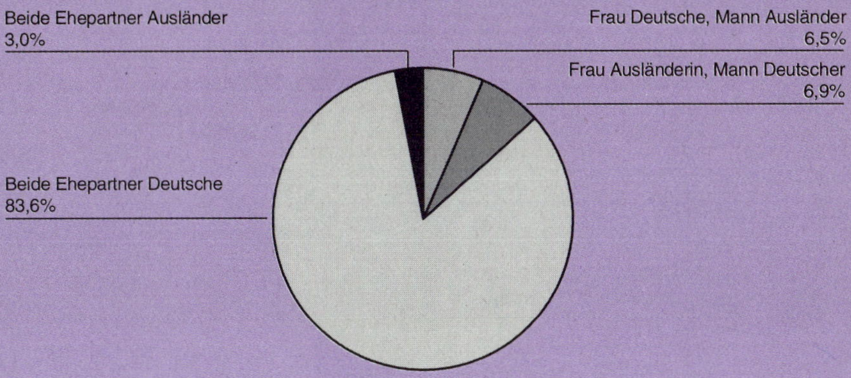

Tab. 1.7: Eheschließende 1996 nach ausgewählten Staatsangehörigkeiten

Land der Staatsangehörigkeit	Frau Deutsche, Mann Ausländer	Land der Staatsangehörigkeit	Frau Ausländerin, Mann Deutscher
Eheschließungen insgesamt	**27 907**	**Ehen insgesamt**	**29 637**
darunter hat der Mann die Staatsangehörigkeit nachfolgender Länder:		darunter hat die Frau die Staatsangehörigkeit nachfolgender Länder:	
Jugoslawien	4 323	Polen	5 295
Türkei	3 720	Russischen Förderation	1 952
Italien	1 724	Thailand	1 566
Bosnien-Herzegowina	1 527	Rumänien	1 481
Vereinigte Staaten	1 165	Bosnien-Herzegowina	1 362
Österreich	936	Jugoslawien (Serbien/Montenegro)	1 064
Großbritannien und Nordirland	857	Türkei	937
Polen	835	Kroatien	929
Marokko	768	Ukraine	856
Niederlande	755	Österreich	854

1.5 Ehescheidungen

1950 waren in Deutschland 135 000 Ehen geschieden worden. Danach setzte bis Ende der 50er Jahre ein Rückgang ein. Anschließend stieg die Zahl der Scheidungen wieder an, überschritt aber erst Mitte der 70er Jahre das Ergebnis von 1950. Einen kurzen Einschnitt mit vorübergehend deutlich weniger Scheidungen brachte die Reform des Scheidungsrechts zum 1. Juli 1977 im früheren Bundesgebiet (seitdem gilt hier das Zerrüttungs- statt dem Verschuldensprinzip). Danach nahm die Zahl der Ehescheidungen deutlich, wenn auch nicht stetig, zu. 1990 und in den folgenden beiden Jahren kam es zu einem deutlichen Rückgang, da die Umstellung des Scheidungsrechts in den neuen Ländern und Berlin-Ost auf das bundesdeutsche Recht dort zu einem Einbruch der Scheidungszahlen führte. Inzwischen werden in Deutschland wieder mehr Ehen geschieden (1996: 176 000). Langfristig gesehen ist nicht nur die absolute Zahl der Scheidungen, die u. a. von der Zahl der bestehenden Ehen abhängt, sondern auch die Scheidungshäufigkeit gestiegen. Es wird also ein höherer Anteil an Ehen durch eine gerichtliche Entscheidung gelöst.

Tab. 1.8: Ehescheidungen

Jahr	Ehescheidungen					
	Deutschland	früheres Bundesgebiet [1]	neue Länder und Berlin-Ost [2]	Deutschland	früheres Bundesgebiet [1]	neue Länder und Berlin-Ost [2]
	Anzahl			je 10 000 bestehende Ehen [3]		
1950	134 600	84 740	49 860	.	*67,5* [4]	*109,0*
1960	73 418	48 878	24 540	.	*35,7*	.
1970	103 927	76 520	27 407	.	*50,9*	*63,9*
1975	148 461	106 829	41 632	.	*67,4*	*98,8*
1977	117 795	74 658	43 137	.	*47,7*	*102,6*
1978	75 758	32 462	43 296	.	*20,8*	*102,8*
1979	124 225	79 490	44 735	.	*51,0*	*106,3*
1980	141 016	96 222	44 794	.	*61,3*	*106,6*
1985	179 364	128 124	51 240	.	*86,1*	*125,1*
1990	154 786	122 869	31 917	*80,5*	*81,0*	*79,0*
1991	136 317	127 341	8 976	*70,5*	*82,8*	*22,6*
1992	135 010	124 698	10 312	*69,4*	*80,2*	*26,3*
1993	156 425	138 064	18 361	*80,2*	*88,2*	*47,6*
1994	166 052	143 144	22 908	*85,0*	*91,0*	*60,1*
1995	169 425	147 945	21 480	*86,8*	*92,3*	*61,5*
1996	175 550	152 798	22 752	*90,0*	*95,2*	*65,8*

1) Ab 1995 einschl. Berlin-Ost. – 2) Ab 1995 ohne Berlin-Ost. – 3) Ausgehend von der Zahl der verheirateten Frauen. – 4) Ohne Angaben für das Saarland und Berlin-West.

In den neuen Ländern und Berlin-Ost war die Scheidungshäufigkeit vor 1990 erheblich höher als im früheren Bundesgebiet, wie die Scheidungen bezogen auf jeweils 10 000 Einwohner bzw. je 10 000 bestehende Ehen zeigen. Diese Häufigkeit ist nach den starken Rückgängen Anfang der 90er Jahre zwar wieder angestiegen, liegt aber noch deutlich niedriger als im Westen Deutschlands.

Tab. 1.9: Geschiedene Ehen in Deutschland nach der Zahl der noch lebenden minderjährigen Kinder dieser Ehe

Jahr	Insgesamt	Darunter mit Kindern in %	Betroffene minderjährige Kinder	
			Anzahl	je 1 000 Ehescheidungen
1960	73 418	*58,1*	67 281	*916*
1970	103 927	*65,2*	118 704	*1 142*
1980	141 016	*58,5*	125 047	*887*
1990	154 786	*52,1*	118 340	*765*
1995	169 425	*54,7*	142 292	*840*
1996	175 550	*55,0*	148 782	*848*

Bei über der Hälfte der 1996 in Deutschland geschiedenen Ehen waren minderjährige Kinder betroffen. Insgesamt erlebten in diesem Jahr 149 000 Kinder die Scheidung ihrer Eltern. Aus der Scheidungsstatistik geht nicht hervor, welcher Elternteil nach der Scheidung das Sorgerecht für die Kinder erhält. Da unter den geschiedenen Alleinerziehenden weitaus mehr Mütter als Väter sind, kann aber vermutet werden, daß das Sorgerecht überwiegend der Mutter zugesprochen wird.

Die meisten der 1996 geschiedenen Ehen hatten bis zum Scheidungsurteil 6 Jahre bestanden. Insgesamt war gut die Hälfte der geschiedenen Ehen „jünger" als 9 Jahre. Andererseits war knapp ein Drittel der geschiedenen Ehepaare mindestens 15 Jahre lang verheiratet gewesen.

Legt man die Verhältnisse des Jahres 1996 zugrunde, so ist damit zu rechnen, daß von 100 geschlossenen Ehen im Ablauf von 25 Jahren 32 geschieden werden. Dies zeigt die „zusammengefaßte Scheidungsziffer". Betrachtet man allerdings den Eheschließungsjahrgang 1970 (früheres Bundesgebiet), der bereits 25 Jahre durchlebt hat, so zeigt sich, daß davon bisher „nur" etwa 25 % geschieden wurden. Ein Anzeichen für eine ansteigende Scheidungshäufigkeit ist aber, daß von den 1980 in den alten Ländern geschlossenen Ehen nach erst 15 Ehejahren ebenfalls bereits etwa 25 % geschiedenen waren.

Tab. 1.10: Ehescheidungen 1996 nach der Ehedauer

Ehedauer [1])	Ehescheidungen	Ehedauerspezifische Scheidungsziffer [2])
0 Jahre	83	*1,9*
1 Jahr	1 634	*38,0*
2 Jahre	5 598	*127,2*
3 Jahre	8 701	*196,6*
4 Jahre	11 118	*245,2*
0 bis 4 Jahre	27 134	*608,8*
5 Jahre	12 050	*265,3*
6 Jahre	13 189	*255,4*
7 Jahre	12 404	*234,2*
8 Jahre	11 289	*211,1*
9 Jahre	9 710	*185,4*
5 bis 9 Jahre	58 642	*1 151,3*
10 bis 14 Jahre	34 571	*694,0*
15 bis 19 Jahre	21 792	*446,4*
20 bis 25 Jahre	17 908	*337,5*
0 bis 25 Jahre	160 047	*3 238,1*
26 Jahre und länger	15 503	.
Insgesamt	**175 550**	.

1) Differenz zwischen Eheschließungsjahr und Jahr der Ehescheidung. – 2) Geschiedene eines Eheschließungsjahrgangs je 10 000 geschlossene Ehen des gleichen Jahrgangs.

Über 60 Prozent der Ehescheidungen werden von der Frau beantragt, 33 Prozent vom Mann und der Rest von beiden Ehegatten. In den weitaus meisten Fällen stimmt der Ehepartner dem Antrag des anderen auf Scheidung zu. Die meisten Ehen werden dann auch einverständlich nach einjähriger Trennung geschieden (fast 70 %).

Zwar haben die Scheidungen im Verlauf der letzten Jahrzehnte erheblich zugenommen. Trotzdem werden aber auch heute die meisten Ehen nicht durch die Scheidung, sondern durch den Tod eines Ehepartners gelöst. Faßt man die 176 000 Scheidungen und die 356 000 Verwitwungen des Jahres 1996 zusammen, so ergeben sich 532 000 Ehelösungen. Diesen standen 427 000 Eheschließungen gegenüber. Damit wurden 105 000 mehr Ehen beendet als neue geschlossen.

Abb. 1.5: Ehescheidungen 1996
nach Entscheidung in der Ehesache

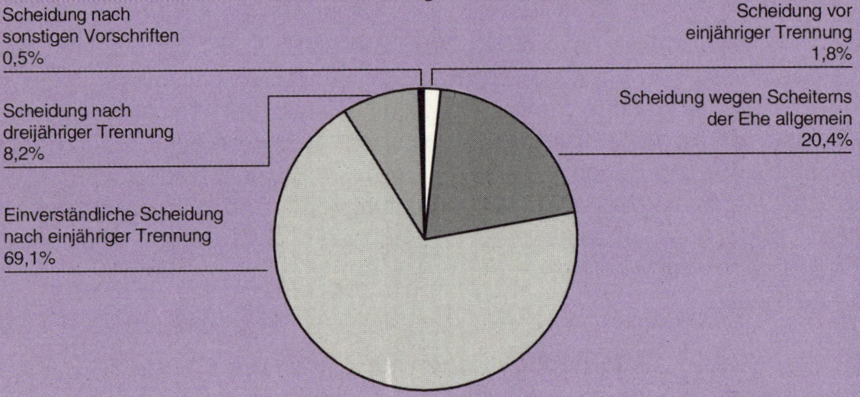

Statistisches Bundesamt 98 - 2 - 0194

1.6 Geburten

Nach dem Zusammenbruch von 1945 stieg die Zahl der Geburten in Deutschland an und erreichte 1964 mit 1,36 Millionen lebendgeborenen Kindern ihren Höhepunkt. Dann setzte ein scharfer Rückgang ein, der 1975 mit gut 780 000 Lebendgeborenen seinen Tiefpunkt aufwies. Anschließend gab es Auf- und Abbewegungen. Die nach 1975 höchste Geburtenzahl wurde 1990 mit rund 906 000 registriert. Danach kam es zu einem deutlichen Rückgang auf 765 000 im Jahr 1995; inzwischen nehmen die Geburten wieder etwas zu. Der Rückgang Anfang der 90er Jahre ist vor allem durch den Einbruch der Geburtenzahlen im Osten Deutschlands verursacht, der als Reaktion auf die tiefgreifenden sozialen und wirtschaftlichen Umwälzungen im Zuge der Wende und der Vereinigung gesehen werden kann.

Im früheren Bundesgebiet einerseits und der ehemaligen DDR andererseits hatte es nach 1945 zunächst eine ähnliche Entwicklung gegeben. Der Rückgang der Geburten in den 60er und Anfang der 70er Jahre wurde in der DDR aber Mitte der 70er Jahre angehalten und umgekehrt, es kam zu deutlichen Zunahmen. Dieses höhere Geburtenniveau konnte jedoch nicht durchgehalten werden. Bereits Anfang der 80er Jahre setzte wieder ein leichter Rückgang ein, bevor es dann 1991 zu dem schon genannten Einbruch kam. Demgegenüber ging im Westen Deutschlands die Geburtenhäufigkeit in den 70er Jahren weiter (wenn auch mit Unterbrechungen) zurück und erreichte erst Mitte der 80er Jahre ein Minimum; seitdem ist sie wieder etwas angestiegen.

Diese Entwicklung ist an der durchschnittlichen Kinderzahl je Frau zu erkennen, die mittels der „zusammengefaßten Geburtenziffer" festgestellt wird. Diese Ziffer gibt an, wieviele Kinder eine Frau durchschnittlich im Laufe ihres Lebens bekommen würde, wenn die heutigen Verhältnisse über diesen gesamten Zeitraum gültig blieben. Zur Zeit hat eine Frau in Deutschland danach im Durchschnitt 1,3 Kinder, im Osten sind es 0,9 und im Westen 1,4 (näheres siehe Anhangtab. A 1.3).

In Deutschland sind die meisten Frauen, die Mutter werden, verheiratet. Etwa 5 von 6 Kindern werden innerhalb einer Ehe geboren. Dieser Anteil ist ähnlich hoch wie in der Nachkriegszeit, zwischenzeitlich hatte er noch höher gelegen. Seit Mitte der 60er Jahre sinkt er, was umgekehrt bedeutet, daß der Anteil nichtehelicher Geburten ansteigt. In den neuen Ländern und Berlin-Ost hat es bereits von 1946 an verhältnismäßig mehr nicht verheiratete Frauen unter den Müttern gegeben als in den alten Bundesländern. Mit dem erheblichen Geburtenrückgang nach 1990 ist auch der Anteil der nichtehelichen Geburten im Osten Deutschlands nochmals stark angestiegen. Zwar bekommen in den neuen Ländern und Berlin-Ost inzwischen wieder mehr Frauen Kinder, der Anteil der nicht verheirateten Mütter ist dabei aber bisher nicht wieder zurückgegangen.

Ähnlich wie bei den Eheschließungen, die zumindest im Westen Deutschlands der Geburt eines Kindes in den weitaus meisten Fällen vorausgehen, steigt auch das durchschnittliche Alter, in dem Frauen ihr erstes Kind bekommen, seit Anfang der 70er Jahre ständig an. Heute sind Frauen bei ihrem ersten Kind (bezogen auf die aktuelle Ehe) im Durchschnitt 28,3 Jahre alt. Nur wenige der Frauen, die Mutter werden , sind minderjährig. 1996 hatten lediglich 0,6 % der Lebendgeborenen eine Mutter, die jünger als 18 Jahre war. Dagegen kamen in diesem Jahr über 105 000 Kinder zur Welt, deren Mütter mindestens 35 Jahre alt waren (13 % aller lebendgeborenen Kinder).

Tab. 1.11: Lebendgeborene 1996 nach dem Alter der Mutter

	Mutter im Alter von ... bis unter ... Jahren						
	insgesamt	unter 20	20 – 25	25 – 30	30 – 35	35 – 40	40 und älter
Anzahl in 1 000	796	21	123	279	267	91	15
in %	*100*	*2,6*	*15,5*	*35,1*	*33,5*	*11,5*	*1,8*
je 1000 Frauen gleichen Alters	*40,3* [1])	*9,5*	*55,7*	*90,2*	*75,8*	*28,4*	*0,7*

1) Je 1000 Frauen im Alter von 15 bis 49 Jahren.

Von den 796 000 im Jahr 1996 lebendgeborenen Kindern hatten 663 000 eine deutsche und 133 000 eine ausländische Mutter. Von den Kindern ausländischer Mütter hatten 27 000 einen mit der Mutter verheirateten deutschen Vater und besitzen somit von Geburt an die deutsche Staatsangehörigkeit.

Unter den Lebendgeborenen gibt es keine gleichmäßige Aufteilung auf die Geschlechter: Es werden ständig weniger Mädchen als Jungen geboren (1996: 387 000 Mädchen und 409 000 Jungen). Im Laufe der Zeit gleicht sich dieses Verhältnis in den einzelnen Geburtsjahrgängen durch die höhere Sterblichkeit der Jungen und Männer aus, bis dann im sechsten Lebensjahrzehnt mehr Frauen als Männer überleben.

1.7 Sterbefälle und Lebenserwartung

Zur Zeit sterben in Deutschland deutlich mehr Frauen (475 000) als Männer (408 000). 1950 hatte es unter Frauen und Männern etwa gleich viele Sterbefälle gegeben (je etwa 375 000). In den folgenden 15 Jahren waren jeweils mehr Männer als Frauen gestorben, bis sich dieses Verhältnis Ende der 60er Jahre umkehrte. Seitdem vergrößerte sich der Abstand. Diese Entwicklung ist durch den Altersaufbau der männlichen bzw. weiblichen Bevölkerung geprägt. 1950 waren die älteren Jahrgänge, denen die meisten Gestorbenen angehörten, bei Männern und Frauen noch vergleichsweise gleichmäßig besetzt. Heute leben dagegen erheblich mehr ältere Frauen als Männer in Deutschland, was zum Teil noch immer eine Folge des Zweiten Weltkriegs ist (Männer, die eigentlich jetzt erst im „Sterbealter" wären, sind damals gefallen).

Aus der höheren Zahl an Sterbefällen unter den Frauen kann also nicht geschlossen werden, daß Frauen eher sterben als Männer. Im Gegenteil, Frauen haben eine deutlich höhere Lebenserwartung. Für ein Mädchen, das heute geboren wird, ergibt sich eine Lebenserwartung von knapp 80 Jahren, für einen Jungen dagegen von gut 73 Jahren. Bereits vor 100 Jahren war die durchschnittliche Lebenserwartung der Mädchen (44,0 Jahre) höher als die der Jungen (40,6 Jahre) gewesen. Diese Unterschiede finden sich nicht nur bei den Kindern. Eine 50jährige Frau hat im Durchschnitt noch 31,6 Jahre zu leben, ein gleichaltriger Mann dagegen 5 Jahre weniger. Auch für dieses Alter war bereits vor 100 Jahren die Lebenserwartung der Frauen höher als die der Männer.

Tab. 1.12: Fernere Lebenserwartung in Jahren*)

Vollendetes Alter in Jahren	1891/1900	1932/34	1960/62	1986/88	1994/96
		Männlich			
0	40,6	59,9	66,9	71,7	73,3
1	51,9	64,4	68,3	71,4	72,7
20	41,2	48,2	50,3	52,9	54,1
40	25,9	30,8	31,9	34,0	35,3
60	12,8	15,1	15,5	17,2	18,3
80	4,2	4,8	5,2	5,9	6,5
		Weiblich			
0	44,0	62,8	72,4	78,0	79,7
1	53,8	66,4	73,5	77,6	79,1
20	43,4	49,8	55,2	58,9	60,4
40	28,1	32,3	36,1	39,5	40,9
60	13,6	16,1	18,5	21,4	22,7
80	4,5	5,2	5,9	7,3	8,0

*) Ergebnis der jeweiligen Sterbetafeln. 1891/1900 und 1932/34 Deutsches Reichsgebiet, jeweiliger Gebietsstand; 1960/62 früheres Bundesgebiet; 1986/88 und 1994/96 Deutschland.

Die enorme Zunahme der Lebenserwartung der Frauen (und auch der Männer) in den letzten 100 Jahren ist vor allem der stark gesunkenen Säuglingssterblichkeit zu verdanken. Vor hundert Jahren starben von 1 000 Mädchen, die zur Welt gekommen waren, 199 vor ihrem ersten Geburtstag. 1932/34 waren es noch 68, und heute sind es nur noch vier. Künftige Zunahmen der Lebenserwartung werden dagegen (wie bereits in den letzten Jahren) von einer Reduktion der Alterssterblichkeit abhängen, also dem Erleben weiterer Lebensjahre in höherem Alter.

Abb. 1.6: Lebendgeborene und Gestorbene 1946 bis 1996
nach Geschlecht

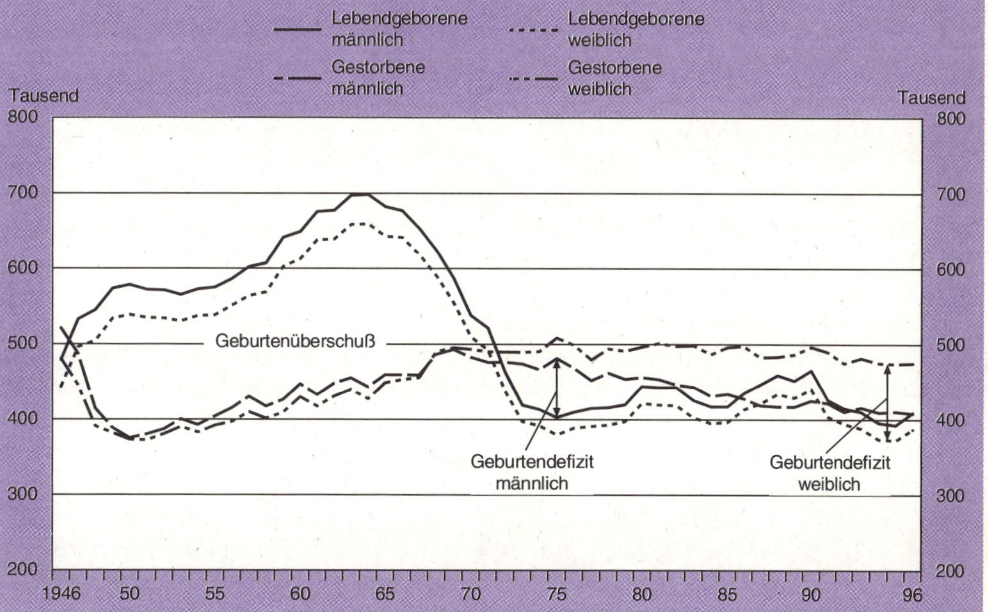

Statistisches Bundesamt 98 - 2 - 0195

Seit 1972 sterben in Deutschland jedes Jahr mehr Menschen, als Kinder geboren werden. Da, wie bereits erwähnt, stets weniger Mädchen als Jungen geboren werden und zur Zeit mehr Frauen als Männer sterben, ist das Geburtendefizit bei der weiblichen Bevölkerung höher als bei der männlichen.

1.8 Künftige Bevölkerungsentwicklung

Die Bevölkerungsentwicklung in Deutschland ist durch das inzwischen lang anhaltende niedrige Geburtenniveau und eine steigende Lebenserwartung gekennzeichnet. Ändert sich daran nichts grundlegendes – und eine solche Änderung zeichnet sich jedenfalls zur Zeit nicht ab – so ist für die Zukunft mit erheblich mehr Sterbefällen als Geburten zu rechnen. Dies wird sich wegen des unterschiedlichen Altersaufbaus der beiden Geschlechter zunächst vor allem bei der weiblichen Bevölkerung auswirken (siehe auch Abschn. 1.7), dann aber auch bei der männlichen zum Tragen kommen. Diese zunehmenden Geburtendefizite führen zu einem Rückgang der Bevölkerungszahl, wenn sie nicht durch Wanderungen ausgeglichen werden.

Tab. 1.13: Modellrechnung zur künftigen Entwicklung der Bevölkerung

Geschlecht	Einheit	Bevölkerung am 1.1. des Jahres					
		1997 [1])	2000	2010	2020	2030	2040
Männlich	1 000	39 954,8	40 276,0	40 046,6	38 879,7	36 872,5	34 097,9
	1997 = 100	100,0	100,8	100,2	97,3	92,3	85,3
Weiblich	1 000	42 057,3	41 905,6	40 989,0	39 564,9	37 474,8	34 702,3
	1997 = 100	100,0	99,6	97,5	94,1	89,1	82,5
Insgesamt ...	1 000	**82 012,1**	**82 181,6**	**81 035,5**	**78 444,6**	**74 347,3**	**68 800,2**
	1997 = 100	**100,0**	**100,2**	**98,8**	**95,7**	**90,7**	**83,9**
Frauenanteil ...	%	*51,3*	*51,0*	*50,6*	*50,4*	*50,4*	*50,4*

1) Ergebnis der Bevölkerungsfortschreibung.

Eine Modellrechnung zur Bevölkerungsentwicklung, die von einer im wesentlichen gleichbleibenden Geburtenhäufigkeit (mit einem Wiederanstieg im Osten Deutschlands), einer weiteren Erhöhung der Lebenserwartung und weiteren Zuwanderungen von Aussiedlerinnen und Aussiedlern (die sich aber allmählich verringern) und Zuzügen von Ausländerinnen und Ausländern (pro Jahr 100 000 mehr Zu- als Fortziehende) ausgeht, ergibt folgendes Zukunftsbild: Die Zahl der Mädchen und Frauen in Deutschland wird ab dem Jahr 2000 zurückgehen. Statt heute rund 42 Millionen sind im Jahr 2010 noch etwa 41 Millionen und 2040 noch etwa 34,7 Millionen zu erwarten. Dabei wird sich auch die Altersstruktur erheblich verschieben. Heute gibt es noch mehr Mädchen und Frauen unter 20 Jahren (8,6 Millionen bzw 20,5 %) als Frauen, die 65 Jahre oder älter sind (8,2 Millonen bzw. 19,4 %). Zwischen 20 und 65 Jahren sind 60,1 % der Frauen. Im Jahr 2010 werden die unter 20jährigen noch knapp 18 %, die 65jährigen und älteren aber bereits 23 % ausmachen. Im Jahr 2040 werden nach diesen Modellrechnungen noch 14 % der Frauen jünger als 20 Jahre sein, aber 34 %, also mehr als doppelt so viele, zur oberen Altersgruppe gehören. Auf die mittlere Altersgruppe wird dann nur noch gut die Hälfte der Frauen entfallen.

Abb. 1.7: Altersstruktur der weiblichen Bevölkerung
in %

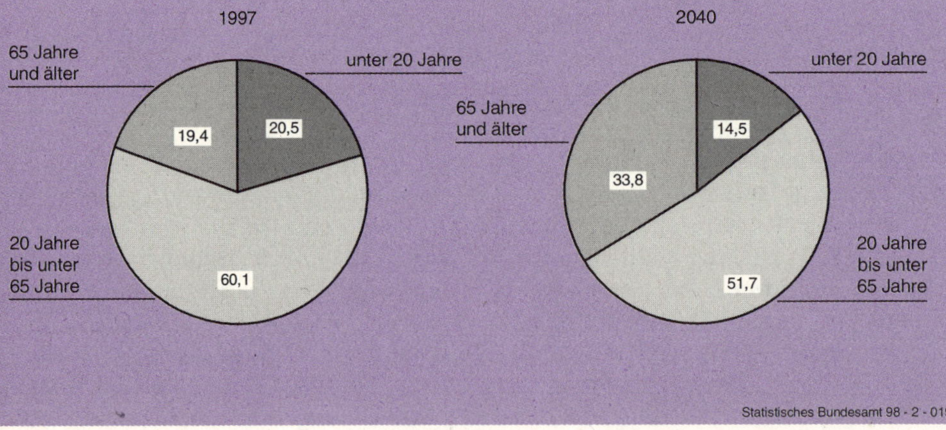

Statistisches Bundesamt 98 - 2 - 0196

Der zur Zeit bestehende Frauenüberschuß (der auf die wesentlich höhere Zahl an Frauen ab 60 Jahren zurückgeht, während bei den unter 60jährigen die Männer überwiegen) wird sich zwar verringern, sich aber nicht völlig auflösen. Für das Jahr 2040 ist nach der Modellrechnung mit einem Frauenanteil von 50,4 % gegenüber heute 51,3 % zu rechnen. Auch in den nächsten Jahrzehnten wird es also in Deutschland mehr Frauen als Männer geben.

1.9 Steigende Zahl der Haushalte – Sinkende Haushaltsgröße

Seit Haushalte in Westdeutschland mit Hilfe des Mikrozensus [1]), einer 1 %-Haushaltsstichprobe, gezählt werden, hat sich ihre Anzahl kontinuierlich vergrößert. So stieg sie seit Oktober 1957 von 18,3 Mill. auf 30,5 Mill. im April 1996. In diesen mehr als 30 Mill. Haushalten lebten 66,7 Mill. Menschen, vierzig Jahre zuvor waren es erst 53,9 Mill. Damit ist die Zahl der Haushalte von 1957 bis 1996 um 66 % angestiegen, während die Bevölkerungszahl im gleichen Zeitraum nur um rund 24 % zugenommen hat. Diese unterschiedliche Entwicklung ist auf eine Verkleinerung der Haushalte und einer Zunahme der Einpersonenhaushalte zurückzuführen.

Gab es 1957 erst etwa 3,4 Mill. Einpersonenhaushalte im früheren Bundesgebiet, so verdreifachte sich deren Anzahl bis 1996 auf 11,1 Mill. Ein weiterer Grund für die Abnahme der durchschnittlichen Haushaltsgröße ist in der sinkenden Zahl der Mehrpersonenhaushalte mit 5 und mehr Personen zu sehen. Zählte der Mikrozensus im Oktober 1957 noch etwa 2,8 Mill. dieser großen Mehrpersonenhaushalte, so hatte sich deren Anzahl bis 1996 um über eine Million auf 1,5 Mill. verringert.

Eine deutliche Steigerung erfuhren dagegen die Zweipersonenhaushalte, deren Zahl sich fast verdoppelte und 1996 bei 9,8 Mill. lag, gegenüber 4,9 Mill. im Jahr 1957.

Seit 1957 hat sich damit im früheren Bundesgebiet eine deutliche Verlagerung von den größeren zu den kleineren Haushalten vollzogen, wobei der starken Abnahme der Haushalte mit fünf und mehr Personen eine beträchtliche Zunahme der Ein- und Zweipersonenhaushalte gegenübersteht. Einer der wesentlichen Gründe für diese Veränderung der Größe der in Haushalten lebenden Personengemeinschaften dürfte neben dem viel diskutierten Trend zur Individualisierung insbesondere seine Ursache in der niedrigen Geburtenzahl der letzten Jahre sowie der zunehmenden Ledigenzahl und gestiegenen Scheidungsziffern haben.

Seit 1991 wird der Mikrozensus ebenfalls in den neuen Ländern und Berlin-Ost durchgeführt. Damit kann seit sechs Jahren die Entwicklung der Haushaltsgrößen und Haushaltszahlen auch in den neuen Ländern verfolgt und mit der Situation im früheren Bundesgebiet verglichen werden.

Schon dieser relativ kurze Vergleichszeitraum weist auf eine deutliche Veränderung der Haushaltsstruktur in den neuen Ländern hin. Eine Anpassung an die Verhältnisse in Westdeutschland ist deutlich erkennbar. So ist in diesem Zeitraum von 1991 bis 1996 die Zahl der Ein- und Zweipersonenhaushalte um 14 % bzw. um 7 % gestiegen, während vor allem die Zahl der Haushalte mit fünf und mehr Per-

---

1) Bei dem sogenannten Mikrozensus handelt es sich um eine repräsentative 1 %-Haushaltsstichprobe, die im früheren Bundesgebiet seit 1957, in den neuen Ländern und Berlin-Ost seit 1991 durchgeführt wird; siehe hierzu auch die Anmerkungen in Abschn. 10.

sonen mit 15 % erkennbar abnahm. Diese Entwicklungslinie deckt sich mit dem langfristigen Trend, wie er auch im früheren Bundesgebiet stattgefunden hat. Sie verläuft jedoch in den neuen Ländern mit einer höheren Geschwindigkeit, wobei dieser Rückgang der Haushaltsgrößen u.a. die Folge der seit 1990 stark gesunkenen Geburtenzahlen in den neuen Ländern und Berlin-Ost ist.

1.9.1 Wachsende Zahl an Einpersonenhaushalten

In einem Einpersonenhaushalt zu leben, bedeutet nicht unbedingt, daß diese Person in jedem Fall auf sich allein gestellt ist. So kann eine als „Einpersonenhaushalt" dargestellte Person auch einen zweiten Wohnsitz haben und damit möglicherweise einem zweiten Mehrpersonenhaushalt angehören. Außerdem weist die Haushaltsstatistik auf der Grundlage der Mikrozensus-Erhebung keine „außerhäuslichen" Beziehungen – sogenannter Netzwerke – der allein wohnenden Personen nach. Trotz dieser Einschränkungen lassen sich auf der Grundlage der Mikrozensus-Daten Strukturangaben über die Situation und den Wandel der Lebens- und Wohnform „Einpersonenhaushalt" ableiten. Dabei zeigt sich, daß der Familienstand ein wichtiger Indikator für Einpersonenhaushalte ist.

So lag die Zahl der ledigen Personen in Einpersonenhaushalten im April 1996 in Westdeutschland bei 5,1 Mill. Der Anteil der Verwitweten in Einpersonenhaushalten erreichte im April 1996 einen Wert von 35 %. Die Ursache für den hohen Anteil Verwitweter in Einpersonenhaushalten hängt mit verschiedenen Faktoren zusammen. Ein wesentlicher Grund ist in der höheren Lebenserwartung von Frauen zu sehen.

Zwischen dem früheren Bundesgebiet und den neuen Ländern und Berlin-Ost bestehen deutliche quantitative Unterschiede hinsichtlich der Einpersonenhaushalte. Im April 1996 bildeten im Westen die Einpersonenhaushalte mit einem Anteil von 36 % aller 30,5 Mill. Privathaushalte die am stärksten besetzte Haushaltsform, während im Osten Deutschlands Zweipersonenhaushalte mit 33 % den höchsten Anteil an allen Haushalten hatten.

Abb. 1.8: Privathaushalte nach Haushaltsgröße im früheren Bundesgebiet[1)]

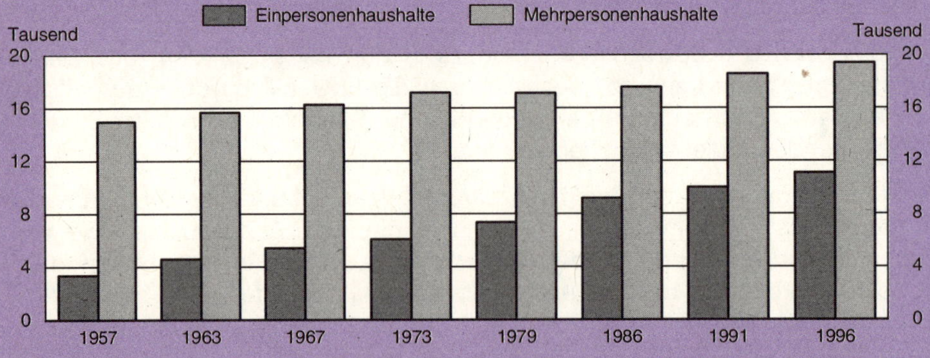

1) Ergebnisse des Mikrozensus.- 1957 bis 1967 wohnberechtigte Bevölkerung, ab 1973 Bevölkerung in Privathaushalten.

Statistisches Bundesamt 98 - 2 - 0197

Im Gegensatz zu Westdeutschland, wo in Einpersonenhaushalten überwiegend ledige Personen leben (46 %), wohnen in den neuen Ländern überwiegend verwitwete Menschen (43 %). Dort liegt der Anteil der ledigen Personen in Einpersonenhaushalten bei 34,5 %.

Tab. 1.14: Einpersonenhaushalte nach Familienstand der Bezugsperson ab 1957*)

Zeitpunkt		Insgesamt	Ledig	Verheiratet getrennt-lebend	Verwitwet	Geschieden
		1 000	% von Insgesamt			
Früheres Bundesgebiet						
Oktober	1957 [1])	3 353	*37,1*	.	*52,9*	*10,0*
April	1977	7 062	*33,6*	*4,7*	*51,0*	*10,6*
April	1991	10 019	*44,4*	*5,1*	*37,9*	*12,7*
Mai	1992	10 171	*44,3*	*5,2*	*37,7*	*12,8*
April	1993	10 409	*44,9*	*5,3*	*37,0*	*12,8*
April	1994	10 702	*45,0*	*5,1*	*36,8*	*13,1*
April	1995	10 825	*45,5*	*5,4*	*36,0*	*13,2*
April	1996	11 092	*45,7*	*5,9*	*34,8*	*13,6*
Neue Länder und Berlin-Ost						
April	1991	1 839	*29,2*	*1,6*	*49,2*	*20,0*
Mai	1992	1 873	*29,8*	*1,9*	*48,1*	*20,2*
April	1993	1 970	*31,1*	*2,7*	*46,7*	*19,6*
April	1994	2 045	*32,6*	*3,0*	*45,0*	*19,4*
April	1995	2 066	*33,4*	*3,3*	*44,1*	*19,2*
April	1996	2 099	*34,5*	*3,8*	*43,0*	*18,7*

*) Ergebnisse des Mikrozensus. – 1957 wohnberechtigte Bevölkerung, ab 1977 Bevölkerung in Privathaushalten. – 1) Ohne verheiratet getrenntlebende Bezugspersonen.

Die Zahl der Einpersonenhaushalte ist im Osten in den Jahren 1991 bis 1996 von 1,8 Mill. auf 2,1 Mill. gestiegen. Auch hier sind Einpersonenhaushalte häufig anzutreffen, heben sich aber hinsichtlich der Altersstruktur der Bewohner deutlich von dem früheren Bundesgebiet ab. Stärker als im Westen sind diejenigen Einpersonenhaushalte vertreten, deren Menschen sich im Alter von 65 Jahren oder älter befinden (45 %), während die Altersklasse von 25 bis unter 45 Jahren mit nur 24 % (1991: 18 %) erheblich schwächer besetzt ist als in Westdeutschland.

Tab. 1.15: Einpersonenhaushalte nach Altersgruppen der Bezugsperson ab 1957*)

Zeitpunkt		Insgesamt	Davon im Alter von ... bis unter ... Jahren			
			unter 25	25 – 45	45 – 65	65 und älter
		1 000	% von Insgesamt			
Früheres Bundesgebiet						
Oktober	1957 [1])	3 353	*7,3*	*15,5*	*37,8*	*39,3*
April	1977	7 062	*9,0*	*18,6*	*24,5*	*47,9*
April	1991	10 019	*10,1*	*29,1*	*21,6*	*39,3*
Mai	1992	10 171	*9,6*	*29,7*	*21,4*	*39,2*
April	1993	10 409	*9,0*	*31,0*	*21,4*	*38,7*
April	1994	10 702	*8,5*	*31,2*	*21,8*	*38,6*
April	1995	10 825	*8,2*	*32,0*	*21,8*	*38,0*
April	1996	11 092	*8,0*	*32,7*	*22,3*	*37,0*
Neue Länder und Berlin-Ost						
April	1991	1 839	*7,9*	*17,6*	*25,8*	*48,8*
Mai	1992	1 873	*7,2*	*19,0*	*25,9*	*47,9*
April	1993	1 970	*7,5*	*20,7*	*25,2*	*46,6*
April	1994	2 045	*7,4*	*22,1*	*24,5*	*46,1*
April	1995	2 066	*6,9*	*23,1*	*24,5*	*45,6*
April	1996	2 099	*6,9*	*24,0*	*24,4*	*44,7*

*) Ergebnisse des Mikrozensus. – 1957 wohnberechtigte Bevölkerung, ab 1977 Bevölkerung in Privathaushalten. – 1) Ohne verheiratet getrenntlebende Bezugspersonen.

Diese Altersklasse verzeichnet aber mit sechs Prozentpunkten die höchste Veränderungsrate seit April 1991. Eine Ursache für diese Steigerung ist möglicherweise in der verstärkten Bautätigkeit in den neuen Ländern seit der Wende und der damit einhergehenden Entspannung auf dem Wohnungsmarkt zu sehen. Jüngere Menschen oder auch Personen, die sich bereits im Ruhestand befinden, können auf der anderen Seite dieses Wohnungsangebot nur eingeschränkt nutzen, da mit der Ausweitung des Wohnungsangebotes häufig auch eine Steigerung der Mieten verbunden war.

Betrachtet man die Zahlen für das gesamte Bundesgebiet, so zeigt sich, daß Einpersonenhaushalte häufig „Frauenhaushalte" sind, da in knapp 60 % dieser 13,2 Mill. Haushalte Frauen leben. Die Hälfte dieser Frauen ist verwitwet (51 %). Dies spiegelt sich auch im Alter der Frauen in Einpersonenhaushalten wider. Diese geschlechtsspezifischen Strukturen zeigen sich im Alter unter 25 Jahren - Frauen gründen in jüngeren Jahren als Männer einen eigenen Hausstand - , aber vor allem im Alter ab 55 Jahren. 67 % aller alleinlebenden Frauen waren 55 Jahre oder älter, während dies nur auf 28 % der Männer zutraf (vgl hierzu auch Abschn. 1.2 Familienstand und Alter).

1.9.2 Mehrpersonenhaushalte werden kleiner

Während sich die Zahl der Einpersonenhaushalte in dem Zeitraum von 1957 bis 1996 im früheren Bundesgebiet mehr als verdreifacht hat, stieg die Zahl der Mehrpersonenhaushalte von 15 Mill. auf 19,4 Mill. nur um knapp ein Drittel.

Tab. 1.16: Mehrpersonenhaushalte nach Haushaltsgröße*)

1 000

Zeitpunkt		Insgesamt	Davon mit ... Personen			
			2	3	4	5 und mehr
Früheres Bundesgebiet						
Oktober	1957	14 965	4 897	4 213	3 053	2 802
April	1977	17 103	6 829	4 371	3 540	2 363
April	1991	18 564	8 730	4 680	3 644	1 511
Mai	1992	18 872	8 995	4 715	3 664	1 498
April	1993	19 088	9 191	4 710	3 658	1 528
April	1994	19 205	9 408	4 618	3 657	1 522
April	1995	19 319	9 612	4 571	3 618	1 518
April	1996	19 379	9 760	4 501	3 620	1 499
Neue Länder und Berlin-Ost						
April	1991	4 833	2 132	1 337	1 098	266
Mai	1992	4 784	2 161	1 303	1 066	254
April	1993	4 764	2 198	1 285	1 040	241
April	1994	4 743	2 216	1 284	1 012	231
April	1995	4 728	2 246	1 276	979	227
April	1996	4 711	2 279	1 269	936	226

*) Ergebnisse des Mikrozensus. – 1957 wohnberechtigte Bevölkerung, ab 1977 Bevölkerung in Privathaushalten.

Bereits bei der ersten Mikrozensus-Erhebung im Oktober 1957 zeigte sich, daß mehr als jeder vierte Haushalt (27 %) im früheren Bundesgebiet ein Zweipersonenhaushalt war. 4,9 Mill. Haushalte dieses Typs wurden damals ermittelt, er war damit der am häufigsten vertretene Haushaltstyp. Im April 1996 wurden 9,8 Mill. Zweipersonenhaushalte gezählt, das waren etwa ein Drittel aller Haushalte. Mehrpersonenhaushalte, in denen mehr als zwei Personen leben, haben in diesen Jahren relativ an Bedeutung verloren. Zwar ist die Zahl der Drei- und Vierpersonenhaushalte leicht angestiegen, ihr Anteil an allen Haushalten ist jedoch in den betrachteten vierzig Jahren zurückgegangen. So ist der Anteil der Dreipersonenhaushalte von 23 % auf 15 % und der Anteil der Vierpersonenhaushalte von 17 % auf 12 % gefallen. Haushalte mit fünf oder mehr Personen sind nicht nur anteilig zurückgegangen, sondern auch in absoluten Zahlen. Wurden im Oktober 1957 im früheren Bundesgebiet 2,8 Mill. Haushalte dieses Typs gezählt, so waren es im April 1996 nur noch 1,5 Mill.

Abb. 1.9: Mehrpersonenhaushalte nach Haushaltsgröße[1)]

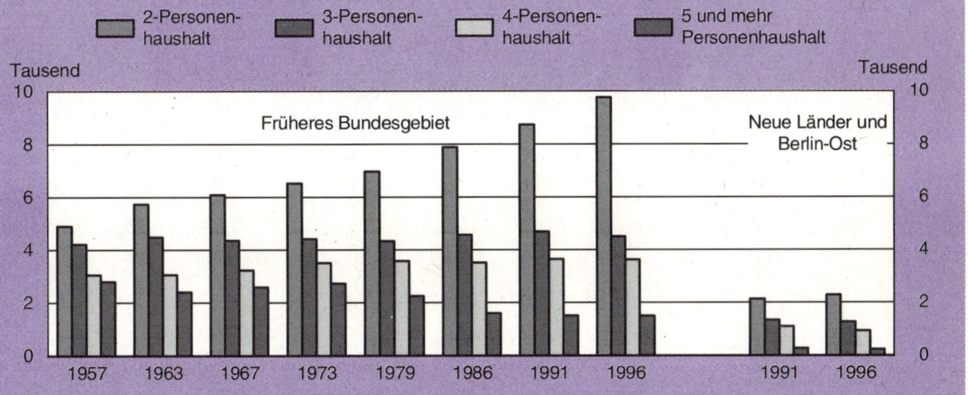

1) Ergebnisse des Mikrozensus.

Statistisches Bundesamt 98 - 2 - 0198

Stieg die Zahl der Mehrpersonenhaushalte im Westen seit 1991 von 18,6 Mill. auf 19,4 Mill., so ist im Osten im gleichen Zeitraum ein Rückgang dieser Haushalte von 4,8 Mill. auf 4,7 Mill. festzustellen. Betroffen waren hiervon drei und Mehrpersonenhaushalte (-10 %), während die Zahl der Zweipersonenhaushalte um knapp sieben Prozent gestiegen ist. Dies bedeutet, daß wie in Westdeutschland, auch in den neuen Ländern die Haushalte kleiner geworden sind. Die Zahl der Personen je Haushalt ist im Westen seit 1991 von 2,25 auf 2,19, im Osten von 2,38 auf 2,26 gefallen.

1.9.3 Haushalte mit ausländischer Bezugsperson

Im April 1996 lebten im früheren Bundesgebiet gut 2,5 Mill. Haushalte mit ausländischer Bezugsperson, auf dem gesamten Bundesgebiet knapp 2,6 Mill. Da eine

Betrachtung der längerfristigen Entwicklung dieser Haushalte nur für das frühere Bundesgebiet möglich ist und die Anzahl der Haushalte mit ausländischer Bezugsperson in Ostdeutschland darüber hinaus sehr gering ist, beschränkt sich die Darstellung von längerfristigen Entwicklungen auf Westdeutschland. Dort hatte jeder 12. Haushalt eine ausländische Bezugsperson, im Mai 1970 war es noch jeder 25. Haushalt gewesen. Die Zahl der Haushalte mit ausländischer Bezugsperson ist von Mai 1970 (911 000) bis April 1996 um mehr als das 2,5fache gestiegen.

Tab. 1.17: Privathaushalte im früheren Bundesgebiet nach Haushaltsgröße ab 1970*)

Zeitpunkt		Insgesamt	Darunter mit ausländischer Bezugsperson					
			zusammen	Einpersonenhaushalte		Mehrpersonenhaushalte		durchschnittliche Haushaltsgröße
		1 000			% 1)	1 000	% 1)	Anzahl
27.5.	1970	21 991	911	366	*40,2*	547	*60,0*	*2,33*
Mai	1976	23 943	1 460	420	*28,8*	1 040	*71,2*	*2,71*
Mai	1981	25 100	1 644	415	*25,2*	1 230	*74,8*	*2,97*
April	1986	26 739	1 721	527	*30,6*	1 194	*69,4*	*2,74*
April	1991	28 583	1 983	551	*27,8*	1 433	*72,2*	*2,84*
Mai	1992	29 043	2 171	609	*28,0*	1 563	*72,0*	*2,80*
April	1993	29 496	2 354	662	*28,1*	1 692	*71,9*	*2,79*
April	1994	29 907	2 439	706	*28,9*	1 733	*71,1*	*2,75*
April	1995	30 144	2 427	659	*27,2*	1 768	*72,8*	*2,79*
April	1996	30 471	2 535	699	*27,6*	1 836	*72,4*	*2,76*

*) 1970 Ergebnis der Volkszählung, sonst Ergebnisse des Mikrozensus.- Bevölkerung in Privathaushalten. – 1) Anteil an den ausländischen Haushalten „zusammen".

Auch die Strukturen dieser Haushalte haben sich im Laufe der Zeit verändert. 1970 handelte es sich noch bei über 40 % der Haushalte um Einpersonenhaushalte. Die Familien wurden häufig in ihrer Heimat zurückgelassen, vermutlich sollte der Aufenthalt in der Fremde nur von begrenzter Dauer sein. Nach und nach stieg die Zahl der Mehrpersonenhaushalte, der Anteil der Einpersonenhaushalte ging zurück und lag im April 1996 bei 28 %. Die durchschnittliche Haushaltsgröße wuchs von 2,33 auf 2,76 Personen pro Haushalt, wobei in den letzten 15 Jahren wieder ein Rückgang der Haushaltsgröße festzustellen ist. Im Mai 1981 lag die durchschnittliche Haushaltsgröße noch bei 2,97 Personen pro Haushalt. Es lassen sich hier verschiedene Phasen unterscheiden. In der 1. Phase kamen Ausländer und Ausländerinnen alleine nach Deutschland, häufig als angeworbene Gastarbeiter. In einer 2. Phase folgte der Nachzug der Familienangehörigen, Freunde und Bekannte – die Haushalte vergrößerten sich. Zur Zeit erfolgt eine Art Konsolidierung, die Haushaltsgröße nimmt wieder ab.

Mehrpersonenhaushalt bedeutet nicht zwangsläufig, daß die einzelnen Haushaltsmitglieder auch miteinander verwandt sind. Untersucht man allerdings die Familienstrukturen in diesen Haushalten, dann zeigt sich deutlich, daß der Anteil der Ehepaare ohne Kinder in Familien mit ausländischer Bezugsperson von April 1972 (36 %) bis April 1996 (25 %) zurückgegangen bzw. der Anteil der Ehepaare mit Kindern von 58 % auf 64 % gestiegen ist. Damit lebten in Deutschland 1) im April 1996 etwa 1,2 Mill. Ehepaare mit Kindern, wobei einer der Ehepartner keine deutsche Staatsangehörigkeit hatte.

Abb. 1.10: Familien mit ausländischer Bezugsperson im früheren Bundesgebiet
mit und ohne Kinder[1)]

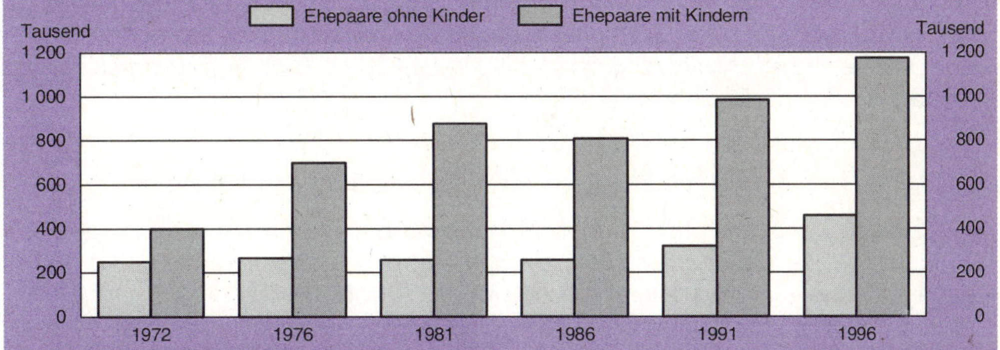

1) Ergebnisse des Mikrozensus.- Bevölkerung am Familienwohnsitz.- Einschl. der Alleinerziehenden, die Partner in einer nichtehelichen Lebensgemeinschaft sind.- Als Alleinerziehende zählen auch Väter und Mütter mit volljährigen Kindern.

Statistisches Bundesamt 98 - 2 - 0199

Auch die Größe der Familien hat sich in den betrachteten Jahren verändert. Während der Anteil der Familien mit einem Kind über diesen Zeitraum mit ungefähr 31 % verhältnismäßig konstant blieb, stieg die Zahl der Ehepaare mit 2 Kindern von 20 % auf 28 %. Die Zahl der Ehepaare mit drei oder mehr Kindern ist von 13 % auf über 22 % im Mai 1981 gewachsen, um anschließend auf 17 % im April 1996 zu sinken. Auch bei den Familien mit ausländischer Bezugsperson ist somit seit mehreren Jahren ein Trend zur kleineren Familie festzustellen, eine Entwicklung, wie sie generell in Deutschland beobachtet werden kann.

Abb. 1.11: Familien mit ausländischer Bezugsperson im früheren Bundesgebiet
nach Zahl der Kinder[1)]

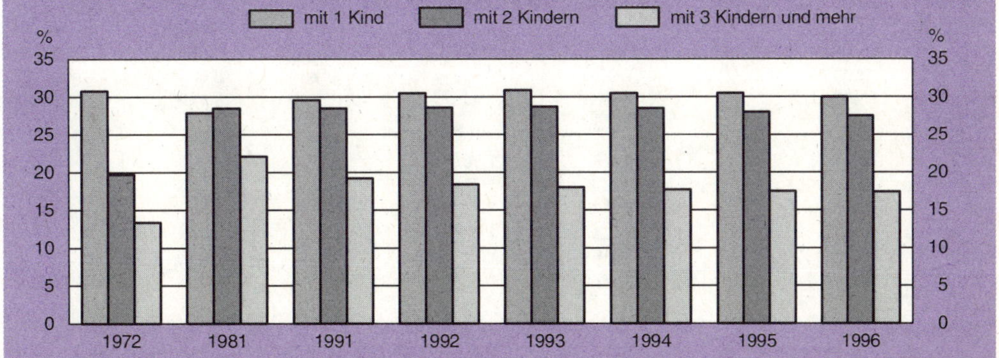

1) Ergebnisse des Mikrozensus.- Bevölkerung am Familienwohnsitz.

Statistisches Bundesamt 98 - 2 - 0200

---

1) Der Anteil der Familien mit ausländischer Bezugsperson ist in den neuen Ländern und Berlin-Ost so gering, daß er hier nicht getrennt nachgewiesen wird.

1.10 Wandel der familialen Struktur

Bei der Darstellung der Familie im engeren Sinn wird von der Eltern-Kind-Gemeinschaft ausgegangen, die sich auf das Zusammenleben von zwei Generationen im Haushalt bezieht. Dieser Familienbegriff umfaßt nur die im elterlichen Haushalt lebenden ledigen Kinder, weil die bereits ausgezogenen Kinder aus methodischen Gründen nicht nachgewiesen werden können. Neben den leiblichen Kindern werden auch Stief-, Adoptiv-, und Pflegekinder als Kinder gezählt, werden aber nicht getrennt ausgewiesen. Alleinerziehende mit Kindern werden als Familie gezählt, verheiratete Kinder im Haushalt ihrer Eltern bilden eine eigene Familie.

1.10.1 Ehe, Kinder und Alleinerziehende – die Familien werden kleiner

Die Zahl der Ehepaare ohne Kinder im Haushalt hat im früheren Bundesgebiet in den letzten 40 Jahren deutlich zugenommen. Wurden im Oktober 1957 erst 4,4 Mill. Ehepaare ohne Kinder gezählt, so stieg deren Anzahl bis April 1996 auf 7,4 Mill. Während die Zahl der Ehepaare ohne Kinder stetig weiter gewachsen ist, blieb die Zahl der Familien [1]) mit Kindern verhältnismäßig konstant bei etwa 10,5 Mill., ihr Anteil an der Gesamtzahl aller Lebensgemeinschaften reduzierte sich damit von 71 % im Oktober 1957 auf 58 % im April 1996.

Tab. 1.18: Ehepaare mit und ohne Kinder sowie Alleinerziehende nach Familienstand der Bezugsperson ab 1957*)

1 000

Zeitpunkt		Insgesamt	Ehepaare ohne Kinder	Familien mit Kindern	Davon	
					Ehepaare	Allein-erziehende
Früheres Bundesgebiet						
Oktober	1957	14 967	4 357	10 610	8 564	2 046
Mai	1976	16 712	5 823	10 889	9 431	1 457
April	1991	17 375	6 706	10 668	8 811	1 858
Mai	1992	17 616	6 890	10 726	8 822	1 904
April	1993	17 785	7 037	10 748	8 799	1 949
April	1994	17 833	7 167	10 665	8 684	1 982
April	1995	17 902	7 316	10 586	8 581	2 005
April	1996	17 911	7 445	10 466	8 442	2 024
Neue Länder und Berlin-Ost						
April	1991	4 658	1 687	2 970	2 288	682
Mai	1992	4 603	1 711	2 892	2 210	682
April	1993	4 566	1 718	2 848	2 149	698
April	1994	4 526	1 722	2 804	2 089	715
April	1995	4 493	1 723	2 770	2 038	732
April	1996	4 452	1 737	2 715	1 966	749

*) Ergebnisse des Mikrozensus. – 1957 wohnberechtigte Bevölkerung, ab 1976 Bevölkerung am Familienwohnsitz. – Einschl. der Alleinerziehenden, die Partner in einer nichtehelichen Lebensgemeinschaft sind. – Als Allerziehende zählen auch Väter und Mütter mit volljährigen Kindern.

1) Kinder ohne Altersbegrenzung.

Aber es reduzierte sich nicht nur der Anteil der Ehepaare mit Kindern und Alleinerziehenden, sondern auch die Zahl der Kinder in den Familien. Während die Zahl der Familien mit einem oder zwei Kindern seit Oktober 1957 bei etwa 5,2 Mill. verharrte bzw. von 3,3 Mill. auf 3,9 Mill. leicht gestiegen ist, sank die Zahl der Familien mit 3 oder mehr Kindern von 2,1 Mill. auf 1,4 Mill., d. h. die Familien werden kleiner. So ist der Anteil der Ehepaare und Alleinerziehenden mit drei oder mehr Kindern an allen Familien mit Kindern im früheren Bundesgebiet seit Oktober 1957 von 20 % auf 13 % im April 1996 gesunken. Der Trend zu kleineren Familien ist unverkennbar.

Abb. 1.12: Familien nach Zahl der Kinder[1)]

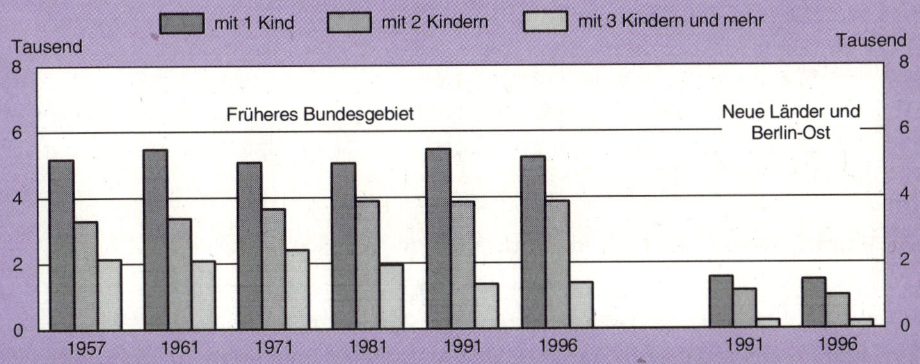

1) 1961 Ergebnis der Volkszählung, sonst Ergebnisse des Mikrozensus.- 1957 bis 1971 wohnberechtigte Bevölkerung, ab 1981 Bevölkerung am Familienwohnsitz.- Einschl. der Alleinerziehenden, die Partner in einer nichtehellichen Lebensgemeinschaft sind.- Als Alleinerziehende zählen auch Väter und Mütter mit volljährigen Kindern.

Statistisches Bundesamt 98 - 2 - 0201

Die Zahl der Alleinerziehenden blieb, sofern nur die Eckzahlen von 1957 und 1996 betrachtet werden, relativ konstant. 1957 wurden 2,0 Mill. Alleinerziehende gezählt, etwa genauso viele wie 1996. Dabei handelt es sich bei den Alleinerziehenden überwiegend um Frauen. Von 2,05 Mill. Alleinerziehenden im früheren Bundesgebiet, waren 1961 1,84 Mill. Frauen, von 2,02 Mill. 1996 waren 1,64 Mill. Frauen. Der Anteil der alleinerziehenden Männer und Frauen an Familien verringerte sich in Westdeutschland von knapp 14 % um etwa drei Prozentpunkte auf 11 %. Dieser Anteil hatte sich allerdings Mitte der 70er Jahre auf 9 % reduziert, bevor der um zwei Prozentpunkte höhere Stand von 1996 erreicht wurde. Der verhältnismäßig hohe Anteil der Alleinerziehenden im Oktober 1957 ist sicherlich unter anderem auf die Auswirkungen des 2. Weltkrieg zurückzuführen. Dieser Einfluß schwächte sich im Laufe der Jahre ab, bis in den 70er Jahren ein Tiefstand erreicht wurde.

In dieser Darstellung werden aus methodischen Gründen nichteheliche Lebensgemeinschaften mit Kindern als Alleinerziehende mit Kindern und einer weiteren familienfremden Person im Haushalt gezählt. Da die Zahl der nichtehelichen Lebensgemeinschaften in den letzten 25 Jahren gestiegen ist, führt dies dazu, daß diese Partnerschaft, sofern Kinder vorhanden sind, die Zahl der Alleinerziehenden entsprechend erhöht. Die zunehmende Akzeptanz nichtehelicher Lebensgemeinschaften führt somit bei der hier gewählten Form der Darstellung seit Mitte der 70er Jahre zu einem Anstieg der Alleinerziehenden.

In den neuen Ländern und Berlin-Ost haben sich in dem kurzen Zeitraum der letzten sechs Jahre nur geringfügige Verschiebungen ergeben. Zum einen ist die Zahl der Ehepaare mit Kindern von 2,3 Mill. auf 2,0 Mill. rückläufig, zum anderen steigt auch hier die Zahl der alleinerziehenden Männer und Frauen von 682 000 auf 750 000 an. So lebten 1996 im Osten ca. 650 000 Frauen ohne Partner mit ihren Kindern zusammen, 1991 waren es knapp 600 000. Die Veränderungen der familialen Strukturen zeigen im Osten vergleichbare Entwicklungslinien wie in Westdeutschland.

Mehr als ein Drittel (37,8 %) der alleinerziehenden Frauen in Deutschland waren 1996 geschieden, während jeweils ein Viertel der Frauen als Familienstand „verwitwet" oder „ledig" angaben. Bei den übrigen Frauen handelte es sich um Alleinerziehende, die zwar verheiratet waren, jedoch getrennt von ihrem Partner lebten. Auffällig ist der Unterschied zwischen Ost und West hinsichtlich der ledigen und verwitweten Alleinerziehenden. Während im Osten über ein Drittel der alleinerziehenden Frauen ledig waren (36,5 %), war es im Westen lediglich ein Fünftel (20,9 %), umgekehrt waren in Westdeutschland knapp ein Drittel (28,4 %) der Alleinerziehenden verwitwet, während deren Anteil in Ostdeutschland noch nicht einmal bei einem Fünftel lag (17,1 %).

1.10.2 Rückgang der ehelichen Bindungen in jungen Jahren

In bundesdeutschen Haushalten lebten im April 1996 rund 5,8 Mill. Ehepaare mit Kindern, wobei die Bezugspersonen der Familien im Alter zwischen 25 bis unter 45 Jahren waren. Bei knapp 68 % aller Familien dieser Altersklasse handelt es sich um Ehepaare mit Kindern. Bereits bei der Altersklasse der 45- bis unter 65jährigen, mit einem Anteil von 48 %, aber vor allem bei den über 65jährigen (82 %) überwiegen die Ehepaare ohne Kinder, die Kinder haben in den meisten Fällen bereits den elterlichen Haushalt verlassen. Auffällig ist der Rückgang der ehelichen Bindungen in jungen Jahren. Die Zahl der Ehepaare mit Kindern, deren Bezugsperson jünger als 25 Jahre ist, ist von April 1991 bis April 1996 um etwa 71 000 zurückgegangen, ein Trend, der sich für das frühere Bundesgebiet bis ins Jahr 1961 zurückverfolgen läßt. Wurden im Juni 1961 noch 219 000 Ehepaare mit Kindern gezählt, so waren es im April 1996 nur noch 84 000. Aber nicht nur die Zahl der Ehepaare mit Kindern, sondern auch die Zahl der Ehepaare ohne Kinder hat in diesem Zeitraum deutlich abgenommen. Gab es 1961 im Westen noch 145 000 Ehepaare, deren Bezugsperson jünger als 25 Jahre alt war, so sank die Zahl bis 1996 auf 79 000. Die Bereitschaft schon in jungen Jahren sich ehelich zu binden, ist in den letzten Jahren zurückgegangen, dafür ist die Zahl der nichtehelichen Lebensgemeinschaften erheblich gestiegen. Auch hier zeigt sich der Wandel in den familialen Strukturen.

Von den 2,8 Mill. Alleinerziehenden, die im April 1996 in Deutschland lebten, war über die Hälfte (1,6 Mill.) jünger als 45 Jahre. In der Altersklasse der unter 25jährigen ist diese familiale Struktur mit einem Anteil 41 % an allen Lebensgemeinschaften dieser Altersklasse, dies entspricht 128 000 Alleinerziehenden, besonders stark ausgeprägt (näheres siehe Anhangtab. A 1.4).

1.10.3 Nichteheliche Lebensgemeinschaften, eine Alternative zur Ehe?

Die seit den 70er Jahren kontinuierlich steigende Zahl der nichtehelichen Lebensgemeinschaften ist Ausdruck eines Wandels der traditionellen Lebensformen. Die

Möglichkeiten der amtlichen Statistik, die Anzahl der tatsächlich existierenden nichtehelichen Partnerschaftsformen „abzubilden", sind allerdings sehr eingeschränkt. Die Statistik kann die nichteheliche Lebensgemeinschaft lediglich als „reine" Haushalts- und Wirtschaftsgemeinschaft erfassen, darüber hinaus aber keine Aussagen treffen über die Dauerhaftigkeit der Beziehung. Demnach vermag die Statistik auch nicht festzustellen, ob die Partner ihre Lebensgemeinschaft als vorübergehende oder als eigenständige Form des Zusammenlebens ansehen.

Seit die Zahl der nichtehelichen Lebensgemeinschaft 1972 zum ersten Mal mit Hilfe eines Schätzverfahrens [1]) ermittelt wurde, hat sich in Westdeutschland ihre Zahl insgesamt sowie auch dieser Gemeinschaften ohne und mit Kind(ern) im Haushalt bis 1996 etwa verzehnfacht. Im April 1972 gab es im früheren Bundesgebiet schätzungsweise erst 137 000 nichteheliche Partnerschaften, 1996 wurden dort knapp 1,4 Mill. unverheiratete Paare gezählt. In dem Zeitraum von 24 Jahren stieg die Zahl der nichtehelichen Lebensgemeinschaften ohne im Haushalt lebende Kinder in den alten Bundesländern kontinuierlich von schätzungsweise 111 000 auf 1,1 Mill., diejenige nichtehelicher Partnerschaften mit Kind(ern) von 25 000 auf 283 000 an. Das bedeutet: Im früheren Bundesgebiet gehörten 1996 vier von fünf Haushalten unverheirateter Paare keine Kinder an. Die nichteheliche Lebensgemeinschaft ohne Kinder ist eine typische Form des Zusammenlebens in Westdeutschland.

Abb. 1.13: Zahl der Nichteheliche Lebensgemeinschaften in Deutschland[1])

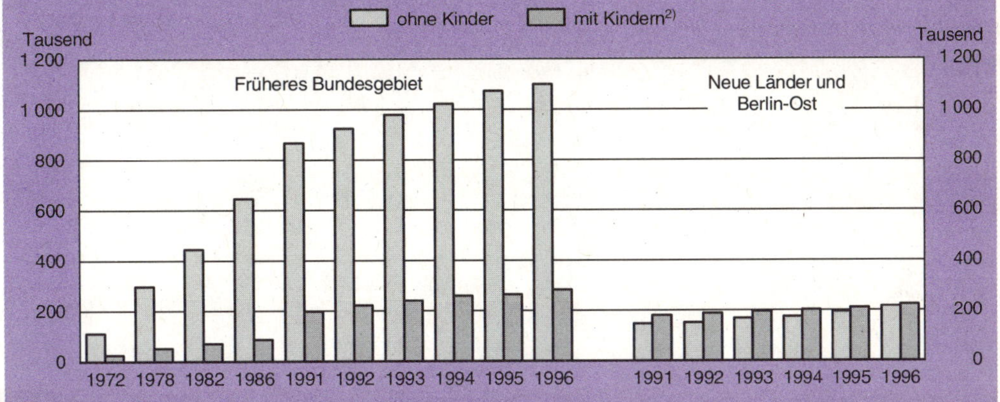

1) Ergebnisse des Mikrozensus.- 2) Im Haushalt lebende ledige Kinder ohne Altersbegrenzung.

Statistisches Bundesamt 98 - 2 - 0202

Anders stellt sich die Situation in den neuen Bundesländern dar. Obwohl hier seit dem ersten gesamtdeutschen Erhebungsjahr des Mikrozensus 1991 der Anteil der nichtehelichen Paare ohne Kinder bis 1996 um vier Prozentpunkte gestiegen ist, gehörten auch 1996 in mehr als der Hälfte (51 %) der knapp 450 000 in Ostdeutschland bestehenden nichtehelichen Lebensgemeinschaften ein oder mehrere Kinder zum Haushalt. Das heißt: In den neuen Ländern ist es nach wie vor üblich, mit Kindern unverheiratet zusammenzuleben. Allerdings deutet der seit der deutschen

1) Bis 1995 wurde die Zahl der nichtehelichen Lebensgemeinschaften in der amtlichen Statistik (Mikrozensus-Haushaltsbefragung) geschätzt, seit 1996 werden auf der Grundlage dieser Haushaltserhebung nichteheliche Beziehungen erfragt.

Einheit zu beobachtende stärkere Anstieg der nichtehelichen Partnerschaften ohne Kinder auch hier auf längerfristig mit dem früheren Bundesgebiet vergleichbare Entwicklungstendenzen hin.

Die in Ost und West erheblich voneinander abweichenden Anteile nichtehelicher Lebensgemeinschaften mit Kind(ern) sind durch die unterschiedliche demographische Entwicklung in den beiden Teilen Deutschlands bedingt. Kennzeichnend waren im Osten höhere Anteile nichtehelicher Geburten, Eheschließungen mit gemeinsamen vorehelichen Kindern sowie auch eine größere Scheidungshäufigkeit von Ehen mit Kindern. So gewinnt die nichteheliche Partnerschaft zunehmend auch als „nacheheliche" Lebensform an Bedeutung. Sie kennzeichnet den Beginn einer neuen Paargemeinschaft nach der Trennung vom Ehepartner. 1996 hatten in Deutschland in 23 % der 1,8 Mill. nichtehelichen Lebensgemeinschaften beide Partner zuvor in einer Ehe gelebt, bei einem knappen Fünftel (18 %) aller unverheirateten Paare hatte einer der Partner bereits einer Ehe angehört. Nichteheliche Lebensgemeinschaften mit einem sowie auch mit zwei nicht mehr ledigen Partnern sind im Osten weiter verbreitet als im Westen. So waren im Westen nur knapp ein Fünftel der Frauen (18 %) geschieden, im Osten traf dies auf gut ein Viertel der Frauen (26 %) zu.

Trotz der deutlich gestiegenen Anzahl nichehelicher Lebensgemeinschaften, ist die Ehe nach wie vor die übliche Form des Zusammenlebens. So standen 1996 19,6 Mill Ehepaare lediglich 1,8 Mill. nichteheliche Lebensgemeinschaften gegenüber.

2 Bildung

2 Bildung

2.1 Bildungsniveau der Bevölkerung

Aktuelle Angaben über den Bildungsstand der Gesamtbevölkerung liefert jährlich der Mikrozensus. Die Daten vom April 1996 zeigen, daß hinsichtlich der Bildungsabschlüsse zwischen Männern und Frauen zum Teil immer noch beträchtliche Unterschiede bestehen (alle Zahlen beziehen sich auf Personen über 15 Jahre, die Angaben über ihren Bildungsstand gemacht haben [1]). So haben nur 14,6 % der Frauen die Hochschul- bzw. Fachhochschulreife erworben, bei den Männern sind es dagegen 20,8 %. Demgegenüber haben 18,8 % der Frauen, aber nur 14,7 % der Männer die Realschule abgeschlossen. Mit 7,3 % ist der Anteil der Frauen mit Hochschul- oder Fachhochschulabschluß auch 1996 weit niedriger als derjenige der Männer (13,6 %). Dagegen liegt der Anteil der Frauen mit abgeschlossener Lehrausbildung mit 50,1 % nur noch knapp unter dem der Männer (53,3 %). Insgesamt haben 77,6 % der Männer gegenüber 63,1 % der Frauen eine berufliche Ausbildung abgeschlossen.

Die teilweise erheblichen Unterschiede im Bildungsstand von Männern und Frauen in der Gesamtbevölkerung sind vor allem durch die Verhältnisse in den höheren Altersgruppen bedingt. Heute werden die Angebote des allgemeinen Bildungssystems von Frauen und Männern in gleicher Weise wahrgenommen, so daß bei der jüngeren Generation bezüglich des Bildungsniveaus kaum noch geschlechtsspezifische Unterschiede festzustellen sind. Zudem weisen die jüngeren Jahrgänge insgesamt einen höheren formalen Bildungsstand auf. In der Altersgruppe der 25- bis 35jährigen haben 27,2 % der Frauen und 29,2 % der Männer die Fachhochschul- oder Hochschulreife. Demgegenüber besitzen 1996 von den über 65jährigen 4,7 % der weiblichen und 13,4 % der männlichen Bevölkerung das Abitur.

Was die beruflichen Bildungsabschlüsse angeht, so haben die jüngeren Frauen vor allem beim Lehrabschluß beträchtlich aufgeholt, während bei den Männern der Anteil nahezu unverändert geblieben ist. Von den im April 1996 25- bis 35jährigen Frauen haben 62,1 % eine Lehre abgeschlossen, bei den 65jährigen und älteren sind es dagegen nur 39,0 %. Bei den Männern der gleichen Altersgruppen betragen die entsprechenden Werte 59,5 % bzw. 56,2 %. In den Altersgruppen von 25 bis 55 Jahren liegt der Anteil der Frauen mit abgeschlossener Lehre inzwischen leicht über dem der Männer. Bei den Personen mit Hochschul- bzw. Fachhochschulabschluß bestehen bei den 25- bis 35jährigen nur relativ geringe Unterschiede zwischen Männern und Frauen. 11,6 % der Frauen gegenüber 14,2 % der Männer dieser Altersgruppe sind Hochschul- oder Fachhochschulabsolventen. Bei den über 65jährigen ist der Anteil bei den Frauen mit 2,5 % deutlich niedriger, während er bei den Männern immerhin 11,2 % beträgt.

---

1) In Abhängigkeit von ihrem Alter ist es den Befragten im Mikrozensus freigestellt, ob sie die Fragen zum allgemeinen Schulabschluß und zum beruflichen Bildungsabschluß beantworten möchten. Daher liegen zu diesen Fragen nicht von allen Befragten Angaben vor. Bei der Interpretation der Ergebnisse ist zu berücksichtigen, daß sich die Befragten ohne Angaben nicht im gleichen Verhältnis auf die einzelnen Bildungsabschlüsse verteilen wie die Befragten mit Angabe.

2.2 Der Besuch von allgemeinbildenden Schulen

In der Regel beginnt die neun- bzw. zehnjährige Schulpflicht mit dem Besuch der Grundschule, und zwar im Wohnbereich der Schüler/-innen. In den meist vier Grundschuljahrgängen sind die Mädchen mit demselben Anteil (rund 49 %) vertreten, den sie auch an der gleichaltrigen Bevölkerung aufweisen. Mit dem Eintritt in den Sekundarbereich I (fünftes bis neuntes bzw. zehntes Schuljahr) ergibt sich für die Schülerinnen und Schüler erstmals die Möglichkeit, die anschließende Schule und Schulart auszuwählen. Neben den drei traditionellen Bildungsgängen Hauptschule, Realschule und Gymnasium, die auf die jeweilige Abschlußart ausgerichtet sind, gibt es Schularten, die diese Entscheidung noch offen lassen. Dazu gehören die schulartunabhängige Orientierungsstufe, die Schulen mit mehreren Bildungsgängen, die integrierten Gesamtschulen und die Freien Waldorfschulen. Unter dem Begriff „Schulen mit mehreren Bildungsgängen" sind in den einzelnen Bundesländern namentlich unterschiedliche Schularten zusammengefaßt, denen gemeinsam ist, daß sie sowohl zu einem Hauptschul- als auch zu einem Realschulabschluß führen.

Tab. 2.1: Anteil der Schülerinnen an der Gesamtzahl der Schüler im Sekundarbereich I

Prozent

Schulart	Schuljahr 1980/81	Schuljahr 1996/97
Hauptschulen	45,9	44,0
Realschulen	53,6	51,1
Gymnasien	50,4	54,3
Sonstige	48,4	47,3
Insgesamt	**49,4**	**49,6**

Bei den einzelnen Schularten der Sekundarstufe I wichen die Anteile von Jungen und Mädchen deutlich voneinander ab (siehe Anhangtab. A 2.1). Im Schuljahr 1996/97 lag in den Hauptschulen der Anteil der Mädchen bei nur 44,0 %. Auch in den Schulen mit mehreren Bildungsgängen und den integrierten Gesamtschulen waren die Mädchen mit 46,1 % bzw. 47,0 %, gemessen an ihrem Bevölkerungsanteil, unterrepräsentiert. Dagegen stellten sie in den Gymnasien (54,3 %), den Freien Waldorfschulen (52,5 %) und den Realschulen (51,1 %) die Mehrheit. Gegenüber 1980 hat sich der Mädchenanteil in den einzelnen Schularten verändert: Einem leichten Rückgang des Mädchenanteils in den Hauptschulen von 45,9 % auf 44,0 % und in den Realschulen von 53,6 % auf 51,1 % steht eine Zunahme in den Gymnasien von 50,4 % auf 54,3 % gegenüber. Besuchte 1980 noch jede dritte Schülerin in der Sekundarstufe I die Hauptschule, so war es 1996 nur noch jede fünfte. Dagegen ging 1980 etwa jede vierte und 1996 etwa jede dritte Schülerin zum Gymnasium.

Nach Beendigung des 9. bzw. 10. Schuljahres, d. h. nach Abschluß des Sekundarbereichs I, verließen mehr als zwei Drittel aller Schülerinnen und Schüler die allgemeinbildenden Schulen, um in beruflichen Schulen, meist als theoretische Ergänzung zu einer betrieblichen Ausbildung, einen Beruf zu erlernen oder sich auf eine Berufsausbildung vorzubereiten. 54,5 % der im Sekundarbereich II an allgemeinbildenden Schulen verbliebenen Schülerinnen und Schülern waren im Schuljahr 1996/97 weiblich, 1980 waren es mit 49,4 % noch weniger als die Hälfte gewesen.

Abb. 2.1: Schüler und Schülerinnen in Gymnasien
im Sekundarbereich II

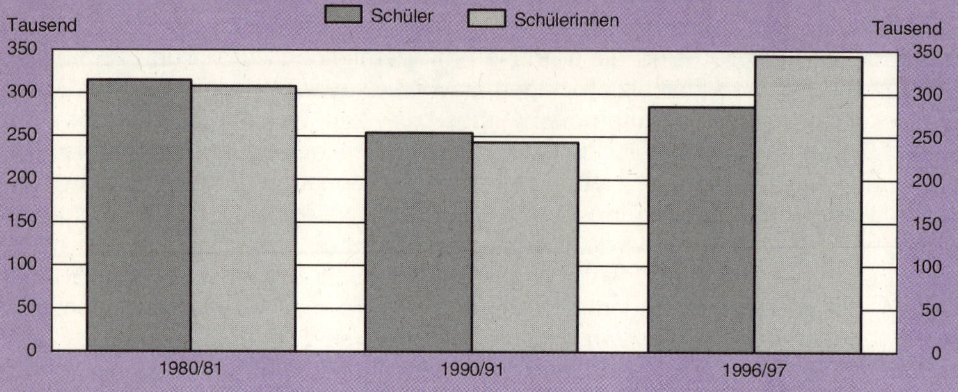

Statistisches Bundesamt 98 - 2 - 0203

Die Sonderschulen werden von Mädchen weitaus seltener besucht als von Jungen; im Schuljahr 1996/97 lag der Anteil der Schülerinnen bei nur 36,4 %. Auch in den Klassen für Lernbehinderte, dem Klassentyp der Sonderschulen mit den meisten Schülern/-innen, blieb der Mädchenanteil mit 37,8 % weit unter dem demographischen Anteil. Seit 1980 ist der Mädchenanteil in Sonderschulen ständig zurückgegangen.

Zu den allgemeinbildenden Schulen gehört auch die Erwachsenenbildung (zweiter Bildungsweg) mit den Abendschulen und Kollegs. 1996 waren 52,0 % der Teilnehmer Frauen, bei den Abendgymnasien lag der Frauenanteil mit 55,2 % am höchsten. Gegenüber 1980 ist er hier am stärksten von allen Abendschulen (um 4,5 Prozentpunkte) gestiegen.

2.3 Der Besuch von beruflichen Schulen und die berufliche Bildung

Die berufliche Bildungslandschaft in der Bundesrepublik Deutschland ist sehr heterogen. Sie läßt sich grob untergliedern in berufsvorbereitende und berufsausbildende Schulen sowie in Schulen der beruflichen Fortbildung (siehe Anhangtab. A 2.2).

Tab. 2.2: Schüler und Schülerinnen in berufsvorbereitenden Schulen im Schuljahr 1996/97

Schulart	Schüler/-innen insgesamt	Frauenanteil in %
Berufsvorbereitungsjahr	65 198	*37,7*
Berufsgrundbildungsjahr	39 966	*29,2*
Berufsaufbauschulen	2 851	*35,7*
Berufsfachschulen	197 579	*56,4*
Fachoberschulen	81 679	*47,9*
Fachgymnasien	90 179	*47,4*
Kollegschulen	61 248	*39,8*
Insgesamt	**538 700**	***47,4***

Zu den berufsvorbereitenden Schulen gehören zum einen das Berufsvorbereitungsjahr und das Berufsgrundbildungsjahr sowie diejenigen Berufsfachschulen, die – wie die Handelsschulen – auf eine Berufsausbildung vorbereiten. Ihnen allen ist gemeinsam, daß die Schüler/innen sie besuchen, um ihre Chancen auf dem Ausbildungsstellenmarkt zu verbessern. Zum anderen zählen zu diesen beruflichen Schulen die Fachoberschulen und die Fachgymnasien, die zur Fachhochschul- bzw. zur allgemeinen Hochschulreife führen. In allen berufsvorbereitenden Schulen, mit Ausnahme der Berufsfachschulen, waren die Frauen in der Minderheit; die Spanne reichte im Schuljahr 1996/97 von 29,2 % im Berufsgrundbildungsjahr bis zu 47,9 % bei den Fachoberschulen. Lediglich bei den Berufsfachschulen, die auf einen Beruf vorbereiten, gab es eine Mehrheit der Schülerinnen. Gegenüber 1980 hat vor allem der Frauenanteil in den Fachoberschulen von 32,8 % auf 47,9 % zugenommen. Auch in den Fachgymnasien und den Kollegschulen von Nordrhein-Westfalen war eine Zunahme um jeweils etwa 5 Prozentpunkte zu verzeichnen.

Schulartübergreifend war eine stark abweichende Aufteilung der Schüler/-innen nach Geschlecht in den einzelnen Berufsfeldern bzw. Fachrichtungen zu beobachten: In den Berufsfeldern „Soziales", „Erziehung", „Körperpflege" und „Hauswirtschaft" dominierten die Frauen sehr stark, im Bereich „Wirtschaft und Verwaltung" gab es nur wenig mehr Frauen als Männer, während sie in den technischen Berufsfeldern nur eine Minderheit stellten.

Von den 1,9 Millionen Schüler/-innen an berufsausbildenden Schulen im Schuljahr 1996/97 besuchten rund 85 % die Berufsschule als Ergänzung zu einem betrieblichen Ausbildungsverhältnis („duales System"), die übrigen wurden rein schulisch in Berufsfachschulen bzw. in Schulen des Gesundheitswesens und eine verhältnismäßig geringe Anzahl in den Kollegschulen von Nordrhein-Westfalen ausgebildet.

Tab. 2.3: Auszubildende 1996 in den am stärksten besetzten Ausbildungsberufen im dualen System

Ausbildungsberuf	Männliche Auszubildende	Frauenanteil an allen Auszubildenden	Ausbildungsberuf	Weibliche Auszubildende	Frauenanteil an allen Auszubildenden
	Anzahl	%		Anzahl	%
Kraftfahrzeugmechaniker	75 478	*1,9*	Bürokauffrau	51 014	*76,2*
Elektroinstallateur	54 731	*0,9*	Arzthelferin	50 946	*99,8*
Maurer	49 415	*0,3*	Zahnarzthelferin	42 417	*99,9*
Tischler	39 878	*7,4*	Kauffrau im Einzelhandel	41 431	*60,6*
Maler und Lackierer	39 584	*10,0*	Friseurin	36 771	*93,0*
Alle übrigen Berufe	699 668	*47,1*	Alle übrigen Berufe	410 894	*31,0*

Im dualen System insgesamt lag der Frauenanteil 1996 bei rund 40 %. Die Verteilung der jungen Männer und Frauen auf die Ausbildungsberufe war jedoch sehr unterschiedlich: Während in den Fertigungsberufen die Männer dominierten, stellten die Frauen in zahlreichen Dienstleistungsberufen die überwiegende Mehrheit. Die meisten kaufmännischen Berufe schienen dagegen für Frauen und Männer gleichermaßen attraktiv zu sein. Innerhalb der jeweiligen Bereiche ist sowohl bei Männern als auch bei Frauen eine starke Konzentration auf wenige Ausbildungsberufe zu beobachten. Mehr als ein Viertel aller männlichen Auszubildenden erlernten

1996 die Berufe Kraftfahrzeugmechaniker, Elektroinstallateur, Maurer, Tischler sowie Maler und Lackierer. Diese Berufe sind mit einem Frauenanteil oft weit unter 10 % weitgehend Männerberufe. Von den weiblichen Auszubildenden konzentrierten sich mehr als ein Drittel auf die Berufe Bürokauffrau und Kauffrau im Einzelhandel sowie Arzthelferin, Zahnarzthelferin und Friseurin. Mit einem Frauenanteil von jeweils mehr als 93 % konnten die letztgenannten drei Berufe als nahezu reine Frauenberufe angesehen werden.

Eine deutliche Mehrheit (78,8 %) besaßen die Frauen an den rund 252 000 Schülerinnen und Schülern, die in einem Beruf außerhalb des dualen Systems ausgebildet wurden. Die Schwerpunkte dieser Ausbildungsgänge lagen bei den nichtakademischen Gesundheitsdienst- und Pflegeberufen, den technischen und nichttechnischen Assistenzberufen im medizinischen und im kaufmännischen Bereich sowie den fremdsprachlichen Berufen. In den pflegerischen und fremdsprachlichen Berufen war eine eindeutige Dominanz der Frauen gegeben. Nahezu reine Männerberufe gab es lediglich vereinzelt, wie Sanitäter und elektrotechnischer bzw. datentechnischer Assistent. Von den jungen Frauen wurde mehr als die Hälfte in den folgenden fünf Berufen ausgebildet: Krankenschwester (ein Viertel dieser Frauen), Kinderpflegerin, Altenpflegerin, Krankengymnastin sowie sozialpflegerische Berufe. In diesen Berufen waren 1996 jeweils etwa drei Viertel aller Auszubildenden Frauen. Gegenüber 1980 ist der Frauenanteil allerdings zurückgegangen und der Männeranteil gestiegen. So war von den Auszubildenden für den Beruf Krankenschwester/Krankenpfleger 1980 jeder sechste Auszubildende männlich, 1996 jedoch bereits rund jeder vierte. Diese Entwicklung zu einer etwas ausgeglicheren Verteilung der Geschlechter bei der Berufsausbildung ist auch bei den übrigen Ausbildungsberufen an Berufsfachschulen und Schulen des Gesundheitswesens zu beobachten.

Tab. 2.4: Die am stärksten besetzten Berufe von Schüler/-innen in Berufsfachschulen und Schulen des Gesundheitswesens im Schuljahr 1996/97

Beruf	Schüler/-innen insgesamt	Frauenanteil in %
Krankenschwester/Krankenpfleger	68 866	*76,8*
Kinderpfleger/-in	21 657	*96,7*
Altenpfleger/-in 1)	22 612	*80,5*
Krankengymnast/-in 2)	18 304	*73,9*
Sozialpflegerische Berufe	13 045	*92,6*
Alle übrigen Berufe	107 090	*75,2*

1) Außerdem erlernten noch 14 300 Schülerinnen und 2 206 Schüler diesen Beruf in Fachschulen. – 2) Einschl. Physiotherapeuten.

Von den 1996 rund 163 000 Schülerinnen und Schülern in Schulen der beruflichen Fortbildung besuchte der weitaus überwiegende Teil (92,8 %) Fachschulen. Der Anteil der Schülerinnen in Fachschulen lag 1996 bei 53,2 % und hat sich damit gegenüber 1980 (39,4 %) kräftig erhöht. Auch bei der Fortbildung sind zwischen Männern und Frauen deutliche Unterschiede nach den angestrebten Berufen festzustellen. Während mehr als drei Viertel aller Schülerinnen in sozialen oder pflegerischen Berufen unterrichtet wurden, lag der Schwerpunkt der Schüler (mehr als die Hälfte) bei den technischen Berufen. Die übrigen Schulen der beruflichen Fortbildung, Berufsoberschulen/Technische Oberschulen (Möglichkeit zur Erlangung der allgemeinen oder fachgebundenen Hochschulreife nach einer abgeschlossenen Ausbildung und/oder Berufsausübung) und Fach-/Berufsakademien (Vorbereitung auf gehobene Berufslaufbahn), sind nur in einigen Bundesländern eingerichtet und von ihrer Schülerzahl her von untergeordneter Bedeutung.

Neben der schulischen Fortbildung gibt es auch die Möglichkeit, Fortbildungslehrgänge von Firmen oder sonstigen Einrichtungen zu besuchen und diese mit einer Prüfung vor einer nach dem Berufsbildungsgesetz zuständigen Stelle, z. B. Industrie- und Handelskammer oder Handwerkskammer, abzuschließen. Von dieser Möglichkeit machten 1996 rund 153 000 Personen Gebrauch; ein Teil von ihnen dürfte vorher eine Fachschule besucht haben. Etwa ein Drittel der Teilnehmer/-innen an Fortbildungsprüfungen waren Frauen, die sich hauptsächlich (66,0 %) in einem kaufmännischem Beruf fortgebildet hatten. Bei den Männern stand die Meisterprüfung (58,1 %) – meist in gewerblichen Berufen – im Vordergrund, kaufmännische Berufe hatte nur rund jeder vierte Prüfungsteilnehmer gewählt.

2.4 Schulentlassene nach Abschlußarten

Von den rund 1,9 Millionen Schulentlassenen aus den allgemeinbildenden und beruflichen Schulen sowie denjenigen des zweiten Bildungsweges verfügten am Ende des Schuljahres 1995/96 30,5 % über die Fachhochschul- bzw. allgemeine Hochschulreife und 39,2 % über den Realschulabschluß. Von den restlichen 30,3 % der Schulentlassenen hatten am Ende der Vollzeitschulpflicht rund drei Viertel den Hauptschulabschluß erreicht. Zwischen männlichen und weiblichen Schulabgängern ist die Verteilung auf die einzelnen Abschlußarten unterschiedlich, wobei – insgesamt gesehen – das Niveau der Bildungsabschlüsse bei den jungen Frauen häufig höher ausfällt als bei ihren männlichen Altersgenossen. Die Fachhochschul- und allgemeine Hochschulreife (Abitur) besaßen rund ein Drittel der Frauen gegenüber etwas mehr als einem Viertel der Männer. Ohne Hauptschulabschluß blieb etwa jede 18. Frau gegenüber etwa jedem 10. Mann.

Abb. 2.2: Schulentlassene 1996 nach allgemeinbildenden Abschlußarten an allgemeinbildenden und beruflichen Schulen[1)]

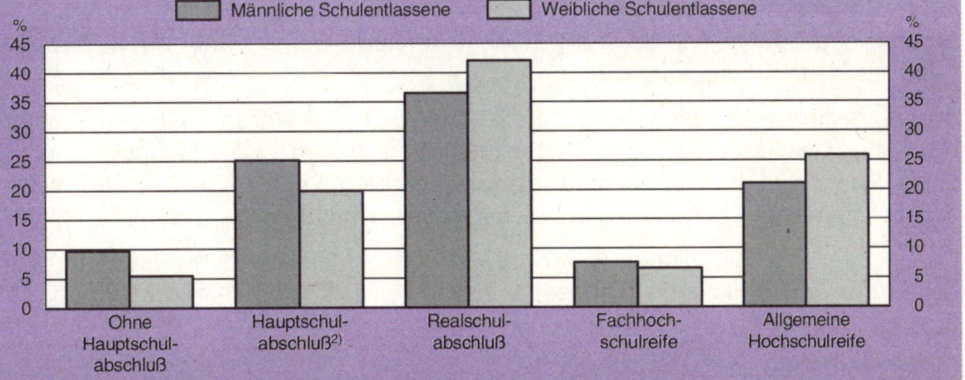

1) Ohne externe Abschlußprüfungen.- 2) Ohne zusätzlich erworbenen Hauptschulabschluß an beruflichen Schulen.

Statistisches Bundesamt 98 - 2 - 0204

Sowohl männliche als auch weibliche Schulentlassene haben 1996 den Realschulabschluß und die allgemeine Hochschulreife jeweils zu über 80 % an allgemeinbildenden Schulen erworben. Die Fachhochschulreife, als besonderer Abschluß mit der Einführung der Fachoberschule Ende der 60er Jahren neu geschaffen, wird auch heute zu mehr als 90 % an dieser Schulart erworben, und zwar von 92,6 % der Männer und von 89,4 % der Frauen mit dieser Abschlußart.

Die Bedeutung der Abendschulen zur Erreichung eines höheren Abschlusses war auch 1996 sehr gering. Von den Entlassenen mit allgemeiner Hochschulreife kamen 2,7 % von Abendschulen, bei der Fachhochschulreife betrug der Anteil 1,6 % und beim Realschulabschluß 0,6 %. Zwischen Männern und Frauen gab es dabei kaum Unterschiede.

Gegenüber 1980 ist das Abschlußniveau generell angestiegen. Blieben 1980 45,6 % der Schulentlassenen insgesamt unter dem Realschulabschluß, so hat sich der Anteil um ein Drittel auf 30,1 % im Jahr 1996 vermindert. Der Abiturientenanteil stieg im gleichen Zeitraum von 20,0 % auf 30,5 %. Die Abschlüsse der weiblichen Schulentlassenen verbesserten sich überdurchschnittlich; der Anteil der jungen Frauen mit einem Abschluß unterhalb des Realschulabschlusses sank von 41,4 % (1980) auf 25,4 % (1996), während sich derjenige mit allgemeiner Hochschul- bzw. Fachhochschulreife von 18,7 % auf 32,5 % erhöhte und damit höher lag als bei den Männern. Weitere Informationen zu den Schulentlassenen siehe Anhangtab. A 2.3.

2.5 Lehrkräfte an allgemeinbildenden und beruflichen Schulen

1996 gab es in Deutschland rund 782 000 hauptberufliche Lehrkräfte, drei Fünftel von ihnen waren Frauen. Die Mehrzahl (85,2 %) der Lehrkräfte unterrichtete an allgemeinbildenden Schulen. In den allgemeinbildenden Schulen hatten die Lehrerinnen mit 63,9 % einen deutlich höheren Anteil an den Lehrkräften als in den beruflichen Schulen (36,6 %). Bei den verschiedenen Schularten der allgemeinbildenden Schulen wiesen die Grundschulen mit 83,3 % den höchsten Frauenanteil an den Lehrkräften auf. Mit Ausnahme der Gymnasien sowie der Abendschulen und Kollegs mit jeweils rund 45 % stellten die Lehrerinnen in allen Schularten die Mehrheit. In den beruflichen Schulen dagegen waren weibliche Lehrkräfte, mit Ausnahme an Fach-/Berufsakademien, immer in der Minderheit. Am deutlichsten war dies beim Berufsgrundbildungsjahr der Fall, in dem nur jede fünfte Lehrkraft weiblich war. (Näheres siehe Anhangtab. A 2.4.)

31,9 % der hauptberuflichen Lehrkräfte (rund 249 000) waren 1996 teilbeschäftigt. Der Anteil der Frauen an den Teilbeschäftigten war mit 88,3 % überproportional hoch. Von den Lehrerinnen an allgemeinbildenden Schulen war annähernd jede Zweite und bei den beruflichen Schulen rund 40 % nicht vollbeschäftigt.

Neben den hauptberuflichen waren 1996 noch 99 000 stundenweise beschäftigte Lehrkräfte im Schuldienst eingesetzt, rund die Hälfte (49,7 %) von ihnen waren Frauen.

Gegenüber 1980 ist der Anteil der Frauen an den hauptberuflichen Lehrkräften von 51,8 % auf 60,2 % (1996) gestiegen. Ein Anstieg des Frauenanteils an den Lehrkräften ist sowohl für die allgemeinbildenden (von 55,0 auf 63,9 %) als auch für die beruflichen Schulen (von 30,0 % auf 36,6 %) festzustellen. Die stärkste Zunahme des Lehrerinnenanteils war bei den Fachoberschulen und den Fachgymnasien (von 17,2 % auf 29,5 % bzw. von 24,0 % auf 36,6 %) zu verzeichnen.

Tab. 2.5: Hauptberufliche Lehrkräfte 1996 an allgemeinbildenden und beruflichen Schulen

Bereich ——— Lehrkräfte nach Beschäftigungsumfang	Insgesamt	Frauenanteil in %
Allgemeinbildende Schulen 1)		
Vollbeschäftigte Lehrkräfte	438 754	*50,5*
Teilbeschäftigte Lehrkräfte	227 615	*89,7*
Berufliche Schulen		
Vollbeschäftigte Lehrkräfte	86 393	*27,4*
Teilbeschäftigte Lehrkräfte	21 690	*73,5*
Schulen des Gesundheitswesens		
Voll-/teilbeschäftigte Lehrkräfte	7 298	*73,1*
Lehrkräfte insgesamt	**781 751**	***60,2***

1) Ohne Vorschulbereich.

Die Teilbeschäftigung im Lehrberuf blieb weitgehend eine Angelegenheit der Frauen. Von allen teilbeschäftigten Lehrkräften war sowohl 1980 (89,4 %) als auch 1996 (88,3 %) die überwiegende Mehrheit weiblich. Während 1980 die teilbeschäftigten Lehrerinnen etwa ein Viertel aller hauptberuflichen Lehrerinnen ausmachten, erhöhte sich dieser Anteil für 1996 auf annähernd die Hälfte.

2.6 Die Hochschulausbildung

Bei der Diskussion um die berufliche Gleichstellung der Frauen sind die Hochschulen in besonderem Maße tangiert, da häufig nur eine abgeschlossene Hochschulausbildung den Aufstieg in höhere Positionen ermöglicht. Ausgehend von ursprünglich sehr niedrigen Frauenanteilen im Hochschulbereich hat die Beteiligung der Frauen an der akademischen Ausbildung in den vergangenen Jahrzehnten überdurchschnittlich stark zugenommen. Inzwischen sind fast die Hälfte aller Studienanfänger und -anfängerinnen Frauen. Auch in den höheren Stadien der akademischen Laufbahn sind die Frauenanteile deutlich angestiegen (vgl. Anhangtab. A 2.5). Dennoch gibt es nach wie vor einige gravierende Unterschiede im Bildungsverhalten zwischen Männern und Frauen – beispielsweise bei der Studiengang- 1) und Studienfachwahl. Im folgenden werden für den Zeitraum 1980/81 bis 1995/96 (und sofern vorliegend für 1996/97) die Entwicklungen im Hochschulsektor generell sowie die jeweilige Bildungsbeteiligung und das Bildungsverhalten der Frauen dargestellt und erläutert 2). Da sich Veränderungen in der Hochschullandschaft in der Regel bereits beim Hochschulzugang abzeichnen, wird das Hauptaugenmerk auf die Studienanfängerzahlen gerichtet.

1) Art des angestrebten Hochschulabschlusses (bspw. Fachhochschulabschluß) in einem bestimmten Studienfach. – 2) Ab 1992/93 sind in den Ergebnissen jeweils die neuen Länder und Berlin-Ost enthalten. Dort sind die Frauenanteile im gesamten Hochschulsektor generell etwas höher als im früheren Bundesgebiet.

Tab. 2.6: Frauenanteile in verschiedenen Stadien der akademischen Laufbahn*)

Gegenstand der Nachweisung	Frauenanteile in % 1) 1980	1995
Studienanfänger und Studienanfängerinnen	40,2	47,8
Studierende	36,7	41,6
Absolventen und Absolventinnen	34,1	40,7
Promotionen	19,6	31,5
Habilitationen	4,8	13,8
Professoren und Professorinnen 2)	5,3	8,2
Bevölkerung insgesamt	52,2	51,3

*) Siehe auch Anhangtab. A 2.5. – 1) 1980: früheres Bundesgebiet; 1995: Deutschland. – 2) Vgl. dazu auch Abschn. 2.7.

2.6.1 Studienanfängerinnen und Studienanfänger

Entwicklung der Studienanfängerzahl seit 1980

Im Studienjahr 1996/97 1) haben insgesamt 268 900 Personen erstmals ein Studium an einer Hochschule in Deutschland aufgenommen. Unter diesen Studienanfängern oder Erstimmatrikulierten waren 128 100 oder 47,6 % Frauen. Bezieht man die Zahl der Studienanfängerinnen und Studienanfänger auf den für diese Personengruppe typischen Altersjahrgang in der Bevölkerung, so ergibt sich eine Studienanfängerquote von insgesamt 31,2 %. Die Studienanfängerquote der jungen Männer lag mit 31,8 % nur geringfügig über der der Frauen des entsprechenden Altersjahrgangs (30,5 %). Im Studienjahr 1980/81 hatte sich insgesamt nur ein Fünftel (19,8 %) der alterstypischen Bevölkerung für ein Studium entschieden. Die Studierneigung der Männer lag damals mit einer Studienanfängerquote von 23,0 % noch um 6,6 Prozentpunkte über der der Frauen mit 16,4 %. Der Anteil der Frauen unter den damals insgesamt 192 900 Studienanfängerinnen und Studienanfängern lag 1980/81 erst bei 40,2 %.

Tab. 2.7: Studienanfänger/-innen und Studienanfängerquote*)

Berichtsjahr	Gebiet	Durchschnitt der Bevölkerung im Alter von 18 bis unter 22 Jahren	Studienanfänger/-innen 1) (1. Hochschulsemester)	Studienanfängerquote 2)
		1 000	1 000	%
		Insgesamt		
1980/81	Früheres Bundesgebiet	975,4	192,9	*19,8*
1996/97 3)	Deutschland	862,8	268,9	*31,2*
		Weiblich		
1980/81	Früheres Bundesgebiet	473,9	77,6	*16,4*
1996/97 3)	Deutschland	420,4	128,1	*30,5*

*) Siehe auch Anhangtab. A 2.6. – 1) Sommer- und nachfolgendes Wintersemester (z. B. 1995 = SS 1995 und WS 1995/96). – 2) Anteil der Studienanfänger/-innen an der altersspezifischen Bevölkerung. – 3) Vorläufiges Ergebnis.

1) Vorläufiges Ergebnis. Für die Studienanfängerzahlen werden – sofern nichts anderes angegeben – jeweils die Ergebnisse eines Sommersemesters und die des darauffolgenden Wintersemesters zu einem Studienjahr zusammengefaßt. Hier z. B. Sommersemester 1996 plus Wintersemester 1996/97. Die Zahl aller Studierenden an Hochschulen wird jeweils für das Wintersemester ausgewiesen.

Ausländische Studienanfängerinnen und Studienanfänger

Von den 268 900 Studienanfängerinnen und Studienanfängern im Studienjahr 1996/97 hatten 37 100, das entspricht 13,8 %, eine ausländische Staatsangehörigkeit. Über die Hälfte der ausländischen Studienanfänger (18 800 oder 50,8 %) waren Frauen. 1980/81 waren erst 37,7 % (5 000) der insgesamt 13 200 ausländischen Studienanfänger Frauen. Der Ausländeranteil an der Gesamtzahl der Studienanfänger betrug 1980/81 nur 6,8 %. Demzufolge ist zum einen die Gesamtzahl der ausländischen Studienanfängerinnen und Studienanfänger vergleichsweise stärker angestiegen als die Zahl der deutschen Studienanfänger; zum anderen wurde bei den ausländischen Studienanfängern ein größerer Anstieg des Frauenanteils verzeichnet als bei den deutschen Erstimmatrikulierten (vgl. Tab. 2.8 und Anhangtab. A 2.7).

Studienanfängerinnen und Studienanfänger nach Hochschularten

Über zwei Drittel (69,3 %) der insgesamt 268 900 Studienanfänger/-innen des Studienjahres 1996/97 haben sich an einer Universität, Gesamthochschule, Pädagogischen, Theologischen oder Kunsthochschule (sog. wissenschaftliche Hochschulen), die restlichen 30,7 % an einer Fach- oder Verwaltungsfachhochschule eingeschrieben.

Während sich an den wissenschaftlichen Hochschulen 1996/97 mehr Frauen neu immatrikuliert haben als Männer (51,8 %), lag der Frauenanteil an den Fach- und Verwaltungsfachhochschulen bei nur 38,2 %. Dieser unterschiedlich hohe Frauenanteil an den wissenschaftlichen Hochschulen sowie an den Fach- und Verwaltungsfachhochschulen läßt sich u. a. auf die an diesen Hochschularten schwerpunktmäßig angebotenen Studienfächer zurückführen, die von Männern und Frauen in jeweils unterschiedlichem Maß präferiert werden (siehe unten).

Tab. 2.8: Studienanfängerinnen und Studienanfänger nach Hochschularten*)

Studienjahr [1])	Studienanfänger/-innen		Ausländer/-innen	
	insgesamt	dar. Frauen	zusammen	dar. Frauen
	1 000	%	1 000	%
Hochschulen insgesamt				
1992/93	290,8	*43,3*	32,1	*45,9*
1996/97 [2])	268,9	*47,6*	37,1	*50,8*
Universitäten (einschl. Gesamthochschulen, Pädagogischen, Theologischen und Kunsthochschulen)				
1992/93	199,3	*47,1*	27,2	*48,5*
1996/97 [2])	186,4	*51,8*	31,3	*53,3*
Fach- und Verwaltungsfachhochschulen				
1992/93	91,5	*35,0*	4,9	*31,4*
1996/97 [2])	82,6	*38,2*	5,8	*37,0*

*) Siehe auch Anhangtab. A 2.7. – 1) Sommersemester und nachfolgendes Wintersemester (z. B. 1995/96 = SS 1995 und WS 1995/96). – 2) Vorläufiges Ergebnis.

Studienfachwahl der Studienanfängerinnen und Studienanfänger

Die meisten Studienanfänger/-innen – 35,8 % oder 96 300 – haben sich im Studienjahr 1996/97 in einem rechts-, wirtschafts- und sozialwissenschaftlichen, weitere 21,8 % (58 500) in einem sprach- und kulturwissenschaftlichen und 17,5 % (47 100) in einem ingenieurwissenschaftlichen Studienfach eingeschrieben. Gemessen an der Besetzungszahl an vierter und fünfter Stelle standen Studienfächer der Fächergruppen „Mathematik, Naturwissenschaften" (13,1 % oder 35 200) und „Humanmedizin" (4,1 % bzw. 11 100). Die restlichen Studienanfänger/-innen verteilten sich auf die kleineren Fächergruppen „Sport", „Veterinärmedizin", „Agrar-, Forst- und Ernährungswissenschaften" sowie „Kunst, Kunstwissenschaft" (diese sind in der Anhangtab. A 2.8 und in Abb. 2.3 unter „Übrige" zusammengefaßt).

Abb. 2.3 zeigt die Verteilung der Studienanfänger/-innen auf die einzelnen Fächergruppen seit 1980/81. Daraus geht hervor, daß der Anteil derjenigen Studienanfänger und -anfängerinnen, die sich für ein Studium der „Rechts-, Wirtschafts- und Sozialwissenschaften" entschieden haben, seither deutlich angestiegen ist. Gleiches gilt seit Ende der 80er Jahre auch für die „Sprach- und Kulturwissenschaften". Der Anteil der Studienanfänger/-innen, die ein Studium der Ingenieurwissenschaften begonnen haben, ist seit Beginn der 90er Jahre rückläufig.

Bei der Fächerwahl der Studienanfänger lassen sich eindeutige geschlechtsspezifische Präferenzen nachweisen, die im Zeitablauf weitgehend unverändert geblieben sind (vgl. Anhangtab. A 2.8). So stellt die Fächergruppe „Sprach- und Kulturwissenschaften" beispielsweise eine Domäne der Frauen, die Fächergruppe „Ingenieurwissenschaften" demgegenüber eine Männerdomäne dar. Im Studienjahr 1996/97 betrug der Frauenanteil in den „Sprach- und Kulturwissenschaften" 70,8 %, der Männeranteil in den „Ingenieurwissenschaften" lag bei 80,3 %. Einzelne Studienfächer dieser Fächergruppen werden sogar fast ausschließlich von Männern bzw. Frauen gewählt (siehe Abb. 2.4). Die gegenüber 1980/81 überproportional angestiegene Zahl der Studienanfängerinnen hat sich in allen Fächergruppen – auch in den „Ingenieurwissenschaften" – bemerkbar gemacht. In dieser Fächergruppe hat sich der Frauenanteil gegenüber 1980/81 von 11,3 % auf 19,7 % im Studienjahr 1996/97 sogar fast verdoppelt.

2.6.2 Studierende

Die Studienanfängerinnen und Studienanfänger stellen nur etwa ein Siebtel aller an deutschen Hochschulen immatrikulierten Studierenden dar. Daher wirken sich nur länger andauernde oder gravierende Veränderungen der Studienanfängerzahlen merklich auf den Gesamtbestand der Studierenden aus [1]).

1) Veränderungen der Studierendenzahlen können sich auch infolge einer veränderten Verweildauer an der Hochschule ergeben.

Abb. 2.3: Veränderung der Verteilung der Studienanfänger/-innen auf die Fächergruppen[1)]

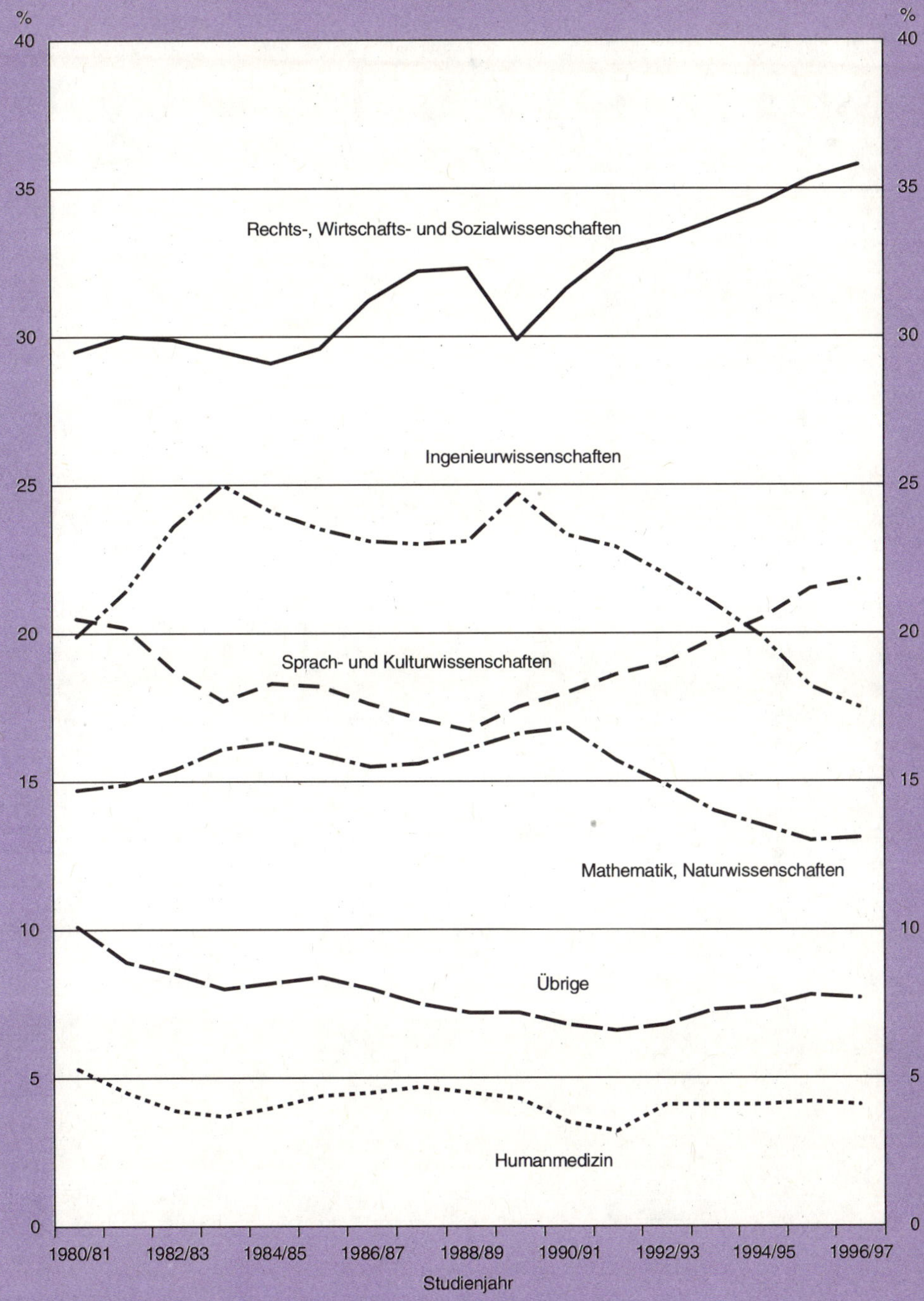

1) Sommersemester und darauffolgendes Wintersemester (z.B. 1996 = SS 1996 und WS 1996/97). - WS 1996/97 vorläufiges Ergebnis. - Bis 1991/92: früheres Bundesgebiet ab 1992/93: Deutschland.

Statistisches Bundesamt 98 - 2 - 0205

Abb. 2.4: Die 10 beliebtesten Studienfächer der Studienanfänger/- innen

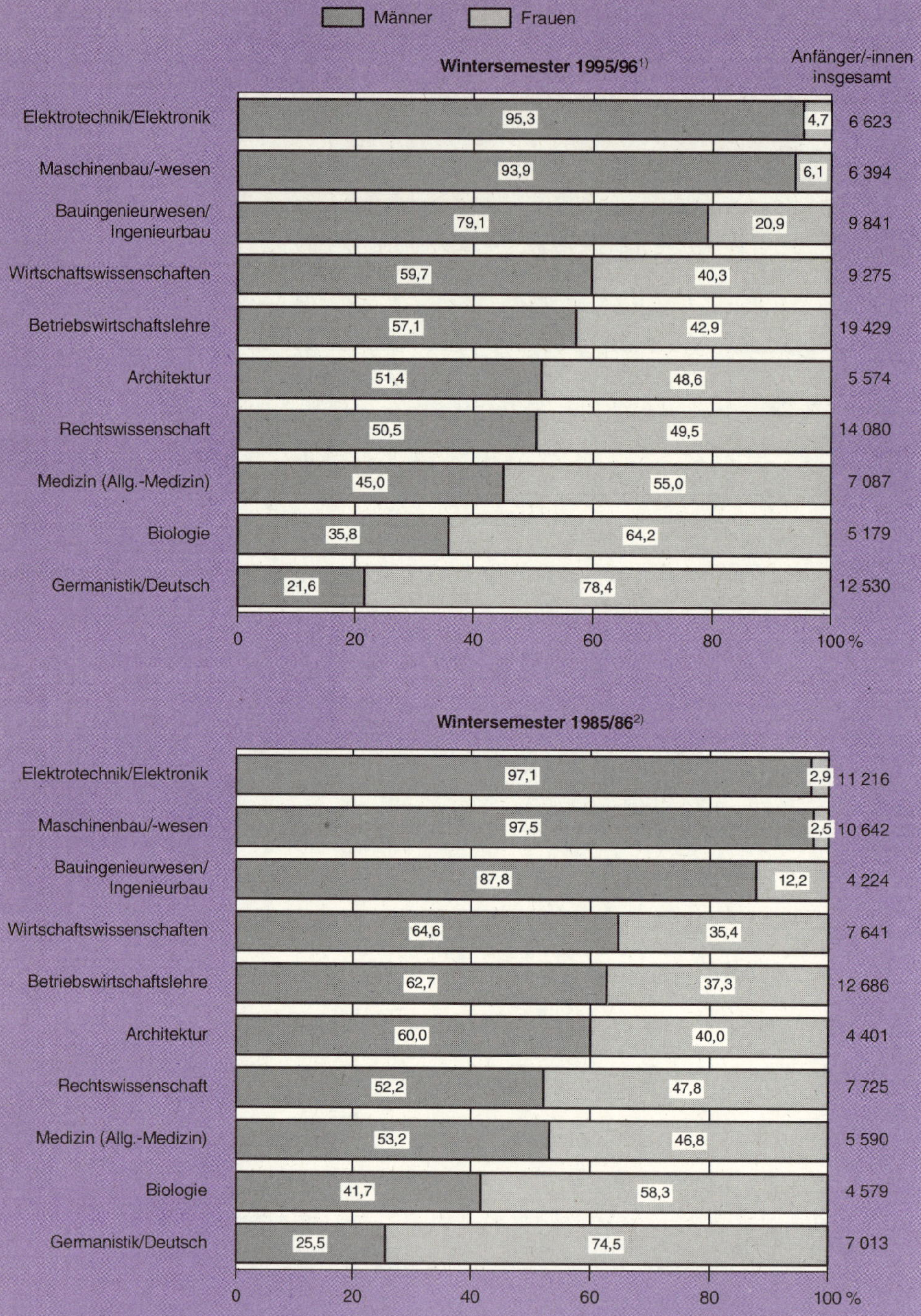

1) Deutschland.- 2) Früheres Bundesgebiet.

Statistisches Bundesamt 98 - 2 - 0206

Im Wintersemester 1996/97 waren an den Hochschulen in Deutschland insgesamt 1,8 Millionen Studierende eingeschrieben, davon 1,4 Millionen (oder 76,0 %) an einer Universität oder gleichrangigen wissenschaftliche Hochschule, die übrigen 442 000 (24,0 %) an einer Fach- oder Verwaltungsfachhochschule. Gegenüber dem Wintersemester 1980/81 ist die Zahl der Studierenden insgesamt um 802 200 oder 77,4 % 1), die Anzahl der Studentinnen um 401 800 oder 105,7 % gestiegen. Durch diesen vergleichsweise stärkeren Anstieg bei den Frauen gegenüber den Männern hat sich der Frauenanteil von 36,7 % im Wintersemester 1980/81 auf 42,5 % im Wintersemester 1996/97 erhöht.

150 100 (8,2 %) Studierende des Wintersemesters 1996/97 hatten eine ausländische Staatsangehörigkeit. Bei den ausländischen Studierenden des Wintersemesters 1996/97 lag der Frauenanteil etwas niedriger (42,0 %) als bei Studierenden insgesamt.

Tab. 2.9: Studierende an Hochschulen*)

Wintersemester	Studierende		Ausländer/-innen	
	insgesamt	dar. Frauen	zusammen	dar. Frauen
	1 000	%	1 000	%
		Früheres Bundesgebiet		
1980/81	1 036,3	*36,7*	57,7	*29,8*
1985/86	1 336,7	*37,8*	74,6	*32,0*
1990/91	1 579,0	*38,3*	99,8	*37,2*
1991/92	1 639,9	*38,7*	107,9	*38,1*
		Deutschland		
1992/93	1 834,3	*39,7*	124,6	*37,5*
1993/94	1 867,3	*40,2*	134,4	*38,7*
1994/95	1 872,5	*40,8*	141,5	*40,0*
1995/96	1 857,9	*41,7*	146,5	*41,0*
1996/97 1)	1 838,5	*42,5*	150,1	*42,0*

*) Siehe auch Anhangtab. A 2.9. – 1) Vorläufiges Ergebnis.

2.6.3 Hochschulabsolventinnen und -absolventen

1995 wurden an den deutschen Hochschulen insgesamt 229 900 Abschlußprüfungen erfolgreich abgelegt, davon 93 500 oder 40,7 % von Frauen. 46,0 % der Prüfungsabsolventinnen und -absolventen des Jahrgangs 1995 haben einen Universitäts- oder entsprechenden Diplomabschluß, 9,7 % eine Promotion, 11,6 % einen Lehramtsabschluß und 32,7 % einen Fachhochschulabschluß erworben. Den höchsten Frauenanteil (73,2 %) wiesen die Lehramtsabschlüsse auf, was den „Lehrerberuf" als einen typischen Frauenberuf charakterisiert.

1) Hierbei muß allerdings berücksichtigt werden, daß sich die Zahlen von 1980/81 auf das frühere Bundesgebiet, die Zahlen von 1996/97 auf Deutschland beziehen.

Abb. 2.5: Bestandene Prüfungen nach Prüfungsgruppen 1995

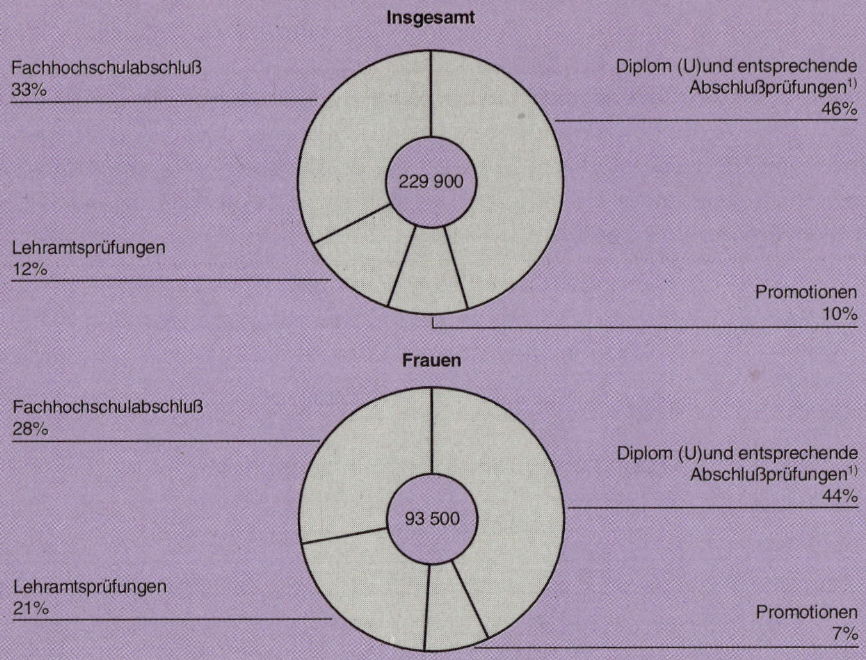

1) Einschl. der Prüfungsgruppen "Künstlerischer Abschluß" und "Sonstiger Abschluß".

Statistisches Bundesamt 98 - 2 - 0207

15 Jahre zuvor, 1980, wurden 123 700 bestandene Abschlußprüfungen gemeldet (vgl. Anhangtab. A 2.10). Damals waren erst etwas mehr als ein Drittel (34,1 %) aller Hochschulabsolventen Frauen. Dieser Anteilswert ist seither um 6,6 Prozentpunkte – und damit in etwa im gleichen Verhältnis wie der Frauenanteil bei den Studienanfängerinnen und -anfängern und Studierenden – angestiegen. Bei den Lehramtsabschlüssen war der Frauenanteil bereits 1980 am höchsten (57,1 %) – bei dieser Abschlußart ist er jedoch zusätzlich (absolut) am stärksten angestiegen. Bei den Promotionen wurde seit 1980 jeweils die niedrigste Frauenquote aller Prüfungsgruppen verzeichnet. Der Frauenanteil nahm jedoch bei dieser für eine wissenschaftliche Karriere mitentscheidenden akademischen Prüfung ebenfalls überdurchschnittlich stark zu (1980: 19,6 %; 1995: 31,5 %).

2.6.4 Habilitationen

1996 wurde von 1 609 Personen mit einem erfolgreich abgeschlossenen Habilitationsverfahren der Nachweis der wissenschaftlichen Lehrbefähigung (venia legendi) erbracht. 12,9 % (208) dieser hochqualifizierten wissenschaftlichen Nachwuchskräfte waren Frauen. Dieser Anteilswert ist im Vergleich zu den Ergebnissen bei den Studierenden und Absolventen sehr niedrig. Gegenüber 1980, als erst 4,8 % der Neuhabilitierten Frauen waren, hat er sich jedoch mehr als verdoppelt. Darüber hinaus ist zu bedenken, daß zwischen dem Studienbeginn und dem Erwerb der wissenschaftlichen Lehrbefähigung durchschnittlich fast zwei Jahrzehnte vergehen, so daß sich steigende Frauenanteile bei den Studienanfängern erst mit einer entsprechenden Zeitverzögerung bei der Zahl der Habilitierten auswirken können. Siehe auch Anhangtab. A 2.11.

In den Berichtsjahren 1980 bis 1996 hatten sich jeweils die meisten Frauen in einer sprach- oder kulturwissenschaftlichen Fachrichtung (1996: 33,7 %), die wenigsten in einer Fachrichtung der Fächergruppe „Ingenieurwissenschaften" (1996: 2,4 %) habilitiert. Ferner war der Frauenanteil in den „Sprach- und Kulturwissenschaften" am höchsten (1996: 21,9 %), in den „Ingenieurwissenschaften" am niedrigsten (1996: 7,7%).

Das Durchschnittsalter aller Neuhabilitierten betrug 1996 39,9 Jahre. Die Frauen waren mit 40,7 Jahren etwas älter als die Männer mit durchschnittlich 39,8 Jahren. Dieses höhere Durchschnittsalter der neu habilitierten Frauen war auch in den Jahren 1980 bis 1995 zu beobachten und ist insofern erstaunlich, da die Frauen bei Studienbeginn und Studienabschluß jeweils zwischen einem halben und eineinhalb Jahre jünger waren als die Männer.

2.7 Professorinnen und Professoren

Insgesamt lehrten und forschten an den Hochschulen Ende 1995 37 700 Professorinnen und Professoren. Der Frauenanteil in der Professorenschaft lag zwar „nur" bei 8,2 % (3 100); gegenüber 1980 hat sich dieser Anteilswert jedoch bereits um 2,9 Prozentpunkte erhöht. Hier wirkt sich wiederum die sehr lange Zeitspanne zwischen der Hochschulausbildung, dem Erwerb der Habilitation (siehe oben) und der Berufung in ein Professorenamt aus. Ferner besteht innerhalb der Professorenschaft nur ein begrenzter Ersatzbedarf, so daß ein drastischer Anstieg des Frauenanteils hier nur langfristig möglich ist. In Abb. 2.6 ist der Frauenanteil bei den Hochschulprofessoren und -professorinnen nach der Altersstruktur dargestellt. Dabei wird deutlich, daß dieser bei der jüngeren Generation wesentlich höher liegt als bei der älteren Professorenschaft.

Abb. 2.6: Frauenanteile in der Professorenschaft 1995 nach Altersjahrgängen

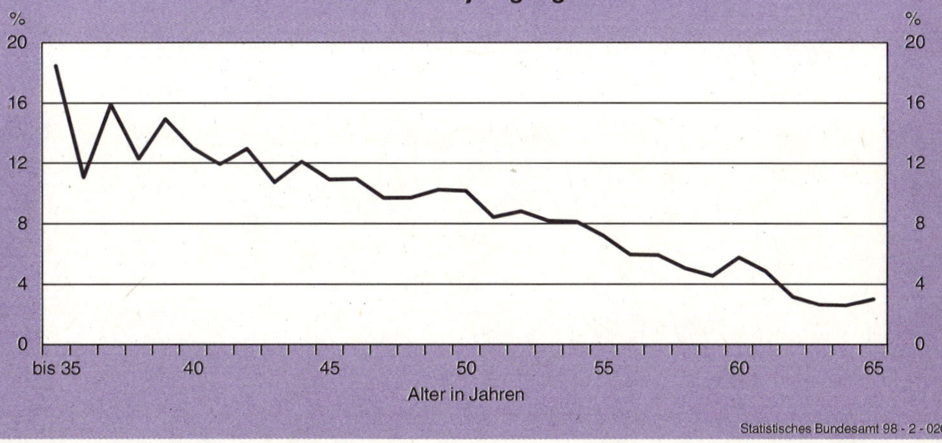

3 Berufsleben und Arbeitsmarkt

3 Berufsleben und Arbeitsmarkt

Immer mehr Frauen versuchen Berufsleben und Familie in Einklang zu bringen (siehe hierzu auch Kapitel 5). Auskunft über die Situation der Frauen im Berufsleben geben unter anderem die Ergebnisse des Mikrozensus, der Arbeitskräfteerhebung in landwirtschaftlichen Betrieben oder der Handwerkszählung.

3.1 Das Erwerbsleben der Frauen in Deutschland

3.1.1 Die Erwerbsbeteiligung von Frauen

Das Erwerbskonzept des Mikrozensus teilt die Bevölkerung in die Kategorie der Erwerbstätigen, der Erwerbslosen und der Nichterwerbspersonen ein. Die Erwerbspersonen, das sind die Erwerbstätigen und Erwerbslosen zusammen, sind unabhängig von der tatsächlichen Nachfrage nach Arbeitskräften der Teil der Bevölkerung, der erwerbstätig sein will und damit eine aktive Rolle im Erwerbsleben beansprucht. Sie sind damit eine geeignete Größe, um die von den Frauen beanspruchte Rolle in der Gesellschaft einschätzen zu können.

In Deutschland betrug der Anteil der Erwerbspersonen an der Gesamtbevölkerung 1996 rund 49 %. Der Anteil der weiblichen Erwerbspersonen an den Erwerbspersonen insgesamt hat sich seit 1957 um rund vier Prozentpunkte erhöht. Waren im früheren Bundesgebiet noch 9,8 Mill. von 25,9 Mill. oder 38 % der Erwerbspersonen weiblich, so hatten sie 1996 einen Anteil von 42 % an den 31,9 Mill. Erwerbspersonen. In Deutschland waren 1996 von 40 Mill. Erwerbspersonen 43 % Frauen.

Detailliertere Informationen über die Beteiligung am Erwerbsleben liefert die sogenannte Erwerbsquote. Die Erwerbsquote gibt den Anteil der Erwerbspersonen an der entsprechenden Bevölkerungsgruppe an. In Deutschland lag die durchschnittliche Erwerbsquote (der Bevölkerung 15 Jahre und älter) 1996 bei den Männern bei 68,9 % und bei den Frauen bei 48,0 %. Gegenüber 1991 ist die Erwerbsquote der Männer (1991: 72,6 %) um 3,7 Prozentpunkte gefallen; im früheren Bundesgebiet von 71,8 % auf 68,9 % und in den neuen Ländern und Berlin-Ost von 76,3 % auf 68,6 %. Die Frauenerwerbstätigkeit ging seit 1991 dagegen nur in den neuen Ländern zurück. Die Erwerbsquote der Frauen in Ostdeutschland fiel in dem betrachteten Zeitraum um 4,6 Prozentpunkte von 61,2 % auf 56,6 %. Im früheren Bundesgebiet war jedoch ein leichter Anstieg der Quote um 0,7 Prozentpunkte auf 46,1 % zu verzeichnen, so daß die Quote der Frauen in Deutschland insgesamt um 0,5 Prozentpunkte unter dem Niveau von 1991 lag.

Tab. 3.1: Erwebsquoten der Frauen und Männer*)

Gebietsstand	Frauen		Männer	
	1991	1996	1991	1996
Deutschland	**48,5**	**48,0**	**72,6**	**68,9**
Früheres Bundesgebiet	45,4	46,1	71,8	68,9
Neue Länder u. Berlin-Ost	61,2	56,6	76,3	68,6

*) Ergebnisse des Mikrozensus. – Frauen und Männer 15 Jahre und älter.

Abb. 3.1: Erwerbsquoten nach Altersklassen[1)]

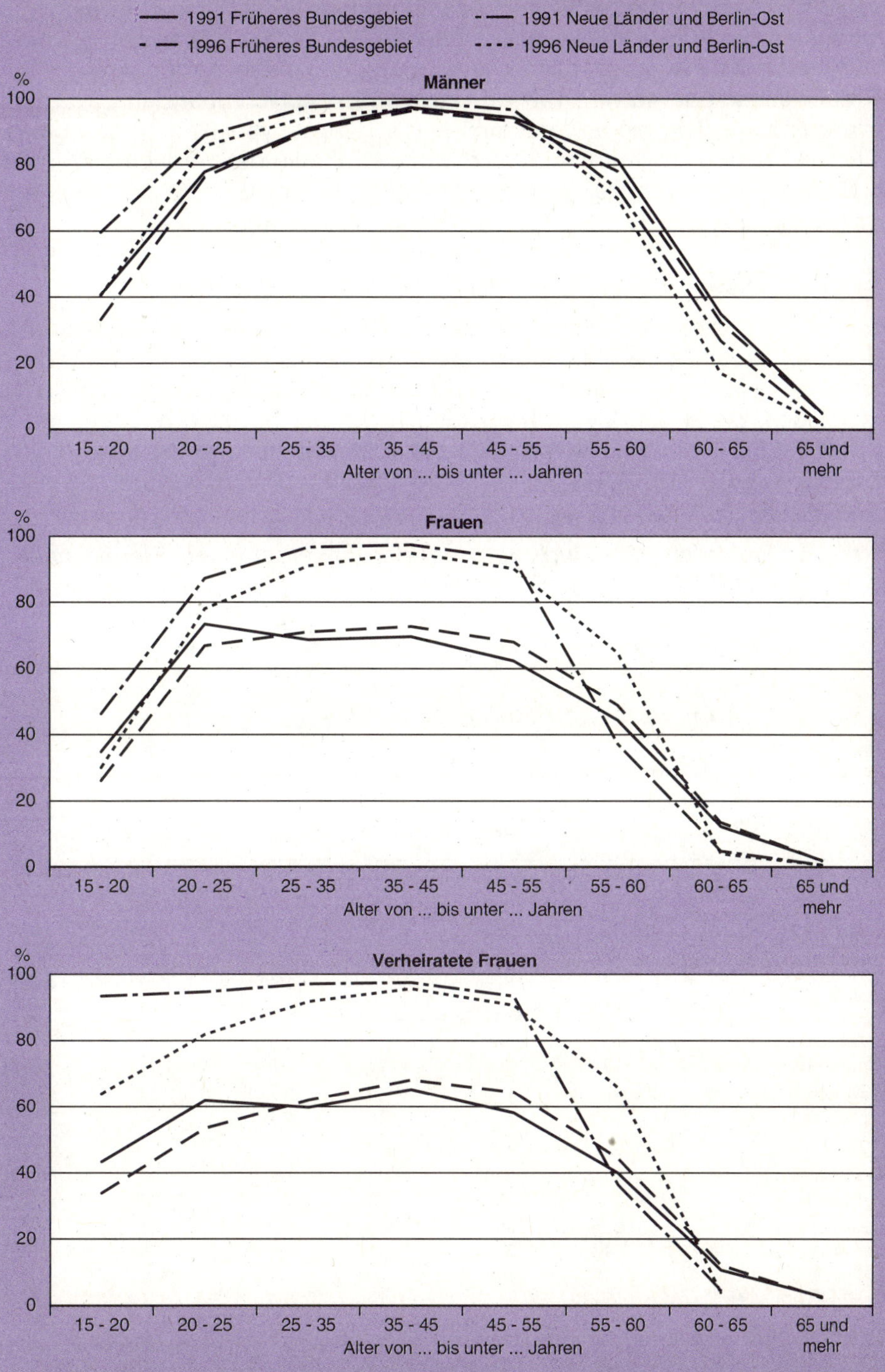

1) Ergebnis des Mikrozensus.- Bevölkerung 15 Jahre und älter.

Statistisches Bundesamt 98 - 2 - 0209

Betrachtet man die Erwerbsbeteiligung der Frauen, so fällt insbesondere in den für die Erwerbsbeteiligung maßgeblichen Altersgruppen (25 - 55 Jahre) auf, daß die Erwerbsquoten der Frauen in den neuen Ländern wesentlich höher sind als diejenigen im früheren Bundesgebiet. Die Erwerbsquoten vor allem der jüngeren verheirateten Frauen liegen dort sowohl 1991 als auch 1996 deutlich über den Erwerbsquoten für alle Frauen, d. h. die Erwerbsquoten der ledigen, verwitweten und geschiedenen Frauen zusammen betrachtet sind geringer als die der verheirateten Frauen. So lag 1996 die Erwerbsquote verheirateter Frauen im Osten bei 68 %, während sie in Westdeutschland 48,5 % erreichte. (Siehe auch Anhangtab. A 3.1.)

3.1.2 Erwerbstätige Frauen nach Alter und Stellung im Beruf

Im April 1996 wurden in Deutschland rund 15,3 Mill. Frauen und rund 20,7 Mill. Männer als erwerbstätig gezählt. Gegenüber dem Mikrozensus von 1991 ist die Anzahl der erwerbstätigen Frauen mit einem Rückgang von ca. 300 000 relativ konstant geblieben, die Anzahl der erwerbstätigen Männer hat sich dagegen weitaus stärker um 1,2 Mill. vermindert. Von 1991 bis 1996 hat sich die Zahl der erwerbstätigen Frauen nur in den Altersklassen unter 25 Jahren und zwischen 45 und 55 Jahren reduziert.

Gravierend ist vor allem der Rückgang bei den erwerbstätigen Frauen unter 25 Jahren um rund 860 000 (31,5 %). Ein ähnlich starker Rückgang wie bei den jungen Frauen ist jedoch auch bei den jungen Männern unter 25 Jahren festzustellen, und dürfte auch hier auf die längeren Ausbildungszeiten zurückzuführen sein.

Tab. 3.2: Erwerbstätige nach Altersgruppen*)

1 000

Jahr	Geschlecht	Insgesamt	Alter von ... bis unter ... Jahren				
			unter 25	25 - 35	35 - 45	45 - 55	55 Jahre und älter
			Deutschland				
1991	weiblich	15 570	2 732	4 212	3 779	3 555	1 293
	männlich	21 875	3 251	5 683	5 084	5 215	2 643
1996	weiblich	15 276	1 872	4 259	4 135	3 320	1 690
	männlich	20 706	2 376	5 566	5 438	4 498	2 828
			Früheres Bundesgebiet				
1991	weiblich	11 965	2 186	3 201	2 839	2 625	1 115
	männlich	17 719	2 588	4 591	4 095	4 219	2 226
1996	weiblich	12 275	1 510	3 461	3 239	2 649	1 414
	männlich	17 002	1 837	4 606	4 401	3 732	2 427
			Neue Länder und Berlin-Ost				
1991	weiblich	3 605	546	1 011	940	930	179
	männlich	4 156	662	1 092	990	995	417
1996	weiblich	3 002	361	797	896	671	276
	männlich	3 704	540	961	1 037	767	400

*) Ergebnisse des Mikrozensus.

Während bei den Frauen im früheren Bundesgebiet 1996 gegenüber 1991 in allen Altersgruppen, außer bei den unter 25jährigen, Beschäftigungsgewinne zu verzeichnen waren, war die Beschäftigung in den neuen Ländern in allen Altersgruppen, bis auf die Altersgruppe der 55jährigen und älteren, rückläufig.

Hinsichtlich der Stellung im Beruf gibt es sehr deutliche Unterschiede zwischen Männern und Frauen. Bei den Männern ist der Anteil der Selbständigen (12,0 %) und der Anteil der Beamten (8,5 %) gegenüber 6,0 % bzw. 4,5 % doppelt so hoch wie bei den Frauen. Die weiblichen Erwerbstätigen übten überwiegend Angestelltenberufe aus (63,2 %), bei den Männern gab es dagegen mehr Arbeiter (44,8 %) als Angestellte (34,3 %).Von den erwerbstätigen Frauen waren 24,2 % als Arbeiterinnen beschäftigt. Mithelfende Familienangehörige waren überwiegend Frauen (2,0 %), der Männeranteil betrug hier nur 0,4 %. In den neuen Ländern und Berlin-Ost ist der Anteil der Frauen bei den Beamten und Beamtinnen mit 1,7 % sowie bei den Selbständigen mit 4,8 % noch weitaus niedriger als im früheren Bundesgebiet (5,2 % bzw. 6,3 %).

Abb. 3.2: Erwerbstätige im April 1996 nach Stellung im Beruf[1)]

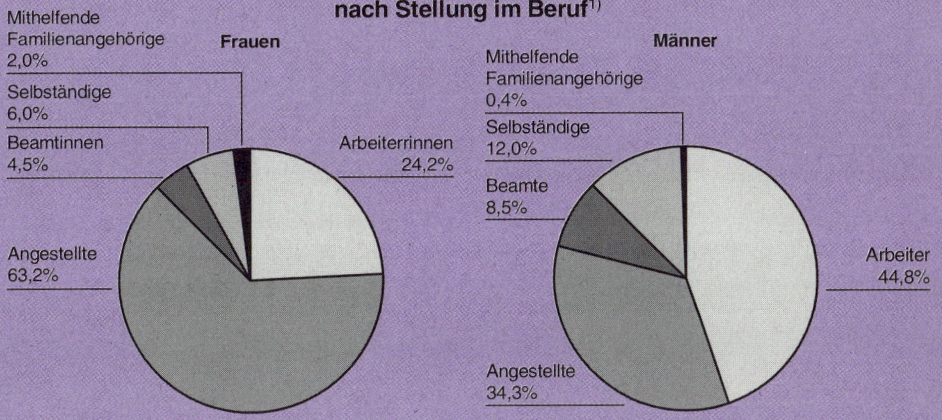

1) Ergebnis des Mikrozensus.

Statistisches Bundesamt 98 - 2 - 0210

1996 gab es in Deutschland in fast jeder Altersgruppe (Ausnahme: unter 25 Jahre) mehr Beamtinnen als 1991, und in fast jeder Altersgruppe (Ausnahme: 55 Jahre und älter) weniger Arbeiterinnen als 1991. Die Zahl der selbständigen (einschl. Mithelfende Familienangehörige) Frauen war 1996 gegenüber 1991 bei der Altersgruppe „35 bis unter 45" gestiegen, sonst aber konstant geblieben bzw. rückläufig. Angestellte Frauen verzeichneten 1996 zu 1991 Rückgänge in den Altersgruppen „unter 25" und „45 bis unter 55", in den übrigen Altersgruppen Zunahmen. Ein Vergleich zwischen den Jahren 1991 und 1996 zeigt, daß die Zahl der jungen erwerbstätigen Frauen im Alter unter 25 Jahren zurückgegangen ist, während ihre Zahl in der Altersklasse der 35 - 45 jährigen und der 55jährigen und älteren Frauen überwiegend stieg. Einer der Ursachen für den Rückgang der Erwerbstätigkeit junger Frauen ist sicherlich – wie vorne bereits erwähnt – in der längeren Ausbildung zu sehen. Aber auch der enger gewordene Arbeitsmarkt und der damit verbundene schwierige Eintritt in das Berufsleben dürften hier eine Rolle spielen. Daß Frauen sich immer stärker auf dem Arbeitsmarkt engagieren, zeigt die Altersklasse der 25 - 35jährigen. Während die Zahl der erwerbstätigen Männer um 117 000 zurückgegangen ist, stieg im Gegenzug die Zahl der erwerbstätigen Frauen um 47 000.

Zur Erwerbsbeteiligung nach Altersgruppen siehe auch Abschn. 3.1.1.

Tab. 3.3: Erwerbstätige nach Stellung im Beruf*)

1 000

Jahr	Geschlecht	Insgesamt	Stellung im Beruf			
			Selbständige 1)	Beamte/Beamtin	Angestellte 2)	Arbeiter/-in 3)
			Deutschland			
1991	weiblich	15 570	1 218	560	9 447	4 346
	männlich	21 875	2 341	1 951	7 361	10 222
1996	weiblich	15 276	1 222	692	9 660	3 702
	männlich	20 706	2 572	1 769	7 092	9 273
			Früheres Bundesgebiet			
1991	weiblich	11 965	1 115	554	7 041	3 256
	männlich	17 719	2 090	1 867	5 973	7 789
1996	weiblich	12 275	1 069	639	7 630	2 937
	männlich	17 002	2 223	1 603	6 025	7 151
			Neue Länder und Berlin-Ost			
1991	weiblich	3 605	103	6	2 406	1 090
	männlich	4 156	251	84	1 389	2 433
1996	weiblich	3 002	153	53	2 031	766
	männlich	3 704	349	166	1 067	2 122

*) Ergebnisse des Mikrozensus. – 1) Einschl. Mithelfende Familienangehörige. – 2) Einschl. Auszubildende in anerkannten kaufmännischen und technischen Ausbildungsberufen. – 3) Einschl. Auszubildende in anerkannten gewerblichen Ausbildungsberufen.

3.1.3 Erwerbstätige Frauen nach Wirtschaftsbereichen

Während heute in der Landwirtschaft nur noch knapp 3 % der Erwerbstätigen Beschäftigung finden, und der sekundäre Sektor infolge des technischen Fortschritts

Abb. 3.3: Erwerbstätige nach Wirschaftsbereichen im April 1996 1)

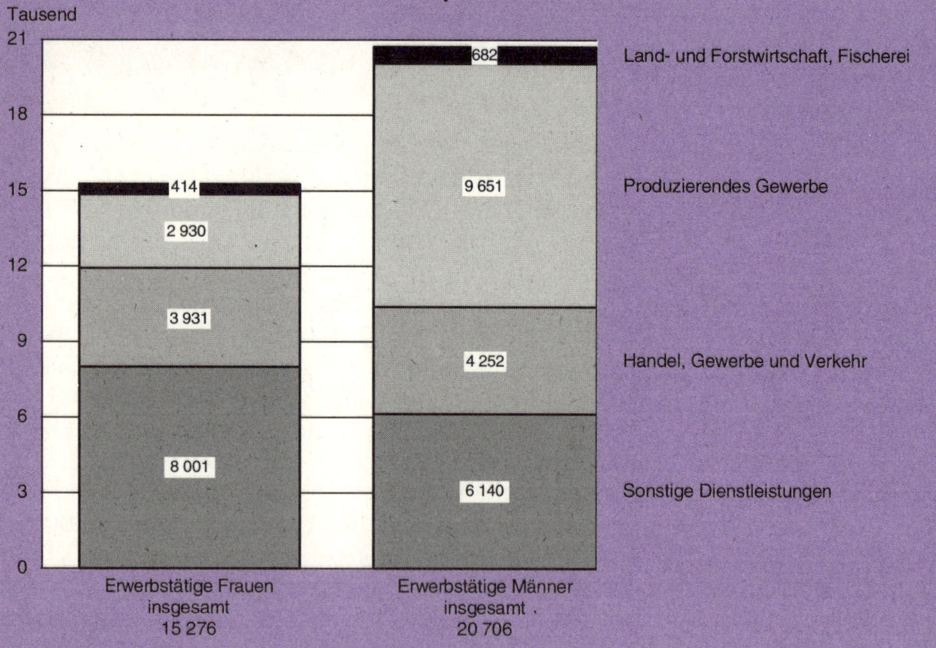

1) Ergebnis des Mikrozensus.

Statistisches Bundesamt 98 - 2 - 0211

und steigender Produktivität immer weniger Arbeitskräfte benötigt, gewinnt der Dienstleistungsbereich zunehmend an Bedeutung. Der Tertiäre Sektor spielt auch für die Beschäftigung von Frauen eine wichtige Rolle. Von 15,3 Mill. erwerbstätigen Frauen waren 1996 rund 8 Mill. (52 %) im Wirtschaftsbereich „Sonstige Dienstleistungen" beschäftigt. Dies waren fast 2 Mill. mehr Frauen als Männer. Im Bereich des Handels und Gastgewerbes und des Verkehrs stellen die Frauen mit 3,9 Mill. (insgesamt 8,2 Mill.) knapp die Hälfte der Erwerbstätigen. Im Produzierenden Gewerbe sind die Frauen dagegen traditionell mit 2,9 Mill., gegenüber 9,7 Mill. Männern, schwach vertreten.

Betrachtet man die Wirtschaftsunterbereiche, so waren 1996 31 % der erwerbstätigen Männer im Bergbau und Verarbeitenden Gewerbe, 15 % im Baugewerbe und 14 % im Handel und Gastgewerbe tätig. Dagegen waren 32 % der Frauen im Bereich der privaten und öffentlichen Dienstleistungen, 22 % im Handel und Gastgewerbe und nur 16 % im Bergbau und Verarbeitenden Gewerbe tätig.

Tab. 3.4: Erwerbstätige 1996 nach Wirtschaftsunterbereichen*)

Wirtschaftsunterbereich	Erwerbstätige					
	insgesamt	Männer	Frauen	insgesamt	Männer	Frauen
	1 000			%		
Insgesamt	**35 982**	**20 706**	**15 276**	*100*	*100*	*100*
Land- und Forstwirtschaft, Fischerei	1 076	662	414	*3,0*	*3,2*	*2,7*
Bergbau und Verarbeitendes Gewerbe	8 778	6 342	2 437	*24,4*	*30,6*	*16,0*
Energie- und Wasserversorgung	335	268	67	*1,0*	*1,3*	*0,4*
Baugewerbe	3 469	3 042	427	*9,6*	*14,7*	*2,8*
Handel- und Gastgewerbe	6 243	2 859	3 384	*17,4*	*13,8*	*22,2*
Verkehr und Nachrichtenübermittlung	1 941	1 394	547	*5,4*	*6,7*	*3,6*
Kredit- und Versicherungsgewerbe	1 276	623	653	*3,5*	*3,0*	*4,3*
Vermietung, Dienstleistungen für Unternehmen	2 285	1 171	1 114	*6,4*	*5,7*	*7,3*
Öffentliche Verwaltung	3 365	1 979	1 386	*9,4*	*9,6*	*9,1*
Öffentliche und private Dienstleistungen	7 216	2 368	4 848	*20,1*	*11,4*	*31,7*

*) Ergebnis des Mikrozensus.

Vergleicht man die Verteilung der erwerbstätigen Frauen im früheren Bundesgebiet und in den neuen Ländern und Berlin-Ost auf die Wirtschaftsbereiche, so zeigen sich sehr ähnliche Strukturen.

3.1.4 Erwerbsleben und Familie

Im April 1996 wurden im früheren Bundesgebiet 6,2 Mill. Ehepaare gezählt, von denen beide Partner einem Beruf nachgingen, gegenüber 4,6 Mill. Ehepaare, von denen kein Partner erwerbstätig war. Betrachtet man die Entwicklung seit April 1972 so zeigt sich, daß die Zahl der Partnerschaften, in denen beide Partner erwerbstätig sind, mit geringen Schwankungen gegenüber April 1996 von 35 % auf 39 % leicht angestiegen ist.

Bemerkenswert ist allerdings der deutliche Rückgang um 19 Prozentpunkte auf 27 % der Ehepaare, bei denen nur der Ehemann erwerbstätig ist, während sich umgekehrt der Anteil der Ehepaare, bei denen nur die Ehefrau erwerbstätig ist, um vier

Prozentpunkte von 2 % auf 6 % erhöht hat. Erheblich gewachsen ist der Anteil der Ehepaare, von denen beide Partner nichterwerbstätig sind. Ihr Anteil stieg von 17 % im April 1972 auf 29 % im April 1996. Hierbei spielt allerdings das Vorhandensein von Kindern (ohne Altersbegrenzung) bzw. das Alter der betreffenden Personen eine bedeutende Rolle. Bei Ehepaaren ohne Kinder handelt es sich oft um Ehepaare in fortgeschrittenem Alter, die Eltern bzw. die Bezugsperson der Familie befinden sich häufig bereits im Ruhestand, und die Kinder haben das Elternhaus verlassen (vgl. Abschn. 1.10). Waren im April 1996 im früheren Bundesgebiet bei 49 % der Ehepaare ohne Kinder beide Ehepartner nichterwerbstätig, so sank deren Anteil, sobald Kinder vorhanden waren, auf 11 %, ein Wert, der mehr als doppelt so hoch liegt, wie noch im April 1972 (5,0 %). Eine der Ursachen für diesen Anstieg dürfte in der steigenden Arbeitslosigkeit zu suchen sein.

Abb. 3.4: Ehepaare nach der Erwerbstätigkeit der Ehepartner mit Kindern[1)]

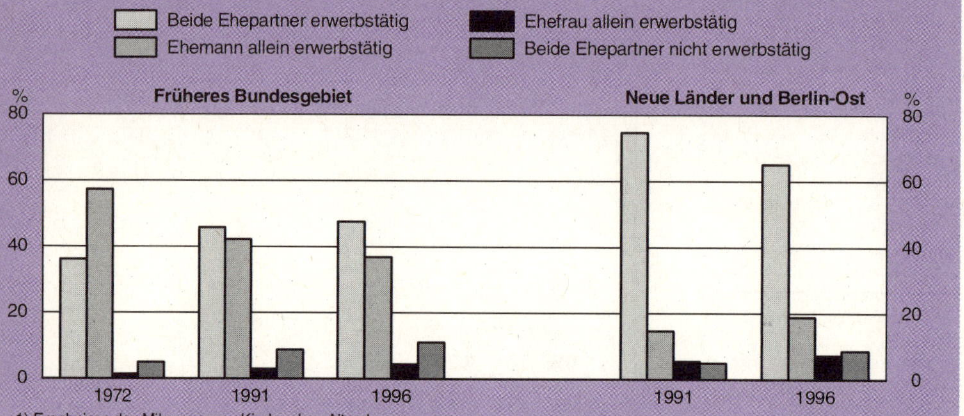

1) Ergebnisse des Mikrozensus.- Kinder ohne Altersbegrenzung.

Statistisches Bundesamt 98 - 2 - 0212

Abb. 3.5: Ehepaare nach der Erwerbstätigkeit der Ehepartner ohne im Haushalt lebende Kindern[1)]

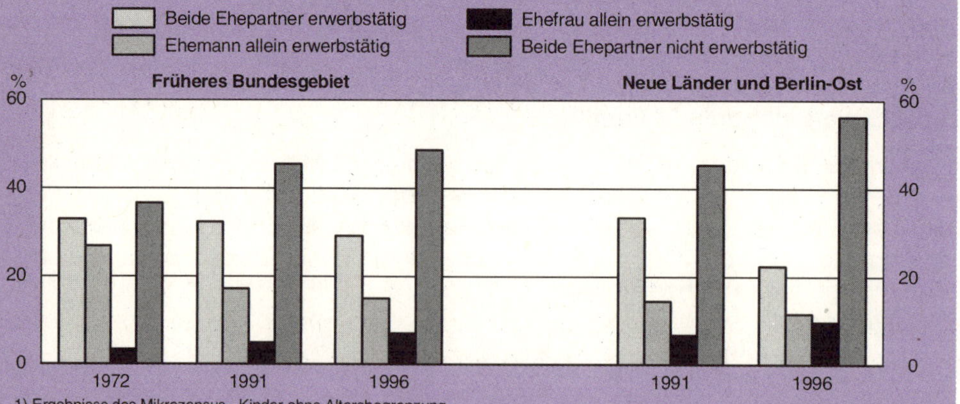

1) Ergebnisse des Mikrozensus.- Kinder ohne Altersbegrenzung.

Statistisches Bundesamt 98 - 2 - 0213

In den neuen Ländern und Berlin-Ost ist die Zahl der Ehepaare, wo beide Partner nichterwerbstätig sind, von 1991 (22,2 %) bis 1996 um fast 10 Prozentpunkte gestiegen (31,0 %). Gleichzeitig sank die Zahl der Partnerschaften, in denen beide Ehepartner erwerbstätig waren von 57,2 % auf 45,1 %. Diese Entwicklung ist im Osten generell zu beobachten, unabhängig davon, ob Kinder im Haushalt lebten oder nicht. Auch diese Zahlen spiegeln die schwierige Situation, vor allem auf dem ostdeutschen Arbeitsmarkt, wider.

Die Zahl der nichterwerbstätigen Alleinerziehenden – hierbei handelt es sich überwiegend um Frauen [1]) – läßt sich bis ins Jahr 1961 zurückverfolgen. Im Juni 1961 wurden 1,2 Mill. nichterwerbstätige Alleinerziehende in Westdeutschland gezählt. Ihre Zahl hatte sich bis April 1996 auf 879 000 verringert, sicherlich bedingt durch die besseren Betreuungsmöglichkeiten für Kinder, aber auch ein Zeichen dafür, daß Frauen immer häufiger bestrebt sind, die Herausforderungen von Beruf und Familie in Einklang zu bringen. Es zeigt sich allerdings, daß in den letzten Jahren wieder ein Anstieg der nichterwerbstätigen Alleinerziehenden festzustellen ist, wobei Probleme auf dem Arbeitsmarkt eine wichtige Rolle spielen dürften.

Tab. 3.5: Alleinerziehende nach Beteiligung am Erwerbsleben der Bezugsperson*)

Zeitpunkt		Insgesamt	Erwerbstätige		Nichterwerbstätige	
			1 000	% [1])	1 000	% [1])
			Früheres Bundesgebiet			
6.6.	1961	2 050	891	*43,5*	1 158	*56,5*
April	1971	1 488	718	*48,3*	770	*51,7*
Mai	1981	1 612	828	*51,4*	785	*48,7*
April	1991	1 858	1 042	*56,1*	816	*43,9*
Mai	1992	1 904	1 081	*56,8*	823	*43,2*
April	1993	1 949	1 084	*55,6*	865	*44,4*
April	1994	1 982	1 093	*55,2*	888	*44,8*
April	1995	2 005	1 105	*55,1*	900	*44,9*
April	1996	2 024	1 144	*56,5*	879	*43,5*
			Neue Länder und Berlin-Ost			
April	1991	682	500	*73,3*	182	*26,7*
Mai	1992	682	438	*64,3*	243	*35,7*
April	1993	698	419	*60,1*	279	*39,9*
April	1994	715	421	*58,9*	293	*41,1*
April	1995	732	441	*60,3*	290	*39,7*
April	1996	750	450	*60,0*	300	*40,0*

*) 1961 Ergebnis der Volkszählung; sonst Ergebnisse des Mikrozensus. – 1961 und 1971 wohnberechtigte Bevölkerung, ab 1981 Bevölkerung am Familienwohnsitz. – Einschl. der Alleinerziehenden, die Partner in einer nichtehelichen Lebensgemeinschaft sind. – Als Alleinerziehende zählen auch Väter und Mütter mit volljährigen Kindern. – 1) Prozent von Insgesamt.

In Ostdeutschland ist der Anstieg der nichterwerbstätigen Alleinerziehenden besonders hoch. Von 1991 bis 1996 ist dort die Zahl der nichterwerbstätigen Alleinerziehenden um etwa 65 % gestiegen. Dieser starke Anstieg in verhältnismäßig kurzer Zeit dürfte überwiegend auf Anpassungsprobleme an das für Ostdeutschland neue marktwirtschaftliche Wirtschaftssystem zurückzuführen sein.

1) Von 2 050 000 Alleinerziehenden im früheren Bundesgebiet, waren 1961 90 % Frauen, 1996 lag der Frauenteil an den 2 024 000 Alleinerziehenden bei 81 %.

Erwerbsttätigkeit auf der einen und Kinder auf der anderen Seite sind Faktoren, die sich gegenseitig beeinflussen. So kamen in Deutschland auf 100 erwerbstätige Frauen im April 1996 höchstens 139 Kinder. Diese durchschnittliche Kinderzahl wurde auch nur von Frauen im Alter von 40 Jahren erreicht. Bei erwerbstätigen Müttern in anderen Altersklassen lebten weniger Kinder.

Abb. 3.6: Frauen im Alter von 20 Jahren und mehr im April 1996 in Deutschland
nach durchschnittlichen Kinderzahlen[1)]

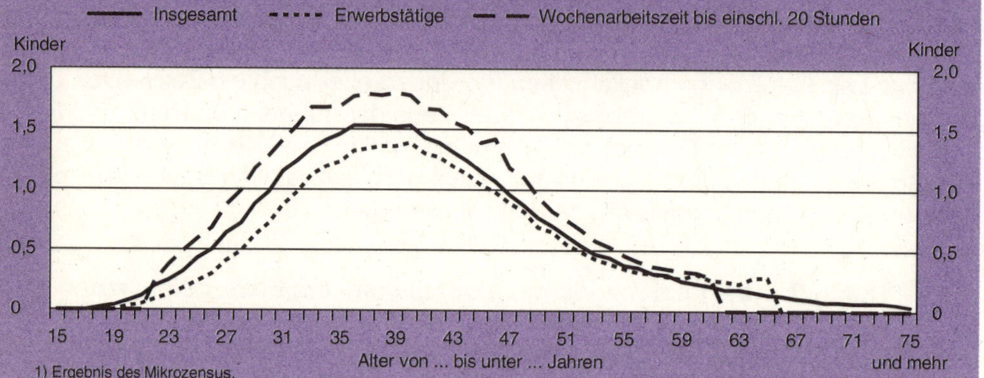

1) Ergebnis des Mikrozensus.

Statistisches Bundesamt 98 - 2 - 0214

Wie stark der Zusammenhang von Familie und Erwerbstätigkeit ist, zeigt sich bei Frauen, deren Wochenarbeitszeit bis zu 20 Stunden beträgt. Zum einen arbeiten in Teilzeitbeschäftigung überwiegend Frauen mit Kindern, zum anderen liegt die durchschnittliche Kinderzahl dieser Frauen (1,15) erheblich höher als bei den erwerbstätigen Frauen insgesamt (0,74). Im Alter von 39 Jahren ist die durchschnittliche Kinderzahl bei den teilzeitarbeitenden Frauen mit einem Wert von 1,80 relativ hoch. Die durchschnittliche Kinderzahl sinkt nach dem 39. Lebensjahr der Frauen, d. h. die inzwischen erwachsen gewordenen Kinder verlassen den elterlichen Haushalt. Gleichzeitig sinkt die Zahl der Frauen mit Kindern, die bis zu 20 Stunden in der Woche arbeiten, ab dem 52. Lebensjahr sogar unter das Niveau der teilzeitarbeitenden Frauen ohne Kinder (mit Kinder: 37 000, ohne Kinder: 43 000).

Ein Vergleich zwischen dem früheren Bundesgebiet und den neuen Bundesländern zeigt, daß Erwerbstätigkeit und Familie bei den Frauen in den neuen Ländern häufiger in Einklang gebracht werden als im früheren Bundesgebiet. So liegt die durchschnittliche Kinderzahl bei erwerbstätigen Frauen im Osten bei 0,92 im Westen dagegen bei 0,70.

3.1.5 Erwerbstätige nach normalerweise je Woche geleisteten Arbeitsstunden

Der Mikrozensus erfragt, die Arbeitsdauer betreffend, zwei Sachverhalte: Die normalerweise geleistete Arbeitszeit je Woche und die tatsächlich geleistete Arbeitszeit in der Berichtswoche [1]). Für die folgenden Vergleiche und Gegenüberstellungen wird die „normalerweise geleistete Arbeitszeit" herangezogen.

1) Die Berichtswoche ist normalerweise die letzte feiertagsfreie Woche im April. 1996 wurde als Berichtswoche der Zeitraum vom 22. April bis 28. April festgelegt.

Abb. 3.7: Erwerbstätige Frauen im früheren Bundesgebiet im Alter von 15 Jahren und mehr im April 1996[1)]

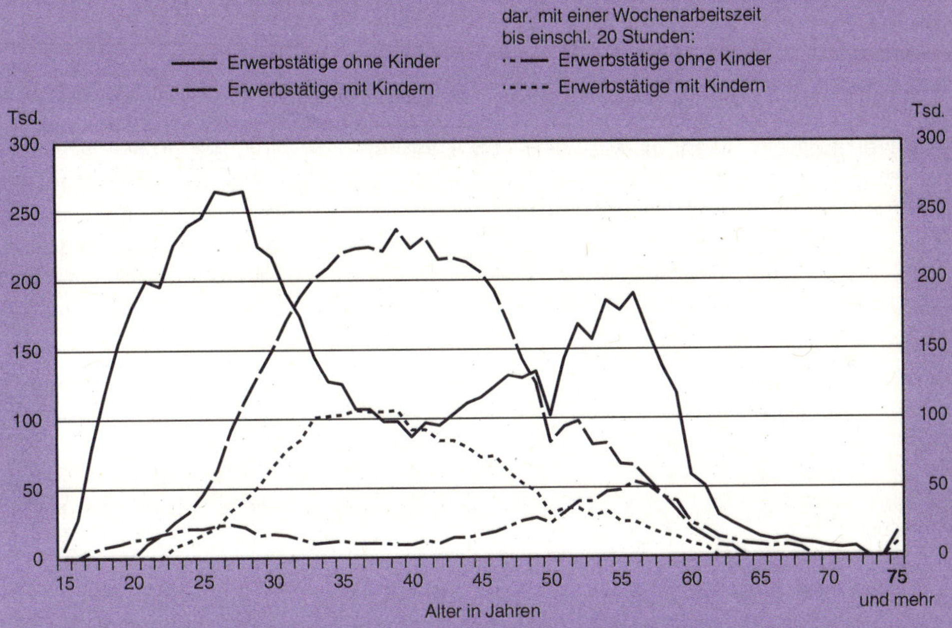

1) Ergebnis des Mikrozensus.- Bevölkerung am Familienwohnsitz.

Statistisches Bundesamt 98 - 2 - 0215

Abb. 3.8: Erwerbstätige Frauen in den neuen Ländern und Berlin-Ost im Alter von 15 Jahren und mehr im April 1996[1)]

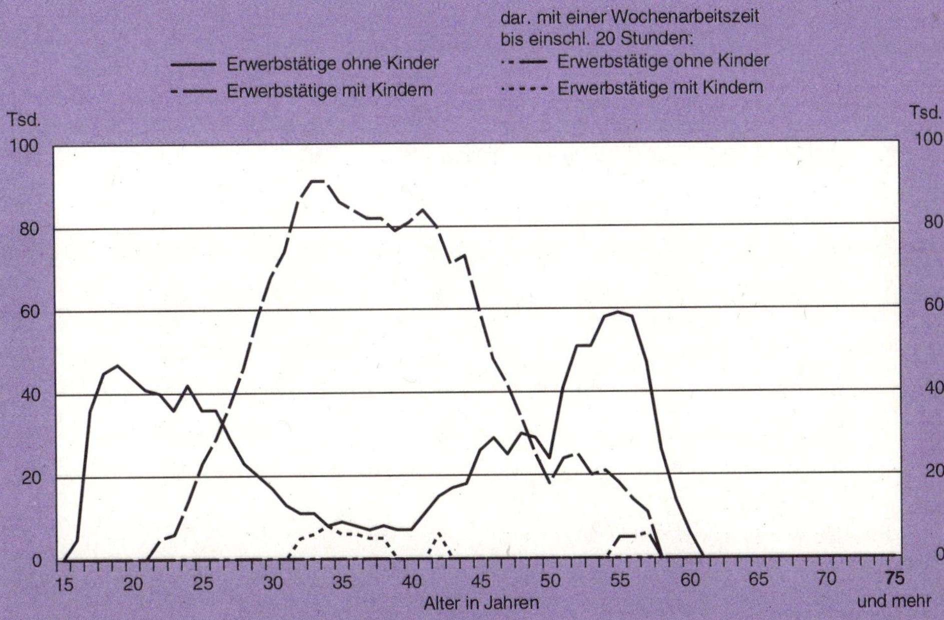

1) Ergebnis des Mikrozensus.- Bevölkerung am Familienwohnsitz.

Statistisches Bundesamt 98 - 2 - 0216

Vollzeitbeschäftigung bewegt sich in den meisten Fällen zwischen 36 und 40 Arbeitsstunden je Woche. Für etwa 8 % der Frauen und 19 % der Männer dauerte 1996 die Arbeitszeit je Woche länger. Der Hauptunterschied zwischen Frauen und Männern bestand jedoch im Umfang der Teilzeitarbeit und der geringfügigen Beschäftigung. Einer von zehn (11 %) erwerbstätigen Männern arbeitete 1996 normalerweise weniger als 36 Stunden in der Woche; setzt man eine „geringfügige Beschäftigung" mit weniger als 15 Wochenstunden an, so fielen hierunter etwa 2 % der erwerbstätigen Männer. Bei den erwerbstätigen Frauen arbeiteten 1996 zwei von fünf (40 %) Frauen weniger als 36 Stunden, jede zehnte war geringfügig beschäftigt. Teilzeitbeschäftigung war und ist in der Hauptsache eine „Domäne" der Frauen, nicht zuletzt deshalb, da sie häufig einer Doppelbelastung ausgesetzt sind. Frauen sind häufiger und länger mit der Organisation des Haushalts und der Erziehung der Kinder beschäftigt als Männer (siehe hierzu auch Abschn. 5.4 Zeitverwendung).

Ein erheblich über dem Durchschnitt liegender Anteil der selbständigen Frauen (40 %) und Männer (70 %) arbeitete 1996 mehr als 40 Stunden in der Woche. Aber bei den selbständigen Frauen lag auch der Anteil der Frauen mit weniger als 21 Wochenarbeitsstunden deutlich über dem allgemeinen Durchschnitt (28 % gegenüber knapp 23 %). Dahinter verbirgt sich der Großteil der Mithelfenden Familienangehörigen.

Tab. 3.6: Erwerbstätige nach Stellung im Beruf und normalerweise je Woche geleisteten Arbeitsstunden *)

Jahr	Geschlecht	Insgesamt	Normalerweise ... je Woche geleistete Arbeitsstunden: unter 21, zusammen	unter 21: 15 - 20	21 - 35	36 - 40	41 und mehr	Arbeitsstunden je Person: insgesamt	FBG 1)	NL 2)
		1 000						Anzahl		
			Selbständige 3)							
1991	weiblich	1 218	305	147	170	236	508	*40,5*	*39,9*	*44,5*
	männlich	2 341	113	54	78	509	1 640	*53,1*	*53,5*	*49,5*
1996	weiblich	1 222	340	152	156	234	493	*39,2*	*38,2*	*46,5*
	männlich	2 572	153	67	104	520	1 795	*52,9*	*53,1*	*51,3*
			Beamte und Beamtinnen							
1991	weiblich	560	114	91	73	335	38	*33,6*	*33,6*	*38,0*
	männlich	1 951	13	9	27	1 619	293	*40,0*	*40,0*	*41,0*
1996	weiblich	692	124	102	99	411	58	*34,6*	*34,2*	*39,7*
	männlich	1 769	14	10	36	1 448	271	*40,4*	*40,3*	*40,7*
			Angestellte 4)							
1991	weiblich	9 447	1 525	1 110	1 335	5 992	594	*34,4*	*33,1*	*38,1*
	männlich	7 361	146	80	114	5 922	1 180	*40,2*	*40,0*	*40,8*
1996	weiblich	9 660	1 915	1 300	1 646	5 620	479	*33,2*	*32,2*	*37,1*
	männlich	7 092	228	120	500	5 151	1 214	*40,2*	*40,1*	*40,4*
			Arbeiter und Arbeiterinnen 5)							
1991	weiblich	4 346	873	476	682	2 508	283	*32,9*	*31,1*	*38,1*
	männlich	10 222	121	57	133	8 731	1 236	*39,4*	*39,0*	*40,9*
1996	weiblich	3 702	1 073	498	744	1 745	141	*30,1*	*28,7*	*35,4*
	männlich	9 273	233	87	916	7 368	756	*38,7*	*38,4*	*39,9*
			Insgesamt							
1991	weiblich	15 570	2 817	1 824	2 261	9 071	1 422	*34,4*	*33,2*	*38,3*
	männlich	21 875	393	200	352	16 782	4 349	*41,2*	*41,1*	*41,4*
1996	weiblich	15 276	3 451	2 051	2 644	8 010	1 171	*33,0*	*32,0*	*37,2*
	männlich	20 706	628	283	1 556	14 486	4 036	*41,1*	*41,1*	*41,2*

*) Ergebnisse des Mikrozensus. – 1) FBG = Früheres Bundesgebiet. – 2) NL = Neue Länder und Berlin-Ost. – 3) Einschl. Mithelfende Familienangehörige. – 4) Einschl. Auszubildende in anerkannten kaufmännischen und technischen Ausbildungsberufen. – 5) Einschl. Auszubildende in anerkannten gewerblichen Ausbildungsberufen.

Der für die erwerbstätigen Frauen errechnete Quotient „Arbeitsstunden je Person" zeigt insgesamt für Deutschland einen Rückgang zwischen 1991 und 1996 um 1,4 Stunden, im früheren Bundesgebiet waren es 1,2 Stunden und in den neuen Ländern 1,1 Stunden weniger als 1996. (Daß der Rückgang für Deutschland insgesamt mit 1,4 Stunden höher liegt als der Rückgang für die Teilgebiete erklärt sich rechnerisch aus der unterschiedlichen Gewichtung der beiden Gebiete.)

Beamtinnen mußten 1996 im Durchschnitt länger arbeiten als 1991, ebenso wie selbständige Frauen in den neuen Ländern. Sie arbeiteten im Durchschnitt zwei Stunden länger als 1991.

Erwerbstätige Frauen in den neuen Ländern arbeiteten generell länger als ihre Kolleginnen im früheren Bundesgebiet. Teilzeitarbeit wurde dagegen überwiegend von Frauen im früheren Bundesgebiet realisiert.

Bezieht man die Grobgliederung nach Wirtschaftsbereichen (siehe hierzu Abschn. 3.1.3) ein, so zeigt sich, daß am längsten in der Land- und Forstwirtschaft; Fischerei gearbeitet wurde (siehe Tab. 3.7). Dieser Wirtschaftsbereich ist auch der einzige, in dem Frauen im früheren Bundesgebiet mit durchschnittlich 40,6 Stunden länger gearbeitet haben als in den neuen Ländern (39,5 Std.). Das Produzierende Gewerbe war bei den Männern der einzige Wirtschaftsbereich, in dem Männer aus den neuen Ländern länger arbeiteten (40,7 Std.) als ihre Kollegen im früheren Bundesgebiet (39,8 Std.).

Von den rund 3,5 Mill. Frauen, die weniger als 21 Stunden in der Woche gearbeitet hatten, waren mehr als die Hälfte (55 %) im Wirtschaftsbereich Sonstige Dienstleistungen und etwa 28 % im Handel, Gastgewerbe und Verkehr beschäftigt. Zu den Sonstigen Dienstleistungen zählen u. a. das Kredit- und Versicherungsgewerbe, die Öffentliche Verwaltung, Erziehung und Unterricht und das Gesundheitswesen.

Tab. 3.7: Erwerbstätige im April 1996 nach Wirtschaftsbereichen und normalerweise je Woche geleisteten Arbeitsstunden *)

Geschlecht	Insgesamt	Normalerweise ... je Woche geleistete Arbeitsstunden					Arbeitsstunden je Person		
		unter 21		21 - 35	36 - 40	41 und mehr	insgesamt	FBG [1])	NL [2])
		zusammen	dar. 15 - 20						
	1 000						Anzahl		
	Land- und Forstwirtschaft; Fischerei								
Weiblich	414	74	36	74	141	125	*40,4*	*40,6*	*39,5*
Männlich	662	36	15	28	280	318	*49,6*	*51,8*	*42,5*
	Produzierendes Gewerbe								
Weiblich	2 930	536	324	597	1 651	147	*33,5*	*32,7*	*37,8*
Männlich	9 651	130	53	1 109	7 169	1 243	*39,9*	*39,8*	*40,7*
	Handel, Gastgewerbe und Verkehr								
Weiblich	3 931	951	522	724	1 803	453	*33,0*	*32,1*	*37,0*
Männlich	4 252	179	76	153	2 726	1 195	*42,9*	*43,0*	*42,9*
	Sonstige Dienstleistungen								
Weiblich	8 001	1 891	1 170	1 250	4 415	445	*32,5*	*31,3*	*37,0*
Männlich	6 140	282	138	266	4 312	1 281	*40,8*	*40,9*	*40,7*
	Insgesamt								
Weiblich	15 276	3 451	2 051	2 644	8 010	1 171	*33,0*	*32,0*	*37,2*
Männlich	20 706	628	283	1 556	14 486	4 036	*41,1*	*41,1*	*41,2*

*) Ergebnis des Mikrozensus. – 1) FBG = Früheres Bundesgebiet. – 2) NL = Neue Länder und Berlin-Ost.

3.1.6 Frauen und ihre Berufsschwerpunkte

Die hier zu betrachtenden Beschäftigungsverhältnisse sind nicht zu vergleichen mit den in Abschn. 3.1.3 behandelten Wirtschaftsbereichen. Im Wirtschaftsbereich „Produzierendes Gewerbe" werden nicht nur Berufe der Berufsbereiche „Fertigungsberufe" oder „Technische Berufe", sondern auch solche beispielsweise des Berufsbereichs „Dienstleistungsberufe" ausgeübt.

Frauen arbeiten überwiegend in Dienstleistungsberufen. Vier von fünf (82 %) erwerbstätigen Frauen fanden 1996 hierin eine Beschäftigung (siehe Tab. 3.8). Von den Männern hatte knapp jeder zweite (46 %) einen Dienstleistungsberuf, mehr als jeder dritte (38 %) arbeitete in einem Fertigungsberuf.

Tab. 3.8: Erwerbstätige im April 1996 nach Berufsbereichen und Alter*)

1 000

Berufsbereiche	Geschlecht	Insgesamt	Alter von ... bis unter ... Jahren				
			unter 25	25 - 35	35 - 45	45 - 55	55 Jahre und älter
I. Land-, Tier-, Forstwirtschaft und Gartenbau	weiblich ..	432	39	93	107	91	102
	männlich .	658	53	154	156	124	171
II. Bergleute, Mineralgewinner	weiblich ..	6	/	/	/	/	/
	männlich .	130	9	41	43	30	8
III. Fertigungsberufe	weiblich ..	1 669	193	453	457	383	183
	männlich .	7 902	1 234	2 336	1 990	1 487	856
IV. Technische Berufe	weiblich ..	398	48	145	114	69	22
	männlich .	1 973	50	517	587	520	299
V. Dienstleistungs berufe insgesamt	weiblich ..	12 518	1 523	3 505	3 399	2 735	1 356
	männlich .	9 626	893	2 421	2 583	2 278	1 451
VI. Sonstige Arbeitskräfte	weiblich ..	254	68	61	55	42	27
	männlich .	417	138	98	78	60	43
Insgesamt	**weiblich** .	**15 276**	**1 872**	**4 259**	**4 135**	**3 320**	**1 690**
	männlich .	**20 706**	**2 376**	**5 566**	**5 438**	**4 498**	**2 828**

*) Ergebnis des Mikrozensus.

Den Schwerpunkt innerhalb der Dienstleistungsberufe bildeten für die Frauen die „Organisations-, Verwaltungs- und Büroberufe". Die Berufsabschnitte „Warenkaufleute", „Gesundheitsberufe", „Erziehungs- und Sozialberufe" sowie „Sonstige Dienstleistungsberufe" waren, nach der Zahl der Beschäftigungsfälle gemessen, relativ gleichwertig. Zu den „Sonstigen Dienstleistungsberufen" zählen beispielsweise Berufe in der Körperpflege, z. B. Friseurinnen, aber auch Hotel- und Gaststättenberufe oder Reinigungsberufe.

In den „Erziehungs- und Sozialberufen" war aufgrund der häufig erforderlichen langen Ausbildungszeiten der Anteil der unter 25jährigen noch nicht allzu groß (7 %). Demgegenüber fiel bei den „Gesundheitsberufen" deren Anteil (19 %) bereits stärker ins Gewicht, man denke beispielsweise an Krankenschwestern und Sprechstundenhelferinnen.

In der Anhangtab. A 3.2 sind die 20 Berufsordnungen dargestellt, die von Frauen am häufigsten belegt waren. In 20 von 369 Berufsordnungen waren 1996 rund 56 % aller erwerbstätigen Frauen beschäftigt, bei den Männern waren es in diesen Berufsordnungen ca. 13 %. Allein 7 % aller erwerbstätigen Frauen wurden als „Bürofachkräfte, kaufmännische Angestellte o.n.A." klassifiziert.

Hinsichtlich dieser 20 Berufsordnungen zeigt sich die Altersstruktur der beschäftigten Frauen durchaus nicht einheitlich. Es gibt Berufsordnungen, in denen relativ viele Frauen unter 25 Jahre beschäftigt sind, hier sind Sprechstundenhelferinnen und Friseurinnen zu nennen; Raumpflegerinnen und Buchhalterinnen dieser Altersgruppe sind dagegen selten vertreten.

Relativ viele Krankenschwestern und Restaurantfachleute waren 1996 zwischen 25 und 35 Jahre alt, der Anteil der Lehrerinnen war in dieser Altersgruppe noch relativ gering. Letztere dominierten jeweils bei den Altersgruppen von 35 bis 44 sowie von 45 bis 54 Jahren. 55jährige und ältere Frauen fanden sich vor allem und mit weitem Abstand bei den Gebäudereinigerinnen und Raumpflegerinnen. Sprechstundenhelferinnen und Friseurinnen dieses Alters übten dagegen ihren Beruf nicht mehr allzu häufig aus.

Nach wie vor sind Frauen seltener als Männer in Berufen beschäftigt, die einen höher qualifizierten Berufsabschluß 1) erfordern. Allerdings holen die jungen Frauen den Vorsprung der Männer allmählich auf. 1996 lag der Anteil der erwerbstätigen Frauen über 50 Jahren mit Fachhochschul- oder Hochschulabschluß (an den erwerbstätigen Frauen mit Angaben zum Berufsabschluß) bei 13,6 % (Männer: 22,9 %). Die 25- bis 35jährigen Frauen hatten mit 15,7 % jedoch schon fast die Quote der Männer von 17,5 % erreicht.

Abb. 3.9: Erwerbstätige mit Angaben zum Ausbildungsabschluß[1)]

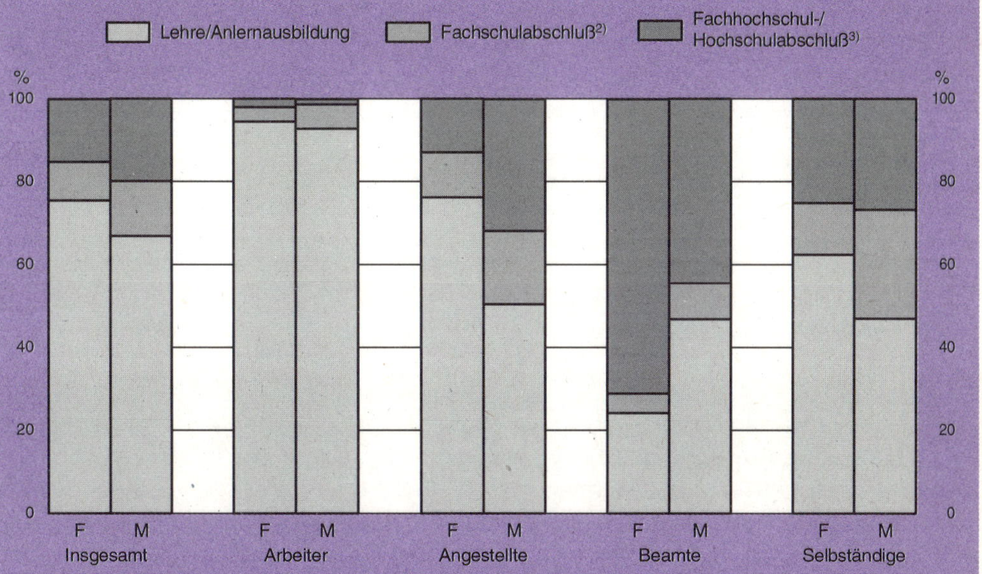

1) Ergebnis des Mikrozensus.- F = Frauen, M = Männer.- Ohne Personen, die keine Angaben zum Ausbildungsabschluß machten, und ohne Personen, die keinen berufsbildenden Abschluß hatten.- 2) Einschl. einer Meister-/Technikerausbildung; einschl. Fachschulabschluß der ehem. DDR.- 3) Einschl. Ingenieur- und Verwaltungsfachhochschulabschluß/Lehrerausbildung.

Statistisches Bundesamt 98 - 2 - 0217

---

1) Diese und die nachfolgenden Ausführungen zum Berufsabschluß beziehen sich nur auf Personen mit Angaben zum berufsbildenden Abschluß. Personen ohne Abschluß sind auch nicht berücksichtigt.

Relativ unterrepräsentiert sind die Frauen mit Hochschulabschluß (13,0 %; Männer: 31,8 %) im Angestelltenverhältnis, stark vertreten dagegen im Beamtenverhältnis (71 %; Männer: 44,5 %). Bei den Angestellten haben die Frauen mit einer Lehre oder Anlernausbildung mit 76,2 % einen sehr hohen Anteil. Der Anteil der Männer mit einer Lehre bzw. Anlernausbildung als Berufsabschluß beträgt hier nur 50,4 %. Näheres zu den berufsbildenden Abschlüssen siehe Anhangtab. A 3.3 bis A 3.5.

3.1.7 Betriebsinhaber und Familienangehörige in der Landwirtschaft

In den landwirtschaftlichen Betrieben wurden – nach der Arbeitskräfteerhebung vom April 1995 – 1,75 Mill. Betriebsinhaber und Familienangehörige im Alter von 15 und mehr Jahren ermittelt. Fast die Hälfte dieser Personen waren Frauen (830 000). Bei den 559 000 Betriebsinhabern waren die Frauen allerdings nur mit einem Anteil von rund 9 % vertreten. Der Anteil der weiblichen Familienangehörigen, die im landwirtschaftlichen Betrieb (einschl. Haushalt des Betriebsinhabers) tätig waren, betrug dagegen 72 %.

Tab. 3.9: Betriebsinhaber und Familienangehörige in der Landwirtschaft im April 1995*)

1 000

Personengruppe / Geschlecht	Insgesamt	Und zwar: im Betrieb einschl. Haushalt 1) beschäftigt		im Betrieb beschäftigt	anderweitig erwerbstätig	
		zusammen	vollbeschäftigt	zusammen	zusammen	und im Betrieb beschäftigt
Betriebsinhaber	559	559	237	559	250	250
dar. Frauen	49	49	23	49	16	16
Familienangehörige	1 189	831	375	583	331	126
dar. Frauen	777	600	326	358	167	45
Zusammen	**1 749**	**1 391**	**613**	**1 143**	**581**	**376**
dar. Frauen	827	650	349	407	183	61

*) Repräsentatives Ergebnis der Arbeitskräfteerhebung in landwirtschaftlichen Betrieben. – Deutschland ohne Berlin, Bremen und Hamburg. – 1) Des Betriebsinhabers.

Von der etwa halben Million männlicher Betriebsinhaber hatten 41 % angegeben, in ihrem Betrieb vollbeschäftigt zu sein, während der andere Teil mit betrieblichen Arbeiten teilbeschäftigt war. Daneben waren 46 % der männlichen Betriebsinhaber noch anderweitig erwerbstätig. Bei den rund 50 000 weiblichen Betriebsinhabern waren 47 % im landwirtschaftlichen Betrieb (einschl. Haushalt des Betriebsinhabers) vollbeschäftigt, die übrigen teilbeschäftigt. 33 % der weiblichen Betriebsinhaber waren anderweitig erwerbstätig. Von den 1,2 Mill. Familienangehörigen waren 49 % mit betrieblichen Arbeiten (ohne Haushaltstätigkeiten) beschäftigt, der entsprechende Anteil bei den weiblichen Familienangehörigen (46 %) lag unter dem der männlichen Familienangehörigen (55 %). Von den männlichen Familienangehörigen waren 40 % und von den weiblichen Familienangehörigen 21,5 % anderweitig erwerbstätig.

3.1.8 Beschäftigte im Handwerk

In der Handwerkszählung 1995 wurde das Handwerk in Form der selbständigen Handwerksunternehmen sowie der handwerklichen Nebenbetriebe von Nicht-Handwerksunternehmen erfaßt. Handwerksunternehmen sind alle Unternehmen, die in die Handwerksrolle eingetragen sind. In den 563 200 Handwerksunternehmen, die am 30. September 1994 Beschäftigte hatten, waren zu diesem Zeitpunkt knapp 6,1 Mill. Personen tätig. Von diesen waren rund 452 000 (gut 7 %) tätige Inhaber, 75 400 (1 %) unbezahlt mithelfende Familienangehörige und knapp 5,6 Mill. oder 91 % Arbeitnehmer.

Tab. 3.10: Beschäftigte in Handwerksunternehmen am 30. September 1994 nach ihrer Stellung im Unternehmen und Gewerbegruppen

Nr. der Klassifikation [1]	Gewerbegruppe	Insgesamt	Tätige Inhaber und Mitinhaber	Unbezahlt mithelfende Familienangehörige	Arbeitnehmer
		1 000	%		
I	Bau- und Ausbaugewerbe	1663,6	*5,7*	*0,8*	*93,5*
II	Elektro- und Metallgewerbe	2084,7	*7,7*	*1,4*	*90,9*
III	Holzgewerbe	355,8	*11,1*	*1,9*	*87,0*
IV	Bekleidungs-, Textil- und Ledergewerbe	95,0	*25,1*	*4,1*	*70,8*
V	Nahrungsmittelgewerbe	599,6	*7,9*	*2,3*	*89,9*
VI	Gewerbe für Gesundheits-, und Körperpflege sowie chemische und Reinigungsgewerbe	1160,7	*6,1*	*0,5*	*93,4*
VII	Glas-, Papier-, keramische und sonstige Gewerbe	125,6	*12,7*	*1,9*	*85,4*
	Insgesamt	**6085,0**	***7,4***	***1,2***	***91,3***

1) Verzeichnis der Gewerbe gem. Anlage A der Handwerksordnung.

Rund 30 % (gut 1,8 Mill. Beschäftigte) aller in Handwerksunternehmen Tätigen waren Frauen. Allerdings gibt es deutliche Unterschiede bei den einzelnen Beschäftigungskategorien: Von den tätigen Inhabern waren nur 13 % weiblichen Geschlechts. Von den unbezahlten mithelfenden Familienangehörigen waren es dagegen 80 % und von der Gruppe der Arbeitnehmer 31 %.

Tab. 3.11: Anteil der Frauen an den Beschäftigten am 30. September 1994 nach Stellung im Unternehmen und Gewerbegruppen

Prozent

Nr. der Klassifikation [1]	Gewerbegruppe	Insgesamt	Tätige Inhaber und Mitinhaber	Unbezahlt mithelfende Familienangehörige	Arbeitnehmer
I	Bau- und Ausbaugewerbe	9,8	2,5	80,5	9,6
II	Elektro- und Metallgewerbe	17,0	3,1	80,0	17,2
III	Holzgewerbe	16,4	2,9	76,3	16,8
IV	Bekleidungs- , Textil- und Ledergewerbe	49,4	23,8	81,8	56,6
V	Nahrungsmittelgewerbe	57,0	6,7	81,7	60,8
VI	Gewerbe für Gesundheits- und Körperpflege sowie chemische und Reinigungsgewerbe	71,4	52,7	75,4	72,6
VII	Glas-, Papier-, keramische und sonstige Gewerbe	34,5	17,8	77,6	36,0
	Insgesamt	**30,2**	**12,7**	**79,7**	**30,9**

1) Verzeichnis der Gewerbe gem. Anlage A der Handwerkverordnung.

Der Anteil der Frauen an den Beschäftigten insgesamt ist in den einzelnen Gewerben sehr unterschiedlich (siehe Tab. 3.11). Unterdurchschnittlich war der Frauenanteil mit 10 bzw. 17 % in den beiden größten Gewerbegruppen, dem Bau- und Ausbaugewerbe bzw. dem Elektro- und Metallgewerbe.

Auch in der Gruppe der Holzgewerbe lag der Anteil der weiblichen Beschäftigten mit 16 % unter dem Durchschnitt. In den restlichen vier Gewerbegruppen war er dagegen überdurchschnittlich hoch, wobei er mit 71 % den höchsten Wert in der Gruppe der Gewerbe für Gesundheits- und Körperpflege sowie der chemischen und Reinigungsgewerbe erreichte.

Bei Betrachtung der einzelnen Handwerke wird deutlich, daß es nach wie vor „klassische Frauen- bzw. Männerdomänen" gibt. Knapp 7 % der Beschäftigten in Unternehmen, die zum Maurerhandwerk zählten, waren Frauen. Bei den Kfz-Mechanikern waren es immerhin schon 19 %. Sehr hohe Frauenanteile wiesen dagegen die Herren- und Damenschneider (80 %) und die Friseure (85 %) auf. Aber auch bei den Gebäudereinigern waren 71 % der in den entsprechenden Unternehmen Tätigen Frauen.

3.1.9 Personalentwicklung bei den Gebietskörperschaften

Die Zahl der Beschäftigten [1]) der Gebietskörperschaften (Bund, Länder und Gemeinden/Gemeindeverbände) ist im früheren Bundesgebiet von 1960 bis 1996 von 1,9 Mill. auf 3,3 Mill. oder um 74 % gestiegen. Der höchste Personalstand wurde im Jahr 1992 verzeichnet. Seither ist die Personalentwicklung insbesondere durch die rechtliche Verselbständigung von staatlichen und kommunalen Einrichtungen rückläufig.

Im gleichen Zeitraum hat sich die Zahl der bei den Gebietskörperschaften beschäftigten Frauen von 0,6 Mill. auf 1,6 Mill. oder um 171 % erhöht. Durch den starken Anstieg der Frauenerwerbstätigkeit ist der Frauenanteil von 30,6 % im Jahr 1960 kontinuierlich auf 47,6 % im Jahr 1996 gestiegen. Die rund 1 Million zusätzlichen Arbeitsplätze in diesem Zeitraum entfielen je zur Hälfte auf Vollzeit- und Teilzeitbeschäftigung. Bei den Vollzeitbeschäftigten liegt die Frauenquote bei 36,7 % und bei den Teilzeitkräften bei 91,1 %. In den letzten Jahren ergaben sich Zuwächse bei der Beschäftigung von Frauen nur noch bei der Teilzeitarbeit.

In den neuen Ländern (einschl. Berlin-Ost) liegt die Erwerbstätigkeit von Frauen deutlich höher als im früheren Bundesgebiet. Bei den Gebietskörperschaften waren 1996 von den 974 000 Arbeitsplätzen 639 000 oder 65,6 % mit Frauen besetzt. Im Vergleich zu 1991 ging die Zahl der Beschäftigten um 375 000 zurück, von diesen waren 250 000 Frauen. Bei den Vollzeitkräften wurden 300 000 Frauen weniger und bei den Teilzeitbeschäftigten 50 000 Frauen mehr gezählt.

Durch die hohe Frauenerwerbstätigkeit in den neuen Ländern liegt die Frauenquote bei den Gebietskörperschaften in Deutschland über der 50 % Marke. Von den 4,3 Mill. Beschäftigten waren 2,2 Mill. oder 51,6 % Frauen. Im Zuge der angestrebten Verschlankung der Personalkörper von Bund, Länder und Gemeinden/Ge-

---

1) Vollzeit- und Teilzeitbeschäftigte mit mindestens der Hälfte der Arbeitszeit eines Vollzeitbeschäftigten, ohne Berufs- und Zeitsoldaten.

meindeverbänden wurden bei den Gebietskörperschaften seit 1991 rund 500 000 Beschäftigte aus den Lohn- und Gehaltslisten gestrichen, davon waren gut 230 000 Frauen.

Tab. 3.12: Beschäftigte der Gebietskörperschaften*)

Stichtag	Beschäftigte		Vollzeitbeschäftigte		Teilzeitbeschäftigte 1)	
	insgesamt	dar. Frauen	zusammen	dar. Frauen	zusammen	dar. Frauen
	1 000	%	1 000	%	1 000	%
Früheres Bundesgebiet						
02. Oktober 1960	1 910,8	*30,6*	1 802,9	*27,7*	107,9	*78,3*
02. Oktober 1970	2 475,5	*36,6*	2 272,5	*32,2*	203,0	*87,9*
30. Juni 1980	3 174,7	*41,7*	2 804,8	*34,9*	369,9	*93,1*
30. Juni 1990	3 426,1	*44,8*	2 848,4	*35,2*	577,7	*91,9*
30. Juni 1991	3 452,8	*45,3*	2 854,9	*35,5*	597,9	*92,1*
30. Juni 1992	3 480,1	*46,1*	2 860,5	*36,0*	619,6	*92,3*
30. Juni 1993	3 475,6	*46,4*	2 841,2	*36,2*	634,4	*92,1*
30. Juni 1994	3 449,4	*47,0*	2 806,3	*36,7*	643,1	*92,0*
30. Juni 1995	3 386,5	*47,2*	2 736,9	*36,7*	649,6	*91,5*
30. Juni 1996	3 328,1	*47,6*	2 662,9	*36,7*	665,2	*91,1*
Neue Länder und Berlin-Ost						
30. Juni 1991	1 349,8	*65,9*	1 235,6	*63,1*	114,2	*95,3*
30. Juni 1992	1 287,6	*66,0*	1 174,1	*63,5*	113,5	*92,8*
30. Juni 1993	1 141,4	*66,7*	988,2	*63,1*	153,2	*89,8*
30. Juni 1994	1 060,4	*66,7*	853,7	*62,5*	206,7	*84,3*
30. Juni 1995	1 013,9	*66,2*	813,3	*61,2*	200,6	*86,3*
30. Juni 1996	973,7	*65,5*	795,9	*60,4*	177,8	*88,7*

*) Ohne Berufs- und Zeitsoldaten. – 1) Mit mindestens der Hälfte der Arbeitszeit eines Vollzeitbeschäftigten.

Die Besetzung von Führungspositionen mit Frauen zeigt die Gliederung der Beschäftigten des höheren Dienstes nach den Besoldungs und Vergütungsgruppen. Bei diesen Mitarbeiterinnen und Mitarbeitern der Gebietskörperschaften des früheren Bundesgebietes betrug der Frauenanteil bei den vollzeitbeschäftigten Beamten 20,7 % und bei den vollzeitbeschäftigten Angestellten 26,5 %. Im Vergleich zu 1980 hat sich die Frauenquote in beiden Dienstverhältnissen kontinuierlich erhöht. Dieser Anstieg geht im wesentlichen auf die starke Berücksichtigung von Frauen bei Neueinstellungen zurück. Am Personalzuwachs im höheren Dienst seit 1980 waren Frauen bei den Vollzeitbeschäftigten mit 55 % und bei den Teilzeitkräften mit 61 % beteiligt. Auch der hohe Anteil der Frauen beim Personal in Ausbildung (Beamte 48,8 %, Angestellte 45,4 %) belegt diese Entwicklung. Die Verteilung der Beamtinnen und Beamten auf das Eingangsamt und die Beförderungsämter zeigt, daß der Frauenanteil 1996 im Eingangsamt A 13 mit 28,7 % deutlich höher ist, als in den Beförderungsämtern A 14 (16,0 %), A 15 (13,3 %), A 16 (7,9 %) und den Spitzenbesoldungsgruppen der Besoldungsordnung B (5,1 %). Der Vergleich mit dem Jahr 1980 zeigt, daß sich die Frauenanteile vor allem in den Beförderungsämtern deutlich erhöht haben. Der Frauenanteil in den entsprechenden Vergütungsgruppen der Angestellten zeigt in etwa das gleiche Bild. Es ist jedoch festzustellen, daß die Frauen in den höheren Vergütungsgruppen des Bundes-Angestelltentarifvertrags deutlich stärker vertreten sind, als in den entsprechenden Besoldungsgruppen der Beamten.

Tab. 3.13: Beschäftigte im höheren Dienst der Gebietskörperschaften im früheren Bundesgebiet

	1980		1996	
	Insgesamt	dar. Frauen	Insgesamt	dar. Frauen
	1 000	%	1 000	%
	Vollzeitbeschäftigte 1)			
Beamte 2)				
B11-B1, R10-R3, C4	17,9	*2,0*	20,2	*5,1*
A16, R2, C3	25,9	*4,9*	30,6	*7,9*
A15, R1, C2	69,1	*10,9*	71,3	*13,3*
A14, C1	77,6	*14,5*	91,3	*16,0*
A13	80,1	*27,0*	69,7	*28,7*
in Ausbildung	37,8	*35,5*	39,4	*48,8*
Zusammen	**308,5**	***18,0***	**322,6**	***20,7***
Angestellte				
BAT I, außertariflich	6,2	*13,9*	6,7	*15,1*
BAT Ia	5,2	*15,5*	10,7	*19,4*
BAT Ib	17,8	*19,4*	28,6	*23,5*
BAT II, IIa, IIb	54,3	*23,1*	61,3	*28,8*
in Ausbildung	0,3	*45,7*	4,8	*45,4*
Zusammen	**83,9**	***21,3***	**112,0**	***26,5***
	Teilzeitbeschäftigte 3)			
Beamte	13,7	*95,1*	43,5	*78,4*
Angestellte	12,7	*54,1*	37,3	*50,7*

1) Ohne Berufs- und Zeitsoldaten. – 2) B = Besoldungsordnung B, R = Besoldungsordnung R, C = Besoldungsordnung C, A = Besoldungsordnung A. – 3) Teilzeitbeschäftigte mit mindestens der Hälfte der regelmäßigen Arbeitszeit eines Vollzeitbeschäftigten.

3.1.10 Hochschulpersonal – Lehrkräfte versus Verwaltungspersonal

Ende 1995 arbeiteten in den Hochschulen und Hochschulkliniken insgesamt über eine halbe Million (521 900) Menschen, mehr als die Hälfte (51,7 % oder 270 000) in nichtwissenschaftlichen Bereichen, wie Verwaltung, Bibliothek, technischer Dienst oder Pflegedienst. 251 900 (48,3 %) Personen waren wissenschaftlich oder künstlerisch tätig. Zum wissenschaftlichen und künstlerischen Personal zählen beispielsweise Professoren, Dozenten und Assistenten, wissenschaftliche und künstlerische Mitarbeiter sowie sonstige Lehrkräfte. 60,5 % (152 400) dieses „Lehrpersonals" war hauptberuflich an der Hochschule beschäftigt, 39,5 % (99 500) nebenberuflich.

Tab. 3.14: Personal an Hochschulen nach Geschlecht

Berichtsjahr	Personal insgesamt	Dar. Wissenschaftliches und künstlerisches Personal (Lehrpersonal)				
		zusammen	zusammen	hauptberuflich		nebenberuflich
				zusammen	dar. Professorinnen	
	1 000		Frauenanteil in %			
		Früheres Bundesgebiet				
1980	315,4	127,4	*14,9*	*12,5*	*5,3*	*19,6*
1985	327,1	139,0	*16,5*	*14,2*	*5,1*	*21,2*
1990	370,1	163,1	*19,6*	*17,7*	*5,5*	*23,5*
1991	383,0	171,0	*20,1*	*18,0*	*5,7*	*24,3*
		Deutschland				
1992	492,8	227,1	*24,7*	*21,6*	*6,5*	*30,1*
1993	506,5	239,4	*25,1*	*21,6*	*6,9*	*30,4*
1994	511,5	246,4	*25,7*	*21,9*	*7,5*	*31,5*
1995	521,9	251,9	*26,5*	*22,6*	*8,2*	*32,5*

Der Frauenanteil am gesamten Hochschulpersonal lag Ende 1995 bei 49,1 % (256 500). Er variierte jedoch stark in Abhängigkeit von der ausgeübten Tätigkeit. In den nichtwissenschaftlichen Bereichen waren 70,2 % der Beschäftigten Frauen, beim wissenschaftlichen und künstlerischen Personal nur 26,5 %. Insgesamt waren über zwei Drittel aller an den Hochschulen tätigen Frauen (73,9 % oder 189 600) in den nichtwissenschaftlichen Hochschulbereichen, fast ein Drittel (26,1 % oder 66 900) als wissenschaftliches oder künstlerisches Personal angestellt. Von den wissenschaftlich oder künstlerisch arbeitenden Frauen waren 51,6 % hauptberuflich an der Hochschule tätig. Bei den wissenschaftlich/künstlerisch tätigen Männern lag der Anteil der Hauptberufler bei 63,7 %. (Siehe auch Anhangtab. A 3.6.)

Gegenüber 1980 ist, nicht zuletzt aufgrund der Wiedervereinigung, die Zahl der Beschäftigten an den Hochschulen insgesamt um 65,5 % (also um 206 500) angestiegen [1]). Während sich das wissenschaftliche und künstlerische Personal nahezu verdoppelt hat (+ 97,7 %), erfolgte beim Verwaltungs-, technischen und sonstigen Personal nur eine Zunahme von + 43,5 %.

Da das nichtwissenschaftliche Personal vor 1992 nicht nach dem Geschlecht differenziert erhoben wurde, kann eine Gegenüberstellung der Entwicklung bei den Frauen nur für das wissenschaftliche und künstlerische Personal erfolgen: Bei dieser Pesonengruppe hat sich die Anzahl der Frauen gegenüber 1980 fast vervierfacht (+ 252,1 %).

3.1.11 Im Gesundheitswesen tätige Personen

Ende 1995 waren im Bundesgebiet ca. 2 Millionen Personen in Berufen des Gesundheitswesens beschäftigt. Die Zahl der berufstätigen Ärzte/Ärztinnen betrug 273 880, diese Zahl war fast doppelt so hoch wie im Jahr 1970. Im Jahr 1995 betreute ein Arzt bzw. eine Ärztin im Durchschnitt 299 Einwohner. Der Anteil der berufstätigen Ärztinnen an der gesamten Ärzteschaft lag Ende 1995 bei über einem Drittel (35,5 %).

Die Anzahl der berufstätigen Zahnärzte/Zahnärztinnen hat 1995 mit 60 616 Personen gegenüber 1970 um ca. 64 % zugenommen. Im Durchschnitt hatte damit ein Zahnarzt bzw. eine Zahnärztin 1 350 Einwohner zu versorgen. Der Frauenanteil hat sich kontinuierlich erhöht und belief sich Ende 1995 auf 34,4 %.

Die Zahl der Apotheken wurde Ende 1995 mit 21 753 registriert, darunter waren 21 119 öffentliche Apotheken. In den öffentlichen Apotheken waren 42 790 und in den Krankenhausapotheken weitere 1 906 Apotheker/Apothekerinnen tätig. Unter allen Berufen des Gesundheitswesens, die einen Hochschulabschluß erfordern, lag bei den Apothekern/Apothekerinnen der Frauenanteil mit 61,4 % am höchsten.

Bei den sonstigen Berufsgruppen des Gesundheitswesens lag der Frauenanteil wesentlich höher und weist damit den medizinischen Unterbau nach wie vor als eine Gruppe von typischen Frauenberufen aus.

1) Bis einschließlich 1991 gelten die Zahlen für das früheres Bundesgebiet, ab 1992 für Deutschland.

Tab. 3.15: Im Gesundheitswesen tätige Personen am 31.12.1995

Beruf	Insgesamt	Frauen	
	Anzahl		%
Ärzte/Ärztinnen	273 880	97 353	*35,5*
Zahnärzte/Zahnärztinnen	60 616	20 878	*34,4*
Tierärzte/Tierärztinnen	18 683	6 102	*32,7*
Apotheker/Apothekerinnen	44 696	27 421	*61,4*
Heilpraktiker/-innen	12 000	7 000	*58,3*
Masseure/-innen, Krankengymnasten/-innen und verwandte Berufe	101 000	72 000	*71,3*
Krankenschwestern, -pfleger, Hebammen/Entbindungspfleger	735 000	630 000	*85,7*
Helfer/-innen in der Krankenpflege	143 000	88 000	*61,5*
Diätassistenten/-innen, Pharmazeutisch-technische Assistenten/-innen	41 000	39 000	*95,1*
Sprechstundenhelfer/-innen	460 000	452 000	*98,3*
Medizinisch-technische Assistenten/-innen und verwandte Berufe	102 000	94 000	*92,2*
Therapeutische Berufe, a.n.g.	31 000	26 000	*83,9*
Insgesamt	**2 022 875**	**1 559 754**	*77,1*

Quelle: Bundesärztekammer, Bundeszahnärztekammer, Tierärztliche Hochschule Hannover, Bundesvereinigung Deutscher Apothekerverbände.
Personen in sonstigen Berufen: Hochgerechnetes Ergebnis der Mikrozensus-Stichprobe.

3.1.12 Akteure der Rechtspflege

1995 standen den 5 800 Richterinnen in Deutschland 16 300 männliche Kollegen gegenüber; der Frauenanteil betrug somit nur 26,3 %. Die von den Parlamenten gewählten Mitglieder der Verfassungsgerichte in Bund und Ländern waren sogar lediglich zu einem Anteil von 13,1 % Richterinnen.

Dabei hat sich die Präsenz von Frauen in den Organen der sogenannten dritten Gewalt in den letzten Jahren bereits deutlich erhöht. Noch vor 20 Jahren war nur jede zehnte Richterstelle (10,0 % in 1975) mit einer Frau besetzt, an den Verfassungsgerichten nur gut jede vierzigste (2,3 %). Der Frauenanteil bei den Staatsanwaltschaften als Anklagevertretung in Strafsachen lag 1975 noch bei 9,2 %. Bis zum Jahr 1995, als in Deutschland 1 554 Staatsanwältinnen tätig waren, stieg der Anteil auf 28,9 %. Dem gegenüber lag der Frauenanteil 1995 bei der Rechtsanwaltschaft nur bei 20,9 %.

Tab. 3.16: Akteure der Rechtspflege

Art der Nachweisung	Früheres Bundesgebiet						Deutschland		
	1975			1985			1995		
	insgesamt	dar. Frauen		insgesamt	dar. Frauen		insgesamt	dar. Frauen	
	Anzahl		%	Anzahl		%	Anzahl		%
Richter/-innen	14 054	1 407	*10,0*	17 031	2 540	*14,9*	22 134	5 824	*26,3*
dar. an den Verfassungsgerichten	87	2	*2,3*	98	4	*4,1*	107	14	*13,1*
Staatsanwälte/-innen	2 999	277	*9,2*	3 646	523	*14,3*	5 375	1 554	*28,9*
Rechtsanwälte/-innen	20 860	.	.	39 762	5 334	*13,4*	65 576	13 722	*20,9*

3.1.13 Die Erwerbstätigkeit deutscher und ausländischer Frauen

Ausländerinnen sind am Arbeitsmarkt genauso aktiv wie deutsche Frauen. Die durchschnittliche Erwerbsquote der ausländischen Frauen lag 1996 bei 48,6 %, bei den deutschen Frauen bei 48,0 %. Unterschiede gegenüber den deutschen Frauen ergeben sich jedoch hinsichtlich des Familienstandes und nach Altersklassen.

Abb. 3.10: Erwerbsquoten der deutschen und ausländischen Frauen im April 1996

nach Altersklassen[1)]

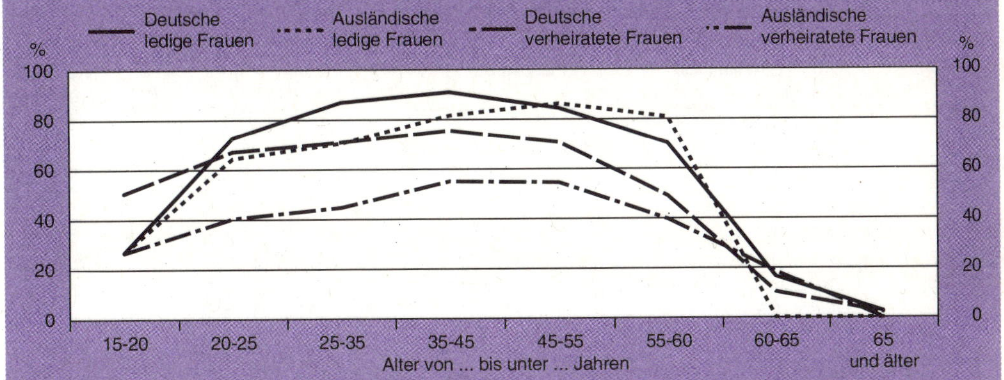

1) Ergebnis des Mikrozensus.- Bevölkerung 15 Jahre und älter.

Statistisches Bundesamt 98 - 2 - 0218

Bei den jungen ledigen Frauen unter 20 Jahren gibt es praktisch noch keine Unterschiede in der Erwerbsbeteiligung deutscher und ausländischer Frauen. Nur jeweils ein Viertel dieser Altersgruppe steht bereits dem Arbeitsmarkt – und sei es auch nur mit einer geringen Stundenzahl – zur Verfügung, der größere Teil befindet sich noch in der schulischen (einschl. Hochschul-) Ausbildung. Deutsche ledige Frauen waren zwischen dem 25. und 45. Lebensjahr am engsten mit dem Arbeitsmarkt verbunden, nur eine von zehn Frauen zwischen 35 und 45 Jahren war eine Nichterwerbsperson; bei den ledigen ausländischen Frauen verschiebt sich die stärkere Arbeitsmarktbeteiligung um je eine Altersgruppe nach oben. Bis zum 45. Lebensjahr lagen die Erwerbsquoten der ledigen deutschen Frauen über, danach unter denen der ausländischen Frauen.

Verheiratete Frauen – hier bietet sich zweckmäßigerweise erst ein Vergleich ab dem 20. Lebensjahr an – hatten eine niedrigere Erwerbsquote als ledige Frauen. Anders als bei den ledigen Frauen war die Beteiligung deutscher verheirateter Frauen am Erwerbsleben aber wesentlich höher als bei den ausländischen verheirateten Frauen. Bei den verheirateten Frauen spielt das Vorhandensein von Kindern und die Zahl der Kinder eine entscheidende Rolle bei der Erwerbsbeteiligung.

7 % aller erwerbstätigen Frauen (1,0 Mill. von 15,3 Mill.) hatten eine ausländische Staatsangehörigkeit (siehe Tab. 3.17). Unter 25 Jahre alt war gut jede zweite (56%) ausländische ledige Erwerbstätige gegenüber etwa zwei von fünf (37 %) ledigen deutschen Frauen. Weitere zwei von fünf (41 %) der ledigen deutschen Erwerbstätigen waren zwischen 25 und 35 Jahre alt; bei den ausländischen Frauen gab es in

dieser Altersgruppe nur noch halb so viele Erwerbstätige (28 %) wie in der jüngsten Altersgruppe.

Die verheirateten deutschen erwerbstätigen Frauen waren – vergleicht man die Zahlen über alle Altersgruppen – im Durchschnitt etwas älter als ihre ausländischen Kolleginnen; 55 Jahre und älter gab es – relativ betrachtet – doppelt so viele verheiratete Deutsche als Ausländerinnen.

Tab. 3.17: Deutsche und ausländische erwerbstätige Frauen im April 1996 nach Alter und Familienstand*)

1 000

Alter von ... bis unter ... Jahren	Nationalität	Insgesamt	Davon waren		
			ledig	verheiratet	verwitwet, geschieden
unter 25	Deutsche	1 666	1 498	162	5
	Ausländerinnen	206	143	61	/
25 - 35	Deutsche	3 974	1 665	2 106	203
	Ausländerinnen	285	72	199	15
35 - 45	Deutsche	3 874	527	2 888	459
	Ausländerinnen	261	22	207	32
45 - 55	Deutsche	3 100	210	2 373	517
	Ausländerinnen	221	14	172	35
55 Jahre und älter	Deutsche	1 634	124	1 116	394
	Ausländerinnen	56	5	38	14
Insgesamt	**Deutsche**	**14 247**	**4 025**	**8 644**	**1 579**
	Ausländerinnen	**1 029**	**256**	**676**	**97**

*) Ergebnis des Mikrozensus.

Legt man bei Tab. 3.17 den Betrachtungsschwerpunkt auf die einzelnen Altersgruppen, so zeigt sich, daß ausländische Erwerbstätige „unter 25 Jahre" und zwischen „25 bis unter 35 Jahre" wesentlich häufiger verheiratet waren als deutsche Frauen. Mit höherem Alter haben sich die Verhältnisse angeglichen.

Tab. 3.18: Deutsche und ausländische erwerbstätige Frauen im April 1996 nach Wirtschaftsbereichen und Stellung im Beruf*)

1 000

Wirtschaftsbereich	Nationalität	Insgesamt	Davon waren			
			Selbständige 1)	Beamtinnen	Angestellte 2)	Arbeiterinnen 3)
Land-, Forstwirtschaft, Fischerei	Deutsche	404	194	/	58	151
	Ausländerinnen	10	/	-	/	8
Produzierendes Gewerbe	Deutsche	2 659	118	/	1 508	1 031
	Ausländerinnen	271	8	/	51	211
Handel, Verkehr, Nachrichtenübermittlung	Deutsche	3 634	362	64	2 401	806
	Ausländerinnen	297	41	/	124	133
Sonstige Dienstleistungen	Deutsche	7 550	466	622	5 301	1 162
	Ausländerinnen	451	31	/	217	201
Insgesamt	**Deutsche**	**14 247**	**1 141**	**689**	**9 268**	**3 150**
	Ausländerinnen	**1 029**	**81**	**/**	**393**	**552**

*) Ergebnis des Mikrozensus. – 1) Einschl. Mithelfende Familienangehörige. – 2) Einschl. Auszubildende in anerkannten kaufmännischen und technischen Ausbildungsberufen. – 3) Einschl. Auszubildende in anerkannten gewerblichen Ausbildungsberufen.

Sowohl deutsche (53 %) als auch ausländische (44 %) erwerbstätige Frauen arbeiteten überwiegend im Bereich der „Sonstigen Dienstleistungen" (dazu zählen u. a.: Kredit- und Versicherungsgewerbe, öffentliche Verwaltung). Im Wirtschaftsbereich Handel, Verkehr und Nachrichtenübermittlung waren etwa ein Viertel der deutschen und ausländischen Frauen beschäftigt. Wesentlich größere Unterschiede zeigten sich bei der Stellung im Beruf (siehe Tab. 3.18). Gut jede zweite (54 %) erwerbstätige Ausländerin war Arbeiterin, aber nur eine von fünf (22 %) deutschen erwerbstätigen Frauen. Die deutschen Frauen arbeiteten in der Hauptsache als Angestellte (65 %). Diese Tendenz zeigt sich auch bei den wichtigsten Wirtschaftszweigen.

Tab. 3.19: Deutsche und ausländische erwerbstätige Frauen im April 1996 nach Berufsbereichen*)

1 000

Berufsbereich	Insgesamt	Deutsche	Ausländerinnen
Insgesamt	**15 276**	**14 247**	**1 029**
davon			
Land-,Tier-, Forstwirtschaft, Gartenbau	432	422	10
Bergleute, Mineralgewinner	6	5	/
Fertigungsberufe	1 669	1 390	279
Technische Berufe	398	382	15
Dienstleistungsberufe	12 518	11 820	698
Sonstige Arbeitskräfte	254	228	26

*) Ergebnis des Mikrozensus.

Deutsche und Ausländerinnen arbeiteten vor allem in Dienstleistungsberufen, deutsche Frauen allerdings häufiger (83 %) als nichtdeutsche Frauen (68 %). Ausländische Erwerbstätige hatten noch einen erheblichen Anteil an den Fertigungsberufen, etwa 27 % der Ausländerinnen gegenüber nur noch 10 % der Deutschen. Die übrigen Berufsbereiche hatten für die Masse der Beschäftigten nur noch eine relativ geringe Bedeutung.

3.2 Arbeitslosigkeit unter Frauen

Im Durchschnitt des Jahres 1996 waren insgesamt 3,965 Mill. Personen bei den Arbeitsämtern als Arbeitslose gemeldet – davon 1,854 Mill. Frauen. Zwar stellten die Frauen damit etwas weniger als die Hälfte (46,7 %) aller Arbeitslosen, ihre Beschäftigungsaussichten sind dennoch weiterhin ungünstiger als die der Männer. Dies drückt sich in den im Vergleich zu den Männern höheren Arbeitslosenquoten aus: Im Jahresdurchschnitt 1996 lag die gesamtdeutsche Arbeitslosenquote der Frauen – bezogen auf die abhängig zivilen Erwerbspersonen – bei 12,1 %, die vergleichbare Arbeitslosenquote der Männer bei 11,0 %.

Zwischen dem früheren Bundesgebiet und den neuen Ländern und Berlin-Ost sind dabei jedoch deutliche Unterschiede erkennbar. Im früheren Bundesgebiet kehrte sich die Geschlechterrelation durch die jüngste Rezession, die stärker Arbeitsplätze von Männern bedrohte, inzwischen sogar um. Hier betrug die jahresdurchschnittliche Arbeitslosenquote der Männer 1996 10,4 %, die der Frauen 9,9 %. In den neuen Ländern und Berlin-Ost hat sich dagegen an der – auch absolut gesehen –

stärkeren Betroffenheit der Frauen von Arbeitslosigkeit seit dem Beginn des strukturellen Umbruchs nur wenig geändert. Bereits 1991 stellten die Frauen in den neuen Ländern weit mehr als die Hälfte (58,1 %) aller Arbeitslosen. Bis 1994 stieg der Frauenanteil an den Arbeitslosen noch weiter auf 64,8 % an, ehe er sich wieder allmählich bis auf 57,6 % im Jahresdurchschnitt 1996 verminderte. Dennoch lag die Arbeitslosenquote der Frauen in den neuen Ländern mit 19,9 % auch 1996 noch erheblich höher als die der Männer (13,7 %).

Tab. 3.20: Arbeitslose

Jahresdurchschnitt	Arbeitslose				Darunter arbeitslose Frauen			
	insgesamt		dar. Teilzeitarbeitsuchende Arbeitslose		zusammen		dar. Teilzeitarbeitsuchende Arbeitslose	
	1 000	Quote 1)	1 000	% 2)	1 000	Quote 1)	1 000	% 2)
				Früheres Bundesgebiet				
1991	1 689	*6,3*	189	*11,2*	792	*7,0*	184	*23,3*
1992	1 808	*6,6*	196	*10,8*	826	*7,2*	190	*23,1*
1993	2 270	*8,2*	227	*10,0*	993	*8,4*	221	*22,3*
1994	2 556	*9,2*	235	*9,2*	1 094	*9,2*	229	*20,9*
1995	2 565	*9,3*	238	*9,3*	1 101	*9,2*	231	*21,0*
1996	2 796	*10,1*	264	*9,4*	1 180	*9,9*	256	*21,7*
				Neue Länder und Berlin-Ost				
1991	913	*10,3*	58	*6,4*	530	*12,3*	56	*10,5*
1992	1 170	*14,8*	61	*5,2*	741	*19,6*	58	*7,8*
1993	1 149	*15,8*	50	*4,4*	734	*21,0*	48	*6,6*
1994	1 142	*16,0*	44	*3,8*	741	*21,5*	43	*5,8*
1995	1 047	*14,9*	41	*3,9*	660	*19,3*	40	*6,1*
1996	1 169	*16,7*	39	*3,4*	674	*19,9*	38	*5,7*

1) Arbeitslose in Prozent der abhängigen zivilen Erwerbspersonen. – 2) Anteil an insgesamt bzw. zusammen.

Quelle: Bundesanstalt für Arbeit

Im Hinblick auf die Bekämpfung der Arbeitslosigkeit wird der Flexibilisierung des Arbeitsmarktes und in diesem Zusammenhang insbesonders der Förderung der Teilzeitbeschäftigung große Bedeutung beigemessen. Im Durchschnitt des Jahres 1996 waren im früheren Bundesgebiet 97,2 % und in den neuen Ländern 97,6 % aller Arbeitslosen, die über die Arbeitsämter eine Teilzeitbeschäftigung suchten, weiblichen Geschlechts. Allerdings ist der Wunsch nach Teilzeitbeschäftigung unter den weiblichen Arbeitslosen in West- und Ostdeutschland weiterhin sehr unterschiedlich ausgeprägt. In der ehemaligen DDR war die Ganztagsbeschäftigung von Frauen die Norm. Vor diesem Hintergrund ist zu sehen, daß in den neuen Ländern und Berlin-Ost nur eine von zwanzig (5,7 %) im Jahresdurchschnitt 1996 arbeitslos gemeldeten Frauen nach einer Teilzeitbeschäftigung suchte, während sich im früheren Bundesgebiet immerhin gut jede fünfte (21,7 %) arbeitslose Frau auf der Suche nach einer Teilzeitbeschäftigung befand.

3.3 Berufliche Förderung

Die arbeitsmarktpolitischen Maßnahmen der Bundesanstalt für Arbeit dienen der problemgruppenorientierten beruflichen Förderung und tragen damit unmittelbar zur Minderung der Arbeitslosigkeit bei. Die quantitativ bedeutsamsten Instrumente der aktiven Arbeitsmarktpolitik sind die Förderung der beruflichen Bildung, die beschäftigungsschaffenden Maßnahmen in Form von Allgemeinen Maßnahmen zur Arbeitsbeschaffung (ABM) und produktiven Lohnkostenzuschüssen sowie die Gewährung von Kurzarbeitergeld, durch die Beschäftigungsverhältnisse stabilisiert und den Betrieben eingearbeitete Arbeitskräfte erhalten werden. Frauen sollen an den verschiedenen Fördermaßnahmen entsprechend ihrem Anteil an den Arbeitslosen teilhaben.

Bei der Förderung der beruflichen Weiterbildung ist diese Maßgabe inzwischen überschritten worden. Im Durchschnitt des Jahres 1996 nahmen in Deutschland insgesamt 546 000 Personen an einer beruflichen Fortbildung, Umschulung oder Einarbeitungsmaßnahme teil. Mehr als die Hälfte aller Teilnehmer und Teilnehmerinnen – nämlich rund 293 000 Personen (53,6 %) waren Frauen. Zurückzuführen ist dieses Ergebnis auf die hohe Weiterbildungsbeteiligung der Frauen in den neuen Ländern und Berlin-Ost. Hier lag der Frauenanteil an allen geförderten Maßnahmen der beruflichen Weiterbildung bei 63,5 %, im früheren Bundesgebiet dagegen „nur" bei 45,9 %. Von den im gesamten Bundesgebiet 664 900 Personen, die im Jahre 1996 ihre Fortbildung, Umschulung oder Einarbeitung beendeten, haben rund 493 000 Teilnehmer und Teilnehmerinnen (74,2 %) ihr Schulungsziel erreicht. Der Anteil der Frauen an den erfolgreichen Absolventen und Absolventinnen betrug 52,5 % (früheres Bundesgebiet: 44 %; neue Länder und Berlin-Ost: 63,6 %).

Tab. 3.21: Berufliche Förderung

Jahr	Teilnehmer/ -innen an beruflicher Weiterbildung [1])		Beschäftigte in allg. Arbeitsbeschaffungsmaßnahmen [2])		Beschäftigte mit produktiven Lohnkostenzuschuß [3])		Bezieher/ -innen von Kurzarbeitergeld	
	insgesamt	dar. Frauen	insgesamt	dar. Frauen	insgesamt	dar. Frauen	insgesamt	dar. Frauen
	1000	% [4])	1000	% [4])	1000	% [4])	1000	% [4])
				Früheres Bundesgebiet				
1991	364 474	*38,5*	83	*39,4*	–	–	145	*19,6*
1992	372 109	*40,1*	78	*39,6*	–	–	283	*24,7*
1993	348 439	*40,3*	51	*39,9*	–	–	767	*19,8*
1994	308 802	*39,8*	57	*35,5*	–	–	275	*20,6*
1995	304 323	*43,0*	70	*37,4*	2	*29,1*	128	*21,1*
1996	306 607	*45,9*	70	*37,9*	6	*34,8*	206	*16,9*
				Neue Länder und Berlin-Ost				
1991	279 800	–	183	*35,6*	–	–	1 616	*45,0*
1992	491 200	–	388	*41,3*	–	–	370	*42,1*
1993	380 609	*65,1*	237	*48,2*	33	*33,3*	181	*34,9*
1994	258 944	*59,3*	192	*60,2*	88	*36,1*	97	*31,6*
1995	255 795	*61,7*	206	*65,3*	106	*38,6*	71	*28,7*
1996	238 903	*63,5*	191	*65,4*	86	*42,6*	71	*23,6*

1) Durch die Förderung der beruflichen Weiterbildung (Fortbildung, Umschulung, Einarbeitung) werden Qualifikationen geänderten Anforderungen angepaßt (§§ 33 ff., 41 ff. AFG). – 2) Allgemeine Maßnahmen zur Arbeitsbeschaffung (ABM) bieten schwer vermittelbaren Arbeitslosen eine befristete Beschäftigung und verbessern ihre Chance zur beruflichen Wiedereingliederung (§§ 91 ff. AFG). – 3) Mit produktiven Lohnkostenzuschüssen (früheres Bundesgebiet §242s AFG; neue Bundesländer § 249h AFG) werden Tätigkeiten in den Bereichen Umwelt, soziale Dienste oder Jugendhilfe gefördert. – 4) Anteil an insgesamt.

Quelle: Bundesanstalt für Arbeit

In Allgemeinen Maßnahmen zur Arbeitsbeschaffung (ABM) fanden im Durchschnitt des Jahres 1996 insgesamt 261 000 Personen mit ungünstigen Arbeitsmarktchancen eine – wenn auch zeitlich befristete – Beschäftigung. 152 000 (58.1 %) aller ABM-Arbeitsstellen in Deutschland waren mit Frauen besetzt. Allein 191 000 ABM-Stellen entfielen auf die neuen Länder und Berlin-Ost. Hier lag der Frauenanteil an allen ABM-Kräften sogar bei 65,4 % (früheres Bundesgebiet: 37,9 %). Mit produktiven Lohnkostenzuschüssen wurden 1996 durchschnittlich 93 000 Arbeitsplätze in den Bereichen Umwelt, soziale Dienste und Jugendhilfe gefördert. Der Förderschwerpunkt lag hier ebenfalls in den neuen Ländern und Berlin-Ost mit 86 000 solcher Arbeitsplätze. Die Frauenanteile bei dieser Maßnahme lagen im Osten ebenfalls höher (42,6 %) als in Westdeutschland (34,8 %).

Das Kurzarbeitergeld war insbesonders in den neuen Ländern und Berlin-Ost noch im ersten Jahr nach der Wiedervereinigung das im Bereich der aktiven Arbeitsmarktpolitik mit Abstand wichtigste Förderinstrument der Bundesanstalt für Arbeit. Seitdem sind die Kurzarbeiterzahlen merklich zurückgegangen. Allerdings waren in Deutschland 1996 durchschnittlich immer noch 277 000 Personen von Kurzarbeit betroffen, davon 206 000 Personen im früheren Bundesgebiet und 71 000 Personen in den neuen Ländern und Berlin-Ost. Im früheren Bundesgebiet waren 16,9 % aller kurzarbeitenden Personen Frauen, in den neuen Ländern und Berlin-Ost lag der Frauenanteil bei den Kurzarbeitern mit 23,6 % etwas höher.

4 Einkommen und Vermögen

4 Einkommen und Vermögen

Einen ersten Hinweis zur Einkommens- und Vermögenslage von Frauen geben die Ergebnisse des Mikrozensus zum überwiegenden Lebensunterhalt. In einer Selbsteinstufung geben die Befragten dabei an, aus welcher Einkommensquelle sie überwiegend die Mittel für ihren Lebensunterhalt bestreiten.

Für die überwiegende Zahl der erwerbstätigen Frauen ist dies – wie nicht anders zu erwarten – ihre Erwerbstätigkeit.

4.1 Überwiegender Lebensunterhalt

Für mehr als 1 Mill. erwerbstätiger Frauen im früheren Bundesgebiet reichte 1996 das erzielte Erwerbseinkommen nicht aus; sie wurden überwiegend von Angehörigen unterstützt. In den neuen Ländern und Berlin-Ost sind dagegen nur 16 000 erwerbstätige Frauen auf die Unterstützung durch Angehörige angewiesen. Hinter den 1,1 Mill. erwerbstätigen Frauen im früheren Bundesgebiet, die überwiegend von der Unterstützung durch Angehörige leben, verbergen sich vor allem Fälle der sog. geringfügigen Beschäftigung.

Tab. 4.1: Erwerbstätige Frauen im April 1996 nach Altersgruppen und überwiegendem Lebensunterhalt*)

1 000

Alter von ... bis unter ... Jahren	Insgesamt	Überwiegender Lebensunterhalt durch			
		Erwerbstätigkeit	Arbeitslosengeld/-hilfe	Rente und sonstiges [1])	Angehörige
		Deutschland			
15 - 20	520	420	/	8	91
20 - 25	1 352	1 236	/	35	78
25 - 35	4 259	3 860	11	123	265
35 - 45	4 135	3 744	9	47	335
45 - 55	3 321	3 032	10	40	238
55 und älter	1 690	1 386	5	156	144
Insgesamt	**15 276**	**13 679**	**38**	**408**	**1 151**
		Früheres Bundesgebiet			
15 - 20	387	299	/	/	85
20 - 25	1 124	1 025	/	23	75
25 - 35	3 462	3 110	/	86	262
35 - 45	3 239	2 866	/	36	334
45 - 55	2 650	2 374	/	34	237
55 und älter	1 414	1 135	/	135	143
Zusammen	**12 275**	**10 808**	**16**	**317**	**1 135**
		Neue Länder und Berlin-Ost			
15 - 20	133	122	/	5	7
20 - 25	228	211	/	12	/
25 - 35	797	751	7	37	/
35 - 45	896	878	5	11	/
45 - 55	671	658	5	6	/
55 und älter	276	251	/	21	/
Zusammen	**3 002**	**2 872**	**22**	**91**	**16**

*) Ergebnis des Mikrozensus. – 1) Rente, Pension; eigenes Vermögen, Vermietung, Zinsen, Altenteil; Sozialhilfe; Leistungen aus einer Pflegeversicherung; sonstige Unterstützungen (z. B. BAFöG, Vorruhestandsgeld, Stipendium).

Im Hinblick auf den überwiegenden Lebensunterhalt der nichterwerbstätigen Frauen unterscheidet sich die Situation im früheren Bundesgebiet erheblich von der in den neuen Ländern. Der Anteil der Frauen, die ihren überwiegenden Lebensunterhalt aus Arbeitslosengeld oder -hilfe bestritten, war in den neuen Ländern fünfmal so hoch wie im früheren Bundesgebiet (17 % gegenüber 3 %). Auch die Kategorie „Rente und sonstiges" hatte als Quelle des Lebensunterhalts in den neuen Ländern eine größere Bedeutung als im früheren Bundesgebiet (67 % gegenüber 49 %). Dafür waren sehr viel weniger nichterwerbstätige Frauen in den neuen Ländern auf die Unterstützung durch „Angehörige" angewiesen als im früheren Bundesgebiet (16 % gegenüber 48 %).

Diese nach wie vor gegebenen Unterschiede zwischen den beiden Teilgebieten Deutschlands zeigen sich bei einzelnen Altersgruppen noch wesentlich deutlicher. Nichterwerbstätige Frauen der Altersgruppe „35 bis unter 45" in den neuen Ländern lebten zu 63 % überwiegend von „Arbeitslosengeld/-hilfe", im früheren Bundesgebiet nur zu 7 % (aber zu 80 % von Angehörigen).

Tab. 4.2: Nichterwerbstätige Frauen im Alter von 15 und mehr Jahren im April 1996 nach Altersgruppen und überwiegendem Lebensunterhalt*)

1 000

Alter von ... bis unter ... Jahren	Insgesamt	Überwiegender Lebensunterhalt durch		
		Arbeitslosen-geld/-hilfe	Rente und sonstiges 1)	Angehörige
		Deutschland		
15 - 20	1 635	11	102	1 522
20 - 25	847	94	178	575
25 - 35	2 076	295	387	1 394
35 - 45	1 814	282	260	1 272
45 - 55	1 839	269	355	1 215
55 und älter	12 215	250	9 406	2 559
Insgesamt	**20 426**	**1 201**	**10 688**	**8 537**
		Früheres Bundesgebiet		
15 - 20	1 277	8	76	1 193
20 - 25	714	55	132	527
25 - 35	1 781	140	298	1 344
35 - 45	1 545	115	202	1 229
45 - 55	1 556	121	268	1 166
55 und älter	9 795	124	7 175	2 495
Zusammen	**16 667**	**562**	**8 151**	**7 954**
		Neue Länder und Berlin-Ost		
15 - 20	358	/	26	328
20 - 25	133	39	46	49
25 - 35	295	155	90	50
35 - 45	268	168	58	43
45 - 55	283	147	87	49
55 und älter	2 420	126	2 231	64
Zusammen	**3 759**	**639**	**2 537**	**583**

*) Ergebnis des Mikrozensus. – 1) Rente, Pension; eigenes Vermögen, Vermietung, Zinsen, Altenteil; Sozialhilfe; Leistungen aus der Pflegeversicherung; sonstige Unterstützungen (z. B. BAföG; Vorruhestandsgeld; Stipendium).

4.2 Wochenarbeitszeiten und Verdienste

Die Lohn- und Gehaltsstruktur gibt weitere Aufschlüsse über die Einkommensverhältnisse eines großen Teiles der erwerbstätigen Bevölkerung. Vor allem die im Erwerbsleben stehenden Menschen bestreiten ihren Lebensunterhalt ja überwiegend aus Einkommen, welches sie durch ihre Erwerbstätigkeit erzielen.

Im Jahr 1995 wurden den Arbeiterinnen des Produzierenden Gewerbes wöchentlich 37,2 Stunden im früheren Bundesgebiet und 39,0 Stunden in den neuen Ländern vergütet. Die Angaben umfassen neben der effektiven Arbeitszeit auch die bezahlten arbeitsfreien Stunden, vor allem die Urlaubs- und Krankheitstage, und berücksichtigen konjunkturell bedingte Schwankungen durch Überstunden und Kurzarbeit. Bei Zeitvergleichen ist deshalb jeweils auch die Konjunkturphase in den Vergleichsjahren zu beachten. Im Westen lag die wöchentliche Arbeitszeit beispielsweise im Depressionsjahr 1975 nur um 1,1 Stunden über dem Wert für 1995, im konjunkturell günstigerem Jahr 1985 dagegen um 2,3 Stunden. Der Tendenz nach ist jedoch ein allmähliches Sinken der Arbeitszeit zu beobachten. Dies bestätigen auch die Ergebnisse für die neuen Länder, in denen die Wochenarbeitszeit 1992 bis 1995 bei den Arbeiterinnen von 40,0 auf 39,0 Stunden zurückging.

Tab. 4.3: Wochenarbeitszeiten und Bruttoverdienste der Arbeiter/-innen im Produzierenden Gewerbe 1995 nach Leistungsgruppen*)

Leistungsgruppe	Frauen						
	Bezahlte Wochenarbeitszeit	dar. Mehrarbeitszeit	Bruttoverdienst je				Anteil an allen Arbeitern/-innen
			Stunde		Woche		
	Stunden		DM	%-Anteil am Verdienst der Männer	DM	%-Anteil am Verdienst der Männer	%
	Früheres Bundesgebiet						
1	37,2	0,6	22,56	80,6	839	77,1	9,4
2	37,0	0,5	20,00	79,2	739	75,9	41,9
3	37,4	0,6	18,96	85,8	709	81,7	48,6
Insgesamt	**37,2**	**0,5**	**19,73**	**74,2**	**734**	**71,1**	**100**
	Neue Länder und Berlin-Ost						
1	39,0	0,5	16,05	81,1	626	79,2	24,7
2	38,9	0,6	14,33	81,6	558	79,1	53,0
3	39,2	0,5	13,23	82,0	519	81,0	22,4
Insgesamt	**39,0**	**0,5**	**14,51**	**77,4**	**566**	**75,6**	**100**

*) Siehe auch Anhangtab. A 4.1.

Arbeiter hatten mit 38,8 Wochenstunden im früheren Bundesgebiet bzw. 39,7 Wochenstunden in den neuen Ländern und Berlin-Ost eine um 1,6 bzw. 0,7 Stunden längere Arbeitszeit als ihre Kolleginnen. Diese Differenz ist vor allem auf die höhere Mehrarbeitszeit der Männer zurückzuführen (1,9 gegenüber 0,5 Stunden im früheren Bundesgebiet bzw. 1,3 gegenüber 0,5 Stunden in den neuen Ländern und Berlin-Ost). Der Unterschied in der Mehrarbeitszeit ist auch über den Konjunkturzyklus hinweg zu beobachten. In der geringeren Mehrarbeitszeit der Frauen dürfte auch die Doppelbelastung durch Haushalt und Erwerbstätigkeit ihren Ausdruck finden. Da die Zahl der Mehrarbeitsstunden tendenziell zurückgeht, ist eine Angleichung zwischen den Wochenarbeitszeiten von Männern und Frauen zu erwarten.

Abb. 4.1: Verteilung der Arbeiter/-innen nach Leistungsgruppen 1995[1)]

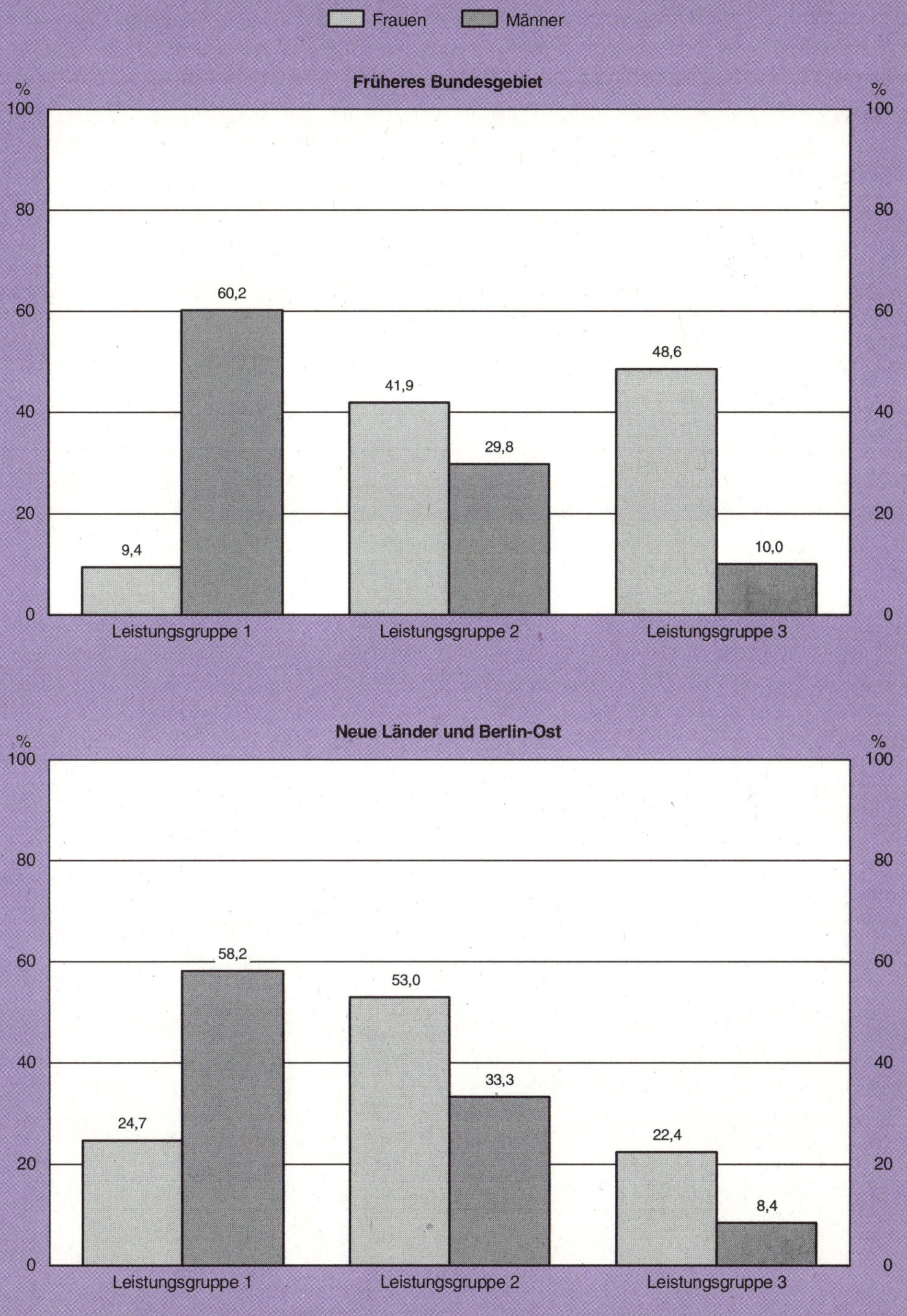

1) In % aller Arbeiterinnen bzw. Arbeiter.

Statistisches Bundesamt 98 - 2 - 0219

Westdeutsche Arbeiterinnen verdienten in der Stunde im Durchschnitt 19,73 DM und in der Woche 734 DM; damit erhielten sie 74,2 % bzw. 71,1 % der Männerverdienste (wegen der längeren Wochenarbeitszeit besteht beim Wochenverdienst ein größerer Unterschied als beim Stundenverdienst). Zwanzig Jahre zuvor war ihnen noch die Stunde mit 7,52 DM und die Arbeitswoche mit 289 DM vergütet worden, damals 72,3 % bzw. 67,2 % der Vergleichswerte für die Männer. Die Frauen haben also in dieser Zeit den Verdienstabstand gegenüber den Männern etwas reduzieren können.

Mit 14,51 DM in der Stunde und 566 DM in der Woche erzielten die Arbeiterinnen auch 1995 im Osten erheblich niedrigere Verdienste als ihre westdeutschen Kolleginnen (die Ost-/West-Verdienstrelation je Stunde betrug 73,5 % und je Woche 77,1 %). Der Verdienstabstand gegenüber den Männern war hier jedoch etwas geringer: ihr Stundenlohn machte 77,4 %, ihr Wochenlohn 75,6 % der Männerverdienste aus.

Der geschlechtsspezifische Verdienstabstand erscheint verständlicher, wenn man die Unterschiede in den ausgeübten Tätigkeiten berücksichtigt. Die Tätigkeiten werden in der Verdienststatistik durch die Leistungsgruppengliederung erfaßt, die bei den Arbeiterinnen und Arbeitern die Leistungsgruppen: 1: Facharbeitertätigkeiten, 2: Tätigkeiten mit einer Anlernzeit von mindestens drei Monaten und 3: Tätigkeiten mit einer Anlernzeit von weniger als drei Monaten, unterscheidet.

Abb. 4.1 zeigt, daß die Arbeiterinnen im Westen überwiegend in Leistungsgruppe 3 und im Osten in Leistungsgruppe 2 beschäftigt sind, Männer dagegen in Leistungsgruppe 1. Da die Leistungsgruppen ein unterschiedliches Verdienstniveau aufweisen, erklärt sich der geschlechtsspezifische Verdienstabstand teilweise durch die Unterschiede in der Leistungsgruppenstruktur. Zwar ist auch bei einem Vergleich der Leistungsgruppenverdienste noch ein geschlechtspezifischer Unterschied zu beobachten, doch ist dieser hier sehr viel geringer.

Abb. 4.2: Verdienste der Arbeiterinnen nach Leistungsgruppen 1995[1)]

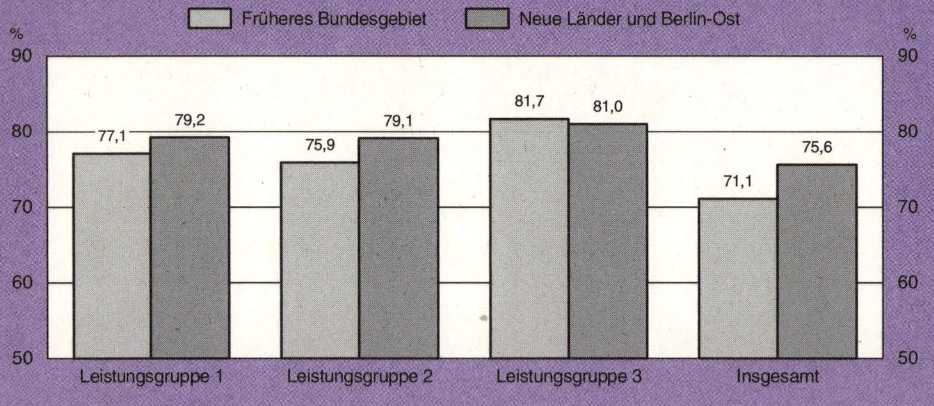

1) In % der Männerverdienste.

Statistisches Bundesamt 98 - 2 - 0220

Als weitere Erklärungsgründe für den geschlechtsspezifischen Verdienstabstand sind Unterschiede in der Besetzung der Wirtschaftszweige und in der Ausbildung anzuführen. Frauen sind häufiger in Wirtschaftszweigen mit niedrigem Verdienstniveau beschäftigt: So arbeitete im Westen ein Drittel der Frauen, aber nur ein Siebentel der Männer in den Verbrauchsgüterindustrien, wie dem Bekleidungs- und Ledergewerbe, der Nahrungs- und Genußmittelindustrie, deren Löhne unter dem Niveau der übrigen Bereiche des Produzierenden Gewerbes liegen.

Arbeiterinnen konnten 1995 seltener einen Berufsausbildungabschluß nachweisen als ihre männlichen Kollegen. Dies betrifft insbesondere die alten Länder, in denen nur ein Drittel der Arbeiterinnen, aber sieben Zehntel der Arbeiter eine Berufsausbildung abgeschlossen hatten, während im Osten ein weit überwiegender Anteil der Arbeiterinnen (79 %) und der Arbeiter (87 %) über einen Ausbildungsabschluß verfügten.

Weibliche Angestellte erzielten 1995 mit Bruttomonatsgehältern von 4 181 DM im Westen und 3 520 DM im Osten um rund 33 % bzw. 43 % höhere Verdienste als die Arbeiterinnen. Das Gefälle zwischen den Löhnen der Arbeiterinnen und den Gehältern der weiblichen Angestellten erhöhte sich im Zeitverlauf: Im Westen hatten die weiblichen Angestellten 1975 einen Verdienstvorsprung von nur 25 % und im Osten 1992 von 32 %.

Tab. 4.4: Bruttomonatsverdienste 1995 der weiblichen Angestellten im Produzierenden Gewerbe; Handel; Kredit- und Versicherungsgewerbe nach Leistungsgruppen und Beschäftigungsart*)

Leistungsgruppe	Insgesamt			Kaufmännische Angestellte			Technische Angestellte		
	Bruttomonatsverdienst	Anteil am Männerverdienst	Anteil 1) an den weiblichen Angestellten	Bruttomonatsverdienst	Anteil am Männerverdienst	Anteil 1)2) an der Leistungsgruppe	Bruttomonatsverdienst	Anteil am Männerverdienst	Anteil 1)2) an der Leistungsgruppe
	DM	%		DM	%		DM	%	
Früheres Bundesgebiet									
II	6 096	*80,5*	*11,0*	6 014	*81,4*	*90,4*	6 879	*88,6*	*9,6*
III	4 482	*81,3*	*46,7*	4 446	*86,3*	*92,3*	4 913	*82,9*	*7,7*
IV	3 412	*83,4*	*37,1*	3 385	*87,6*	*93,0*	3 781	*81,0*	*7,0*
V	3 030	*87,0*	*5,2*	3 018	*90,6*	*95,0*	3 269	*80,1*	*5,0*
Insgesamt	**4 181**	***67,6***	***100***	**4 137**	***71,4***	***92,5***	**4 735**	***71,1***	***7,5***
Neue Länder und Berlin-Ost									
II	4 704	*85,8*	*11,3*	4 657	*83,7*	*80,9*	4 904	*90,1*	*19,1*
III	3 738	*85,7*	*47,6*	3 698	*90,3*	*85,8*	3 975	*88,5*	*14,2*
IV	2 975	*92,0*	*36,7*	2 965	*97,0*	*87,9*	3 046	*86,3*	*12,1*
V	2 656	*95,8*	*4,4*	2 665	*97,6*	*90,1*	2 573	*88,9*	*9,9*
Insgesamt	**3 520**	***75,5***	***100***	**3 477**	***79,6***	***86,2***	**3 785**	***78,5***	***13,8***

*) Siehe auch Anhangtab. A 4.2. – 1) Bezogen auf den Oktober des jeweiligen Jahres. – 2) Anteil an den weiblichen Angestellten insgesamt der entsprechenden Leistungsgruppe.

Die Gehälter der Frauen erreichten im Osten 75,5 % und im Westen 67,6 % der Verdienste männlicher Angestellter; damit lag der geschlechtsspezifische Verdienstunterschied im Osten etwa auf dem bei den Arbeiterinnen und Arbeitern festgestellten Niveau, im Westen jedoch deutlich darüber.

Abb. 4.3: Verteilung der Angestellten nach Leistungsgruppen 1995[1)]

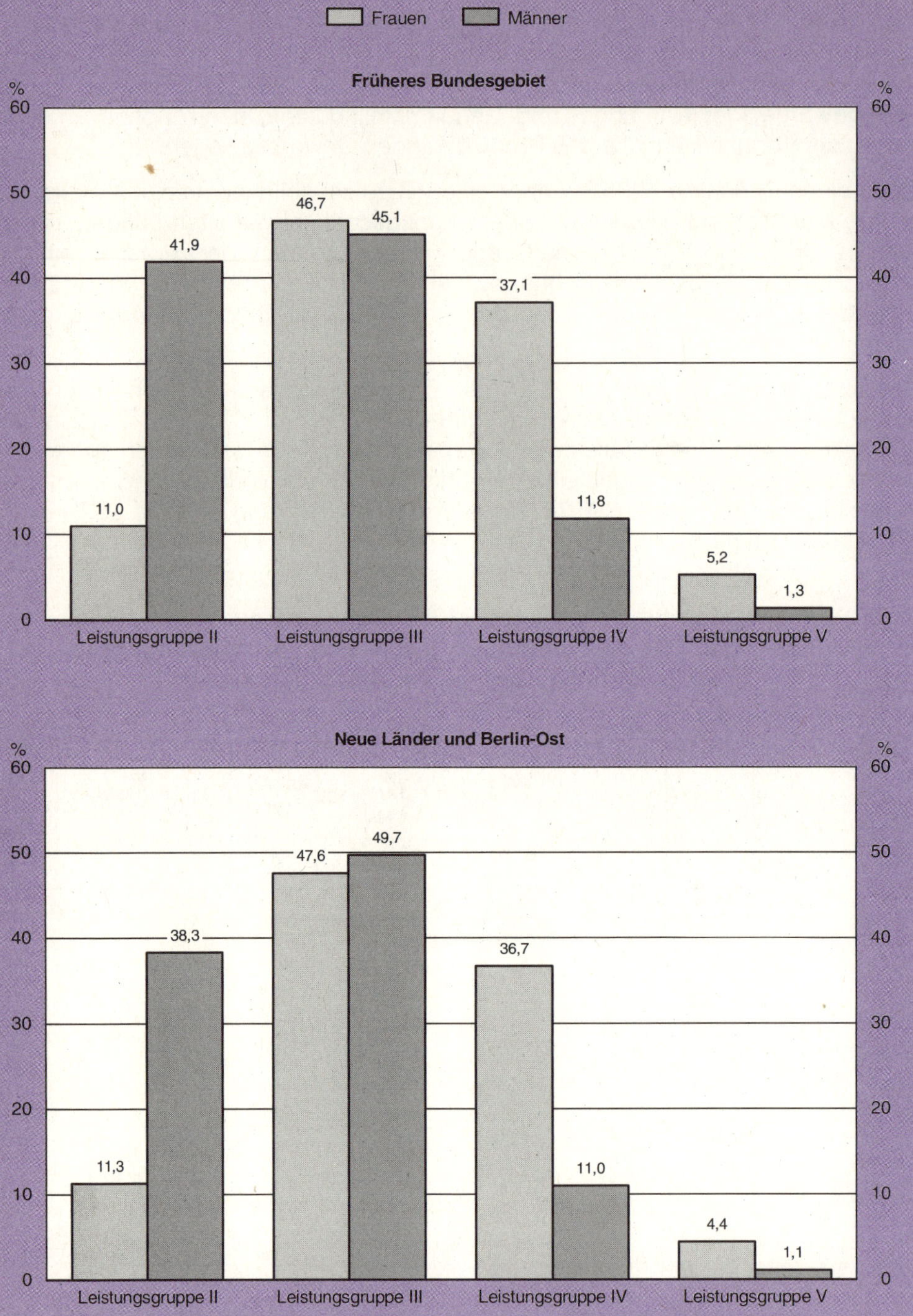

1) In % aller weiblichen bzw. männlichen Angestellten.

Statistisches Bundesamt 98 - 2 - 0221

Auch bei den Angestellten läßt sich dieser Verdienstabstand in erheblichem Umfang durch Unterschiede in der ausgeübten Tätigkeit erklären, die bei den Angestellten in den folgenden Leistungsgruppen erfaßt werden: II: Angestellte mit beschränkten Dispositionsbefugnissen, III: Angestellte mit selbständig durchgeführten Tätigkeiten, die neben den durch eine Berufsausbildung vermittelten Kenntnisse noch vertiefte Kenntnisse in einem Spezialgebiet umfaßt, IV: Tätigkeiten, die das in einer Berufsausbildung vermittelte Fachwissen erfordern und V: Tätigkeiten, für die ein Ausbildungsabschluß nicht erforderlich ist.

Tab. 4.5 zeigt erhebliche Unterschiede in der Besetzung der Leistungsgruppen bei Frauen und Männern: Von den männlichen Angestellten gehörten 1995 in Ost und West über 85 % zu den beiden höchsten Leistungsgruppen (II und III), bei den weiblichen Angestellten dagegen nicht einmal 60 % (siehe auch Abb. 4.3).

Tab. 4.5: Bruttomonatsverdienste der Angestellten 1995 im Produzierenden Gewerbe; Handel; Kredit- und Versicherungsgewerbe nach Leistungsgruppen

Leistungsgruppe	Männliche Angestellte		Weibliche Angestellte		
	Bruttomonatsverdienst	Anteil 1) an den männlichen Angestellten	Bruttomonatsverdienst	Anteil am Männerverdienst	Anteil 1) an den weiblichen Angestellten
	DM	%	DM	%	
		Früheres Bundesgebiet			
II	7 572	*41,9*	6 096	*80,5*	*11,0*
III	5 513	*45,1*	4 482	*81,3*	*46,7*
IV	4 091	*11,8*	3 412	*83,4*	*37,1*
V	3 481	*1,3*	3 030	*87,0*	*5,2*
Insgesamt	**6 182**	***100***	**4 181**	***67,6***	***100***
		Neue Länder und Berlin-Ost			
II	5 480	*38,3*	4 704	*85,8*	*11,3*
III	4 363	*49,7*	3 738	*85,7*	*47,6*
IV	3 235	*11,0*	2 975	*92,0*	*36,7*
V	2 772	*1,1*	2 656	*95,8*	*4,4*
Insgesamt	**4 660**	***100***	**3 520**	***75,5***	***100***

1) Bezogen auf den Oktober des jeweiligen Jahres.

Der Einfluß der unterschiedlichen Leistungsgruppenstruktur auf den Gesamtdurchschnittsverdienst ist indirekt aus dem erheblich geringeren Verdienstabstand in den einzelnen Leistungsgruppen zu erkennen. So erzielten die Frauen 1995 in allen Leistungsgruppen Verdienste, die mehr als 80 % der Männerverdienste im Westen bzw. 85 % im Osten ausmachten.

Eine weitere Erklärung für den Verdienstabstand zwischen Männern und Frauen bildet der Unterschied nach der „Beschäftigungsart“, d. h. nach der kaufmännischen oder technischen Ausrichtung der ausgeübten Tätigkeiten. Im allgemeinen werden technische Angestellte etwas besser bezahlt als kaufmännische, auch bei gleicher Leistungsgruppenzugehörigkeit. Frauen üben in aller Regel kaufmännische Tätigkeiten aus (1995 über 85 % der weiblichen Angestellten im Osten und 90 % im Westen), während nur 55 % der männlichen Angestellten im Westen und sogar nur 35 % im Osten als kaufmännische Angestellte tätig waren.

Abb. 4.4: Verdienste der weiblichen Angestellten nach Leistungsgruppen 1995[1)]

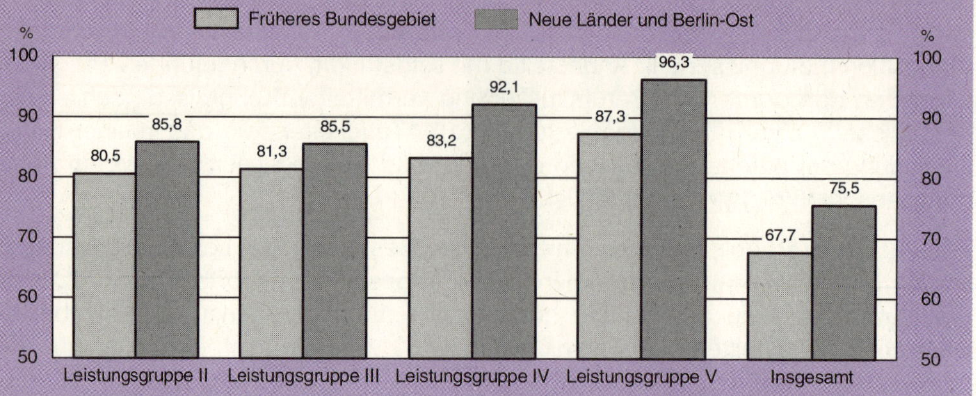

1) In % der Männerverdienste.

Statistisches Bundesamt 98 - 2 - 0222

Die Ausbildung hat bei den Angestellten einen noch größeren Einfluß auf das Verdienstniveau als bei den Arbeitern. Hier zeigte sich 1995 zwischen Frauen und Männern noch ein erheblicher Unterschied. Im Westen hatten 19,4 % der männlichen Angestellten eine Fachhochschul- oder Hochschulausbildung abgeschlossen, aber nur 4,7 % der Frauen. Die ostdeutschen Angestellten hatten allgemein ein höheres Ausbildungsniveau: Hier ergaben sich Vergleichswerte von 40 % bei Männern und 14,5 % bei Frauen.

Weibliche Angestellte sind darüber hinaus im Durchschnitt jünger und haben deswegen auch ein geringeres Dienstalter. Im Westen waren sie 1995 im Durchschnitt 36 Jahre alt und hatten 9 Jahre im Unternehmen gearbeitet; die Vergleichswerte für die Männer lauteten 42 bzw. 13 Jahre. Größere Berufserfahrung aufgrund höheren Alters und Dienstalters wird im allgemeinen besser bezahlt.

Von 1975 bis 1995 verminderte sich der geschlechtsspezifische Verdienstunterschied im Westen: Frauen erzielten 1975 63,6 % und 1995 67,6 % des Männerverdienstes. Die Fortsetzung dieser Entwicklung ist zu erwarten, da sich das Ausbildungsniveau von Männern und Frauen mehr und mehr annähert, Frauen auch häufiger technische Ausbildungsgänge absolvieren und zudem eine Tendenz zu beobachten ist, die Berufskarriere auch mit Kindern fortzusetzen.

Im Osten hat sich dagegen von 1992 bis 1995 der geschlechtsspezifische Verdienstunterschied etwas erhöht (blieb jedoch noch wesentlich geringer als im Westen). Ob hieraus eine längerfristige Entwicklung abzuleiten ist, erscheint wegen des kurzen Beobachtungszeitraums und in Anbetracht der gewaltigen wirtschaftlichen Veränderungen in diesem Zeitraum, fraglich.

4.3 Steuerpflichtige individuelle Einkünfte 1)

4.3.1 Aussagewert und Vergleichbarkeit der Ergebnisse aus der Steuerstatistik

Die Lohn- und Einkommensteuerstatistik enthält nur Angaben über steuerpflichtige Personen, die eine Steuererklärung abgegeben bzw. ihre Lohnsteuerkarte an das Finanzamt zurückgegeben haben. So sind Bezieher geringer Einkünfte aus nichtselbständiger Arbeit (z. B. 610 DM-Jobs), ferner Empfänger von ganzjähriger Sozialhilfe und Arbeitslosengeld/-hilfe nicht erfaßt. Bei dieser Statistik handelt es sich grundsätzlich nicht um eine Individualbetrachtung. Das bedeutet: Zusammenveranlagte Ehegatten (Regelfall bei Verheirateten) werden als ein Steuerpflichtiger erfaßt, da im Zuge der Besteuerung nach dem sog. Splittingverfahren auch nur eine Steuerschuld festgesetzt wird. Unabhängig davon sind auch individuelle Angaben zu den einzelnen Einkünften in den von der Finanzverwaltung gelieferten Datensätzen für die Steuerpflichtigen enthalten.

Steuerpflichtige Einkünfte sind nicht nur Gehälter und Löhne, sondern alle Einkünfte aus den sieben Einkunftsarten, wie sie in § 2 ff. des Einkommensteuergesetzes definiert sind. Einkünfte sind danach der Gewinn lt. Steuerbilanz oder der Überschuß der Einnahmen über die Betriebsausgaben bzw. Werbungskosten (Bsp.: Arbeitslohn ./. Werbungskosten = Einkünfte aus nichtselbständiger Arbeit); Sonderausgaben (darunter Sozialversicherungsbeiträge) und außergewöhnliche Belastungen, schließlich auch die festgesetzte Steuer sind davon noch nicht abgezogen.

In der Gesamtbetrachtung überwiegen sowohl bezüglich der steuerpflichtigen Personen als auch des von diesen erzielten Gesamteinkommens eindeutig die Einkünfte aus nichtselbständiger Arbeit, wozu steuerrechtlich auch die Pensionen zählen. Demgegenüber werden Renten gesondert unter den sonstigen Einkünften nachgewiesen, allerdings steuerlich nur mit ihrem jeweiligen Ertragsanteil berücksichtigt, der im Regelfall 20 bis 30 Prozent beträgt. Insofern ist der Aussagewert der Steuerstatistik eingeschränkt, als primär die Bezieher von Erwerbseinkommen einschließlich Pensionen dargestellt werden.

4.3.2 Steuerpflichtige Personen nach der Summe der jährlichen individuellen Einkünfte

Bezüglich der Summe der jährlichen individuellen Einkünfte gibt es große Unterschiede zwischen Männern und Frauen. Die Verteilung nach der Summe der Einkünfte je steuerpflichtige Person aus allen Einkunftsarten ist bei den Frauen erheblich ungünstiger als bei den Männern. Unter den lohn- und einkommensteuerpflichtigen Personen waren im Veranlagungsjahr 1992 für Deutschland bei den Einkünften bis unter 30 000 DM jährlich mehr Frauen als Männer, für alle Einkünfte darüber waren mehr Männer als Frauen steuerpflichtig. Bei jährlichen Einkünften von 50 000 DM aufwärts dominieren eindeutig die Männer.

Unter zehn steuerpflichtigen Personen mit Einkünften über 100 000 DM im Jahr waren 1992 neun Männer und nur eine Frau. Bei diesen Ergebnissen ist allerdings zu berücksichtigen, daß es infolge der geringeren Erwerbsquote der Frauen zwangsläufig auch weniger steuerpflichtige Frauen als Männer gibt. Darüber hinaus

---

1) Ergebnis der Lohn- und Einkommensteuerstatistik 1992.

ist der Aussagewert der Steuerstatistik eingeschränkt, weil hierbei der jeweilige Beschäftigungsumfang keine Rolle spielt, d. h. die Steuerstatistik kann nicht Voll- und Teilzeitbeschäftigte unterscheiden. Da unter den steuerpflichtigen Frauen mehr Teilzeitbeschäftigte sind als unter den Männern, gibt die Verteilung der Einkünfte bei den Frauen ein „schiefes Bild".

Abb. 4.5: Lohn- und einkommensteuerpflichtige Personen1992 nach der Summe der jährlichen individuellen Einkünfte[1)]

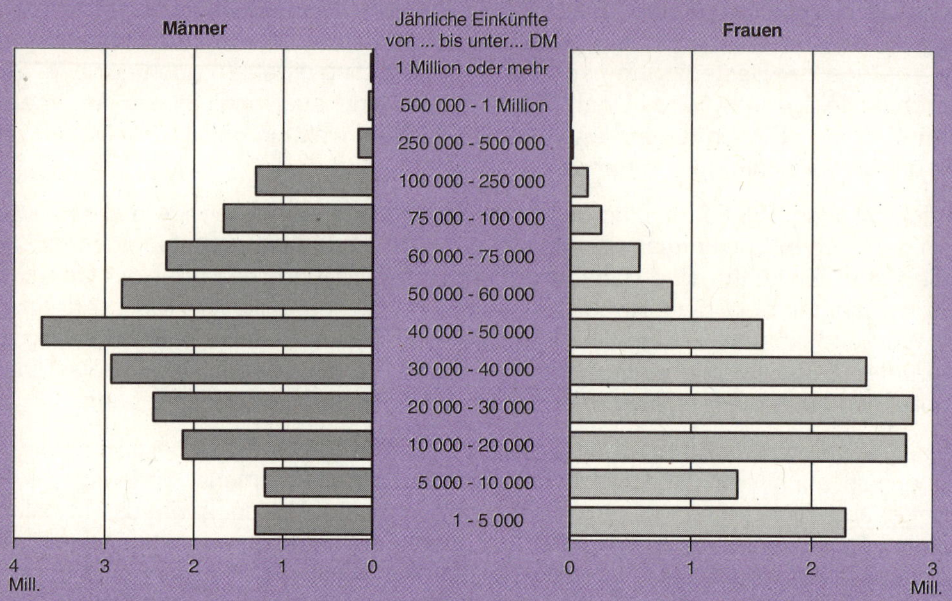

1) Lohn- und Einkommensteuerstatistik 1992.- Gesamte Einkünfte je steuerpflichtige Person.- Ohne Personen, deren jährlichen individuellen Einkünfte aus allen Einkunftsarten zusammen null bzw. negativ (gesamte Einnahmen je Steuerpflichtigen geringer als gesamte Ausgaben) sind.

Statistisches Bundesamt 98 - 2 - 0223

Die Schwerpunkte in der Verteilung der Einkünfte lagen folglich 1992 in Deutschland bei den Männern zwischen 40 000 und 50 000 DM jährlich, bei den Frauen bereits zwischen 20 000 und 30 000 pro Jahr. Hierbei dürfte es sich in vielen Fällen um Frauen mit einer geringeren wöchentlichen Arbeitszeit handeln. Demnach waren 1992 die durchschnittlichen jährlichen Einkünfte für die zur Lohn- und Einkommensteuer veranlagten Männer fast doppelt so hoch wie die der steuerpflichtigen Frauen. Männer erzielten 1992 im Durchschnitt Einkünfte in Höhe von 49 228 DM, Frauen lediglich 25 476 DM.

4.3.3 Steuerpflichtige und ihre Gesamteinkünfte nach Einkunftsarten

Die Betrachtung der Steuerpflichtigen 1992 in Deutschland nach der Art der Einkünfte ergibt, daß in allen Einkunftsarten die Frauen weniger als die Hälfte der zur Lohn- und Einkommensteuer veranlagten Personen ausmachten.

Allerdings gibt es beachtliche Unterschiede zwischen den Einkunftsarten. Relativ hohe Frauenanteile sind unter den Steuerpflichtigen mit Einkünften aus nichtselbständiger Arbeit sowie mit Renteneinkünften zu beobachten. Bei den Renten sind neben den Altersrenten die Witwenrenten zu berücksichtigen, so daß hier kein unmittelbarer Rückschluß auf eine frühere eigene Erwerbstätigkeit der Frauen möglich ist.

Bei Einkünften aus selbständiger Arbeit sowie aus Gewerbebetrieb betragen die Frauenanteile lediglich rund ein Viertel, in der Land- und Forstwirtschaft weniger als ein Fünftel der jeweils steuerpflichtigen Personen. Allerdings handelt es sich bei diesen relativ geringen Anteilwerten um Frauen, die eigene Einkünfte aus Land- und Forstwirtschaft erzielt haben. Inwieweit Frauen als in der Terminologie der Beschäftigtenstatistik „mithelfende Familienangehörige" dazu zählen, ist steuerrechtlich davon abhängig, wem das zur Einkommenserzielung genutzte Vermögen gehört oder ob eine Mitunternehmerschaft vorliegt.

Zählt man das in den einzelnen Einkunftsarten erzielte Einkommen aller veranlagten Personen zusammen, wird ersichtlich, daß die Anteile der Frauen an den jeweiligen Gesamteinkünften in allen betrachteten Einkunftsarten niedriger liegen als die entsprechenden Anteile an den steuerpflichtigen Personen.

Abb. 4.6: Männer-/ Frauenanteile der Lohn- und Einkommensteuerpflichtigen, sowie deren Anteile an den gesamten positiven Einkünften 1992 nach ausgewählten Einkunftsarten

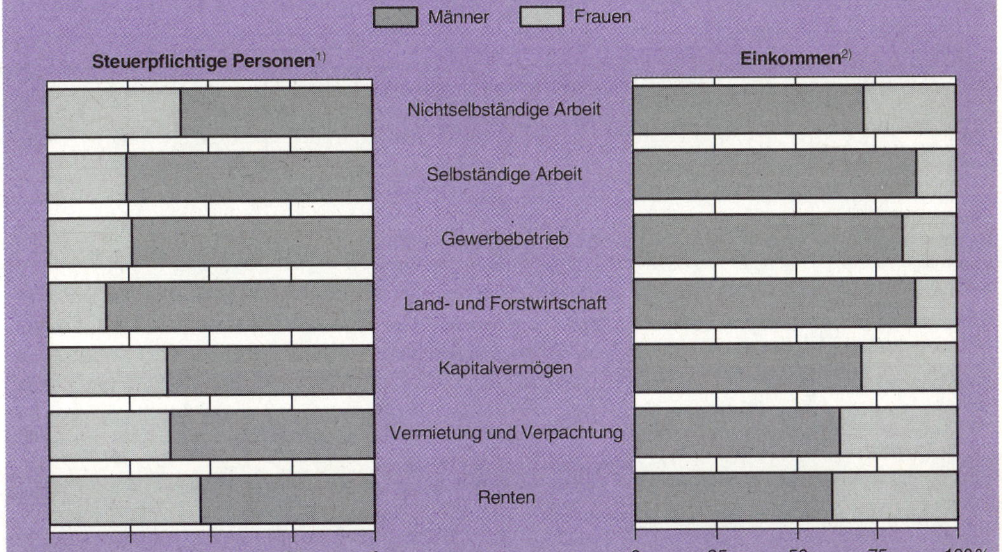

1) Lohn- und Einkommensteuerpflichtige mit positiven Einkünften (Einnahmen in den Einkunftsarten größer als Ausgaben).
2) Hier: "Positive Einkünfte".

Statistisches Bundesamt 98 - 2 - 0224

Im Veranlagungsjahr 1992 waren 14 Mill., das bedeutet knapp 42 % der Personen, die Einkünfte aus nichtselbständiger Arbeit zu versteuern hatten, Frauen; ihr Anteil an diesen Einkünften insgesamt lag jedoch nur bei 29 %. Noch ungünstiger ist die Einkommensverteilung für die Frauen mit versteuerten Einkünften aus selbständiger Arbeit, aus Gewerbebetrieb sowie in der Land- und Forstwirtschaft. Beim Vergleich der Gesamteinkünfte von Männern und Frauen in den einzelnen Einkunftsarten machen sich u. a. wiederum Unterschiede im Beschäftigungsumfang sowie die in vielen Fällen schlechtere Bezahlung der Frauen bemerkbar.

Lediglich bezüglich der Einkünfte aus Vermietung und Verpachtung entspricht der Frauenanteil an den zur Einkommensteuer veranlagten Personen in etwa dem Anteil der Frauen an dem erzielten Gesamteinkommen. Offensichtlich hat auch die Höhe des im Einzelfall erzielten Miet- bzw. Pachtzinses keinen Einfluß auf die Einkommensverteilung zwischen Männern und Frauen insgesamt.

4.4 Erwerbstätige Frauen und ihr Einkommen

Im Mikrozensus wird die Gesamthöhe des individuellen Nettoeinkommens durch eine Selbsteinstufung der Befragten in vorgegebene Einkommensgruppen ermittelt. Das monatliche Nettoeinkommen setzt sich aus der Summe aller Einkommensarten, also nicht nur dem Einkommen aus der ausgeübten beruflichen Tätigkeit, zusammen.

Tab. 4.6: Erwerbstätige Frauen im April 1996 nach Stellung im Beruf und monatlichem Nettoeinkommen*)

1 000

Stellung im Beruf	Insgesamt	Mit Angabe des Nettoeinkommens zusammen	Nettoeinkommen von ... bis unter ... DM						
			unter 600	600 – 1 000	1 000 – 1 400	1 400 – 1 800	1 800 – 2 200	2 200 – 2 500	2 500 und mehr
Früheres Bundesgebiet									
Selbständige 1)	1 069	817	184	84	76	68	74	55	276
Beamtinnen	639	614	18	10	23	39	63	73	388
Angestellte 2)	7 630	7 324	703	866	902	904	1 262	975	1 712
Arbeiterinnen 3)	2 937	2 833	648	496	455	469	438	194	133
Insgesamt	**12 275**	**11 587**	**1 554**	**1 455**	**1 456**	**1 480**	**1 837**	**1 297**	**2 508**
Neue Länder und Berlin-Ost									
Selbständige 1)	153	138	16	20	21	19	15	11	37
Beamtinnen	53	52	/	/	/	/	8	7	30
Angestellte 2)	2 031	1 968	93	172	244	345	426	289	399
Arbeiterinnen 3)	766	743	91	140	216	168	85	27	16
Insgesamt	**3 002**	**2 900**	**200**	**333**	**484**	**535**	**534**	**334**	**482**

*) Ergebnis des Mikrozensus. – Siehe auch Anhangtab. A 4.3. – 1) Einschl. Mithelfende Familienangehörige. – Da Selbständige in der Landwirtschaft keine Angaben zu ihrem Nettoeinkommen zu machen brauchen, reduziert sich die Zahl der Selbständigen mit Angaben zum Einkommen um den entsprechenden Wert. – 2) Einschl. Auszubildende in anerkannten kaufmännischen und technischen Ausbildungsberufen. – 3) Einschl. Auszubildende in anerkannten gewerblichen Ausbildungsberufen.

Die Höhe des Einkommens aus der ausgeübten beruflichen Tätigkeit hängt von vielen Faktoren ab, die in den vorstehenden Beiträgen auch nur je für sich betrachtet werden konnten. Es sind beispielsweise: die geleisteten Arbeitsstunden, der ausgeübte Beruf, die erreichte berufliche Qualifikation und nicht zuletzt auch die Stellung im Betrieb, in der Behörde.

Verheiratete Frauen waren sehr viel häufiger in den unteren Einkommensgruppen vertreten als ledige, verwitwete und geschiedene Frauen, da verheiratete Frauen häufig geringfügige bzw. Teilzeitbeschäftigungen ausüben. Fast jede vierte verheiratete Arbeiterin (mit Angabe des Einkommens) verdiente weniger als 600 DM im Monat, aber bereits nur noch jede neunte verheiratete Angestellte.

4.5 Nettoeinkommen von alleinlebenden Frauen

Mit der alle fünf Jahre durchgeführten Einkommens- und Verbrauchsstichprobe (EVS) wird, wie der Name schon sagt, auch das Einkommen der Haushalte erfragt. Zur Beurteilung des laufenden Einkommens ist das monatliche Haushaltsnettoeinkommen, welches für ein Kalenderjahr monatlich in einem Haushaltsbuch eingetragen wurde, am besten geeignet. Es setzt sich zusammen aus dem Bruttoeinkommen aus Erwerbstätigkeit, den Einnahmen aus Vermögen, aus Renten, Pensionen usw. Davon werden Steuern und Pflichtbeiträge zur Sozialversicherung abgezogen.

Im Durchschnitt hatten alleinlebende Frauen 1993 im früheren Bundesgebiet ein um 17 % sowie in den neuen Ländern und Berlin-Ost ein um 13 % geringeres monatliches Nettoeinkommen als alleinlebende Männer. Die Schichtung der Einpersonenhaushalte nach den monatlichen Haushaltsnettoeinkommen zeigt, daß in den niedrigeren Einkommensklassen auch bei dieser Betrachtung die Frauen überwiegen.

Tab. 4.7: Monatliches Nettoeinkommen der Einpersonenhaushalte 1993 nach Geschlecht*)

Gegenstand der Nachweisung	Monatliches Nettoeinkommen					
	Durchschnitt	von ... bis unter ... DM				
		unter 1 400	1 400 – 1 800	1 800 – 2 500	2 500 – 4 000	4 000 und mehr
	DM	Prozent				
		Früheres Bundesgebiet				
Insgesamt	2 721	*14,9*	*13,7*	*25,2*	*31,9*	*14,3*
Alleinlebende Frauen	2 546	*14,2*	*15,9*	*28,9*	*30,0*	*11,0*
Alleinlebende Männer	3 080	*16,4*	*9,6*	*18,2*	*35,3*	*20,5*
		Neue Länder und Berlin-Ost				
Insgesamt	1 767	*30,7*	*30,6*	*28,4*	*8,6*	*(1,7)*
Alleinlebende Frauen	1 690	*35,0*	*30,9*	*26,4*	*6,4*	/
Alleinlebende Männer	1 948	*(20,7)*	*(29,7)*	*33,2*	*13,9*	/

*) Ergebnis der Einkommens- und Verbrauchsstichprobe.

Auffallend ist dabei, daß für alleinlebende Frauen im früheren Bundesgebiet ein durchschnittliches monatliches Nettoeinkommen von 2 546 DM ausgewiesen ist, obwohl – wie aus der Tab. 4.7 hervorgeht – nur 41 % der alleinlebenden Frauen im früheren Bundesgebiet ein monatliches Nettoeinkommen haben, das oberhalb von 2 500 DM liegt (siehe Tab. 4.8). Das bedeutet, daß der Median weit unter dem Nettoeinkommensdurchschnitt liegt. Dies ist mit der Altersstruktur alleinlebender

Frauen begründet. Über 52 % von ihnen sind 65 Jahre und älter und leben überwiegend von Renten und Pensionen. Bei alleinlebenden Männern beträgt dieser Anteil nur knapp 21 %. Dominierend ist bei den männlich Alleinlebenden die Altersgruppe zwischen 25 bis 45 Jahre mit 50 %.

Tab. 4.8: Monatliches Nettoeinkommen der Einpersonenhaushalte 1993 nach Geschlecht*)

Gegenstand der Nachweisung	Einpersonen-haushalte	Monatliches Nettoeinkommen von ... bis unter ... DM				
		unter 1 400	1 400 – 1 800	1 800 – 2 500	2 500 – 4 000	4 000 und mehr
	Anzahl					
		Früheres Bundesgebiet				
Insgesamt	**9 848**	**1 468**	**1 348**	**2 479**	**3 141**	**1 412**
Alleinlebende Frauen	6 410	908	1 018	1 851	1 926	707
Alleinlebende Männer	3 438	560	330	628	1 215	705
		Neue Länder und Berlin-Ost				
Insgesamt	**1 920**	**589**	**587**	**546**	**166**	**(32)**
Alleinlebende Frauen	1 344	470	416	356	86	/
Alleinlebende Männer	576	(119)	(171)	190	80	/

*) Ergebnis der Einkommens- und Verbrauchsstichprobe.

4.6 Vermögen und Schulden alleinlebender Frauen

Im Rahmen der EVS wurden auch Angaben über vorhandenes Vermögen und bestehende Kreditverpflichtungen erhoben. Erfaßt wurden das Grundvermögen – für alleinstehende Frauen ist es von untergeordneter Bedeutung – und einige Formen des Geldvermögens. Ferner wurden noch vorhandene Verpflichtungen aus Konsumentenkrediten (einschl. Ratenzahlungen) sowie aus aufgenommenen Hypotheken und Baudarlehen erfragt. Alle Angaben beziehen sich jeweils auf den 31. Dezember des Erhebungsjahres.

Die Ergebnisse aus der EVS für die Geldvermögensformen Sparbuchguthaben, Bausparguthaben sowie Wertpapierbestände wiesen für alle privaten Haushalte in dem Zeitraum 1978 bis 1993 im früheren Bundesgebiet eine anteilmäßige Abnahme der durchschnittlichen Sparbuchguthaben zugunsten des Wertpapierbesitzes aus. Auch bei den alleinstehenden Frauen war dieser Trend zu verzeichnen. Betrug für sie im Jahr 1978 das Guthaben auf Sparbüchern noch durchschnittlich 6 794 DM (64 %) vor den Wertpapieren mit durchschnittlich 2 888 DM (27 %), so veränderte sich dieses Verhältnis im Jahr 1993, indem für die Wertpapierbestände ein Anteil von knapp 55 % (13 130 DM) und für die Sparguthaben von 38 % (9 199 DM) ermittelt werden konnte.

Trotzdem ist das Sparbuch bei alleinstehenden Frauen beliebter als im Durchschnitt aller privaten Haushalte im früheren Bundesgebiet.

In der Tab. 4.9 sind die Ergebnisse für das durchschnittliche Bruttogeldvermögen, gegliedert nach allen 1993 erfaßten Anlageformen sowohl für das frühere Bundesgebiet als auch für die neuen Länder und Berlin-Ost von alleinlebenden Frauen dargestellt. Dabei ist festzustellen, daß die Sparbuchguthaben bei alleinlebenden Frauen in den neuen Ländern fast die Hälfte des Bruttogeldvermögens umfaßt. Dagegen betrug das Sparbuchguthaben 1993 in den neuen Bundesländern bei allen privaten Haushalten nur ca. 33 %.

Abb. 4.7: Struktur ausgewählter Geldvermögensformen von alleinlebenden Frauen
im früheren Bundesgebiet[1)]

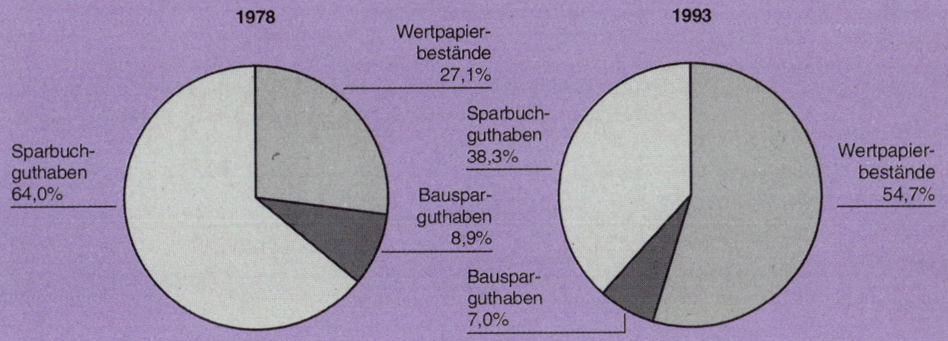

1) Ergebnisse der Einkommens- und Verbrauchsstichprobe.

Statistisches Bundesamt 98 - 2 - 0225

Tab. 4.9: Durchschnittliches Bruttogeldvermögen von alleinlebenden Frauen am 31.12.1993*)

Anlageformen	Einheit	Bruttogeldvermögen 1)	
		Früheres Bundesgebiet	Neue Länder und Berlin-Ost
		im Durchschnitt je alleinlebender Frau	
Haushalte mit Bruttogeldvermögen	DM	**32 290**	**12 373**
	% 2)	*100*	*100*
und zwar mit:			
Sparbüchern	DM	9 199	5 899
	% 2)	*28,5*	*47,7*
Bausparverträgen	DM	1 678	416
	% 2)	*5,2*	*3,4*
Wertpapieren	DM	13 130	2 985
	% 2)	*40,7*	*24,1*
Versicherungen	DM	5 293	743
	% 2)	*16,4*	*6,0*
Sonstigem Geldvermögen	DM	2 990	2 330
	% 2)	*9,2*	*18,8*

*) Ergebnis der Einkommens- und Verbrauchsstichprobe. – 1) Ohne Bestände an Bargeld und Sichteinlagen sowie ohne Forderungen an Dritte. – 2) Anteil der jeweiligen Anlageform am Bruttogeldvermögen.

Insgesamt ist seit 1973 die Anzahl der privaten Haushalte gestiegen, die Raten-, Klein-, und Bankkredite (ohne Hypotheken und Baudarlehen) aufgenommen haben. Fast jede zehnte alleinlebende Frau im früheren Bundesgebiet hatte 1993 einen Konsumentenkredit in Anspruch genommen. Die durchschnittliche Höhe der Kreditverpflichtungen, bezogen auf alle alleinlebenden Frauen, hatte sich im Zeitraum von 1978 bis 1993 von durchschnittlich 224 DM auf 892 DM vervierfacht. Nur bei den alleinlebenden Frauen wuchs die durchschnittliche Schuldsumme 1993, was offensichtlich mit der geringeren Höhe gegenüber anderen Haushalten begründet ist.

Im Vergleich dazu hatte sich bei allen privaten Haushalten diese Schuldenart zwar gegenüber 1978 im Durchschnitt verdoppelt und betrug 1993 2 030 DM. Bei den alleinlebenden Männern hatte sie sich sogar im vorgenannten Zeitraum verdreifacht und war auf durchschnittlich 2 491 DM angestiegen. Zum vorletzten Vergleichszeitpunkt 1988 war aber insgesamt eine Abnahme der durchschnittlichen Schuldsummenhöhe bei den privaten Haushalten festzustellen.

Abb. 4.8: Durchschnittliche Kreditverpflichtungen alleinlebender Frauen im früheren Bundesgebiet[1)]

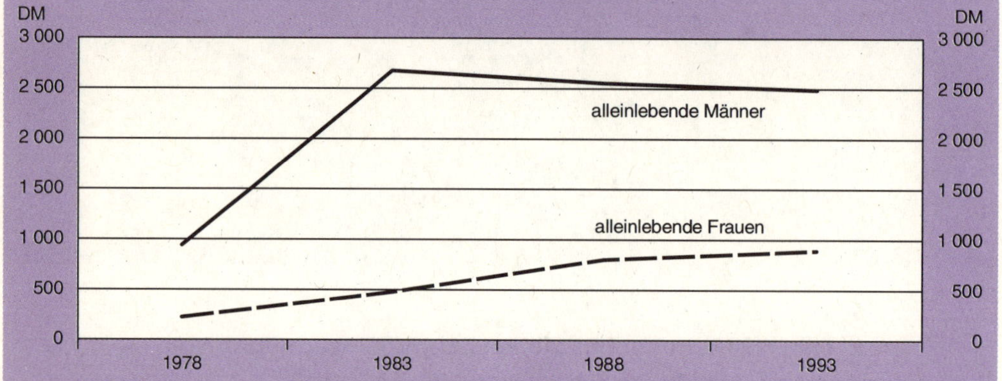

1) Ergebnisse der Einkommens- und Verbrauchsstichprobe.

Statistisches Bundesamt 98 - 2 - 0226

5 Private Lebensweisen

5 Private Lebensweisen

5.1 Struktur der Aufwendungen für den Privaten Verbrauch bei alleinlebenden Frauen

Gegliedert nach neun Ausgabegruppen entsprach die Veränderung des Privaten Verbrauchs bei alleinlebenden Frauen im früheren Bundesgebiet zwischen 1978 und 1993 dem Trend aller privaten Haushalte. Anteilmäßig gestiegen sind vor allem die „Ausgaben für das Wohnen" (einschließlich des Mietwertes der Eigentümerwohnung). Bei den alleinstehenden Frauen war diese Ausgabegruppe 1993 im Durchschnitt mit 24,4 % anteilmäßig die höchste Ausgabeposition. Dagegen ist die 1978 höchste Position – Ausgaben für Nahrung, Getränke und Tabakwaren – von durchschnittlich 23,4 % auf 18,6 % auf den zweiten Platz im Jahr 1993 gesunken. Im Vergleich dazu gaben alleinlebende Männer anteilmäßig für beide Gruppen 1993 jeweils ca. 22 % des Privaten Verbrauchs aus.

Abb. 5.1: Struktur der Aufwendungen für den Privaten Verbrauch alleinlebender Frauen[1)]

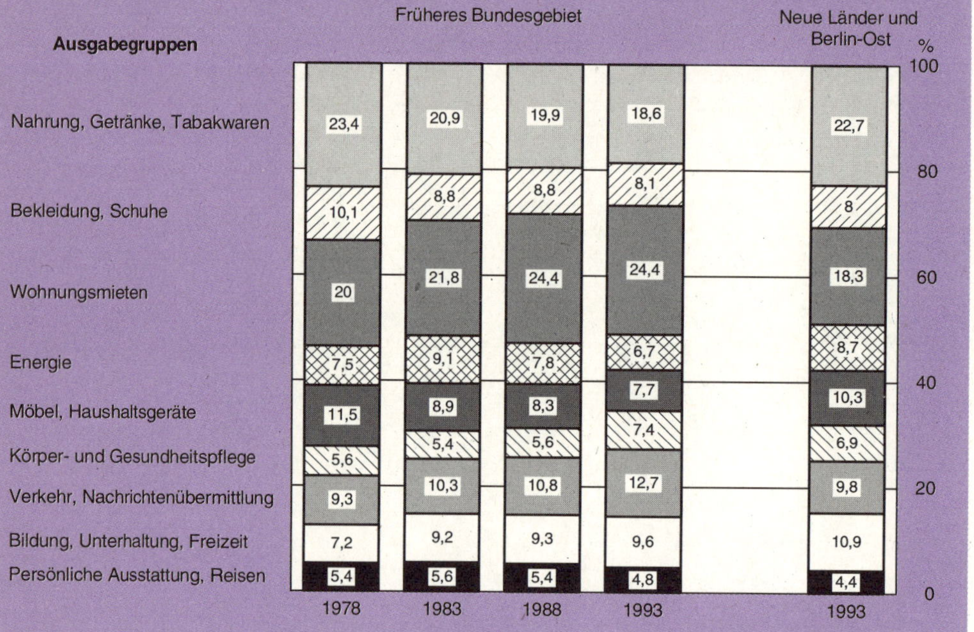

1) Ergebnisse der Einkommens- und Verbrauchsstichprobe.

Statistisches Bundesamt 98 - 2 - 0227

1993 wurden gegenüber 1978 bei den alleinlebenden Frauen anteilmäßig zwar Verringerungen der Ausgaben für „Persönliche Ausstattung, Reisen", für „Möbel und Haushaltsgeräte", für „Bekleidung" sowie für „Energie" festgestellt, die aber im Vergleich zu allen privaten Haushalten immer noch höher ausfielen. Demgegenüber stiegen im Zeitraum von 1978 bis 1993 anteilmäßig die Ausgaben für „Bildung, Unterhaltung und Freizeit" sowie „Verkehr und Nachrichtenübermittlung" bei alleinlebenden Frauen stärker als bei allen privaten Haushalten. Dieser Nachholbedarf erreichte im Jahre 1993 bei diesen Ausgabegruppen jedoch noch nicht die durchschnittlichen Anteile am Privaten Verbrauch aller Haushalte, geschweige die der alleinlebenden Männer, deren Anteile über dem aller Haushalte lagen.

In den neuen Bundesländern waren 1993 ebenfalls keine strukturellen Besonderheiten bei alleinlebenden Frauen gegenüber allen privaten Haushalten zu erkennen. Insgesamt wurde in den neuen Ländern anteilig mehr für „Nahrungsmittel, Getränke und Tabakwaren" ausgegeben als in dem früheren Bundesgebiet. Diese Ausgaben nahmen die erste Position ein, ihr folgten „Ausgaben für Wohnungen", deren Anteil aufgrund der noch geringeren Mieten in den neuen Ländern niedriger als im früheren Bundesgebiet war. Anteilmäßig höher dagegen waren in den neuen Ländern die Ausgaben für „Bildung, Unterhaltung und Freizeit", für „Energie" sowie für „Möbel und Haushaltsgeräte".

5.2 Ausstattung von alleinlebenden Frauen mit langlebigen Gebrauchsgütern

In der EVS wurden die privaten Haushalte auch nach dem Vorhandensein ausgewählter Gebrauchsgüter befragt. Im Ergebnis konnte in allen Erhebungsjahren festgestellt werden, daß bei alleinlebenden Frauen gegenüber alleinstehenden Männern die Unterschiede hinsichtlich des Ausstattungsgrades in der Nutzungsart der Güter begründet liegt.

Tab. 5.1: Ausstattungsgrad mit langlebigen Gebrauchsgütern 1993*)

Prozent

Gebrauchsgut	Früheres Bundesgebiet		Neue Länder und Berlin-Ost	
	alleinlebende		alleinlebende	
	Frauen	Männer	Frauen	Männer
Waschmaschine	78,9	58,6	81,6	70,4
Gefrierschrank, -truhe	31,6	19,9	37,3	31,7
Kühl-, Gefrierkombination	27,0	20,5	9,4	(5,7)
Nähmaschine	57,0	14,3	58,6	(22,0)
Fernsehgerät	93,1	86,7	94,3	89,6
Telefon	97,0	91,2	45,2	36,8
Mikrowelle	21,2	24,5	(6,4)	(9.5)
Videorecorder	19,8	41,0	9,7	31,3
CD-Player	18,4	40,0	6,2	20,8
Heim-, Personalcomputer	5,1	21,9	(1,3)	(15,8)
Pkw	38,3	59,7	16,6	50,4
Fahrräder	54,1	64,4	42,1	59,9

*) Ergebnis der Einkommens- und Verbrauchsstichprobe.

Für Gebrauchsgüter, die der direkten Haushaltsführung zuzuordnen sind – wie z. B. Waschmaschinen, Kühl- und Gefrierkombinationen (einschl. Gefrierschrank und -truhe), Nähmaschinen aber auch Fernseher und Telefone wurden bei alleinlebenden Frauen ein höherer Ausstattungsgrad als bei alleinlebenden Männern festgestellt. Eine Ausnahme bildete lediglich die Mikrowelle.

Demgegenüber besitzen anteilmäßig weniger alleinlebende Frauen als alleinlebende Männer solche Gebrauchsgüter, die kulturellen, informations- und verkehrstechnischen Zwecken dienen, wie z. B. Videorecorder, CD-Player, Heimcomputer, Pkw und Fahrräder.

5.3 Wohnen

5.3.1 Wohnverhältnisse von „Frauenhaushalten"

Am 30. September 1993 wurde in Deutschland eine Wohnungsstichprobe durchgeführt. Sie liefert – neben anderen Statistiken – Erkenntnisse über Kosten und Ausstattung der Wohnungen. Nach den Ergebnissen dieser Stichprobe, bei der wie beim Mikrozensus 1 % aller Haushalte in Deutschland befragt wurde, gab es in Deutschland gut 10,2 Mill. Haushalte, für die eine Frau als Bezugsperson [1]) angegeben war. Auf alle in Deutschland gezählten Haushalte bezogen, stellten diese „Frauenhaushalte" fast ein Drittel (31,7 %). Während der vergleichbare Anteil im früheren Bundesgebiet geringfügig niedriger war, lag er in den neuen Ländern und Berlin-Ost deutlich höher (33,9 %). Fast zwei Drittel (6,3 Mill. oder 62,1 %) dieser Frauenhaushalte bestanden aus alleinlebenden Frauen, von denen wiederum 57 % (3,6 Mill.) 65 Jahre und älter waren.

Mit fast drei Viertel (73,1 %) lebten die meisten Frauenhaushalte als Hauptmieter in ihren Wohnungen. Der entsprechende Anteil der als Eigentümer wohnenden Frauenhaushalte lag bei etwas über ein Viertel (26,9%). Für alle Haushalte in Deutschland zeigte sich ein anderes Bild, denn hier lag die Eigentümerquote mit 38,8% deutlich höher. Es bleibt daher festzustellen, daß die Frauenhaushalte bei der Frage nach dem Eigentum wesentlich ungünstiger abschnitten als der Durchschnitt.

Tab. 5.2: Haushalte von Frauen als Inhaber von Wohnungen in Deutschland*)

Haushaltsstruktur	Inhaberhaushalte insgesamt	Eigentümerhaushalte		Hauptmieterhaushalte	
	1 000		%	1 000	%
Haushalte von Frauen insgesamt	**10 223,0**	**2 750,3**	***26,9***	**7 472,7**	***73,1***
und zwar:					
Einpersonenhaushalte	6 344,6	1 448,7	*22,8*	4 895,9	*77,2*
Haushalte älterer Menschen 1)	4 189,0	1 280,5	*30,6*	2 908,5	*69,4*
Elternteil mit Kind(ern) 2)	737,3	84,3	*11,4*	653,0	*88,6*
Nachrichtl. Haushalte insgesamt	32 233,3	12 504,1	*38,8*	19 729,2	*61,2*

*) Ergebnis der Gebäude- und Wohnungsstichprobe 1993. – Alle Angaben beziehen sich ausschließlich auf Inhaberhaushalte in Wohnungen in Wohngebäuden, deren Bezugsperson eine Frau ist. – Nicht enthalten sind Haushalte in Ferien-/Freizeitwohneinheiten, in Wohnheimen sowie in völlig untervermieteten Wohneinheiten. – 1) Wohnungsinhaberin über 65 Jahre. – 2) Kinder: ledige Personen unter 18 Jahren.

Wenn man die unterschiedliche Nachkriegsentwicklung der Wohnungsmärkte im früheren Bundesgebiet und den neuen Ländern und Berlin-Ost betrachtet, ist klar, daß sich beim Wohnverhältnis deutliche Unterschiede zeigen mußten. So lag auch dementsprechend die Eigentümerquote für die Frauenhaushalte im Westen bei 29,5%, im Osten fiel sie dagegen mit 16,6% klar ab (siehe Anhangtab. A 5.1). Dies

1) Definition siehe Kap. 11.

kann auf die wohnungspolitischen Zielsetzungen der ehemaligen DDR zurückgeführt werden, die den Bau von Mietwohnungen bevorzugt hatte und Fördermöglichkeiten zur Eigentumsbildung wie im früheren Bundesgebiet nicht kannte.

5.3.2 Wohnungsgröße

Frauenhaushalte lebten zwar in kleineren Wohnungen (mit durchschnittlich 72,1 m^2) als der Durchschnitt aller Haushalte in Deutschland (84,7 m^2), sie hatten aber mit 43,8 m^2 fast 8 m^2 mehr Wohnfläche je Person zur Verfügung. Dabei standen natürlich die in ihrer eigenen Wohnung lebenden Haushalte besser da, sie lebten in wesentlich größeren Wohnungen (99,1 m^2) als die Hauptmieterhaushalte (62,2 m^2). Diese Unterschiede zeigten sich tendenziell auch im Westen und Osten Deutschlands, wobei das Niveau in den neuen Ländern und Berlin-Ost niedriger war.

Insgesamt gesehen konzentrierten sich die Frauenhaushalte in den Wohnungsgrößen von 40 bis 80 m^2; in diesen beiden Größenklassen fanden sich drei Fünftel von ihnen, ein knappes Drittel hatte mehr als 80 m^2 und nicht ganz ein Zehntel der Frauenhaushalte nur Kleinwohnungen bis 40 m^2 zur Verfügung. Ganz unterschiedlich lagen die Verhältnisse bei Eigentümerinnen und Hauptmieterinnen, das zeigte sich in der Zuordnung der Haushalte zu den verschiedenen Größenklassen. Die Eigentümerhaushalte von Frauen wohnten in größeren Wohnungen, was sich schon bei der durchschnittlichen Fläche je Wohnung erwiesen hatte. In Wohnungen bis zu einer Größe von 60 m^2 wohnte nur ein Zehntel der Eigentümerhaushalte, wobei der Anteil an Kleinwohnungen bis 40 m^2 darin verschwindend gering war (1,3 %). Bei den Hauptmieterhaushalten wurde hier schon die Hälfte verzeichnet, auch die Kleinwohnungen spielten eine viel größere Rolle (11,0 %). In der Größenklasse 60 bis 80 m^2 war das Verhältnis nicht ganz so kraß – bei den Eigentümerhaushalten 22,9 % und den Hauptmieterhaushalten 31,7 %. Bei den Wohnungen ab 80 m^2 Fläche dominierten mit zwei Dritteln ganz deutlich die Eigentümerhaushalte, davon entfielen sogar bald die Hälfte (43,6 %) auf Wohnungen über 100 m^2 Wohnfläche.

Tab. 5.3: Haushalte von Frauen als Inhaber von Wohnungen in Deutschland*)

Haushaltsstruktur	Inhaberhaushalte insgesamt	Davon in Wohnungen mit einer Fläche von ... bis unter ... m²					Fläche je	
		unter 40	40 – 60	60 – 80	80 – 100	100 und mehr	Wohnung	Person
	1 000	%					m²	
Haushalte von Frauen insgesamt	**10 223,0**	*8,4*	*31,0*	*29,4*	*14,9*	*16,4*	*72,1*	*43,8*
davon:								
Eigentümerhaushalte	2 750,3	*1,3*	*9,0*	*22,9*	*23,3*	*43,6*	*99,1*	*52,9*
Hauptmieterhaushalte	7 472,7	*11,0*	*39,2*	*31,7*	*11,8*	*6,3*	*62,2*	*39,8*
und zwar:								
Einpersonenhaushalte	6 344,6	*12,5*	*37,9*	*28,1*	*11,9*	*9,5*	*63,6*	*62,3*
Haushalte älterer Menschen 1)	4 189,0	*8,5*	*34,2*	*29,2*	*14,4*	*13,7*	*69,1*	*58,2*
Elternteil mit Kind(ern) 2)	737,3	*2,4*	*29,8*	*37,6*	*16,8*	*13,4*	*73,0*	*29,5*
Nachrichtl. Haushalte insgesamt	32 233,3	*5,6*	*20,7*	*26,6*	*17,9*	*29,3*	*84,7*	*36,2*

*) Ergebnis der Gebäude- und Wohnungsstichprobe 1993. – Alle Angaben beziehen sich ausschließlich auf Inhaberhaushalte in Wohnungen in Wohngebäuden, deren Bezugsperson eine Frau ist. – Nicht enthalten sind Haushalte in Ferien-/Freizeitwohneinheiten, in Wohnheimen sowie in völlig untervermieteten Wohneinheiten. – 1) Wohnungsinhaberin über 65 Jahre. – 2) Kinder: ledige Personen unter 18 Jahren.

Auch hier zeigten sich zwischen dem früheren Bundesgebiet und den neuen Ländern und Berlin-Ost große Unterschiede. Die weitaus größte Zahl der Frauenhaushalte im Osten (gut vier Fünftel) lebten in Wohnungen mit einer Größe bis 80 m^2, dieser Anteil lag im Westen mit zwei Drittel merklich niedriger. Die durchschnittliche Wohnungsgröße war mit knapp 62 m^2 auch wesentlich niedriger als im Westen mit fast 75 m^2 (siehe auch Anhangtab. A 5.2).

Abb. 5.2: Durchschnittliche Wohnungsgröße in Hauptmieterhaushalte von Frauen in reinen Mietwohnungen[1)]

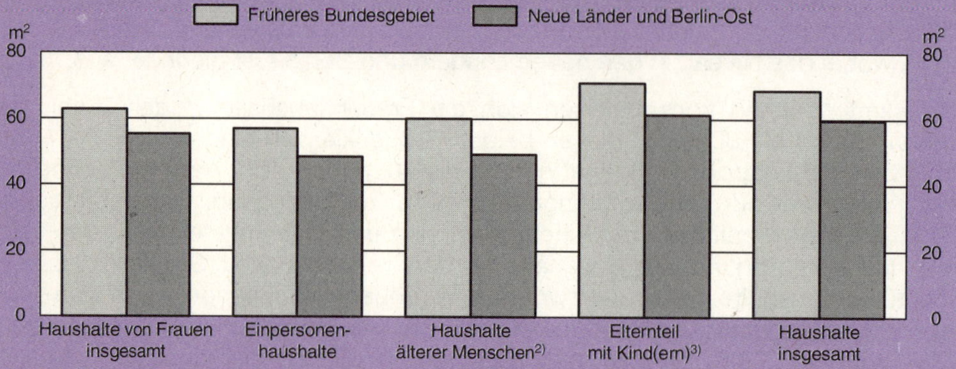

1) Ergebnis der Gebäude- und Wohnungsstichprobe 1993.- 2) Wohnungsinhaber über 65 Jahre.- 3) Kinder: ledige Personen unter 18 Jahren.

Statistisches Bundesamt 98 - 2 - 0228

5.3.3 Wohnungsausstattung

Ein wichtiges Merkmal für den Wohnwert einer Wohnung ist die sanitäre Ausstattung. Im früheren Bundesgebiet hatten fast alle Frauenhaushalte (96,8 %) angegeben, daß ihre Wohnung eine Sammelheizung (d. h. Fern-, Block-, Zentral- oder Etagenheizung) besaß, der entsprechende Anteil lag in den neuen Ländern und Berlin-Ost nur bei knapp vier Fünftel. Noch höher war im Westen der Anteil der Wohnungen mit Bad oder Dusche (97,7 %), der auch im Osten viel niedriger (84,0 %) lag, dementsprechend mußte hier auch ein deutlich größerer Anteil der Frauenhaushalte (16,1 %) ohne Bad in der Wohnung auskommen, im früheren Bundesgebiet war dies eine kleine (2,4 %) Minderheit (siehe auch Anhangtab. A 5.3).

5.3.4 Miete und Mietbelastung

Von den insgesamt 10,2 Mill. Frauenhaushalten waren knapp 7,5 Mill. Mieter einer Wohnung. Für die Berechnung von Mieten und Mietbelastung muß diese Zahl um jene Haushalte bereinigt werden, die keine reguläre Miete bezahlen; dies sind Haushalte in Dienst- oder Werkswohnungen, in Berufs- oder Geschäftswohnungen, in verbilligten oder wegen finanziellen Vorleistungen ermäßigten oder kostenlos überlassenen Wohnungen. Hieraus ergab sich dann eine Zahl von knapp 6,5 Mill. Haushalten, die in „reinen" Mietwohnungen lebten und in die weitere Darstellung einbezogen werden. Diese Frauenhaushalte mußten für ihre durchschnittlich 61 m^2 großen Wohnungen monatlich im Schnitt 522 DM Miete bezahlen. Dieser Mietbetrag lag etwas unter dem Durchschnittsbetrag, der für alle Hauptmieterhaushalte in Deutschland mit 573 DM errechnet wurde. Dabei sagt die absolute Höhe der Miete nicht viel aus, wichtiger für den Haushalt ist die Mietbelastungsquote. Sie bezeichnet den Teil des Haushaltsnettoeinkommens, der für die monatliche Mietzahlung aufgewendet werden muß. Für die Frauenhaushalte erreichte diese Quote 22,6 %, also fast ein Viertel des Einkommens.

Hier gab es wieder sichtbare Unterschiede zwischen Ost und West. Während die Frauenhaushalte im Westen eine über dem Durchschnitt liegende Belastung von 24,6% zu tragen hatten, belief sich die Quote im Osten nur auf 15,6%; dies war hauptsächlich auf die zum Erhebungszeitpunkt 1993 noch geltenden gesetzlichen Vorschriften für die Festsetzung der Miete zurückzuführen (siehe auch Anhangtab. A 5.4).

5.3.5 Wohnen im Alter

Mit knapp 4,2 Mill. hatten gut zwei Fünftel der 10,2 Mill. Frauenhaushalte eine Bezugsperson, die 65 Jahre oder älter war. Die deutliche Mehrzahl (3,6 Mill. oder 86,4 %) waren Einpersonenhaushalte, sie bestanden also aus alleinlebenden älteren Frauen. Mit 11,2 % aller in dieser Erhebung erfaßten Haushalte stellten sie eine bedeutende Haushaltsgruppe. Ein knappes Drittel (30,6 %) der älteren Frauenhaushalte wohnte als Eigentümer in der Wohnung, der größte Teil als Hauptmieter. Damit war ihre Wohnsituation hinsichtlich des Wohnverhältnisses im Vergleich zu allen Frauenhaushalten etwas besser einzustufen. Auch hier zeigte der Ost-West-Vergleich für die älteren Frauen in den neuen Ländern und Berlin-Ost ein ungünstigeres Bild, denn noch nicht einmal ein Fünftel von ihnen (17,4 %) wohnte in den eigenen vier Wänden, im früheren Bundesgebiet war es ein Drittel.

Die durchschnittliche Größe der von Haushalten älterer Frauen bewohnten Wohnungen lag bei 69 m^2, die Eigentümerhaushalte verfügten mit fast 91 m^2 über deutlich mehr Wohnfläche als die Hauptmieterhaushalte mit knapp 60 m^2. Bezogen auf die Wohnfläche je Person scheint die Wohnsituation älterer Frauen – ihnen standen durchschnittlich 58,2 m^2 zur Verfügung – auf den ersten Blick günstiger als beim Durchschnitt aller Haushalte mit 36,2 m^2 zu sein. Dies ist aber eine Folge des hohen Anteils alleinlebender Frauen in dieser Haushaltsgruppe, sie hatten deshalb auch relativ mehr Miete zu zahlen.

Die sanitäre Ausstattung der Wohnungen war bei den älteren Frauenhaushalten im früheren Bundesgebiet sehr viel besser als in den neuen Ländern und Berlin-Ost. Während im Westen beinahe alle Wohnungen (95,5 %) der Frauenhaushalte über eine Sammelheizung verfügten, konnten sich im Osten über eine solche Bequemlichkeit gerade gut zwei Drittel (69,2 %) freuen. Ähnlich sahen die Verhältnisse bei der Nutzung eines eigenen Bades oder einer Dusche aus. In den neuen Ländern und Berlin-Ost waren nur drei Viertel der Wohnungen der Haushalte von älteren Frauen mit Bad oder Dusche versehen, im Westen dagegen waren es mit 96,4 % fast alle Wohnungen.

Die Mietbelastung der Hauptmieterhaushalte älterer Frauen im früheren Bundesgebiet lag mit über einem Viertel (26,2 %) etwas über dem Durchschnitt für alle Frauenhaushalte. Dies lag u. a. daran, daß ältere Menschen meist weiter in den Wohnungen leben, in denen sie schon früher mit größerer Familie gewohnt haben. Mit dem Wegzug der Kinder oder dem Tod des Partners ist nicht nur die Wohnung gleich groß und gleich teuer geblieben, sondern die Einkommenshöhe gesunken, was dann zu der relativ höheren Belastung durch die Miete führt. Für die neuen Länder und Berlin-Ost gilt dies auch, wenngleich die durchschnittliche Mietbelastung nur 18,7 % betrug; dies ist aber durch die vorne gemachten Bemerkungen zur Miethöhe im Osten erklärt.

5.3.6 ... und wie wohnen die alleinerziehenden Frauen?

Eine in der Öffentlichkeit viel beachtete Haushaltsgruppe sind Elternteile mit Kindern, hier besonders die alleinerziehenden Frauen, auch wenn sie mit gut 0,7 Mill. weniger als ein Zehntel der Frauenhaushalte ausmachten. Die Mehrzahl der Haushalte dieser Gruppe – mit 64,5 % fast zwei Drittel – waren Frauen mit einem Kind, während ein gutes Viertel (28,7 %) zwei Kinder, der Rest drei und mehr Kinder zu versorgen hatte.

Der Anteil der Eigentümerinnen der alleinerziehenden Frauen erreichte nur etwas mehr als ein Zehntel, und war weniger als halb so groß wie der aller Frauenhaushalte. Besonders niedrig war er in den neuen Ländern und Berlin-Ost mit 6,2 %.

Die durchschnittliche Größe der von Haushalten alleinerziehender Frauen bewohnten Wohnungen lag in Deutschland bei 73 m^2 und damit etwa im Durchschnitt aller Frauenhaushalte. Die Wohnungen der Eigentümerinnen unter den alleinerziehenden Frauen wiesen eine Größe von im Durchschnitt 108 m^2 auf, die der Hauptmieterinnen dagegen waren mit 69 m^2 rund 39 m^2 kleiner. Entsprechend zeigte sich auch die Fläche je Person bei den Eigentümerhaushalten mit 42 m^2 um 14 m^2 größer als bei den Mieterhaushalten.

Die sanitäre Ausstattung der Wohnungen alleinerziehender Frauen entsprach insgesamt etwa der der Wohnungen aller Frauenhaushalte. In den neuen Ländern und Berlin-Ost war bei dieser Haushaltsgruppe der Anteil der Wohnungen mit Bad oder Dusche deutlich höher als bei allen Frauenhaushalten, dieses Bild zeigte sich auch im früheren Bundesgebiet, wenn auch etwas abgemildert. Genau gleich stellte sich die Situation bei der Ausstattung mit Sammelheizung dar.

Die Mieter unter den Haushalten alleinerziehender Frauen hatten zwar im Schnitt die größten Wohnungen vorzuweisen, aber sie mußten auch die mit Abstand höchste Mietbelastungsquote verkraften; in Deutschland weit mehr als ein Viertel ihres Nettoeinkommens – genau 29,3 % – mußten sie für die monatliche Miete einkalkulieren. Dieser Anteil ist deshalb so hoch, weil in diesen Haushalten in der Regel nur ein Verdiener vorhanden ist. Diese höhere Quote galt natürlich im Westen wie im Osten gleichermaßen (siehe auch Anhangtab. A 5.4).

5.4 Zeitverwendung

5.4.1 Unbezahlte Arbeit

Unbezahlte Arbeit spielt im alltäglichen Zeitbudget eine große Rolle. Dies ist ein Ergebnis der Zeitbudgeterhebung, die das Statistische Bundesamt in Zusammenarbeit mit den statistischen Ämter der Länder vom Herbst 1991 bis zum Sommer 1992 durchführte. In 7 200 Haushalten schrieben bei dieser Erhebung alle Personen ab zwölf Jahren ihren Tagesablauf, d. h. ihre Zeitverwendung, mit eigenen Worten in einem Tagebuch auf. Um die vielen in den Tagebüchern beschriebenen Tätigkeiten zu vereinheitlichen, wurden sie anschließend nach einem aus über 200 Aktivitäten bestehenden Verzeichnis erfaßt.

Nach den Ergebnissen der Zeitbudgeterhebung werden durchschnittlich vier Stunden am Tag mit hauswirtschaftlichen und handwerklichen Tätigkeiten, der Betreuung von Kindern, der Pflege von Erwachsenen sowie ehrenamtlichen Tätigkeiten und sozialen Hilfeleistungen verbracht. Die Erwerbstätigkeit einschließlich dazugehörender Wegezeiten macht im Durchschnitt über alle Wochentage und Personen (einschl. Jugendliche, Rentner, nichterwerbstätige Hausfrauen usw.) nur 3 ¼ Stunden aus und die Qualifikation (Schule, Studium, sonstige Bildung von Jugendlichen und Erwachsenen) eine gute halbe Stunde. Der persönliche Bereich, zu dem Schlafen, Essen und Körperpflege gehören, ist mit 11 Stunden der zeitaufwendigste Block. Für die freie Zeit in Form von Geselligkeit, Mediennutzung und sonstigen Freizeitaktivitäten verbleiben 5 ¼ Stunden am Tag. Betrachtet man die persönliche Zeit als einen eher starren Zeitblock, so wird mit unbezahlter Arbeit – nach der freien Zeit – die meiste Zeit verbracht. Dabei sagen diese allgemeinen Durchschnitte wenig über die Personengruppen aus, die mit unbezahlter Arbeit besonders belastet sind.

Tab. 5.4: Durchschnittliche tägliche Zeitverwendung für unbezahlte Arbeit von Personen ab 12 Jahren

Aktivität	Insgesamt	Weiblich	Männlich	Insgesamt	Weiblich	Männlich
	Stunden : Minuten			%		
Hauswirtschaftliche Tätigkeiten	3:01	4:08	1:46	*76,1*	*82,7*	*63,1*
darunter:						
Mahlzeitenzubereitung, Tischdecken, Geschirreinigung	0:57	1:26	0:25	*24,0*	*28,7*	*14,9*
Wäschepflege	0:22	0:39	0:03	*9,2*	*13,0*	*1,8*
Wohnungsreinigung	0:32	0:47	0:15	*13,4*	*15,7*	*8,9*
Pflanzen- und Tierpflege	0:24	0:24	0:25	*10,1*	*8,0*	*14,9*
Einkäufe	0:18	0:22	0:13	*7,6*	*7,3*	*7,7*
Behördengänge, Organisation	0:12	0:12	0:12	*5,0*	*4,0*	*7,1*
Wegezeiten	0:14	0:16	0:12	*5,9*	*5,3*	*7,1*
Handwerkliche Tätigkeiten	0:21	0:08	0:35	*8,8*	*2,7*	*20,8*
darunter:						
Fahrzeugreparatur, -pflege	0:03	0:01	0:06	*1,3*	*0,3*	*3,6*
Herstellung und Reparatur von Gebrauchsgütern	0:04	(0:02)	0:07	*1,7*	*(0,7)*	*4,2*
Bauen, Renovieren	0:06	(0:02)	(0:10)	*2,5*	*(0,7)*	*6,0*
Pflege und Betreuung von Personen	0:27	0:37	0:16	*11,3*	*12,3*	*9,5*
darunter:						
Kinderbetreuung	0:19	0:27	0:11	*8,0*	*9,0*	*6,5*
Betreuung von Pflegebedürftigen	0:03	0:04	(0:02)	*1,3*	*1,3*	*(1,2)*
Fahrdienste / Wegezeiten	0:04	0:05	0:03	*1,7*	*1,7*	*1,8*
Ehrenamt / Soziale Hilfeleistungen	0:09	0:07	0:11	*3,8*	*2,3*	*6,5*
Unbezahlte Arbeit insgesamt	**3:58**	**5:00**	**2:48**	***100***	***100***	***100***

Unbezahlte Arbeit ist nach wie vor Frauensache (siehe Tab. 5.4). Vor allem mit hauswirtschaftlichen Tätigkeiten sind Frauen ab 12 Jahren täglich mit über 4 Stunden mehr als doppelt so lange beschäftigt wie Männer (1 ¾ Stunden). Fast 83 % ihrer Zeit für unbezahlte Arbeit verwenden Frauen im Durchschnitt für hauswirtschaftliche Tätigkeiten, Männer dagegen nur 63 %. Bei den einzelnen zu den hauswirtschaftlichen Tätigkeiten zählenden Aktivitäten sind die Unterschiede zwischen den Geschlechtern zum Teil noch deutlich größer: So sind Männer mit der Wäschepflege täglich nur durchschnittlich 3 Minuten beschäftigt, Frauen 39 Minuten. Auch in die Pflege und Betreuung von Kindern und Erwachsenen sind Frauen deutlich stärker eingebunden als Männer. Sie sind täglich im Durchschnitt 37 Minuten, Männer jedoch 16 Minuten dafür tätig.

Innerhalb der unbezahlten Arbeit gibt es also eine klare geschlechterspezifische Arbeitsteilung. Hauswirtschaftliche Tätigkeiten sowie die Pflege und Betreuung von Personen sind weibliche Domänen. Bei handwerklichen Tätigkeiten, aber auch beim ehrenamtlichen Engagement überwiegt der zeitliche Einsatz der Männer. Im handwerklichen Bereich sind Männer täglich 35 Minuten, dies entspricht fast 21 % ihrer gesamten Zeit für unbezahlte Arbeit, Frauen aber nur durchschnittlich 8 Minuten tätig. Bei den im allgemeinen unregelmäßig, d. h. nicht jeden Tag ausgeübten ehrenamtlichen Tätigkeiten (z. B. in Vereinen und öffentlichen Gremien sowie der im Rahmen von Wohlfahrtsorganisationen geleisteten direkten Hilfe) sind Männer im Durchschnitt 11 Minuten und Frauen 7 Minuten täglich engagiert.

5.4.2 Zeitverwendung zwischen Familie und Erwerbstätigkeit

In diesem Abschnitt sollen Aspekte der Zeitverwendung für Familie und Erwerbstätigkeit betrachtet werden. In Tab. 5.5 werden die Zeitverwendungsstrukturen von Personen mit bzw. ohne Kinder und die Einbindung ins Erwerbsleben dargestellt. Bei der betrachteten Personengruppe ohne Kinder handelt es sich um Personen im Alter zwischen 18 und 50 Jahren, um z. B. Rentner oder Jugendliche auszuschließen.

Werden die Frauen mit und ohne Kinder miteinander verglichen, so ist folgendes festzustellen: Erwerbstätige Ehefrauen mit Kindern kommen im Vergleich zu den Frauen ohne Kinder im Durchschnitt aller Wochentage auf eine um rund 1½ Stunden geringere Zeitverwendung für Erwerbstätigkeit pro Tag. Um also Familie und Beruf miteinander vereinbaren zu können, reduzieren Frauen die bezahlte Arbeit, doch deuten die Ergebnisse an, daß die Verringerung der Arbeitszeit weniger stark ausgeprägt ist, als zu vermuten gewesen wäre. Interessant werden die Daten der Zeitbudgeterhebung im Zusammenhang mit der Frage, zugunsten welcher Aktivitätsbereiche diese Zeit verwendet wird. Neben ihrer Erwerbstätigkeit leisten Frauen mit Kindern etwa fünf Stunden Haushalts- und Familienarbeit [1]), wobei auf die Kinderbetreuung knapp 1½ Stunden entfallen. Den Zeitaufwand für Erwerbstätigkeit und Familie gleichen diese Frauen durch weniger Freizeitaktivitäten, Gespräche und Geselligkeit aus: Eine knappe ¾ Stunde täglich haben sie hierfür weniger Zeit als erwerbstätige Frauen ohne Kinder. Im Vergleich mit ihren Männern zeigt sich für die erwerbstätigen Mütter folgendes Bild: Während erwerbstätigen Frauen mit Kindern durchschnittlich täglich 3¾ Stunden für Freizeitaktivitäten und Geselligkeit bleiben, kommen ihre Partner auf 4¼ Stunden am Tag. Das heißt als Resümee, daß die-

1) Vgl. Garhammer/Gross 1991, S. 91.

jenigen Frauen, die beide Aufgabenbereiche – nämlich Erwerbs- und Familientätigkeit – vereinbaren, ihre Erwerbstätigkeit zugunsten der Haushaltsarbeit reduzieren. Dabei reicht die Arbeitszeitreduzierung jedoch nicht aus, um die Haushaltsarbeit in dieser Zeitspanne zu erledigen, so daß weniger Zeit für freizeitorientierte Aktivitäten bleibt, verglichen sowohl mit kinderlosen erwerbstätigen Frauen als auch mit den erwerbstätigen Vätern.

Bei den Männern zeigt sich folgendes Bild: In puncto Zeit für Erwerbstätigkeit stehen die Väter den kinderlosen Männern in nichts nach, d. h. sie verringern ihre Arbeitszeiten aufgrund von Kindern im allgemeinen nicht. Auch im Bereich der hauswirtschaftlichen Tätigkeiten unterscheiden sich Männer mit und ohne Kinder nur wenig voneinander in ihrem Einsatz: rund 1¼ Stunden täglich werden von ihnen geleistet.

Tab. 5.5: Durchschnittliche tägliche Zeitverwendung von Personen*) nach ausgewählten Aktivitäten, der Beteiligung am Erwerbsleben sowie Kindern im Haushalt

Ausgewählte Aktivitäten	Mit Kindern unter 16 Jahren			Ohne Kinder		
	Männer	Frauen		Männer	Frauen	
	erwerbstätig	erwerbstätig	nicht erwerbstätig	erwerbstätig	erwerbstätig	nicht erwerbstätig
	Stunden:Minuten					
Erwerbstätigkeit/Qualifikation	6:44	(4:32)	/	(6:36)	(5:58)	(2:08)
dar. Erwerbstätigkeit	6:37	(4:23)	(0:12)	6:20	5:44	(0:24)
Unbezahlte Arbeit	2:51	5:16	8:03	2:02	3:05	4:23
darunter:						
Hauswirtschaftliche Tätigkeiten	(1:23)	3:39	5:12	1:16	2:44	3:57
Kinderbetreuung	(0:37)	(1:23)	2:25	/	(0:03)	(0:06)
Physiologische Regeneration	10:07	10:23	10:49	10:10	10:30	11:46
darunter:						
Schlafen	(7:51)	(8:01)	8:08	7:54	8:06	8:47
Körperpflege	(0:43)	(0:48)	0:49	0:47	0:56	1:01
Essen	(1:15)	(1:15)	1:26	1:11	1:08	1:26
Gespräche/ Geselligkeit	1:15	1:22	(1:44)	1:46	1:40	2:08
dar. Besuche	0:27	0:30	(0:43)	0:36	0:37	0:48
Mediennutzung/ Freizeitaktivitäten	3:03	2:27	2:50	3:26	2:47	3:35
darunter:						
Fernsehen	(1:43)	(1:20)	(1:24)	1:46	1:24	1:41
Lesen	(0:21)	0:22	0:27	0:22	0:24	0:33
Sport	0:13	(0:08)	(0:11)	0:16	(0:11)	(0:12)

*) Personen im Alter von 18 bis 50 Jahren.

In Haushalten mit Kindern erbringen die Männer hingegen rund 2 Stunden Familientätigkeit (Hausarbeit und Kinderbetreuung) gegenüber 1¼ Stunden in Haushalten ohne Kinder. Dieser höhere Wert ergibt sich vor allem durch knapp 40 Minuten Kinderbetreuung am Tag.

Hierdurch bleibt den Vätern gegenüber den kinderlosen Männern fast eine Stunde weniger Zeit für Mediennutzung/Freizeitaktivitäten, Gespräche und Geselligkeit, während sich die Zeiten für die physiologische Regeneration mit rund 10 Stunden nahezu nicht voneinander unterscheiden. Zusammenfassend bedeutet dies: Väter reduzieren ihre Zeit für Erwerbstätigkeit nicht, leisten zusätzlich Kinderbetreuung und erhöhen damit ihre Familientätigkeit auf Kosten ihrer sonstigen Freizeitaktivitäten.

Traditionelle Rollenmuster bezüglich der Arbeitsteilung werden häufig weitergeführt, wenn Beruf und Familie zwischen Männern und Frauen zu vereinbaren sind: Frauen reduzieren die Erwerbstätigkeit, um Familie und Beruf miteinander vereinbaren zu können. Die Männer dagegen halten meistens ihre (Voll)- Erwerbstätigkeit aufrecht und übernehmen aufgrund der Kinder ein größeres Maß familialer Aufgaben [1]). Männer weichen damit kaum von ihrer klassischen Rolle als Ernährer im Sinne der Verantwortung für die materielle Sicherung der Familie ab.

Nichterwerbstätige Mütter haben (Tab. 5.5) in der Summe relativ viel Zeit für Aktivitäten aus dem Bereich Freizeit. In diesem Zusammenhang wurde bewußt die Formulierung Summe gewählt, da nicht vermittelt werden soll, daß es sich hierbei um einen zusammenhängenden Freizeitblock handelt. Gerade im Bereich der Familientätigkeit gibt es unvorhergesehene Unterbrechungen, Synchronisations- und Koordinationszeiten, auf die Hausfrauen und -männer täglich Rücksicht nehmen müssen, um einen gemeinsamen Familienalltag zu ermöglichen. Diese Zeiten – oder besser freien Minuten – als En-bloc-Freizeit zu bezeichnen, ist damit ein Trugschluß. Die Betrachtung der insgesamt aufgewendeten Arbeit vermittelt daher schon eher, welcher Leistungsbedarf im Haushalt nachgefragt wird: Der Arbeitstag von nichterwerbstätigen Müttern hat 8 Stunden und läßt sich dazu nicht en bloc, also als zusammenhängende Zeitsequenz abarbeiten (wie bei der Erwerbsarbeit), sondern verteilt sich über den ganzen Tag, bedingt durch bedürfnis- und personenbezogene Leistungsnachfrage.

Als Resümee dieser Darstellung sind zwei Aussagen festzuhalten: Die Unterschiede hinsichtlich der Arbeitsteilung und -belastung einzelner Personengruppen sind nicht so deutlich, wie man erwarten könnte. Erwerbstätige Eltern haben jedoch für alles etwas weniger Zeit: 20 Minuten weniger Kontakte, 10 Minuten weniger Mediennutzung, 10 Minuten weniger Körperpflege, was im Grunde genommen unwesentlich erscheint. Doch täglich eine ¾ Stunde weniger „Freizeit" heißt in der Woche über 5 Stunden weniger Zeit für diese Aktivitäten. Im Erwerbsleben haben 5 Stunden mehr oder weniger Arbeit eine hohe Bedeutung, im Privatleben hingegen scheinen solche Dimensionen weniger ernst genommen zu werden.

Auffallend ist des weiteren, daß die geschlechtsspezifischen Arbeitsteilungsmuster nicht gleichzeitig zu einer Ungleichbelastung in bezug auf Arbeit führen, sondern Belastungsunterschiede zwischen Männern und Frauen weniger ausgeprägt sind, als angenommen. Diese Ergebnisse stimmen nicht mit den Alltagserfahrungen vieler Frauen überein. Hier ist jedoch zu beachten, daß die Belastungen, denen sich Männer und Frauen täglich ausgesetzt sehen, nicht immer auf der Ebene des Zeitumfangs zu lokalisieren sind, sondern sich aus anderen Charakteristika, die als zusätzliche Rahmenbedingungen betrachtet werden müssen, ergeben:

---

1) Vgl. hierzu auch von Schweitzer 1992, S. 89.

(a) Zeitzwänge, bedingt durch Öffnungszeiten des Dienstleistungssektors als auch feste Arbeitszeiten, reduzieren die angeblich flexible Arbeitszeitgestaltung der Familientätigkeit in großem Maße. Von außen vorgegebene Zeitstrukturen, nach denen sich Haushalte und Familien zu richten haben, auch wenn diese diametral zu den Bedürfnissen der einzelnen Familienmitglieder stehen, sind einzuhalten. Im Kontext gesamtgesellschaftlicher Zeitverwendung machen weitestgehend koordinierte Zeitstrukturen natürlich Sinn. Sie müssen aber für die Familien und d. h. vor allem für die Frauen nicht unbedingt adäquat sein.

(b) Gegeneinanderlaufende Zeithorizonte zwischen Erwerbsarbeit und Familientätigkeit, bedingt durch die Qualität der Arbeit selbst, wie sie Becker-Schmidt [1]) eindringlich anhand der Ergebnisse ihrer Studie zur Zeitverwendung von Fabrikarbeiterinnen beschreibt. Während im Berufsleben z. B. von Arbeiterinnen häufig klar vorgegebene Zeitvorgaben, Arbeitsinhalte und Verhaltensstrukturen das Bild prägen, verlangen unvorhergesehene Ereignisse innerhalb der Familie eine ständige Anpassung und Neukoordination von Tätigkeiten (dabei ändern sich natürlich die Anforderungen in Abhängigkeit von der jeweiligen Familienphase).

(c) Unaufschiebbarkeit einerseits und unterbrochene Handlungsabläufe von Aktivitäten andererseits prägen den Alltag der Arbeit im Haushalt. Gerade dann, wenn kleine Kinder im Haushalt sind, werden Handlungsabläufe ständig unterbrochen. Arbeitsprozesse, die wenige Minuten dauern, ziehen sich wesentlich länger hin und werden deshalb zum Streß [2]).

(d) Ein ebenso entscheidender Faktor, wenn nicht sogar „der” entscheidende Faktor im Rahmen der Arbeitsteilung im Haushalt ist die Verantwortlichkeit für die Koordination und den Ablauf aller Tätigkeiten im Haushalt. Diese obliegt häufig den Frauen, während Männer ausführende Tätigkeiten übernehmen. Diese Arbeitsteilung kann durchaus von beiden Partnern gewollt sein, doch wird die daraus resultierende Mehrbelastung (die sich ein Manager sehr wohl bezahlen läßt) unterschätzt [3]).

5.4.3 Gesamtarbeitsbelastung

Aus dem vorherigen Abschnitt wird deutlich, daß auf dem bis jetzt präsentierten Darstellungsniveau die Belastungsunterschiede zwischen Personen, die erwerbstätig sind und eine Familie haben und denjenigen ohne Familie nicht so deutlich sind, wie zunächst erwartet.

In diesem Abschnitt wird die Gesamtarbeitszeit von Frauen als die Summe ihrer hauswirtschaftlichen und handwerklichen Tätigkeiten, Ehrenämtern, sozialen Hilfeleistungen, Pflege und Betreuung von Personen sowie erwerbsarbeitsgebundener Zeiten betrachtet. Als Vergleichsgröße fließt – wenn auch weniger differenziert – die Gesamtarbeitszeit der Männer ein. Zwei Ziele werden mit der Analyse der Gesamtarbeitszeit verfolgt:

(a) Die Trennlinie zwischen bezahlter und unbezahlter Arbeit soll aufgelöst und Arbeit, ob bezahlt oder unbezahlt, als gleichwertig betrachtet werden.

---

1) Vgl. Becker-Schmidt u. a. 1982. –2) Vgl. hierzu auch Rieken 1989, S. 58 ff. sowie Sichtermann 1982. – 3) Vgl. Jurczyk/Rerrich 1993b, Rinderspacher 1992, S.18, Sichtermann 1982, Methfessel 1992, S. 97 f.

(b) Zusätzlich wird mit Hilfe der Zusammenfassung von bezahlter und unbezahlter Arbeit die Kumulation der Arbeitsbelastung durch die Kombination von Erwerbs- und Familientätigkeit am anschaulichsten wiedergegeben.

Tab. 5.6 vermittelt einen ersten Eindruck über die unterschiedliche Belastung von Männern und Frauen mit Kindern und der Form der Erwerbstätigkeit.

Der Umfang unbezahlter Arbeit von vollzeiterwerbstätigen Vätern wird maßgeblich vom Alter der Kinder beeinflußt. Dieser Einfluß resultiert aus den Kinderbetreuungszeiten und nicht aus dem höheren Aufwand im Bereich der hauswirtschaftlichen Tätigkeiten. Sind kleinere Kinder im Haushalt, bedeutet dies konkret eine Zunahme der unbezahlten Arbeit von einer halben Stunde (dabei wurde nur die Kinderbetreuung als Hauptaktivität berücksichtigt), so daß Väter insgesamt auf 2½ Stunden unbezahlte Arbeit im Wochenabschnitt Montag bis Freitag kommen. Für erwerbstätige Väter mit kleineren Kindern hat damit der Arbeitstag, der sich aus der Summe der bezahlten und unbezahlten Arbeit ergibt, 11½ Stunden. Dennoch verbleiben ihnen pro Tag rund drei Stunden für Gespräche, Geselligkeit, Mediennutzung und Freizeitaktivitäten.

Der gleiche Trend ist am Wochenende zu beobachten: Eine Stunde mehr an Betreuungsleistungen bei Vätern mit jüngeren Kindern bedeutet am Wochenende täglich 4½ Stunden unbezahlte Arbeit bei einer Gesamtarbeitszeit von gut 6 Stunden pro Tag.

Vergleicht man diese Werte mit denen der Frauen, so zeigen sich sowohl geschlechtsspezifische Arbeitsteilungsmuster als auch unterschiedliche Belastungsniveaus in Abhängigkeit von der Erwerbseinbindung.

Vollzeiterwerbstätige Frauen haben im Vergleich zu Männern im Durchschnitt weniger erwerbsarbeitsgebundene Zeiten, die sich durch geringere Arbeitszeiten, aber auch kürzere Wegezeiten erklären lassen. Im Gegensatz zu den Männern passen Frauen aufgrund des unterschiedlichen Betreuungsbedarfs ihrer Kinder (in Abhängigkeit vom Alter) ihre Erwerbsarbeitszeiten an. Je kleiner ihre Kinder sind, desto stärker reduzieren sie ihre Erwerbsarbeit zugunsten der Familie. Dabei sind vollzeiterwerbstätige Frauen mit 11¼ Stunden Gesamtarbeitszeit gegenüber teilzeiterwerbstätigen Frauen (10½ Stunden) stärker belastet. Sind die Kinder älter, zeigt sich eine unterschiedliche Entwicklung hinsichtlich der Gesamtarbeitszeit bei voll- und teilzeiterwerbstätigen Frauen: Die Belastung bei den teilzeiterwerbstätigen Frauen sinkt, während die Belastung der vollzeiterwerbstätigen Frauen, bedingt durch ihr stärkeres Engagement im Erwerbsbereich, konstant bleibt. Daraus ergibt sich, daß die Gesamtarbeitsbelastung der Frauen, die vollzeiterwerbstätig sind mit dem Älterwerden der Kinder nicht abnimmt, sondern durch die berufliche Schwerpunktsetzung weiter steigt, während sich die Lage der teilzeitbeschäftigten Mütter mit dem Alter der Kinder tatsächlich entspannt.

Nichterwerbstätige Mütter arbeiten wochentags, wenn sie Kinder unter 6 Jahren haben, über 9¼ Stunden im Haushalt – unbezahlter „full-time job". Die Gesamtarbeitsbelastung von vollzeiterwerbstätigen Frauen mit Kindern unter 6 Jahren ist mit über 11 Stunden im Wochenabschnitt Montag bis Freitag am höchsten und dürfte nur die Untergrenze der Belastung sein, da weder die gleichzeitige Kinderbetreuung noch die ständige Verfügbarkeit hierbei eingerechnet sind.

Tab. 5.6: Durchschnittliche tägliche Zeitverwendung von Personen mit Kindern nach ausgewählten Aktivitäten, Alter der Kinder im Haushalt, Wochenabschnitt und Erwerbsbeteiligung

Ausgewählte Aktivitäten	Personen mit jüngstem Kind unter 6 Jahren				Personen mit jüngstem Kind von 6 bis unter 16 Jahren			
	Männer	Frauen			Männer	Frauen		
	vollzeiterwerbstätig	nicht erwerbstätig	vollzeiterwerbstätig	teilzeiterwerbstätig	vollzeiterwerbstätig	nicht erwerbstätig	vollzeiterwerbstätig	teilzeiterwerbstätig
	Stunden:Minuten							
	Montag – Freitag							
Gesamtarbeitszeit	**11:23**	**9:34**	**11:18**	**10:30**	**11:01**	**7:52**	**11:23**	**10:03**
davon:								
Erwerbstätigkeit (bezahlte Arbeit)	8:48	0:14	5:52	3:11	8:48	0:16	7:49	3:52
Unbezahlte Arbeit	2:35	9:20	5:26	7:19	2:33	7:36	3:34	6:11
darunter:								
Hauswirtschaftliche Tätigkeiten	1:09	5:23	3:01	4:18	1:14	5:54	2:49	4:50
Kinderbetreuung	0:48	3:34	2:12	2:43	(0:19)	1:10	0:36	0:59
Physiologische Regeneration	9:24	10:29	9:48	10:00	9:26	10:57	9:37	10:10
Gespräche/ Geselligkeit	0:50	1:28	0:56	1:14	0:51	1:24	0:55	1:09
Mediennutzung/ Freizeitaktivitäten	2:17	2:16	1:45	2:07	2:35	3:05	1:56	2:25
	Samstag – Sonntag							
Gesamtarbeitszeit	**6:05**	**7:11**	**7:27**	**7:02**	**4:33**	**5:40**	**5:30**	**5:53**
davon:								
Erwerbstätigkeit (bezahlte Arbeit)	1:37	0:08	1:00	0:50	1:08	0:03	0:46	0:34
Unbezahlte Arbeit	4:28	7:03	6:27	6:12	3:25	5:37	4:44	5:19
darunter:								
Hauswirtschaftliche Tätigkeiten	1:57	4:13	3:55	3:49	1:48	4:13	3:55	4:15
Kinderbetreuung	1:18	2:32	(2:24)	2:05	(0:21)	(0:43)	(0:33)	(0:40)
Physiologische Regeneration	11:35	11:18	11:26	11:31	12:00	12:10	12:11	11:59
Gespräche/ Geselligkeit	2:13	2:32	2:06	2:07	2:15	2:07	2:28	1:59
Mediennutzung/ Freizeitaktivitäten	3:58	2:58	2:57	3:17	5:03	3:58	3:49	4:05

Am Wochenende zeigt sich eine stärkere Freizeitorientierung, bedingt durch geringere Erwerbsarbeitszeit. Doch wird auf der anderen Seite deutlich, daß Familientätigkeit nicht am Freitagnachmittag beendet ist: Eine klare Trennlinie zwischen Woche und Wochenende wie bei der Erwerbsarbeit ist nicht zu ziehen. Vollzeiterwerbstätige Mütter mit kleineren Kindern kommen auf eine Gesamtarbeitsbelastung von knapp 7½ Stunden pro Tag, während ihre Partner 1½ Stunden weniger arbeiten. Durch die unterschiedliche Art der Belastung haben Männer am Wochenende durchschnittlich pro Tag eine Stunde mehr Zeit für Freizeitaktivitäten. Nichterwerbstätige Mütter mit Kleinkindern kümmern sich am Wochenende über 7 Stunden um ihre Familie und den Haushalt und erreichen damit fast das gleiche Niveau wie erwerbstätige Mütter. Hieraus wird abermals ersichtlich, wie wenig flexibel (und verschiebbar) Tätigkeiten im Haushalt letztendlich sind: Haushaltsarbeit bedeutet personenbezogene Versorgungsleistungen, die situations- und bedürfnisabhängig [1] bereitgestellt werden. Nur wenig kann vorgezogen bzw. am Wochenende nachgeholt werden.

1) Vgl. zu dieser Problematik Methfessel 1992, S. 97.

Abb. 5.3: Durchschnittliche Gesamtarbeitszeit je Tag von Personen mit Kindern[1)]
nach Erwerbsbeteiligung und Wochenabschnitt
und Gesamtarbeitszeit pro Woche in Stunden : Minuten

	Männer	Frauen		
	vollzeit-erwerbstätig	nicht erwerbstätig	teilzeit-erwerbstätig	vollzeit-erwerbstätig
Mo-Fr Stunden:Minuten je Tag	11:11	8:47	10:14	11:21
Sa/So Stunden:Minuten je Tag	5:16	6:30	6:25	6:18
Gesamtarbeitszeit pro Woche in Stunden:Minuten	66:27	56:55	64:00	69:21

1) Personen, 18 Jahre und älter mit Kindern unter 16 Jahren.

Statistisches Bundesamt 98 - 2 - 0229

Abb. 5.4: Durchschnittliche Gesamtarbeitszeit je Tag von Personen[1)] ohne Kinder
nach Erwerbsbeteiligung und Wochenabschnitt
und Gesamtarbeitszeit pro Woche in Stunden : Minuten

	Männer	Frauen		
	vollzeit-erwerbstätig	nicht erwerbstätig	teilzeit-erwerbstätig	vollzeit-erwerbstätig
Mo-Fr Stunden:Minuten je Tag	10:33	6:07	8:39	10:38
Sa/So Stunden:Minuten je Tag	4:25	4:45	5:21	5:22
Gesamtarbeitszeit pro Woche in Stunden:Minuten	61:35	40:05	53:57	63:54

1) 18 Jahre und älter.

Statistisches Bundesamt 98 - 2 - 0230

Interessant ist nun, welche Gesamtarbeitsbelastungen sich hieraus pro Woche ergeben. Abb. 5.3 und 5.4 zeigen, welcher Doppelbelastung erwerbstätige Frauen und Männer ausgesetzt sind, wenn Kinder im Haushalt leben oder wenn dies nicht der Fall ist. Vollzeiterwerbstätige Frauen mit Kindern haben eine Gesamtarbeitszeit pro Woche von über 69 Stunden. Die vollzeiterwerbstätigen Männer folgen mit drei Stunden weniger Arbeitszeit. Teilzeiterwerbstätige Mütter leisten ebenfalls über 60 Stunden Arbeit in der Woche. Das heißt, die Ausübung der Teilzeittätigkeit führt nicht zu einer deutlichen Entlastung, denn die Familientätigkeit steigt entsprechend an. Resch spricht in diesem Zusammenhang vom zweiten Arbeitsplatz Haushalt [1]). Dies gilt vor allem dann, wenn Kinder in der Familie leben.

5.5 Kinderbetreuung [2])

Wer Kinder hat weiß, wie sehr sie das eigene Leben bereichern, weiß aber auch, wie sehr dies mit Pflichten verbunden ist. Die tägliche Betreuung von Kindern ist dabei eine der augenfälligsten, die ganz unmittelbar und permanent zu leisten ist (siehe hierzu auch Abschn. 5.4 Zeitverwendung).

Etwa ein Viertel aller Personen im Alter von mindestens 16 Jahren ist täglich mit der Betreuung eigener oder auch fremder Kinder beschäftigt, wobei hier nicht die professionelle oder semi-professionelle Betreuung wie beispielsweise in Kindergärten oder bei Tagesmüttern gemeint ist.

Tab. 5.7: Personen mit täglicher Betreuung von Kindern*)

Gegenstand der Nachweisung	Tägliche Betreuung von Kindern		
	insgesamt	Frauen	Männer
	%		
Insgesamt	**24**	**31**	**16**
Personen im Alter von ... bis unter ... Jahren			
20 – 30	22	33	11
30 – 40	53	73	34
40 – 50	38	49	27
50 – 60	13	17	(8)
60 – 70	8	(10)	/
Personen aus Haushalten mit			
keinem Kind unter 16 Jahren	7	10	4
mind. einem Kind unter 16 Jahren	69	88	49
davon Personen aus Haushalten, in denen das jüngste Kind ... Jahre alt ist			
unter 6	76	96	54
zwischen 6 bis unter 12	70	88	50
zwischen 12 bis unter 16	55	72	37

*) Anteil der Personen im Alter von mindestens 16 Jahren, die täglich eigene oder fremde Kinder betreuen, an allen Personen ab 16 Jahren.

Quelle: Deutsche Stichprobe des Europäischen Haushaltspanels – Welle 1 (1994)

1) Resch 1991, S. 48. – 2) Sämtliche Ausführungen zum Abschnitt 5.5 beziehen sich auf Personen die mindestens 16 Jahre alt sind.

Frauen sind in diese Pflicht fast doppelt so stark eingebunden wie Männer, und Kinderbetreuung spielt während eines viel längeren Zeitraums ihres Lebens eine Rolle. Ein Drittel aller Frauen im Alter zwischen 20 und 30 Jahren betreut täglich Kinder, in der Altersgruppe von 30 bis 40 Jahren sind es fast drei Viertel und bei Frauen zwischen 40 und 50 Jahren sind es knapp die Hälfte. Bei etwa jeder sechsten Frau im Alter zwischen 50 und 60 Jahren gehört Kinderbetreuung noch zu den täglichen Arbeiten, und bei den 60- bis 70jährigen sind es immerhin noch 10 %. Bei den Männern dagegen ist die Zeitspanne des Lebens, in der Kinderbetreuung eine wesentliche Rolle spielt, sehr viel kürzer, hauptsächlich betrifft es Männer zwischen 30 und 50 Jahren. In dieser Altersgruppe sind ein Drittel bzw. ein gutes Viertel der Männer täglich mit Kinderbetreuung beschäftigt. Großväter werden offensichtlich nicht in demselben Maße in die Pflicht genommen wie die Großmütter. Bei den 50- bis 70jährigen Männern sind es nur 8 %, die sich täglich um Kinder kümmern.

Unterschiede zwischen den Geschlechtern gibt es erwartungsgemäß auch bei der zeitlichen Intensität der Betreuung. So sagen 39 % der Männer, die täglich Kinder betreuen, daß sie hiermit i.d.R. weniger als zwei Stunden verbringen und nur 19 %, daß diese Beschäftigung täglich mehr als vier Stunden in Anspruch nimmt. Bei den Frauen ist es genau umgekehrt: Zwei Drittel derer, die diese tägliche Aufgabe haben, geben ihren Zeitaufwand für Kinderbetreuung pro Tag mit mehr als vier Stunden an und nur 11 % beziffern ihn mit weniger als zwei Stunden.

Tab. 5.8: Täglicher Zeitaufwand der Kinderbetreuung*)

Gegenstand der Nachweisung	Täglicher Zeitaufwand der Kinderbetreuung beträgt ...								
	... weniger als 2 Stunden			... 2 bis 4 Stunden			... 4 und mehr Stunden		
	insgesamt	Frauen	Männer	insgesamt	Frauen	Männer	insgesamt	Frauen	Männer
	%								
Insgesamt	**20**	**11**	**39**	**29**	**23**	**43**	**51**	**66**	**19**
Personen im Alter von ... bis unter ... Jahren									
20 – 30	/	/	/	(17)	/	/	76	91	/
30 – 40	13	/	35	27	18	45	60	79	(21)
40 – 50	30	(18)	50	36	33	(40)	35	49	/
50 – 60	(38)	(33)	/	(34)	(35)	/	(29)	(32)	/
60 – 70	/	/	/	(47)	/	/	/	/	/
Personen aus Haushalten mit keinem Kind unter 16 Jahren	36	33	(46)	36	37	/	28	30	/
mind. einem Kind unter 16 Jahren	15	(4)	37	27	18	45	58	78	18
davon Personen aus Haushalten, in denen das jüngste Kind ... Jahre alt ist									
unter 6	10	/	29	22	/	52	68	92	(20)
zwischen 6 bis unter 12	17	/	40	29	22	43	54	73	/
zwischen 12 bis unter 16	27	/	(56)	37	39	/	36	47	/

*) Anteil an den Personen, die täglich Kinder betreuen.

Quelle: Deutsche Stichprobe des Europäischen Haushaltspanels – Welle 1 (1994)

Der zeitintensivste Lebensabschnitt der Beschäftigung mit Kindern ist das Alter zwischen 20 und 50 Jahren, und dies gilt ganz besonders für Frauen, von denen die Hälfte auch im Alter zwischen 40 und 50 Jahren täglich mehr als vier Stunden Kinder betreuten. Der Grund dafür ist das Alter der Kinder, die betreut werden müssen. Dies zeigt sich ganz deutlich, wenn man die Haushaltstruktur mit in die Betrachtung einbezieht:

Personen, die in Haushalten ohne Kinder unter 16 Jahren leben, sind nur zu einem sehr geringen Anteil (7 %) mit der täglichen Betreuung von Kindern beschäftigt, und das gilt für 4 % der Männer und für 10% der Frauen in solchen Haushalten (vgl. Tab. 5.7). Anders dagegen Personen aus Haushalten mit Kindern unter 16 Jahren, bei denen sich 69 % täglich um Kinder kümmern, und zwar 88 % der Frauen und 49 % der Männer. Die Mehrheit dieser Personen (58 %) kümmert sich dabei täglich mehr als vier Stunden, bei den Frauen sind es sogar 78 %, bei den Männern dagegen nur 18 % (vgl. Tab. 5.8). Die Männer betreuen zu 82 % täglich maximal vier Stunden.

Noch differenzierter stellt sich die Situation dar, wenn man das Alter des jeweils jüngsten Kindes im Haushalt mit in die Betrachtung einbezieht. Lebt mindestens ein Kind unter 6 Jahren im Haushalt, sind drei Viertel aller Personen täglich mit Kinderbetreuung befaßt, wobei dies dann 96 % der Frauen und 54 % der Männer betrifft (vgl. Tab. 5.7). Ist dagegen das jüngste im Haushalt lebende Kind zwischen 12 bis unter 16 Jahren, dann geben nur noch 55 % aller Personen an, daß Kinderbetreuung zu ihren täglichen Pflichten gehört, und zwar immer noch 72 % der Frauen, aber nur noch 37 % der Männer. Auch die tägliche Dauer der Betreuung variiert stark mit dem Alter der Kinder im Haushalt (vgl. Tab. 5.8). Ist das jüngste im Haushalt lebende Kind unter 6 Jahren, geben 68 % der Personen an, sich täglich mehr als vier Stunden um Kinder zu kümmern. Ist das jüngste Kind zwischen 12 bis unter 16 Jahren, sind es nur noch gut die Hälfte, nämlich 36 %. Auch bei den Frauen halbiert sich in etwa der Anteil, beginnend allerdings von einem deutlich höheren Niveau von 92 % auf 47 % bei steigendem Alter des jeweils jüngsten Kindes im Haushalt.

Die hier dargestellten Ergebnisse aus der ersten Welle des Europäischen Haushaltspanels, daß nämlich die Betreuung kleiner Kinder erheblich zeitaufwendiger ist als die Betreuung von älteren Kindern und daß für diese Aufgabe von Frauen wesentlich mehr Zeit aufgewendet wird als von Männern, entspricht den Ergebnissen der Zeitbudgeterhebung, die vorne in Abschn. 5.4 beschrieben sind. In diesem Zusammenhang sollte nicht irritieren, daß die Ergebnisse auf den ersten Blick nicht ganz deckungsgleich sind. Dies hat im wesentlichen methodische Gründe. So erfaßt die Zeitbudgeterhebung sehr detailliert die tatsächlich für Kinderbetreuung aufgewendete Zeit, und dies noch unterschieden danach, ob es sich um eine Hauptaktivität handelt oder um eine gleichzeitig neben einer anderen Beschäftigung ausgeübten Aktivität. Im Rahmen des Europäischen Haushaltspanels werden dagegen die Befragten um eine Selbsteinschätzung ihrer für Kinderbetreuung aufgewendeten Zeit gebeten. Man muß davon ausgehen, daß diese Angaben eine größere Ungenauigkeit aufweisen, da die wenigsten Menschen ihre tatsächliche Zeitverwendung exakt angeben können, wenn sie darüber keine detaillierten Aufzeichnungen gemacht haben – so wie während der Zeitbudgeterhebung. Außerdem wurde in der Frage nicht zwischen Hauptaktivität und gleichzeitiger Aktivität unterschieden, so daß nicht ausgeschlossen werden kann, daß Personen bei der Beantwortung der Frage den Gesamtaufwand für die Kinderbetreuung angegeben haben, während bei den oben beschriebenen Ergebnissen zur Zeitverwendung lediglich die Hauptaktivitäten berücksichtigt wurden.

Kinderbetreuung und Erwerbstätigkeit steht häufig in Konkurrenz zueinander, insbesondere wenn es um Vollzeiterwerbstätigkeit geht (siehe auch Abschn. 3.1.4). Unter allen Personen, die nicht haupterwerbstätig und auch nicht im Erziehungsurlaub sind und die täglich Kinder betreuen, sagen 39 % – hochgerechnet sind das 2,1 Millionen Menschen – daß sie sich durch diese Betreuung daran gehindert fühlen, eine bezahlte Beschäftigung aufzunehmen, was sie sonst gerne tun würden.

Und zu 98 % handelt es sich dabei um Frauen. Ganz besonders scheinen Kinderbetreuung und Erwerbstätigkeit in Konkurrenz zu stehen bei Frauen, die in Haushalten mit Kindern unter 6 Jahren leben. Hier fühlen sich über zwei Drittel (68 %) an der Aufnahme einer bezahlten Beschäftigung durch tägliche Kinderbetreuung gehindert. Ist das jüngste Kind im Haushalt zwischen 6 bis unter 16 Jahren alt, sind es noch 46 %.

Auch die subjektive Bewertung der Lebenssituation stellt sich anders dar bei Personen, die täglich Kinder betreuen als bei den übrigen. Hinsichtlich ihrer täglichen Arbeit, ihrer finanziellen Situation, ihrer Wohnsituation und ihrem Umfang an Freizeit äußern sich Personen, die täglich Kinder betreuen, tendenziell weniger zufrieden als Personen, die diese tägliche Pflicht nicht haben.

Tab. 5.9: Zufriedenheit mit der täglichen Arbeit

Gegenstand der Nachweisung	Grad der Zufriedenheit mit der täglichen Arbeit								
	unzufrieden			mittelmäßig zufrieden			zufrieden		
	insgesamt	Frauen	Männer	insgesamt	Frauen	Männer	insgesamt	Frauen	Männer
	%								
Insgesamt	**9**	**8**	**9**	**37**	**38**	**36**	**54**	**54**	**55**
Personen, die täglich Kinder betreuen	9	8	(11)	42	42	40	50	50	49
Personen, die nicht täglich Kinder betreuen	8	8	9	36	37	35	56	56	56
Täglicher Zeitaufwand für die Kinderbetreuung von									
weniger als 2 Stunden	/	/	/	41	(38)	42	54	58	51
2 bis 4 Stunden	(9)	/	/	40	39	41	52	55	48
4 und mehr Stunden	10	9	/	43	44	(36)	47	47	(44)

Quelle: Deutsche Stichprobe des Europäischen Haushaltspanels - Welle 1 (1994)

Und der Anteil derer, die mit den genannten Bereichen zufrieden sind, sinkt, je zeitintensiver die Kinderbetreuung ist. Eine Ausnahme bilden hier allerdings die Männer in der Bewertung ihres Freizeitumfanges. Hier steigt der Anteil derjenigen die sich zufrieden äußern mit dem täglichen Zeitumfang der Kinderbetreuung, und das, obwohl – nach den Ergebnissen der Zeitbudgeterhebung (vgl. Abschn. 5.4.2) – die Kinderbetreuung bei Männern vor allem zu Lasten der übrigen Freizeitaktivitäten geht. Bei den Frauen sinkt der Anteil derjenigen, die hinsichtlich ihres Freizeitumfanges zufriedenen sind, je mehr Zeit die tägliche Kinderbetreuung beansprucht.

Insgesamt bleibt aber festzuhalten, daß die Frauen fast durchweg zufriedener zu sein scheinen als die Männer, und dies trifft auf alle der oben genannten Bereiche zu.

Tab. 5.10: Zufriedenheit mit der finanziellen Situation

Gegenstand der Nachweisung	Grad der Zufriedenheit mit der finanziellen Situation								
	unzufrieden			mittelmäßig zufrieden			zufrieden		
	insgesamt	Frauen	Männer	insgesamt	Frauen	Männer	insgesamt	Frauen	Männer
	%								
Insgesamt	**17**	**18**	**17**	**45**	**45**	**46**	**38**	**38**	**37**
Personen, die täglich Kinder betreuen	21	21	20	47	46	51	32	33	29
Personen, die nicht täglich Kinder betreuen	16	16	16	45	44	45	39	40	39
Täglicher Zeitaufwand für die Kinderbetreuung von									
weniger als 2 Stunden	(13)	/	/	46	(36)	53	41	(53)	33
2 bis 4 Stunden	18	(15)	(21)	51	50	52	31	35	(27)
4 und mehr Stunden	25	25	/	46	46	(48)	29	29	/

Quelle: Deutsche Stichprobe des Europäischen Haushaltspanels – Welle 1 (1994)

Tab. 5.11: Zufriedenheit mit der Wohnsituation

Gegenstand der Nachweisung	Grad der Zufriedenheit mit der Wohnsituation								
	unzufrieden			mittelmäßig zufrieden			zufrieden		
	insgesamt	Frauen	Männer	insgesamt	Frauen	Männer	insgesamt	Frauen	Männer
	%								
Insgesamt	**6**	**6**	**7**	**25**	**24**	**27**	**68**	**70**	**67**
Personen, die täglich Kinder betreuen	9	8	(10)	27	26	30	64	65	60
Personen, die nicht täglich Kinder betreuen	5	5	6	25	23	26	70	70	68
Täglicher Zeitaufwand für die Kinderbetreuung von									
weniger als 2 Stunden	/	/	/	25	/	(28)	70	77	65
2 bis 4 Stunden	(8)	/	/	29	26	32	64	69	57
4 und mehr Stunden	11	11	/	28	27	/	61	62	(54)

Quelle: Deutsche Stichprobe des Europäischen Haushaltspanels – Welle 1 (1994)

Tab. 5.12: Zufriedenheit mit dem Umfang an Freizeit

Gegenstand der Nachweisung	Grad der Zufriedenheit mit der täglichen Arbeit								
	unzufrieden			mittelmäßig zufrieden			zufrieden		
	insgesamt	Frauen	Männer	insgesamt	Frauen	Männer	insgesamt	Frauen	Männer
	%								
Insgesamt	12	11	13	31	30	33	57	60	54
Personen, die täglich Kinder betreuen	16	16	17	39	38	42	44	46	41
Personen, die nicht täglich Kinder betreuen	11	8	13	29	26	31	61	66	56
Täglicher Zeitaufwand für die Kinderbetreuung von									
weniger als 2 Stunden	18	/	(21)	39	(30)	44	43	56	35
2 bis 4 Stunden	16	(17)	(15)	39	35	44	45	48	41
4 und mehr Stunden	16	16	/	40	40	(35)	44	44	(51)

Quelle: Deutsche Stichprobe des Europäischen Haushaltspanels – Welle 1 (1994)

5.6 Tageseinrichtungen für Kinder

Die Tageseinrichtungen für Kinder, insbesondere die Kindergärten, haben sich im Laufe der Jahrzehnte von Hilfeeinrichtungen in Problemfällen zu unverzichtbaren sozialen Dienstleistungen entwickelt. Vor allem durch die veränderten Lebens- und Berufsorientierungen von Frauen, die einhergingen mit der zunehmenden Berufstätigkeit von Müttern, wurde ein wachsender Bedarf von außerfamilialen Betreuungsformen hervorgerufen. Damit wird die Betreuung der Kinder in einem Kindergarten immer mehr zu einer Selbstverständlichkeit, die durch den 1996 festgeschriebenen Rechtsanspruch auf einen Kindergartenplatz ihre Bestätigung findet.

Die Bereitstellung von Plätzen in Tageseinrichtungen für Kinder zählt zu den wesentlichen Aufgaben der Jugendhilfe. In der Jugendhilfestatistik werden in vierjährigen Abständen sowohl die Zahl der Einrichtungen als auch die verfügbaren Plätze ausgewiesen. So hat sich die Zahl der Tageseinrichtungen für Kinder einschließlich kindergartenähnlicher Einrichtungen sowie Tageseinrichtungen für behinderte Kinder und Jugendliche von 1990 zu 1994 im früheren Bundesgebiet um 2 % auf 34 171 erhöht, in den neuen Ländern und Berlin-Ost jedoch, bedingt durch den drastischen Geburtenrückgang, die verringerte Berufstätigkeit von Frauen sowie die Finanznot der Kommunen, von 1991 bis 1994 um 35 % auf 12 452 reduziert.

Abb. 5.5: Tageseinrichtungen für Kinder nach der Einrichtungsart am 31.12.1994[1)]

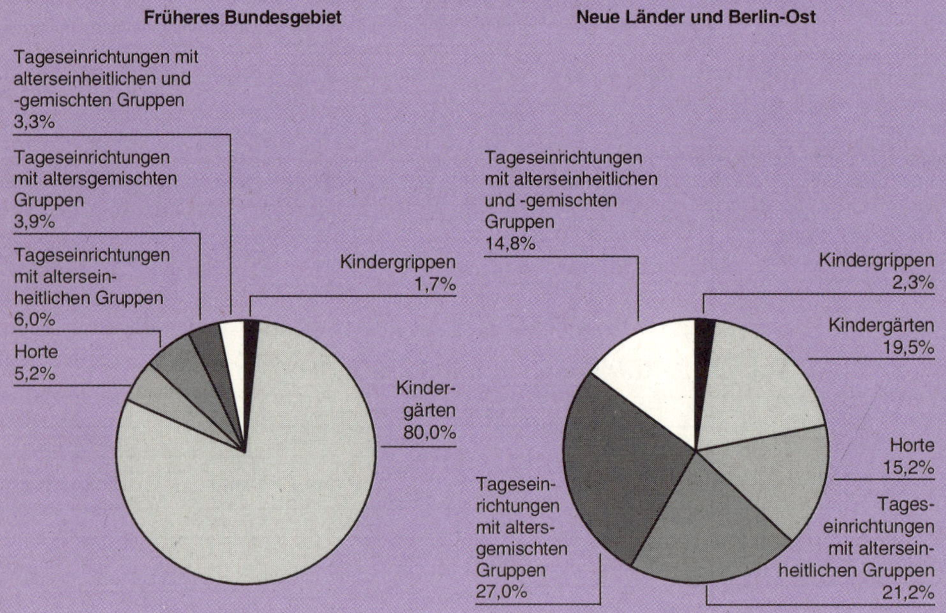

1) Ergebnis der Jugendhilfestatistik.

Statistisches Bundesamt 98 - 2 - 0231

Die veränderten gesellschaftlichen Strukturbedingungen haben über die zum Teil zahlenmäßige Ausdehnung der Betreuungsangebote hinaus auch eine Vielzahl von unterschiedlichen Betreuungsformen entstehen lassen. Neben den auf der herkömmlichen Altersgliederung beruhenden Einrichtungen Krippe, Kindergarten und Hort gibt es vielfältige Angebote, die für Kinder aller Altersgruppen offen sind. Dabei sollen die altersstufenübergreifenden Angebote eine gemeinsame Erziehung von Kindern unterschiedlicher Altersgruppen ermöglichen.

Die Jugendhilfestatistik liefert erstmalig für den 31.12.1994 Ergebnisse in dieser differenzierten Darstellung.

Hierbei werden die unterschiedlichen Anteile der Einrichtungsarten in den beiden Gebietsteilen deutlich: während im früheren Bundesgebiet die klassischen Einrichtungen dominieren, sind es in den neuen Ländern die Mehrzweckeinrichtungen. Diese Entwicklung im Osten ist sicher ebenfalls den Anpassungsprozessen der letzten Jahre geschuldet, besteht doch mit den kombinierten Einrichtungen die Möglichkeit, flexibel auf demografische Entwicklungen zu reagieren.

Aussagefähiger als die Zahl der Kindertageseinrichtungen sind die Anzahl und die Art der dort zur Verfügung stehenden Plätze. So hat sich von 1990/91 bis zum Jahresende 1994 im früheren Bundesgebiet die Gesamtzahl der verfügbaren Plätze in Tageseinrichtungen um 19 % auf 2,11 Mill. erhöht, während sich ihre Zahl in den neuen Ländern um 24 % auf 0,94 Mill. verringerte.

Ende 1994 standen im früheren Bundesgebiet 91 % des Platzangebotes für Kindergartenkinder zur Verfügung, in den neuen Ländern betrug dieser Anteil nur 59 %. Dagegen verfügten diese über wesentlich höhere Anteile an den Hort- und Kinderkrippenplätzen (30 % bzw. 11 %) als in den alten Ländern mit 7 % bzw. 2 %.

Tab. 5.13: Plätze in Ganztages- und Halbtageseinrichtungen am 31.12.1994 mit und ohne Mittagessen

Gebiet Tageseinrichtung	Mit Mittag		Ohne Mittag	
	Plätze	je 100 Kinder	Plätze	je 100 Kinder
	ganztägig			
Früheres Bundesgebiet				
Krippe (unter 3 Jahren)	37 517	*1,7*	4 266	*0,2*
Kindergarten (3 – 6½ Jahren)	324 969	*12,4*	1 126 757	*42,9*
Hort (6 – 12 Jahren)	124 805	*3,0*	8 178	*0,2*
Neue Länder und Berlin-Ost				
Krippe (unter 3 Jahren)	100 322	*40,0*	150	*0,1*
Kindergarten (3 – 6½ Jahren)	535 726	*93,3*	877	*0,2*
Hort (6 – 12 Jahren)	226 859	*18,0*	25 285	*2,0*
	vor-/nachmittags			
Früheres Bundesgebiet				
Krippe (unter 3 Jahren)	2 211	*0,1*	3 070	*0,1*
Kindergarten (3 – 6½ Jahren)	25 930	*1,0*	441 167	*16,8*
Hort (6 – 12 Jahren)	7 761	*0,2*	5 031	*0,1*
Neue Länder und Berlin-Ost				
Krippe (unter 3 Jahren)	2 570	*1,0*	647	*0,3*
Kindergarten (3 – 6½ Jahren)	11 558	*2,0*	4 704	*0,8*
Hort (6 – 12 Jahren)	25 700	*2,0*	6 661	*0,5*

Von besonderer Bedeutung ist auch die Qualität der vorhandenen Plätze, d. h. eine Aussage über den zeitlichen Umfang der Betreuung. Die Statistik ermöglicht erstmalig für 1994 eine Unterscheidung nach der Struktur der zur Verfügung stehenden Plätze. So stellt ein Kindergartenplatz in den neuen Ländern in der Regel (zu 97 %)

ein Ganztagsangebot dar, welches das Mittagessen einschließt. Demgegenüber sind im früheren Bundesgebiet nur 17 % der vorhandenen Kindergartenplätze Ganztagsplätze mit Mittagessen, 59 % der Plätze sind als Ganztagsplätze für Kinder ausgewiesen, die zwischenzeitlich – zum Mittagessen – nach Hause gehen.

Besonders deutlich werden die unterschiedlichen Versorgungsstrukturen in beiden Gebietsteilen beim Halbtagsplatz ohne Mittagessen in einem Kindergarten. Im Westen beträgt deren Anteil an den vorhandenen Kindergartenplätzen 23 %, demgegenüber sind sie im Osten mit einem Anteil von 1 % eher zu vernachlässigen.

Bei den zur Verfügung stehenden Krippen- und Hortplätzen ist nicht so eine starke Strukturierung festzustellen. Im früheren Bundesgebiet sind 80 %, in den neuen Ländern 97 % der Krippenplätze Ganztagsangebote mit Mittagessen. Auch bei den Horten werden die meisten Plätze (im Westen 86 %, im Osten 80 %) in dieser Form angeboten.

Um die Betreuungsmöglichkeiten besser messen zu können, ist es zweckmäßig, die Zahl der verfügbaren Plätze in Beziehung zur Zahl der Kinder in den entsprechenden Altersgruppen zu setzen. Hier läßt sich für das frühere Bundesgebiet im Zeitverlauf eine ständige Steigerung des Angebots an Kindergartenplätzen nachweisen. Während 1986 nur 67,7 Plätze je 100 Kinder im Alter von 3 bis 6,5 Jahren verfügbar waren, stieg diese Zahl für 1990 auf 69,0 bzw. 1994 auf 73,0 Plätze je 100 Kinder der entsprechenden Altersgruppe an. Wesentlich höher war die Versorgung über den betrachteten Zeitraum im Osten: während 1986 93,4 Plätze zur Verfügung standen, waren es 1991 97,7 sowie 1994 96,2 Plätze je 100 Kinder der entsprechenden Altersgruppe.

Tab. 5.14: Plätze in Tageseinrichtungen am 31.12.1994

Gebiet Tageseinrichtung	Insgesamt	
	Plätze	je 100 Kinder
Früheres Bundesgebiet		
Krippe (unter 3 Jahren)	47 064	*2,2*
Kindergarten (3 – 6½ Jahren)	1 918 823	*73,0*
Hort (6 – 12 Jahren)	145 775	*3,5*
Neue Länder und Berlin-Ost		
Krippe (unter 3 Jahren)	103 689	*41,3*
Kindergarten (3 – 6½ Jahren)	552 865	*96,2*
Hort (6 – 12 Jahren)	284 505	*22,6*

Ende 1994 betrug die Zahl der verfügbaren Plätze für Krippenkinder im Westen 2,2 Plätze je 100 Kinder im Alter bis unter 3 Jahren, im Osten standen 41,3 Plätze je 100 Kinder dieser Altersgruppe bereit. Für Hortkinder von 6 bis 12 Jahren liegt das rechnerische „Versorgungsangebot" im Westen bei 3,5 Plätzen je 100 Kinder gegenüber 22,6 Plätzen in den neuen Ländern.

Über die zur Verfügung stehenden Ganz- und Halbtagsangebote mit und ohne Mittagessen in Beziehung auf die Zahl aller Kinder in der entsprechenden Altersgruppe gibt die Tab. 5.13 Auskunft.

Die Jugendhilfe-Statistik ist nicht in der Lage, Aussagen zur Auslastung der zur Verfügung gestellten Plätze in Kindertageseinrichtungen zu machen, da diese Fragestellung nicht Bestandteil der Erhebung ist. An dieser Stelle bietet es sich an, zum Vergleich Ergebnisse aus dem jährlich im April durchgeführten Mikrozensus heranzuziehen. Die folgende Tabelle enthält die Kinder, die tatsächlich eine Kinderkrippe oder einen Kindergarten besuchten sowie deren Anteil an der entsprechenden Bevölkerungsgruppe.

Tab. 5.15: Kinder in Kinderkrippen und Kindergärten*)

Kinder in Kinderkrippen oder Kindergärten im Alter von ... bis unter ... Jahren	1991	1992	1993	1994	1995	1996
Früheres Bundesgebiet						
1 000						
unter 3	78	73	69	75	78	89
3 – 8	1 633	1 629	1 723	1 777	1 706	1 891
unter 8	1 711	1 702	1 792	1 852	1 784	1 980
Prozent [1])						
unter 3	*3,7*	*3,4*	*3,2*	*3,6*	*3,8*	*4,5*
3 – 8	*67,9*	*66,6*	*66,4*	*67,3*	*65,8*	*69,0*
unter 8	*38,0*	*37,1*	*38,0*	*39,4*	*38,4*	*41,9*
Neue Länder und Berlin-Ost						
1 000						
unter 3	303	243	175	106	99	77
3 – 8	737	695	673	625	507	424
unter 8	1 040	938	848	731	606	501
Prozent [1])						
unter 3	*57,1*	*56,3*	*52,2*	*41,9*	*40,1*	*33,2*
3 – 8	*91,1*	*91,6*	*91,2*	*91,1*	*88,9*	*87,2*
unter 8	*77,6*	*78,8*	*79,0*	*77,8*	*74,1*	*69,7*

*) Ergebnis des Mikrozensus jährlich im April.- Bevölkerung am Familienwohnsitz. – 1) Bezogen auf jeweils 100 Kinder der gleichen Altersgruppe (ohne Kinder die bereits die Schule besuchen).

6 Soziale Sicherung

6 Soziale Sicherung

Unter sozialer Sicherung versteht man allgemein den gesamten Komplex der staatlichen und sonstigen öffentlichen Leistungen und Maßnahmen, welche Schutz gegen die Folgen der sogenannten Standardrisiken bieten, wie z. B. im Falle von Krankheit, Pflegebedürftigkeit, Invalidität, Arbeitslosigkeit, im Alter oder bei Familienlasten. Das gegenwärtige System der sozialen Sicherung in der Bundesrepublik Deutschland ist das Ergebnis eines langen Entwicklungsprozesses, der im Kaiserreich des Jahres 1881 begann, als die Gesetzgebung zur Krankenversicherung der Arbeiter, zur Unfallversicherung sowie zur Invaliditäts- und Alterssicherung eingeleitet wurde. Für die weitere Entwicklung waren insbesondere die letzten Jahrzehnte ausschlaggebend, in denen das Netz der sozialen Sicherung dynamisch ausgebaut wurde. Heute fließt ein Großteil der Ausgaben der öffentlichen Haushalte (einschließlich der Sozialversicherung) in die soziale Sicherheit. So belief sich die Gesamtsumme aller Sozialleistungen nach dem Sozialbudget im Jahr 1995 auf insgesamt 1 179 Mrd. DM, das sind 14 414 DM je Einwohner. Die aktuell geführten Spardiskussionen zeigen jedoch, daß aufgrund steigender finanzieller Belastungen und Finanzierungsengpässen in diesem Bereich zukünftig auch Einschränkungen in Kauf genommen werden müssen.

Im folgenden Kapitel wird für ausgewählte Bereiche der sozialen Sicherung die Inanspruchnahme der Leistungen durch Frauen dargestellt. In einzelnen Bereichen sind dabei deutlich erkennbare geschlechtsspezifische Unterschiede sowie Entwicklungen festzustellen. Um einen Überblick über die Palette der Sozialleistungen zu erhalten, folgt zunächst ein kurzer Überblick über das System der sozialen Sicherheit.

Im gegliederten sozialen Sicherungssystem der Bundesrepublik unterscheidet man heute das Versicherungs-, das Versorgungs- und das Fürsorgeprinzip. Das *Versicherungsprinzip* basiert auf dem Gedanken gegenseitiger Hilfe durch Beitragszahlungen und kollektiven Risikoausgleich. Die Sozialversicherung als besonders wichtiger Teil des Systems sozialer Sicherheit verfährt nach diesem Prinzip. Zur Sozialversicherung zählen die Krankenversicherung, Unfallversicherung, Rentenversicherung, Arbeitslosenversicherung und die Pflegeversicherung. In der Sozialversicherung besteht weitgehend Versicherungspflicht der Arbeitnehmer/-innen. Die Sozialversicherung ist dadurch gekennzeichnet, daß den Leistungen eigene Beiträge der Versicherten gegenüberstehen. Darin unterscheidet sich die Sozialversicherung von der Versorgung und Fürsorge. In der *Versorgung* (z. B. Beamtenversorgung, Kriegsopferversorgung) werden ohne selbstentrichtete Beiträge Leistungen aus Rechtsansprüchen gegen den Staat realisiert. Das aus der Armen- und Wohlfahrtspflege entstandene *Fürsorgeprinzip* findet in der Sozialhilfe ihren Niederschlag. Die Sozialhilfe hat die Funktion, in Not geratenen Bürgerinnen und Bürgern ohne anderweitige Unterstützung eine der Menschenwürde entsprechende Lebensführung zu ermöglichen. Sie wird, sofern die Anspruchsvoraussetzungen erfüllt sind, nachrangig zur Deckung eines individuellen Bedarfs mit dem Ziel der Hilfe zur Selbsthilfe gewährt. Nachrangig bedeutet dabei, daß die Sozialhilfe als „Netz unter dem sozialen Netz" nur dann eingreift, wenn die betroffenen Personen nicht in der Lage sind, sich aus eigener Kraft zu helfen oder wenn die erforderliche Hilfe nicht von anderen, insbesondere Angehörigen oder von Trägern anderer Sozialleistungen erbracht wird. Ebenfalls nach dem Fürsorgeprinzip verfährt das Asylbewerberleistungsgesetz, daß die Leistungen an Asylbewerber und -bewerberinnen regelt.

6.1 Arbeitsförderung und Arbeitslosenversicherung

Neben den Leistungen aus der Arbeitslosenversicherung bei Arbeitslosigkeit (Zahlung von Arbeitslosengeld und -hilfe) und bei Zahlungsunfähigkeit des Arbeitgebers (Konkursausfallgeld) gehören zur Arbeitsförderung Maßnahmen zur Erhaltung und Schaffung von Arbeitsplätzen (Kurzarbeitergeld, Schlechtwettergeld), die Arbeitsvermittlung sowie die Förderung der beruflichen Bildung und die Gewährung von berufsfördernden Leistungen zur Rehabilitation.

Somit wurden über den Versicherungsschutz bei Arbeitslosigkeit hinaus (eingeführt im Jahr 1927) neue Akzente der Arbeitsmarktpolitik dadurch gesetzt, daß die Unterhaltszahlungen an Arbeitslose in immer stärkerem Umfang durch gezielte Förderungsmaßnahmen zur beruflichen Qualifizierung von Personen ohne Beschäftigung ergänzt werden.

6.2 Leistungen der Arbeitsförderung

Lohnersatzleistungen der Bundesanstalt für Arbeit ergänzen die Instrumente der aktiven Arbeitsmarktpolitik (siehe Abschn. 3.2). Arbeitslosengeld und -hilfe lindern die finanziellen Folgen der Arbeitslosigkeit, während etwa das Altersübergangsgeld und die Leistungen gemäß § 105c des Arbeitsförderungsgesetzes (AFG) älteren Menschen den Übergang in den vorgezogenen Ruhestand erleichtern sollen. Ob und wie lange während der Arbeitslosigkeit Lohnersatzleistungen bezogen werden können, hängt von verschiedenen leistungsrechtlichen Voraussetzungen ab. Beim Arbeitslosengeld richtet sich der Anspruch nach der Dauer der Arbeitslosigkeit und der vorherigen Beschäftigungsdauer, während für den Bezug von Arbeitslosenhilfe vor allem die Bedürftigkeit eine Grundvoraussetzung ist.

Im Durchschnitt des Jahres 1996 bezogen in Deutschland insgesamt knapp 2 Mill. Personen Arbeitslosengeld. Davon waren 43,5 % (rund 865 000 Personen) Frauen. 1992 hatten die Frauen mit einem Anteil von 55,7 % noch mehr als die Hälfte aller Empfänger und Empfängerinnen von Arbeitslosengeld gestellt.

Tab. 6.1: Leistungen der Arbeitsförderung

Merkmal	1992	1996
	Empfänger/-innen von Arbeitslosengeld	
Insgesamt	**1 682 082**	**1 988 516**
Frauen	937 212	865 324
Frauenanteil in %	*55,7*	*43,5*
	Empfänger/-innen von Arbeitslosenhilfe	
Insgesamt	**528 786**	**1 104 438**
Frauen	190 208	470 415
Frauenanteil in %	*36,0*	*42,6*

Quelle: Bundesanstalt für Arbeit

Maßgeblich für den Rückgang des Frauenanteils ist die Entwicklung in den neuen Ländern und Berlin-Ost, in denen aufgrund der anhaltend schwierigen Arbeitsmarktlage offensichtlich viele längerfristig arbeitslose Frauen zwischenzeitlich nicht mehr die Anspruchvoraussetzungen für den Bezug von Arbeitslosengeld erfüllen. Dennoch stellten in den neuen Ländern und Berlin-Ost die Frauen, die von den Folgen des strukturellen Umbruchs von Beginn an im besonderen Maße betroffen waren, auch 1996 immer noch mehr als die Hälfte (52,1 %) aller Bezieher/-innen von Arbeitslosengeld.

Abb. 6.1: Anteil der Frauen an allen Personen, die Leistungen der Arbeitsförderung erhalten

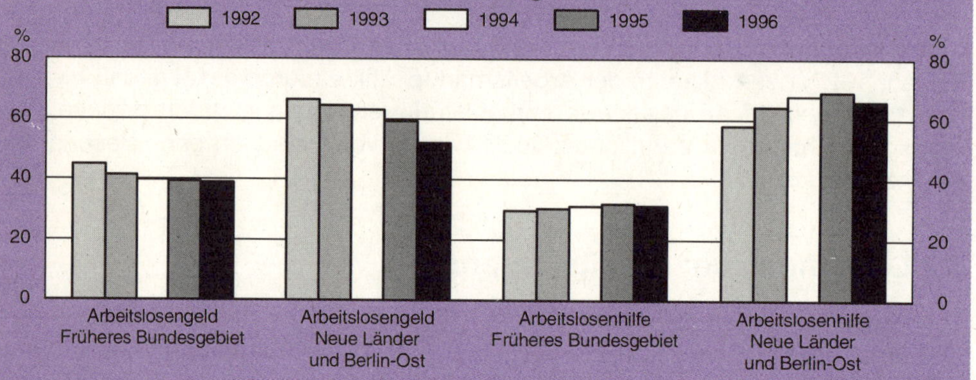

Quelle: Bundesanstalt für Arbeit

Statistisches Bundesamt 98 - 2 - 0232

Im früheren Bundesgebiet lag der Frauenanteil an allen Arbeitslosengeldempfängerinnen und -empfängern mit zuletzt 39 % – trotz steigender Absolutzahlen – deutlich unter dem Wert in den neuen Ländern und Berlin-Ost.

Die Arbeitslosenhilfe greift im Anschluß an eine ausgelaufene Arbeitslosengeldzahlung oder dann, wenn die Anwartschaftszeiten für den Bezug von Arbeitslosengeld nicht erfüllt sind.

Der zunehmend größer werdende Kreis von Personen, die Arbeitslosenhilfe beziehen, ist ein sicherer Indiz für die anhaltenden Arbeitsmarktprobleme. Im Durchschnitt des Jahres 1996 gab es mit 1,104 Mill. Personen mehr als doppelt so viele Empfängerinnen und Empfängern von Arbeitslosenhilfe wie 1992. Auch der Frauenanteil lag 1996 mit 42,6 % erheblich über dem von 1992 (36 %). Die Zunahme von Personen, die diese Leistungsart beanspruchen, betrifft das frühere Bundesgebiet und die neuen Länder gleichermaßen. Im früheren Bundesgebiet waren von den im Jahresdurchschnitt 1996 insgesamt 750 000 Personen mit Anspruch auf Arbeitslosenhilfe 31,5 % weiblichen Geschlechts, in den neuen Ländern und Berlin-Ost stellten die Frauen sogar 66 % der insgesamt 354 000 Arbeitslosenhilfe empfangenden Personen. Die Zahl der Frauen, die Arbeitslosenhilfe bezogen haben, ist in den Jahren 1992 bis 1996 angestiegen (siehe Tab. 6.1), weil immer mehr Frauen – insbesondere in den neuen Ländern und Berlin-Ost – auf Dauer arbeitslos werden. Die Zunahme betrug in Deutschland insgesamt 147 %; dagegen bei den Männern nur 87 %.

Die Altersübergangsregelung ist fast ausschließlich Sache der neuen Länder. Denn diese Regelung konnten bis Ende 1992 nur jene wenigstens 55jährigen nutzen, die im Osten Deutschland beschäftigt waren. Aus demographischen Gründen ist die Zahl der Empfängerinnen und Empfänger von Altersübergangsgeld stark rückläufig. Im Jahresdurchschnitt 1996 gab es in den neuen Ländern und Berlin-Ost noch 186 000 Personen, die von dieser Regelung Gebrauch machten. Wie schon in den Jahren davor, stellten die Frauen auch im Durchschnitt des Jahres 1996 weniger als die Hälfte aller Personen, die Altersübergangsgeld bezogen.

Tab. 6.2: Altersübergangsgeld und Leistungen nach § 105c AFG

Jahresdurchschnitt	Empfänger/-innen von			
	Altersübergangsgeld [1]		Leistungen nach § 105c AFG [2]	
	insgesamt	dar. Frauen	insgesamt	dar. Frauen
	1000	% [3]	1000	% [3]
	Früheres Bundesgebiet			
1992	1	*34,8*	82	*24,8*
1993	2	*37,7*	127	*22,4*
1994	3	*41,2*	139	*23,6*
1995	2	*49,7*	146	*23,2*
1996	2	*55,5*	139	*24,3*
	Neue Länder und Berlin-Ost			
1992	516	*29,7*	1	*51,1*
1993	639	*32,3*	1	*47,2*
1994	524	*36,5*	2	*42,5*
1995	341	*43,9*	7	*52,5*
1996	186	*48,6*	30	*49,7*

1) Altersübergangsgeld wurde im Zeitraum vom 3. Oktober 1990 bis 31. Dezember 1992 älteren Beschäftigten mit Beschäftigungsort in den neuen Ländern und Berlin-Ost gewährt, die vor dem Erreichen des gesetzlichen Rentenalters aus dem Erwerbsleben ausschieden. Ab dem 1. Juli 1991 war die Altersgrenze für Männer jener der Frauen angepaßt und vom 57. auf das 55. Lebensjahr gesenkt worden. – 2) Gemäß § 105c Arbeitsförderungsgesetz (AFG) können 58jährige und ältere Arbeitslose auch dann Leistungen der Arbeitsförderung beziehen, wenn sie für die Arbeitsvermittlung nicht mehr voll verfügbar sind. – 3) Anteil an insgesamt.

Das allmählich auslaufende Altersübergangsgeld wird zunehmend durch die Regelung des § 105c Arbeitsförderungsgesetz (AFG), die gleichsam die Funktion eines Vorruhestandes erfüllt, ersetzt. Nach dieser Regelung können 58jährige und ältere Arbeitslose auch dann Leistungen der Bundesanstalt für Arbeit beziehen, wenn sie der Arbeitsvermittlung nicht mehr voll zur Verfügung stehen. Im Jahresdurchschnitt 1996 machten hiervon in Deutschland rund 169 000 Personen Gebrauch. Von den Frauen nahmen rund 48 000 diese Regelung in Anspruch, was einem Anteil von 28,8 % entspricht. In den neuen Ländern und Berlin-Ost war der Frauenanteil auch bei dieser Leistungsart mit 49,7 % wiederum erheblich größer als im früheren Bundesgebiet (24,3 %).

Anspruch auf Unterhaltsgeld haben Frauen und Männer, die an Maßnahmen zur beruflichen Fortbildung mit ganztägigem Unterricht teilnehmen. Berufliche Qualifizierungsmaßnahmen erleichtern auch vielen Frauen, die nach einer familienbedingten Unterbrechungspause wieder arbeiten wollen, die Berufsrückkehr. Bei den Bezieherinnen und Beziehern von Unterhaltsgeld war der Anteil der Frauen ab 1992 stets mehr als die Hälfte.

Tab 6.3: Leistungen der Arbeitsförderung

Merkmal	1992	1996
	Empfänger/-innen von Unterhaltsgeld[1)]	
Insgesamt	**497 941**	**408 522**
Frauen	284 957	230 571
Frauenanteil in %	*57,2*	*56,4*
	Empfänger/-innen von Kurzarbeitergeld	
Insgesamt	**653 016**	**277 294**
Frauen	225 794	51 575
Frauenanteil in %	*34,6*	*18,6*

1) Für die Teilnahme an Maßnahmen zur Förderung der beruflichen Bildung.

Quelle: Bundesanstalt für Arbeit.

Von den rund 277 000 Empfängerinnen und Empfängern von Kurzarbeitergeld, das bei vorübergehenden Arbeitsausfällen gezahlt wird, waren im Jahr 1996 knapp ein Fünftel (18,6 %) Frauen (siehe Tab. 6.3). Der geringe Frauenanteil resultiert daraus, daß hauptsächlich Betriebe mit hohem Männeranteil, wie z. B. Bauhauptgewerbe, Stahl-, Metall- und Maschinenbau, aufgrund wirtschaftlicher oder struktureller Ursachen Kurzarbeitergeld beantragten.

In West- und Ostdeutschland verlief die Entwicklung bei der Anzahl der Bezieherinnen und Bezieher von Leistungen der Arbeitsförderung ähnlich, jedoch liegen die Anteile der Frauen bei sämtlichen Fördermaßnahmen in den neuen Ländern und Berlin-Ost infolge der dort wesentlich höheren Erwerbsbeteiligung der Frauen z. T. erheblich über den entsprechenden Werten für das frühere Bundesgebiet.

6.3 Krankenversicherung der Frauen

Primäre Aufgabe der Krankenversicherung ist die Versicherung des Personenkreises, der der Versicherungspflicht unterliegt. Je nach Alter oder sozialen Rahmenbedingungen haben die versicherten Personen unterschiedliche Arten des Versicherungsschutzes. So sind Kinder normalerweise über ihre Familienangehörigen versichert. Frauen, die älter als 65 Jahre sind, sind üblicherweise als Rentnerinnen versichert, während sie im erwerbsfähigen Alter meistens pflichtversichtert sind.

Der Anteil der Frauen im erwerbsfähigen Alter von 20 bis unter 65 Jahre ohne eine eigene Krankenversicherung liegt zwischen 24 % bei den 25- bis unter 35jährigen und 35 % bei den 55- bis unter 60jährigen, im Durchschnitt bei 27 %. Der Großteil dieser Frauen war nicht erwerbstätig. Etwa 1 Million erwerbstätige Frauen insgesamt waren ebenfalls als Familienangehörige versichert, davon waren ca. 300 000 Mithelfende Familienangehörige.

Der Anteil der freiwillig versicherten Frauen war am höchsten in den Altergruppen der 30- bis unter 45jährigen. Von fünf freiwillig versicherten Frauen waren drei erwerbstätig und zwei nichterwerbstätig. Der größere Teil der freiwillig versicherten Frauen befand sich in einer Privaten Krankenversicherung, am zweitstärksten profitierten die Ersatzkassen. Nicht unbedingt typisch, aber hierzu zählend, die Beamtinnen. Als Beihilfeberechtigte sind sie – von Ausnahmen wie Nichtversicherung oder unter Verzicht der Beihilfe anderweitig versichert – freiwillig versichert bzw.

versichert bei der Freien Heilfürsorge der Polizei und der Bundeswehr (Rubrik „Sonstige Versicherung").

Abb. 6.2: Krankenversicherung der Frauen im April 1995 nach Art des Versicherungsschutzes[1)]

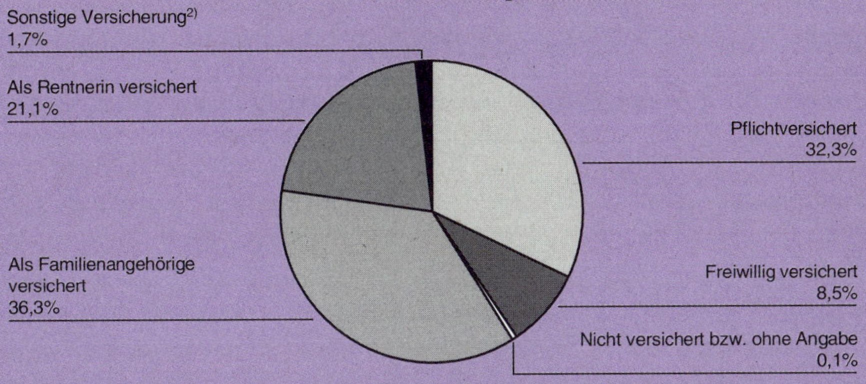

1) Ergebnis des Mikrozensus.- 2) Freie Heilfürsorge der Polizei und der Bundeswehr; ansprechsberechtigt als Sozialhilfeempfängerin, Kriegsschadenrentnerin oder Empfängerin von Unterhaltshilfe aus dem Lastenausgleich. Statistisches Bundesamt 98 - 2 - 0233

Abb. 6.3: Krankenversicherung der Frauen im April 1995 nach Alter und Art des Vesicherungsschutzes[1)]

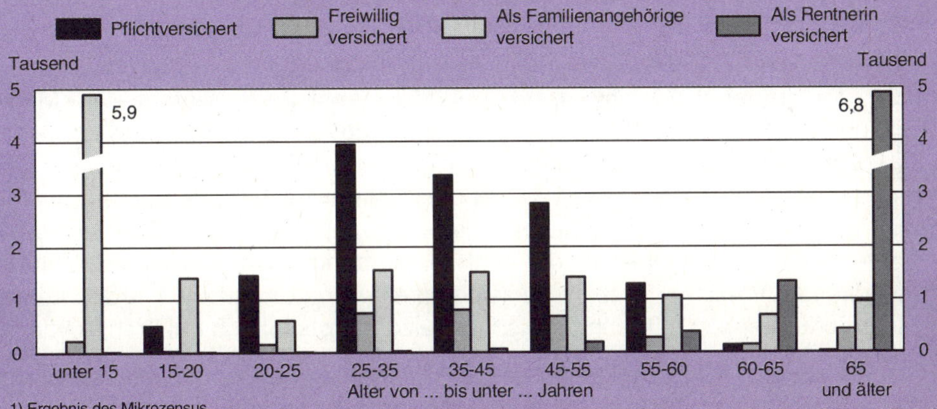

1) Ergebnis des Mikrozensus. Statistisches Bundesamt 98 - 2 - 0234

Die Orts- und die Ersatzkrankenkassen sind die dominierenden Institutionen. Drei von vier Frauen waren in einer der beiden Kassen krankenversichert, erwerbstätige Frauen häufiger – vor allem als Pflichtversicherte – in Ersatzkassen, nicht erwerbstätige Frauen – vor allem als Rentnerinnen und Familienangehörige versichert – stärker in Ortskrankenkassen.

Ca. zwei Drittel aller in Ortskrankenkassen krankenversicherten Frauen waren als Rentnerinnen oder als Familienangehörige versichert, für die Ersatzkassen errechnet sich dagegen ein Anteil von 47 % (siehe Anhangtab. A 6.1).

6.4 Gesetzliche Rentenversicherung

Die Alterssicherung der meisten Bewohnerinnen und Bewohner der Bundesrepublik Deutschland besteht aus Ansprüchen gegen die gesetzliche Rentenversicherung, die sie durch ihre Erwerbstätigkeit und durch freiwillige Leistungen für sich selbst und für ihre Hinterbliebenen erworben haben. Zum Personenkreis der Versicherten gehören Arbeiter und Angestellte unabhängig von der Höhe ihres Verdienstes sowie – überwiegend auf freiwilliger Basis – u. a. Selbständige und Hausfrauen, zum Personenkreis der Hinterbliebenen gehören Witwen, Witwer und Waisen.

Renten werden geleistet wegen Alters, wegen verminderter Erwerbsfähigkeit oder wegen Todes. Die Renten wegen Alters oder wegen verminderter Erwerbsfähigkeit erhält der Versicherte selbst, Renten wegen Todes dagegen werden an seine Hinterbliebenen gezahlt.

Es gibt sechs verschiedene Renten wegen Alters. Hierzu zählen die Regelaltersrente, Altersrente für langjährig Versicherte, Altersrente für Schwerbehinderte, Berufs- oder Erwerbsunfähige, die Altersrente wegen Arbeitslosigkeit, Altersrente für Frauen, Altersrente für langjährig unter Tage beschäftigte Bergleute. Unter den Begriff der Renten wegen verminderter Erwerbsfähigkeit fallen die Renten wegen Berufsunfähigkeit, die Rente wegen Erwerbsunfähigkeit und die Rente für Bergleute. Die Renten wegen Todes umfassen die Witwenrente und die Witwerrente, die Erziehungsrente, die Waisenrente sowie die Renten wegen Todes bei Verschollenheit.

Zum 31. Dezember 1996 sind rund 15,6 Mill. Versichertenrenten – an Männer 6,8 Mill. und 8,8 Mill. an Frauen – sowie 5,5 Mill. Witwen- und Witwerrenten gezahlt worden. Damit hat der Rentenbestand im gesamten Bundesgebiet einen neuen Höchststand erreicht. Gegenüber 1992 ist die Zahl der Versichertenrenten um 14 % und die Zahl der Witwen- und Witwerrenten um 6,1 % gestiegen. Die Gesamtzahl der Renten liegt jedoch höher als die Zahl der Rentenempfänger, da z. B. Witwen-/Witwerrente und Versichertenrente zugleich an eine Person gezahlt werden können. Der Mehrfachrentenbezug kommt typischerweise hauptsächlich bei Frauen vor.

An Frauen wurden 1996 im gesamten Bundesgebiet deutlich mehr Altersrenten (8,0 Mill.) gezahlt als an Männer (5,7 Mill.). Dies ist allerdings auch darauf zurückzuführen, daß Frauen, die aufgrund der seit 1984 veränderten Voraussetzungen keinen Anspruch auf eine Rente wegen verminderter Erwerbsfähigkeit haben, dann die Altersrente mit dem 65. Lebensjahr in Anspruch nehmen.

Nach dem Tod des Versicherten hat der überlebende Ehegatte Anspruch auf Witwen- oder Witwerrente, wenn er bis zum Tod des Versicherten mit diesem in rechtsgültiger Ehe verheiratet war. 1996 kamen nur 271 000 Männer in den Genuß einer Witwerrente. An Frauen wurden dagegen 5,2 Mill. Witwenrenten gezahlt.

Tab. 6.4: Rentenbestand 1996 in der gesetzlichen Rentenversicherung

Art der Rente	Früheres Bundesgebiet		Neue Länder und Berlin-Ost	
	insgesamt	dar. Frauen	insgesamt	dar. Frauen
	1 000	%	1 000	%
Arbeiterrentenversicherung				
Altersrente	6 289	*57,2*	1 454	*62,2*
Witwen/Witwerrente	2 760	*96,1*	535	*89,9*
Rente wegen verminderter Erwerbsfähigkeit	944	*29,8*	272	*47,9*
Angestelltenrentenversicherung				
Altersrente	4 112	*60,4*	1 320	*66,7*
Witwen/Witwerrente	1 367	*95,2*	466	*91,5*
Rente wegen verminderter Erwerbsfähigkeit	423	*59,6*	199	*65,4*
Knappschaftliche Rentenversicherung				
Altersrente	341	*10,8*	182	*44,5*
Witwen/Witwerrente	284	*99,6*	96	*97,2*
Rente wegen verminderter Erwerbsfähigkeit	54	*4,9*	27	*20,4*

Quelle: Verband Deutscher Rentenversicherungsträger

Wie hoch die Rente ist, das richtet sich in erster Linie nach den Geldleistungen (also den Beiträgen), die die Person im Laufe ihres Berufslebens in die Rentenkasse eingezahlt hat. Entscheidend sind dabei die Höhe und die Anzahl der geleisteten Beiträge. So kommt es, daß sich die individuellen Rentenbeiträge ganz beträchtlich unterscheiden können. Versicherte, die lange gearbeitet und gut verdient haben, können höhere Renten erwarten als andere, die bei geringem Verdienst weniger lange berufstätig waren. Das ist auch der Grund dafür, daß die Renten der Frauen zumeist erheblich geringer ausfallen als jene der Männer. Denn Frauen kommen – unter anderem wegen familiärer Pflichten – vielfach nicht auf die gleiche Anzahl von Berufsjahren wie Männer, und sie verdienen oft auch weniger bzw. gehen häufiger als Männer einer Teilzeitbeschäftigung nach. Allerdings sind viele Rentnerinnen nicht allein auf ihre eigene Rente angewiesen, weil sie zusätzlich noch eine Witwenrente beziehen: Gut ein Viertel aller Rentnerinnen in Deutschland sind Mehrfachrentnerinnen, beziehen also mindestens zwei Renten.

So lag Ende 1996 die durchschnittliche monatliche Altersrente in der Rentenversicherung der Arbeiter für Frauen im früheren Bundesgebiet bei 629 DM und in den neuen Ländern und Berlin-Ost bei 1 046 DM, für Männer bei 1 576 DM bzw. 1 702 DM. In der Angestelltenversicherung lagen die entsprechenden Durchschnittswerte für Frauen bei 1 022 DM bzw. 1 154 DM und für Männer bei 2 137 DM bzw. 2 015 DM.

Die Durchschnittsrentenbeträge sagen jedoch nichts über die tatsächliche Versorgungssituation der Rentenempfängerinnen und Rentenempfänger aus, weil Angaben zu gegebenenfalls vorhandenen weiteren Einkommen (beispielweise Betriebsrenten, Hinterbliebenenrenten) nicht möglich sind. Ferner wird der Rentenbestand auch durch Frauen in den alten Bundesländern, die in der Vergangenheit nur in geringem Umfang am Erwerbsleben teilgenommen haben und daher nur niedrige Rentenansprüche erworben haben, beeinflußt. Die Durchschnittsrenten für Frauen in den neuen Bundesländern sind wegen der regelmäßig längeren Erwerbstätigkeit deutlich höher als für Frauen in den alten Bundesländern. So haben Frauen in den alten Bundesländern durchschnittlich rund 25 Versicherungsjahre zurückgelegt, Frauen in den neuen Bundesländern hingegen durchschnittlich rund 33 Versicherungsjahre.

Abb. 6.4: Durchschnittliche monatliche Rentenzahlbeträge an Frauen in der gesetzlichen Rentenversicherung nach Rentenart[1)]

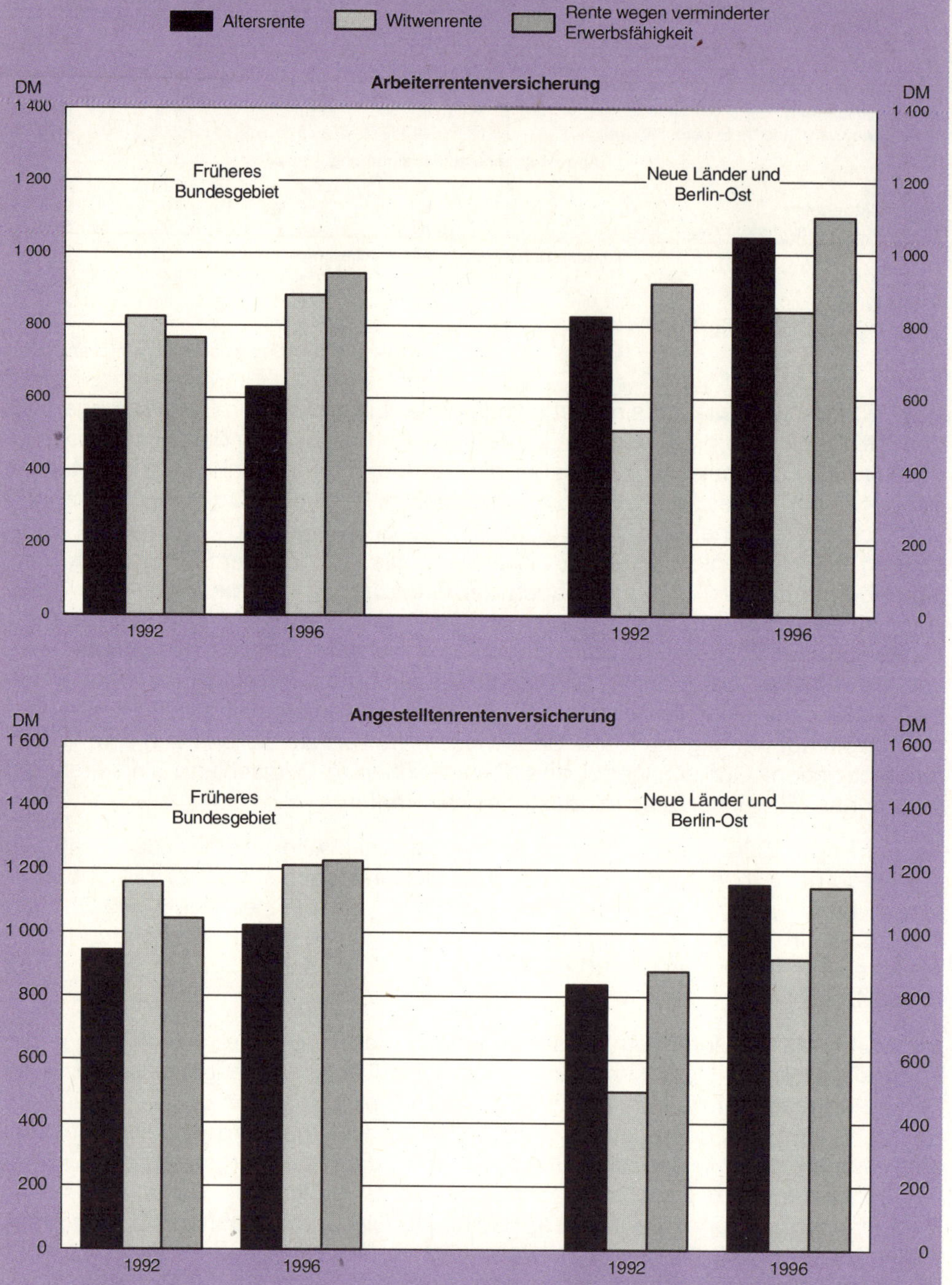

1) Stand 31.12. des jeweiligen Jahres.

Quelle: Verband Deutscher Rentenversicherungsträger

Statistisches Bundesamt 98 - 2 - 0235

6.5 Empfänger und Empfängerinnen von Sozialhilfe

In der Sozialhilfe unterscheidet man je nach Art der vorliegenden Notlage zwei Haupthilfearten. Personen, die ihren Bedarf an Nahrung, Kleidung, Unterkunft, Hausrat usw. nicht ausreichend decken können, haben Anspruch auf „Hilfe zum Lebensunterhalt". In außergewöhnlichen Notsituationen, zum Beispiel bei gesundheitlichen oder sozialen Beeinträchtigungen, wird „Hilfe in besonderen Lebenslagen" gewährt. Als spezielle Hilfen kommen dabei u. a. die Hilfe zur Pflege, die Eingliederungshilfe für Behinderte oder die Krankenhilfe in Frage.

Tab. 6.5: Empfänger/-innen von laufender Hilfe zum Lebensunterhalt außerhalb von Einrichtungen

Jahresende	Empfänger/-innen insgesamt	Männer	Frauen	Davon im Alter von ... bis unter ... Jahren: unter 18	18 – 25	25 – 50	50 – 65	65 und älter
	Anzahl			%				
				Deutschland				
1995 1)	2 515 693	1 087 992	1 427 701	*33,0*	*10,1*	*38,2*	*10,4*	*8,4*
				Früheres Bundesgebiet				
1980	851 152	316 225	534 927	*27,8*	*7,4*	*26,3*	*12,3*	*26,2*
1985	1 394 260	579 486	814 774	*28,6*	*12,5*	*33,1*	*11,3*	*14,6*
1990	1 772 481	787 900	984 581	*30,4*	*10,7*	*34,7*	*12,0*	*12,3*
1995 1)	2 240 945	963 267	1 277 678	*32,3*	*9,3*	*38,4*	*11,0*	*9,1*
				Neue Länder und Berlin-Ost				
1995	274 748	124 725	150 023	*38,7*	*16,8*	*36,8*	*5,3*	*2,3*
				Anteil an der Bevölkerung gleichen Alters und Geschlechts je 1 000 Einwohner 2)				
				Deutschland				
1995	*31*	*27*	*34*	*61*	*44*	*37*	*19*	*15*
				Früheres Bundesgebiet				
1980	*14*	*11*	*17*	*21*	*12*	*14*	*12*	*23*
1985	*23*	*20*	*26*	*40*	*28*	*25*	*16*	*20*
1990	*28*	*26*	*30*	*53*	*32*	*30*	*19*	*19*
1995	*34*	*30*	*38*	*67*	*44*	*40*	*22*	*18*
				Neue Länder und Berlin-Ost				
1995	*18*	*17*	*19*	*36*	*44*	*20*	*5*	*2*

1) Die Angaben weisen eine geringfügige Untererfassung (ca. 43 000 Empfänger/-innen) auf. – 2) Bevölkerungsstand: Jahresende.

Zum Jahresende 1995 erhielten insgesamt 2,52 Mill. Personen laufende Hilfe zum Lebensunterhalt außerhalb von Einrichtungen (sog. Sozialhilfe im engeren Sinne). Mit 56,8 % überwogen die weiblichen Bezieher, 43,2 % waren männlich. Das vergleichsweise hohe Sozialhilferisiko der Frauen wird auch durch die Sozialhilfequote (Zahl der Hilfebezieher je 1 000 Einwohner gleichen Alters und Geschlechts) deutlich. Während von 1 000 Frauen 34 Sozialhilfe im engeren Sinne bezogen, waren es bei den Männern nur 27 je 1 000 Einwohner. Das Sozialhilferisiko der Frauen ist in den vergangenen Jahren stetig gestiegen. Im früheren Bundesgebiet hat sich die Sozialhilfequote der Frauen seit 1980 (17 je 1 000 Einwohnerinnen) mehr als verdoppelt und belief sich Ende 1995 auf 38 Hilfeempfängerinnen je 1 000 weiblicher Einwohner. Dabei sind jedoch deutliche Unterschiede im Hinblick auf das Alter der

Frauen erkennbar. Während die Sozialhilfequoten der Frauen unter 65 Jahren in der Vergangenheit angestiegen sind, war bei den älteren Frauen ab 65 Jahren ein Rückgang der Quote festzustellen. Gegenwärtig ist das Sozialhilferisiko der Frauen um so höher je jünger sie sind. Darüber hinaus haben die Frauen in den alten Bundesländern (38 je 1 000 Einwohnerinnen) ein höheres Sozialhilferisiko als die Frauen in den neuen Bundesländern (19 je 1 000 Einwohnerinnen).

Tab. 6.6: Haushalte von Empfänger/-innen laufender Hilfe zum Lebensunterhalt in Deutschland außerhalb von Einrichtungen am 31.12.1995*)

Haushaltstyp	Insgesamt 1)	Bruttobedarf	Bruttokaltmiete	Angerechnetes Einkommen	Nettoanspruch
		monatlicher Durchschnitt in DM			
Haushalte insgesamt	**1 279 180**	**1 458**	**487**	**655**	**803**
darunter:					
Ehepaare ohne Kinder	85 133	1 620	546	771	849
Ehepaare mit Kindern 2)	161 086	2 430	733	1 270	1 160
mit einem Kind	57 050	1 973	647	948	1 025
mit 2 Kindern	57 855	2 369	723	1 228	1 141
mit 3 und mehr Kindern	46 181	3 073	851	1 721	1 352
Alleinerziehende Frauen mit Kindern 2)	289 177	1 928	630	927	1 001
mit einem Kind	163 692	1 637	576	698	939
mit 2 Kindern	89 211	2 135	671	1 093	1 042
mit 3 und mehr Kindern	36 274	2 734	772	1 552	1 182
Alleinstehende Frauen	287 574	1 092	442	464	627

*) Siehe auch Anhangtab. A 6.2. – 1) Die Angaben weisen eine geringfügige Untererfassung (ca. 23 000 Haushalte) auf. – 2) Kinder unter 18 Jahren.

Die Sozialhilfeempfänger/-innen im engeren Sinne lebten in 1,28 Mill. Haushalten, wobei die alleinerziehenden Frauen (289 000 Fälle) sowie die alleinstehenden Frauen (288 000 Fälle) zahlenmäßig die größte Gruppe bildeten. Die laufende Hilfe zum Lebensunterhalt wird im wesentlichen nach Regelsätzen und Mehrbedarfszuschlägen gewährt; darüber hinaus werden i.d.R. auch die Unterkunftskosten übernommen. Die Gesamtsumme der vorgenannten Bedarfspositionen für alle Haushaltsangehörigen ergibt den Bruttobedarf. Zieht man hiervon das angerechnete Einkommen ab, erhält man den tatsächlich ausbezahlten Nettoanspruch. Im Durchschnitt errechnete sich für eine alleinerziehende Mutter mit einem Kind ein monatlicher Bruttobedarf von 1 637 DM, wovon gut ein Drittel auf die Kaltmiete entfiel. Unter Berücksichtigung des angerechneten Einkommens wurden im Schnitt an diesen Haushaltstyp monatlich 939 DM ausgezahlt. Für die alleinlebenden Frauen ergab sich im Durchschnitt ein monatlicher Bruttobedarf von 1 092 DM und ein Auszahlungsbetrag von 627 DM pro Monat. Die bisherige Bezugsdauer der Sozialhilfe im engeren Sinne betrug im Durchschnitt etwas mehr als zwei Jahre (26,7 Monate). Alleinstehende Frauen haben eine deutlich überdurchschnittliche bisherige Bezugsdauer von Sozialhilfe (3 ½ Jahre); geringfügig unterdurchschnittliche Werte wurden hingegen für die alleinerziehenden Frauen (1 ¾ Jahre) ermittelt.

Tab. 6.7: Empfänger/- innen von Hilfe in besonderen Lebenslagen in Deutschland im Laufe des Berichtjahres 1995*)

Hilfeart	Insgesamt	Männer	Frauen	Davon im Alter von ... bis unter ... Jahren				
				unter 18	18 – 25	25 – 50	50 – 65	65 und älter
	Anzahl			%				
Hilfe in besonderen Lebenslagen insgesamt [1]	**1 484 935**	**647 655**	**837 280**	***14,0***	***5,8***	***26,5***	***9,6***	***44,0***
und zwar:								
Hilfe zur Pflege	573 636	171 441	402 195	*3,3*	*1,5*	*7,8*	*7,7*	*79,7*
Krankenhilfe [2]	459 935	214 727	245 208	*22,5*	*9,7*	*41,9*	*12,1*	*13,8*
Hilfe für werdende Mütter und Wöchnerinnen	1 964	–	1 964	*3,1*	*28,2*	*66,6*	*2,2*	–
Hilfe bei Schwangerschaft	12 839	–	12 839	*4,7*	*28,5*	*66,4*	*0,3*	–
Eingliederungshilfe für Behinderte	405 146	240 054	165 092	*26,8*	*8,5*	*44,3*	*11,2*	*9,2*
Vorbeugende Gesundheitshilfe	45 874	21 465	24 409	*25,3*	*7,4*	*41,7*	*14,8*	*10,9*
Hilfe zur Weiterführung des Haushalts	16 225	4 216	12 009	*0,5*	*0,8*	*10,7*	*14,4*	*73,7*

*) Ohne Angaben für Bremen. – 1) Ohne Mehrfachzählungen. – 2) Einschl. Hilfe bei Sterilisation sowie Hilfe zur Familienplanung.

Im Laufe des Jahres 1995 wurden 1,49 Mill. Personen Hilfen in besonderen Lebenslagen gewährt. Der Frauenanteil belief sich auf 56,4 %. Die Leistungsempfänger/-innen waren im Durchschnitt 46,9 Jahre alt (Frauen: 54 Jahre, Männer: 37,7 Jahre). Am häufigsten, und zwar in 38,6 % der Fälle, wurden Leistungen der Hilfe zur Pflege gewährt. Danach folgte die Krankenhilfe (31 %) sowie die Eingliederungshilfe für Behinderte (27,3 %).

Die Hilfe zur Pflege wird bedürftigen Personen gewährt, die infolge von Erkrankung und Behinderung Hilfe benötigen. Sie ist von großer sozialpolitischer Bedeutung, da sie bis zum Inkrafttreten des Pflege-Versicherungsgesetzes zum 1. Januar 1995 und den daraus resultierenden Leistungen seit April 1995 (häusliche Pflege) bzw. seit Juli 1996 (stationäre Pflege) das wichtigste Instrument zur materiellen Absicherung bei Pflegebedürftigkeit darstellte. Im Jahr 1995 wurden insgesamt 574 000 Pflegeleistungen gewährt. In 70,1 % der Fälle an Frauen, die im Durchschnitt 74,9 Jahre alt waren; das Durchschnittsalter bei den Männern betrug 55,9 Jahre. 373 000 Pflegefälle dauerten zum Jahresende 1995 noch an. Die bisherige Dauer dieser Pflegefälle betrug im Durchschnitt 4,5 Jahre (Frauen: 4,2 Jahre, Männer: 5,1 Jahre). Krankenhilfe erhielten 460 000 Personen, der Anteil der Frauen betrug hier 53,3 %. Im Schnitt waren die Hilfeempfänger 35,4 Jahre alt (Frauen: 36,6 Jahre, Männer: 34 Jahre). Eingliederungshilfe für Behinderte wurde 405 000 Personen gewährt. Darunter fallen beispielsweise die Beschäftigung in einer Werkstatt für Behinderte oder heilpädagogische Maßnahmen für Kinder. Im Gegensatz zu den vorgenannten Hilfearten war bei der Eingliederungshilfe für Behinderte der Frauenanteil mit 40,7 % vergleichsweise gering. Deutliche Unterschiede sind hier auch hinsichtlich des Alters festzustellen; die Hilfeempfänger bei der Eingliederungshilfe sind mit durchschnittlich 30,6 Jahren vergleichsweise jung (Frauen: 33,3 Jahre, Männer: 28,7 Jahre).

6.6 Empfänger/-innen von Leistungen nach dem Asylbewerberleistungsgesetz

Asylbewerber/-innen und abgelehnte Bewerber/-innen, die zur Ausreise verpflichtet sind, sowie geduldete Ausländer/-innen erhalten seit November 1993 anstelle der Sozialhilfe Leistungen nach dem Asylbewerberleistungsgesetz. Die in diesem Zusammenhang gewährten Regelleistungen zur Deckung des täglichen Bedarfs erhielten zum Jahresende 1995 insgesamt 489 000 Personen. Davon waren 41 % weiblich und 59 % männlich. Über die Hälfte der Leistungsempfänger/-innen (52,4 %) war jünger als 25 Jahre. Das Durchschnittsalter der Frauen betrug 23 Jahre, das der Männer 24 Jahre. In der Mehrzahl kamen die Asylbewerberinnen und Asylbewerber aus Jugoslawien (Serbien/Montenegro), und zwar in 32 % der Fälle; weitere 19 % der Asylbewerber/-innen stammten aus Bosnien und Herzegowina und 11 % aus der Türkei. Neben den vorgenannten Regelleistungen erhielten zum Jahresende 1995 noch 170 000 Empfänger/-innen besondere Leistungen nach dem Asylbewerberleistungsgesetz (z. B. bei Krankheit, Schwangerschaft oder Geburt), darunter waren 75 000 Frauen.

7 Öffentliches Leben

7 Öffentliches Leben

7.1 Abgeordnete des Deutschen Bundestages seit 1949

Die politische Repräsentanz der Frauen entspricht bei weitem nicht ihrem Anteil an der wählbaren Bevölkerung. In den seit 1949 gewählten Bundestagen waren sie zunächst mit Anteilswerten von weniger als 10 % vertreten. Diese Grenze ist mit 15,4 % erstmals bei dem am 25. Januar 1987 gewählten 11. Deutschen Bundestag überschritten worden. Bei der Wahl zum 13. Deutschen Bundestag am 16. Oktober 1994 wurde mit 26,3 % der bisher höchste Frauenanteil erreicht. Den niedrigsten Anteil weiblicher Abgeordneter wies mit 5,8 % der 1972 gewählte 7. Deutsche Bundestag auf.

Der Anteil der weiblichen Abgeordneten an den im Bundestag vertretenen Parteien ist unterschiedlich hoch. Der höchste Anteilswert von 33,7 % ist in der SPD im 13. Bundestag und in der F.D.P. mit 20,3 % im 12. Bundestag zu verzeichnen. Den niedrigsten Anteil weiblicher Abgeordneter überhaupt wies die F.D.P. im 1. Bundestag mit 1,9 % auf. Der niedrigste Prozentsatz in der SPD betrug im 7. Bundestag 5,4 %. In der CDU/CSU belief sich der höchste Anteil auf 14,3 % im 13. und der niedrigste auf 5,6 % im 6. Deutschen Bundestag. Die GRÜNEN zogen erstmals bei der Wahl zum 10. Deutschen Bundestag mit einem Anteil an weiblichen Abgeordneten vom 35,7 % in den Bundestag ein. Den höchsten Anteil von 59,2 % erreichten sie bei der Wahl zum 13. Deutschen Bundestag. Seit der Bundestagswahl 1990 ist auch die PDS im Bundestag vertreten und erreichte einen Frauenanteil von 47,1 %. Im 13. Deutschen Bundestag beträgt ihr Frauenanteil 43,3 %. Von allen weiblichen Abgeordneten im 13. Deutschen Bundestag entfällt der größte Anteil mit 48,0 % auf die SPD. Auf CDU und CSU entfallen 23,7 %, auf die GRÜNEN 16,4 % und auf die PDS 7,3 % der weiblichen Abgeordneten, während der F.D.P. lediglich 4,5 % der weiblichen Bundestagsabgeordneten angehören (siehe Anhangtab. A 7.1).

7.2 Abgeordnete in den deutschen Landtagen

Die Repräsentanz der Frauen in der gegenwärtigen Legislaturperiode der Landtage ist nur noch in Niedersachsen (24,2 %), Baden-Württemberg (15,5 %) und in Bayern (21,1 %) niedriger als im derzeitigen Deutschen Bundestag, dessen Frauenanteil 26,3 % beträgt. Das Abgeordnetenhaus in Berlin und der Landtag in Schleswig-Holstein haben mit 38,8 % bzw. 38,7 % die höchsten Anteile weiblicher Abgeordneter in den Landtagen.

Der Anteil der Frauen an den Abgeordneten der einzelnen Parteien bzw. politischen Vereinigungen, die in den deutschen Landtagen vertreten sind, bewegt sich zwischen 0 % bei den Republikanern in Baden-Württemberg bzw. 10,3 % bei der SPD in Baden-Württemberg und 60,0 % bei der Partei DIE GRÜNEN (GRÜNE) in Sachsen-Anhalt.

Bei der CDU bzw. CSU schwankt der Anteil der weiblichen Abgeordneten zwischen 10,8 % in Sachsen-Anhalt und 38,1 % im Saarland. Bei der SPD ist der Anteil der Frauen, außer in Schleswig-Holstein, Baden-Württemberg und im Saarland höher als bei der CDU bzw. CSU. Am höchsten ist er in Berlin mit 54,5 %, am niedrigsten in Baden-Württemberg mit 10,3 %. Bei der F.D.P., die allerdings nur in vier Landtagen vertreten ist, bewegt sich der Anteil weiblicher Abgeordneter zwischen 14,3 % in Baden-Württemberg und 50,0 % in Schleswig-Holstein. Der Anteil der Frauen bei den GRÜNEN, die in zwölf Landtagen vertreten sind, liegt zwischen 33,3 % im Saarland und 60,0 % in Sachsen-Anhalt. Die PDS ist in Berlin und in den neuen Ländern in den Landtagen vertreten. Ihr Anteil weiblicher Abgeordneter liegt zwischen 44,4 % in Mecklenburg-Vorpommern und 52,9 % in Berlin (siehe Anhangtab. A 7.2).

7.3 Mitglieder in Gewerkschaften

In der Bundesrepublik Deutschland gibt es im Vergleich zu anderen westlichen Ländern nur wenige aber mitgliedsstarke Gewerkschaftsorganisationen. Die größte ist der Deutsche Gewerkschaftsbund (DGB) mit rund 9 Mill. Mitgliedern.

Er setzt sich aus 15 Einzelgewerkschaften zusammen, die nach dem Prinzip der Industriegewerkschaft aufgebaut sind, d. h. in ihnen sind Arbeiter und Angestellte eines Industriezweiges unabhängig von ihrem Beruf zusammengeschlossen.

Neben den DGB-Gewerkschaften sind als weitere mitgliedsstarke Arbeitnehmerorganisationen die Deutsche Angestelltengewerkschaft (DAG) mit 500 000 Mitgliedern und der Deutsche Beamtenbund (DBB) mit 1,1 Mill. Mitgliedern zu nennen. Im Christlichen Gewerkschaftsbund sind ca. 300 000 Männer und Frauen organisiert.

Tab. 7.1: Mitglieder in Gewerkschaften

Nachweis	1991	1996
Deutscher Gewerkschaftsbund [1]		
Insgesamt [2]	11 800 412	8 972 672
dar. Frauen	3 890 151	2 744 486
Frauenanteil in %	*33,0*	*30,6*
Arbeiter/Arbeiterinnen	7 005 697	5 449 907
dar. Arbeiterinnen	1 487 096	1 093 089
Frauenanteil in %	*21,2*	*20,1*
Angestellte	2 790 159	2 554 633
dar. Frauen	1 461 759	1 387 276
Frauenanteil in %	*52,4*	*54,3*
Beamte/Beamtinnen	809 549	662 901
dar. Beamtinnen	172 258	170 582
Frauenanteil in %	*21,3*	*25,7*
Deutscher Beamtenbund [3]		
Insgesamt	1 053 001	1 101 598
dar. Frauen	309 381	326 877
Frauenanteil in %	*29,4*	*29,7*
Deutsche Angestellten-Gewerkschaft [1]		
Insgesamt	584 775	501 009
dar. Frauen	294 170	272 706
Frauenanteil in %	*50,3*	*54,4*
Christlicher Gewerkschaftsbund Deutschlands [1]		
Insgesamt	310 831	303 106
dar. Frauen	74 017	76 303
Frauenanteil in %	*23,8*	*25,2*

1) Stichtag: 31.12. – 2) Einige Gewerkschaften haben neben den genannten Mitgliedergruppen noch „sonstige Mitglieder" (Freiberufler, Arbeitslose, Rentner/-innen, Auszubildende usw.) gemeldet. Die Angaben sind im „Insgesamt" enthalten, so daß sich die Mitgliedergruppen nicht zum „Insgesamt" addieren. – 3) Stichtag: 30.09.

Quelle: Angaben der betreffenden Gewerkschaften

Frauen sind in den meisten Gewerkschaftsorganisationen – mit Ausnahme der DAG – unterrepräsentiert. Ihr Anteil belief sich beim DGB 1996 auf 30,6 %, beim DBB auf 29,7 %, bei der DAG auf 54,4 % und beim Christlichen Gewerkschaftsbund auf 25,2 %. Obwohl die einzelnen Organisationen, außer dem Beamtenbund, seit 1991 Mitglieder in oft nicht unerheblichem Maß verloren haben, hat sich der Frauenanteil bei den Organisationen insgesamt nicht wesentlich verändert.

Hinsichtlich des Frauenanteils in den Einzelgewerkschaften des DGB gibt es sehr große Unterschiede, jedoch ist auch die Präsenz der Frauen in den einzelnen Wirtschaftszweigen sehr unterschiedlich.

Tab. 7.2: Mitglieder des Deutschen Gewerkschaftsbundes in den Einzelgewerkschaften 1996*)

Gewerkschaft	Mitglieder			Anteil der Frauen
	insgesamt	männlich	weiblich	
	Anzahl			%
DGB-Mitglieder insgesamt	**8 972 672**	**6 227 686**	**2 744 486**	***30,6***
davon:				
Bauen, Agrar, Umwelt	692 466	612 351	80 115	*11,6*
Bergbau und Energie	335 317	303 499	31 818	*9,5*
Chemie, Papier, Keramik	694 897	534 230	160 677	*23,1*
Eisenbahner Deutschlands	382 113	308 407	73 706	*19,3*
Erziehung und Wissenschaft	296 232	96 867	199 365	*67,3*
Handel, Banken und Versicherungen	505 405	166 315	339 090	*67,1*
Holz und Kunststoff	159 829	131 243	28 586	*17,9*
Leder	21 929	11 823	10 106	*46,1*
Medien	197 309	133 289	64 020	*32,4*
Metall	2 752 226	2 272 561	479 665	*17,4*
Nahrung, Genuß, Gaststätten	310 891	186 945	123 946	*39,9*
Öffentliche Dienste, Transport und Verkehr	1 712 149	925 553	786 596	*45,9*
Polizei	199 421	170 042	29 379	*14,7*
Deutsche Postgewerkschaft	513 322	293 312	220 010	*42,9*
Textil - Bekleidung	199 166	81 249	117 917	*59,2*

*) Stichtag 31.12.

Quelle: Angaben des DGB

7.4 Mitglieder im Deutschen Sportbund

Obwohl Sport sowohl für Mädchen als auch für Jungen Pflichtfach im Schulunterricht ist, schlägt sich dies nicht in gleicher Weise in der Mitgliedschaft von Männern und Frauen in Sportvereinen nieder. So waren im Jahr 1996 nur 36,9 % der Mitglieder der im Deutschen Sportbund zusammengeschlossenen Spitzenverbände Frauen. Ihre Zahl hat zwar gegenüber 1986 um 34,3 % auf 8,7 Mill. zugenommen (u. a. auch durch die weiblichen Mitglieder in den neuen Ländern und Berlin-Ost), bleibt aber gegenüber den 14,9 Mill. Männern noch in der Minderzahl.

Die unterschiedliche Beteiligung der Frauen an den einzelnen Sportarten kann sowohl traditionell als auch durch spezielle körperliche Anforderungen bedingt sein. So beläuft sich zum Beispiel der Anteil der Frauen am Deutschen Fußballbund – mit 5,9 Mill. 1996 mitgliederstärkster Sportverband – auf nur 12,0 %. Bei den Ringern gab es 1996 rund 10 100 (13 %) weibliche Mitglieder, während bei den Amateurboxern die Frauen immerhin 16,9 % der Mitglieder stellten. Dieser Anteil war dreimal so hoch wie bei den Schachspielerinnen (5,5 %), und er betrug gut das Vierfache des Anteils der Frauen an den Mitgliedern der Sportfischervereine (3,6 %).

Abb. 7.1: Mitglieder im Deutschen Sportbund 1996 nach ausgewählten Sportarten

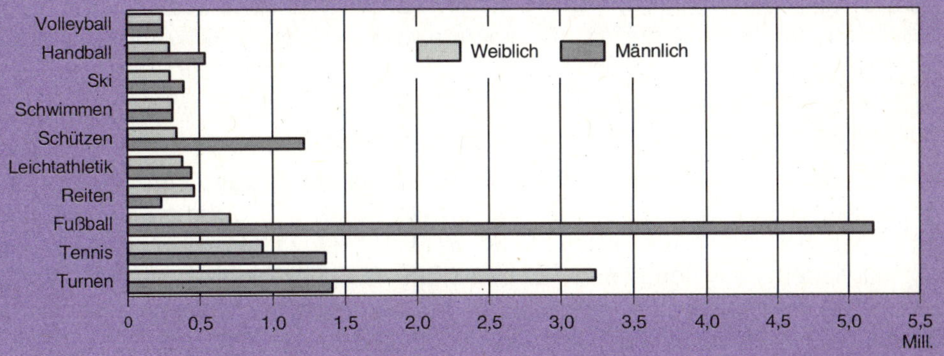

Quelle: Deutscher Sportbund

Statistisches Bundesamt 98 - 2 - 0236

In sechs Sportarten erreichte der Anteil der Frauen an den Vereinsmitgliedern im Jahr 1996 mehr als fünfzig Prozent: und zwar allen voran Karate mit 71,7 %, gefolgt vom Turnen, einer Sportart, die fast von Anfang an auch für Frauen offen stand, mit 69,6 %, vom Reiten mit 66,3 %, vom Tanz- (60,4 %) und Rollsport (57,8 %) sowie vom Schwimmen (50,1 %). Ausgeglichen war das Verhältnis zwischen männlichen und weiblichen Mitgliedern mit 50,0 % in den Volleyballvereinen. Der Deutsche Turnerbund stellte mit rund 4,6 Mill. Mitgliedern 1996 hinter den Fußballern zwar nur den zweitstärksten Verband, lag jedoch bezogen auf die Zahl der weiblichen Mitglieder (rund 3,2 Mill.) vor dem Tennis (0,9 Mill.) weit an der Spitze.

In weiteren sieben Spitzenverbänden des Deutschen Sportbundes waren 1996 zwischen 40 und 50 % der Vereinsmitglieder Frauen. Dazu zählten u. a. die Leichtathletinnen (46,4 %), die Skiläuferinnen (43,1 %) und die Tennisspielerinnen (40,5 %). In neun Verbänden betrug der Anteil der Frauen zwischen 30 und 40 %, darunter Handball (35,4 %) und Fechten (35,3 %). Zwischen 20 und 30 % der Mitglieder stellten die Frauen in weiteren zehn Verbänden, darunter Rasenkraftsport (29,1 %), Basketball (28,2 %) und Taekwondo (28 %).

Insgesamt gesehen ist die Zahl der weiblichen Mitglieder – von zwei Ausnahmen abgesehen – in allen Spitzenverbänden des Deutschen Sportbundes von 1986 bis 1996 größer geworden. Die größte relative Zunahme war mit 468,4 % bei den Karatekämpferinnen zu verzeichnen; den stärksten absoluten Zuwachs an weiblichen Mitgliedern wiesen jedoch die Turnerinnen mit + 807 700 (+ 33,3 %) auf (siehe auch Anhangtab. A 7.3).

7.5 Mitglieder im Deutschen Sängerbund

Die aktive Mitgliedschaft in dem im Deutschen Sängerbund und dessen Mitgliedsbünden zusammengeschlossenen Chören ist weitgehend eine Sache der Männer, auch wenn der Anteil der Frauen hier zwischen 1986 und 1996 von 32,0 % auf 38,2 % deutlich zugenommen hat. In den regional gegliederten Mitgliedsbünden weichen die Anteile der Frauen zum Teil recht stark von diesem Durchschnittswert ab. Den höchsten Anteil der Frauen wies 1996 der mit rund 2 500 Mitgliedern zweitkleinste regionale Sängerbund, der Chorverband Mecklenburg-Vorpommern, mit 72,3 % auf. Im größten der Mitgliedsbünde, dem im Jahr 1996 rund 108 600 Mitglieder umfassenden Sängerbund Nordrhein-Westfalen, war der Anteil der Frauen mit 28,7 % sehr niedrig. Die niedrigste Frauenquote hatte der Sächsische Sängerbund mit 11,1 %.

Bei den relativ mitgliederschwachen überregionalen Mitgliedsbünden zeigt sich ein gemischtes Bild. Von den 1996 rund 300 Mitgliedern des Sudetendeutschen Sängerbundes waren mehr als die Hälfte Frauen (51,7 %), während sich unter den rund 200 Mitgliedern der Deutschen Sängerschaft 45,9 % Frauen befanden. Von den rund 12 600 Mitgliedern der dem Deutschen Sängerbund angeschlossenen deutschen Chöre im Ausland war gut jede Dritte (36,1 %) eine Frau.

Die Anzahl der Frauen, die aktive Mitglieder im Deutschen Sängerbund sind, hat von 1986 bis 1996 insgesamt um 24,9 % auf rund 234 100 zugenommen (davon 16 500 in den neuen Ländern ohne Berlin-Ost). Auch in dieser Hinsicht waren zwischen den einzelnen Mitgliedsbünden erhebliche Unterschiede feststellbar: Am stärksten nahm die Zahl der weiblichen Mitglieder – wohl bedingt durch die Wiedervereinigung der Stadt - im Berliner Sängerbund (+ 141,5 %) zu, in weitem Abstand gefolgt vom Bayerischen Sängerbund (+ 31,5 %). Im Sudetendeutschen Sängerbund ging die Zahl der weiblichen Mitglieder – wie auch der Mitglieder insgesamt – sogar zurück, während die deutschen Chöre im Ausland mit 8 % und der Mitteldeutsche Sängerbund mit 7,3 % nur einen relativ geringen Zuwachs an Frauen verzeichnen konnten (siehe auch Anhangtab. A 7.4).

7.6 Rechtspflege

Unter Rechtspflege werden alle Tätigkeiten der Justizorgane zur Anwendung, Auslegung und Durchsetzung geltender Rechtsvorschriften verstanden. Rechtspflege umfaßt damit so unterschiedliche Gebiete wie Grundbuchänderungen beim Grundstücksverkauf, richterliche Entscheidungen in Scheidungsstreitigkeiten oder Vollstreckung von Urteilen gegen verurteilte Straftäter. Auch die Strafverfolgung durch die Staatsanwaltschaften sowie die Tätigkeiten der Rechtsanwältinnen und -anwälte sind Teil der Rechtspflege. In den meisten Bereichen der Rechtspflege sind Frauen zahlenmäßig unterrepräsentiert. Einerseits richten sich die Aktivitäten der Justiz, insbesondere bei der gerichtlichen Verfolgung von Kriminalität, überwiegend gegen Männer. Aber auch als Akteure der Rechtspflege sind Frauen [1]), gemessen an ihrem Bevölkerungsanteil, unterrepräsentiert.

---

1) Vgl. hierzu Abschn. 3.1.12 Akteure der Rechtspflege.

7.6.1 Tatermittlung

1996 wurden von den deutschen Polizeidienststellen nach Straftaten (ohne Straßenverkehrsdelikte) insgesamt 2,2 Mill. Tatverdächtige, darunter 497 000 Frauen, festgestellt. Wie die Polizeiliche Kriminalstatistik des Bundeskriminalamts zeigt, variierte dabei der Frauenanteil von insgesamt 22,5 % stark zwischen einzelnen Delikten. Beim Ladendiebstahl waren 1996 vier von zehn Tatverdächtigen (38,7 %) weiblich; beim sexuellen Mißbrauch von Kindern lag der Frauenanteil dagegen nur bei 3,1 %. Während insbesondere bei Sexualdelikten kaum weibliche Tatverdächtige polizeilich ermittelt wurden, waren sie in aller Regel das Opfer solcher Straftaten. Beispielsweise wurden 1996 lediglich in 1,6 % aller Fälle Frauen wegen sexueller Nötigung als Tatverdächtige, aber in 89,6 % der Fälle als Opfer registriert. Mit Ausnahme der Straftaten gegen die sexuelle Selbstbestimmung ist allerdings für Männer das Risiko, Opfer eines Verbrechens zu werden, höher als für Frauen. Beispielsweise waren die von Raubdelikten betroffenen Opfer 1996 zu mehr als zwei Dritteln (69,2 %) männlich.

Tab. 7.3: Tatverdächtige und Opfer bei ausgewählten Straftaten 1976 - 1996*)

Jahr / Art der Straftat	Tatverdächtige			Opfer (nur bei Straftaten gegen Personen)		
	insgesamt	dar. Frauen		insgesamt	dar. Frauen	
	Anzahl		%	Anzahl		%
1976	1 189 453	221 891	*18,7*	.	.	.
1986	1 306 910	310 872	*23,8*	.	.	.
1996	2 213 293	497 352	*22,5*	.	.	.
dar.: Mord	1 324	117	*8,8*	1 441	593	*41,2*
Sex. Mißbrauch von Kindern	8 072	252	*3,1*	19 526	14 569	*74,6*
Sexuelle Nötigung	3 369	54	*1,6*	5 081	4 554	*89,6*
Körperverletzung	302 476	41 380	*13,7*	342 780	111 822	*32,6*
Raubdelikte	41 283	3 456	*8,4*	74 929	23 049	*30,8*
Ladendiebstahl	551 671	213 539	*38,7*	.	.	.

*) Bis einschl. 1986 früheres Bundesgebiet; ab 1996 Deutschland. – Ohne Straftaten im Straßenverkehr.

Quelle: Bundeskriminalamt

7.6.2 Strafverfolgung

Wenn die Staatsanwaltschaft den Tatverdacht der Polizei für ausreichend begründet hält und zudem die tatverdächtige Person mindestens 14 Jahre alt und damit strafmündig ist, erhebt sie Anklage beim zuständigen Strafgericht. Erst das Gericht befindet über die Schuld des Angeklagten; alternativ zu einer rechtskräftigen Verurteilung kann ein Strafverfahren auch mit einem Freispruch oder einer Einstellung des Verfahrens enden.

Demzufolge liegt die Zahl der verurteilten Personen deutlich unter der Tatverdächtigenzahl. So wurden 1996 im früheren Bundesgebiet einschl. Berlin-Ost 117 400 Frauen wegen Verbrechen oder Vergehen verurteilt. Der Frauenanteil an den Verurteilten lag 1996 mit 15,4 % etwa auf dem Niveau der Vorjahre und dabei deutlich unter dem entsprechenden Anteil an den Tatverdächtigen. Dies liegt vor allem darin begründet, daß die Gesetzesverstöße von Frauen im Durchschnitt weniger schwer wiegen als die der Männer. Bei sogenannten Bagatelldelikten können nämlich Staatsanwaltschaft oder Gericht das Strafverfahren einstellen.

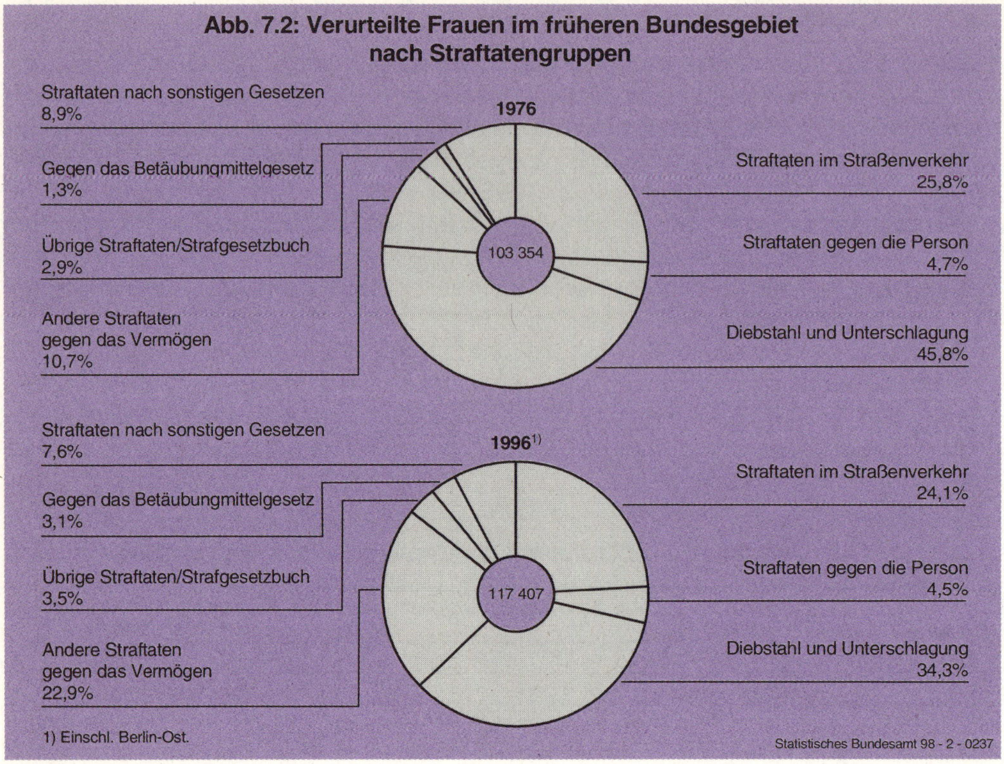

Die Kriminalitätsbeteiligung ist unter jungen Menschen deutlich stärker ausgeprägt als unter älteren. Vier von zehn weiblichen Verurteilten waren 1996 unter 30 Jahre alt; bei den Männern war es sogar jeder zweite Verurteilte.

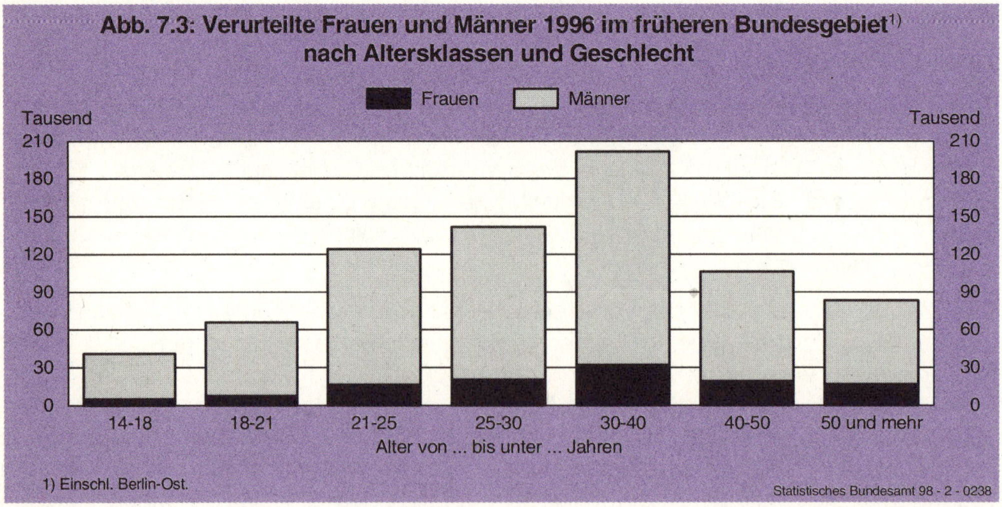

7.6.3 Strafvollzug

In deutschen Justizvollzugsanstalten saßen am 31. Dezember 1996 insgesamt 2 500 Frauen ein; das waren 3,9 % aller Gefangenen. Bezogen auf die Strafgefangenen, die eine Freiheits- oder Jugendstrafe verbüßten, lag der Frauenanteil sogar nur bei 3,5 %. Dabei war bei den zu Freiheitsstrafe verurteilten Frauen die durchschnittliche Haftdauer kürzer als bei den Männern. Bei rund 600 bzw. 45,2 % der gut 1 300 weiblichen Strafgefangenen mit Freiheitsstrafe betrug deren voraussichtliche Dauer mehr als ein Jahr; bei den Männern lag der Anteil der Freiheitssträflinge mit einem Strafmaß von mehr als einem Jahr bei 59,5 %.

Tab. 7.4: Einsitzende in Justizvollzugsanstalten 1976 – 1996*)

Jahr (Stand jeweils 31.12.)	Insgesamt	Männer	Frauen	
Art des Vollzugs	Anzahl			%
1976	49 754	47 964	1 790	*3,6*
1986	45 666	44 065	1 601	*3,5*
1996	64 680	62 150	2 530	*3,9*
dar.: Strafgefangene	41 421	39 974	1 447	*3,5*
Sicherungsverwahrte	177	177	–	*0,0*
Untersuchungshäftlinge	20 440	19 516	924	*4,5*
Abschiebungshäftlinge	1 852	1 741	111	*6,0*
Sonstige Freiheitsentziehung	790	742	48	*6,1*

*) Bis einschl. 1986 früheres Bundesgebiet; ab 1996 Deutschland.

8 Gesundheit

8 Gesundheit

Die amtlichen Statistiken im Gesundheitswesen enthalten verschiedene Ergebnisse zum Krankheitsgeschehen und zum Gesundheitszustand der Bevölkerung in der Bundesrepublik Deutschland. Eine Statistik, die über alle Krankheiten der gesamten Bevölkerung berichtet, existiert allerdings nicht.

8.1 Krankheiten und Unfallverletzungen

In mehrjährigen Abständen, zuletzt im April 1995, werden im Rahmen des Mikrozensus Fragen zur Gesundheit gestellt. Bei dieser Befragung gilt eine Person dann als krank oder unfallverletzt, wenn sie sich zum Zeitpunkt der Befragung oder in einem vierwöchigen Berichtszeitraum davor in ihrem Gesundheitszustand so beeinträchtigt fühlte, daß sie ihre übliche Beschäftigung (Schulbesuch, Berufstätigkeit, Hausarbeit etc.) nicht voll ausüben konnte. Die Fragen zur Gesundheit wurden im April 1995 an 0,5 % der gesamtdeutschen Bevölkerung gestellt.

Tab. 8.1: Kranke und Unfallverletzte im April 1995 nach Altersgruppen und Geschlecht*)

Alter von ... bis unter ... Jahren	Bevölkerung		Darunter Kranke und Unfallverletzte					
	insgesamt	mit Angaben über die Gesundheit	zusammen	davon Kranke	davon Unfallverletzte	zusammen	davon Kranke	davon Unfallverletzte
	1 000					%		
Männlich								
unter 15	6 799	6 142	438	394	44	*7,1*	*6,4*	*0,7*
15 - 40	14 604	13 134	1 056	848	207	*8,0*	*6,5*	*1,6*
40 - 65	13 458	12 286	1 671	1 527	144	*13,6*	*12,4*	*1,2*
65 und mehr	4 810	4 428	1 050	1 015	35	*23,7*	*22,9*	*0,8*
Insgesamt	**39 670**	**35 990**	**4 215**	**3 785**	**430**	***11,7***	***10,5***	***1,2***
Weiblich								
unter 15	6 361	5 748	360	328	32	*6,3*	*5,7*	*0,6*
15 - 40	13 787	12 435	996	905	92	*8,0*	*7,3*	*0,7*
40 - 65	13 453	12 294	1 577	1 483	94	*12,8*	*12,1*	*0,8*
65 und mehr	8 298	7 522	1 989	1 906	83	*26,4*	*25,3*	*1,1*
Insgesamt	**41 900**	**38 000**	**4 921**	**4 622**	**300**	***13,0***	***12,2***	***0,8***

*) Ergebnis des Mikrozensus.

Im April 1995 bezeichneten sich 8,4 Mill. Personen als krank und 0,7 Mill. Personen als unfallverletzt. Damit litten insgesamt 9,1 Mill. Personen oder 12,3 % der Bevölkerung unter einer gesundheitlichen Beeinträchtigung [1]). Für die männliche Bevölkerung wurde im April 1995 eine Krankenquote von 11,7 % und für die weibliche von 13,0 % ermittelt. Führt man allerdings eine Standardisierung anhand der Altersstruktur der Gesamtbevölkerung durch, wird der Effekt, der durch die unterschiedliche Altersstruktur der männlichen und weiblichen Bevölkerung hervorge-

1) Die Beantwortung der Fragen zur Gesundheit erfolgt im Mikrozensus auf freiwilliger Basis. 90,3% der Befragten erteilten Auskunft zu den Fragen. Die Prozentangaben beziehen sich jeweils auf die Bevölkerungsgruppe, für die Ergebnisse vorlagen.

rufen wird, eliminiert. Danach ergab sich für Frauen und Männer ein etwa gleich hoher altersstandardisierter Anteil von 12,2 % bzw. 12,4 % kranker und unfallverletzter Personen. Am niedrigsten war diese Krankenquote in der Gruppe der unter 15jährigen, wo sie für die weiblichen Jugendlichen 6,3 % und für die männlichen 7,1 % betrug. Mit zunehmenden Alter erhöhte sich die Quote: Bei den 40- bis unter 65jährigen Männern erreichte sie 13,6 %, bei den gleichaltrigen Frauen 12,8 %. In der Altersgruppe „65 Jahre und mehr" hatten sich von den Männern 23,7 % und von den Frauen 26,4 % als krank bezeichnet.

Abb. 8.1: Kranke und Unfallverletzte im April 1995 nach dem Alter[1)]

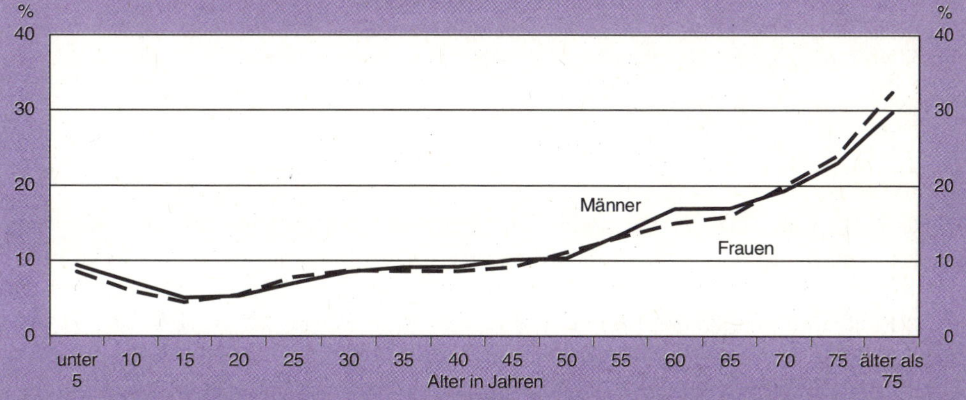

1) Ergebnis des Mikrozensus.

Statistisches Bundesamt 98 - 2 - 0239

8.2 Kranke Personen nach der Beteiligung am Erwerbsleben und der Art der Behandlung

Von den rund 9,1 Mill. Personen, die sich im April 1995 als krank oder unfallverletzt bezeichnet hatten, waren rund 3,2 Mill. erwerbstätig. Der Anteil der Kranken und Unfallverletzten bei den Erwerbstätigen betrug 9,7 %; sie waren damit im Vergleich zur Gesamtbevölkerung (12,3 %) weniger häufig von gesundheitlichen Beeinträchtigungen betroffen. Bei den Erwerbstätigen stellte sich in diesem Zusammenhang die Frage, ob die Befragten im Berichtszeitraum mindestens an einem Tag wegen der angegebenen Krankheit bzw. Unfallverletzung arbeitsunfähig gewesen waren. Insgesamt gaben 6,8 % der Erwerbstätigen (Frauen 6,6 %, Männer 7,0 %) an, am Befragungstag oder in den vier Wochen davor ihrer Arbeit nicht nachgegangen zu sein. Damit lag beim überwiegenden Teil (74,7 %) der kranken und unfallverletzten Erwerbstätigen wegen gesundheitlicher Beeinträchtigungen eine Arbeitsunfähigkeit vor.

Die Krankheitsdauer nimmt mit steigendem Alter zu. Bei den erwerbstätigen Frauen im Alter von 15- bis unter 40 Jahren lag die Krankheitsdauer bei 57,4 % unter zwei Wochen (Männer 58,5 %). In der Altersgruppe der 40- bis unter 65jährigen erwerbstätigen Frauen waren demgegenüber nur noch 36,2 % weniger als zwei Wochen krank oder unfallverletzt (Männer 34,8 %).

Tab. 8.2: Kranke und Unfallverletzte im April 1995 nach Alter, Geschlecht und Beteiligung am Erwerbsleben*)

Beteiligung am Erwerbsleben	Bevölkerung mit Angaben über die Gesundheit	Darunter Kranke und Unfallverletzte		Davon im Alter von ... bis unter ... Jahren			
				unter 15	15 – 40	40 – 65	65 und mehr
	1 000		in % der Bevölkerung gleichen Alters				
			Männlich				
Erwerbspersonen	20 756	2 073	*10,0*	*x*	*8,5*	*11,5*	*15,8*
Erwerbstätige	19 020	1 817	*9,6*	*x*	*8,4*	*10,8*	*x*
Erwerbslose	1 736	256	*14,7*	*x*	*10,7*	*18,3*	*x*
Nichterwerbspersonen	15 234	2 142	*14,1*	*7,1*	*5,8*	*21,9*	*24,0*
Insgesamt ...	**35 990**	**4 215**	***11,7***	***7,1***	***8,0***	***13,6***	***23,7***
			Weiblich				
Erwerbspersonen	15 527	1 601	*10,3*	*x*	*9,2*	*11,5*	*17,6*
Erwerbstätige	13 680	1 340	*9,8*	*x*	*8,9*	*10,7*	*x*
Erwerbslose	1 847	261	*14,1*	*x*	*11,0*	*17,4*	*x*
Nichterwerbspersonen	22 473	3 321	*14,8*	*6,3*	*5,7*	*14,6*	*26,6*
Insgesamt ...	**38 000**	**4 921**	***13,0***	***6,3***	***8,0***	***12,8***	***26,4***

*) Ergebnis des Mikrozensus.

Der weitaus größte Teil der Kranken und Unfallverletzten (91,3 %) hatte wegen der Beschwerden in den letzten vier Wochen vor der Befragung ärztliche Dienste in Anspruch genommen, 8,7 % waren nicht in Behandlung. Nahezu drei Viertel der unter gesundheitlichen Beschwerden leidenden Befragten begaben sich deswegen in ambulante Behandlung zum Arzt, in ambulante Krankenhausbehandlung 9,2 % und in stationäre Krankenhausbehandlung 8,0 %. Dabei ließen sich ältere Menschen erwartungsgemäß relativ häufiger behandeln als jüngere; geschlechtsspezifische Unterschiede waren kaum zu verzeichnen. Legt man diesen Ergebnissen die Bevölkerung mit Angaben zum Gesundheitszustand zugrunde, so suchte jeder/jede elfte Bundesbürger bzw. -bürgerin aufgrund einer gesundheitlichen Beeinträchtigung eine Arztpraxis auf. Bei den 65jährigen und älteren war dies fast jede/-r Fünfte.

8.3 An Tuberkulose und AIDS Erkrankte

Um Maßnahmen zur Abwendung von Ansteckungsgefahren treffen zu können, schreibt der Gesetzgeber im Bundesseuchengesetz eine Meldepflicht für bestimmte Infektionskrankheiten (z. B. Tuberkulose, Hepatitis, Kinderlähmung, Salmonellosen) vor. Jeder Arzt bzw. Ärztin muß umgehend dem zuständigen Gesundheitsamt das Auftreten einer meldepflichtigen Krankheit anzeigen.

Die aktive Tuberkulose, an der noch vor 60 Jahren viele Menschen starben (72 Todesfälle auf 100 000 Einwohner im Jahr 1934), hat heute viel von ihrem Schrecken verloren. Die Sterbeziffer ist ständig zurückgegangen; 1995 starb von 100 000 Einwohnern in Deutschland nur noch einer an aktiver Tuberkulose.

1996 wurden im gesamten Bundesgebiet 11 814 an Tuberkulose Erst- und Wiedererkrankte gemeldet, darunter waren 4 492 Frauen (38,0 %). Wie in früheren Jahren entfiel auch im Berichtsjahr der überwiegende Teil aller Erkrankungsfälle (84,3 %) auf die Tuberkulose der Atmungsorgane (Frauen: 3 476 Erkrankte bzw. 34,9 %). Bei 66,7 % aller Erst- und Wiedererkrankten wurde ein Nachweis von

TBC-Bakterien, also eine ansteckende Tuberkulose der Atmungsorgane, diagnostiziert. Bei der Tuberkulose anderer Organe lag der Anteil der Frauen bei 54,7 %.

Tab. 8.3: An Tuberkulose Erkrankte 1996*)

Alter von ... bis unter ... Jahren	Tuberkulose Erkrankte	Tuberkulose der Atmungsorgane: mit Nachweis von Tuberkulose-bakterien	Tuberkulose der Atmungsorgane: ohne Nachweis von Tuberkulose-bakterien	Tuberkulose anderer Organe
		Männlich		
unter 15	302	63	183	56
15 - 20	188	92	69	27
20 - 30	890	505	267	118
30 - 40	1 276	797	346	133
40 - 50	1 111	724	293	94
50 - 60	1 246	754	360	132
60 und mehr	2 309	1 477	551	281
Insgesamt	**7 322**	**4 412**	**2 069**	**841**
		Weiblich		
unter 15	276	55	178	43
15 - 20	145	79	52	14
20 - 30	710	370	218	122
30 - 40	711	358	205	148
40 - 50	477	236	129	112
50 - 60	496	220	133	143
60 und mehr	1 677	909	334	434
Insgesamt	**4 492**	**2 227**	**1 249**	**1 016**

*) Statistik der meldepflichtigen Krankheiten.

An der Anfang der 80er Jahre erstmals beobachteten Immunschwächekrankheit AIDS waren, nach Aufzeichnungen des beim Robert-Koch-Institut geführten AIDS-Fallregisters, von Anfang 1982 bis Ende 1996 in Deutschland insgesamt 15 682 Personen erkrankt. Betroffen waren 13 990 Männer und 1 692 Frauen. Bei 10 181 hatte AIDS bereits zum Tode geführt. Die Zahl der seit Beginn der HIV-Epidemie Infizierten wird auf 50 000 bis 60 000 geschätzt, der Anteil der Frauen beträgt ca. 15 bis 20 %.

8.4 Frauen im Krankenhaus

Zu den stationär behandelten Patienten und Patientinnen wird seit dem Berichtsjahr 1993 eine diagnosebezogene Auswertung vorgenommen. Diese Diagnosestatistik ermöglicht alters- und geschlechtsspezifische Aussagen zu den Gründen von Krankenhausaufenthalten.

Im Jahre 1995 betrug die Zahl der aus dem Krankenhaus entlassenen vollstationär behandelten Patienten und Patientinnen 14,8 Millionen (ohne Stundenfälle) [1]). Von diesen waren 8,2 Millionen Frauen. Dies entspricht einem Anteil an den Behandlungsfällen von 55,6 %. Auf je 10 000 Einwohnerinnen entfielen 1 965 Behandlungsfälle, für die Bevölkerung insgesamt betrug die Behandlungshäufigkeit 1 816 je

1) Stundenfälle sind vollstationär aufgenommene Patienten und Patientinnen, die noch im Laufe des Aufnahmetages wieder aus dem Krankenhaus entlassen bzw. in ein anderes Krankenhaus verlegt werden. Diese Stundenfälle bleiben nachfolgend unberücksichtigt.

10 000 Einwohner. Die höhere Krankenhaushäufigkeit der Frauen und der höhere Anteil an den Behandlungsfällen der Patientinnen ist auf zwei Ursachen zurückzuführen. Zum einen ist der Anteil älterer Menschen, die generell häufiger einer Krankenhausbehandlung bedürfen, bei den Frauen höher, zum anderen sind eine hohe Zahl von Krankenhausaufenthalten durch eine Schwangerschaft bedingt. Werden diese beiden Faktoren berücksichtigt, so sind Frauen sogar relativ seltener im Krankenhaus als Männer.

Der häufigste Behandlungsanlaß bei den Frauen war 1995 in der Klasse der Krankheiten des Kreislaufsystems mit 1,2 Millionen Behandlungsfällen. In dieser Krankheitsklasse betrug der Frauenanteil 47,9 %, wobei die durchschnittliche Aufenthaltsdauer mit 14,9 Tagen über der Verweildauer von allen Patientinnen (13,8 Tage) lag [1]). Rund zwei Drittel der weiblichen Patienten mit einer Kreislauferkrankung waren 65 Jahre und älter. Aufgrund einer Schwangerschaft wurden 1,1 Millionen Frauen im Krankenhaus behandelt. Die Verweildauer im Krankenhaus betrug hier durchschnittlich 6,7 Tage. Bei 1,0 Millionen Frauen war eine Krankenhausbehandlung wegen einer bös- oder gutartigen Neubildung erforderlich. Bei dieser Diagnose lag der Frauenanteil bei 57,1 % (siehe auch Anhangtab. A 8.1).

Die Einzeldiagnose, welche die meisten Behandlungsfälle bei den Frauen verursachte, war die normale Entbindung mit 497 000 Patientinnen. Diese Patientinnen befanden sich durchschnittlich 5,8 Tage im Krankenhaus. Wegen Brustkrebs wurden 194 000 Frauen behandelt. 14,9 % dieser Frauen waren zwischen 15 und 44 Jahre alt, 52,9 % zwischen 45 und 64 und 32,2 % befanden sich im Alter von 65 oder mehr Jahren. Die dritthäufigste Diagnose war der Graue Star mit 183 000 Behandlungsfällen. Der Graue Star ist eine Krankheit, die im Alter auftritt (89,5 % der Patientinnen war über 64 Jahre alt).(Siehe auch Anhangtab. A 8.2.)

8.5 Schwerbehinderte

Als Schwerbehinderte gelten Personen, denen ein Grad der Behinderung von 50 oder mehr zuerkannt wurde. Am 31. Dezember 1995 waren bei den Versorgungsämtern 6,5 Mill. Schwerbehinderte registriert. Etwas weniger als die Hälfte davon (rund 3 Mill. oder46,8 %), waren Frauen. Im früheren Bundesgebiet einschl. Berlin-Ost wurden Ende 1995 insgesamt 5,6 Mill. Schwerbehinderte gezählt, der Frauenanteil lag hier bei 46,3 %, in den neuen Ländern waren knapp die Hälfte der 890 000 Schwerbehinderte weiblich.

Behinderungen kommen bei Personen im fortgeschrittenen Alter naturgemäß häufiger vor als bei jüngeren Menschen. Aufgrund ihrer längeren Lebenserwartung wird dies vor allem bei Frauen deutlich. Mehr als drei Viertel (76,9 %) der schwerbehinderten Frauen waren älter als 55 Jahre, der entsprechende Anteil bei den Männern belief sich auf 74,1 %. Deutliche Unterschiede zeigten sich dabei zwischen den beiden Teilgebieten Deutschlands: Waren im früheren Bundesgebiet (einschl. Berlin-Ost) 77,7 % der schwerbehinderten Frauen und 74,5 % der schwerbehinderten Männer älter als 55 Jahre, so betrug der vergleichbare Anteil in den neuen Ländern lediglich 72,3 % bei den Frauen und 69,9 % bei den Männern.

---

1) Um Aussagen hinsichtlich geschlechtsspezifischer Unterschiede in der Häufigkeit von bestimmten Erkrankungen machen zu können, ist es notwendig die Differenzen im Altersaufbau der männlichen und weiblichen Bevölkerung zu berücksichtigen. Auf die Durchführung einer Altersstandardisierung wird aber an dieser Stelle verzichtet.

Im Durchschnitt war Ende 1995 jeder dreizehnte Einwohner der Bundesrepublik Deutschland schwerbehindert, im Westen jeder zwölfte und im Osten jeder sechzehnte. Von 1 000 Frauen waren 73 bei der Versorgungsverwaltung als Schwerbehindert registriert, von 1 000 Männern dagegen 87. Auch hier liegen die Werte für den westlichen Gebietsteil mit 75 bzw. 92 über dem Gesamtdurchschnitt, für den Osten jedoch mit 60 von 1 000 Frauen bzw. 64 von 1 000 Männern weit darunter. Der Effekt, den eine unterschiedliche Altersstruktur der Geschlechter hervorruft, läßt sich durch die Berechnung von altersspezifischen Schwerbehindertenquoten, das heißt der jeweiligen Zahl der schwerbehinderten Männer und Frauen bezogen auf die Bevölkerung gleichen Alters und Geschlechts, ausgleichen. Diese Quote zeigt, daß es in allen Altersklassen relativ weniger weibliche als männliche Schwerbehinderte gibt. Sie nimmt mit steigendem Alter zu und erreicht bei den Frauen in der Altersklasse der über 65jährigen ihren höchsten Stand. In dieser Altersgruppe waren 21,2 % der Frauen schwerbehindert, der entsprechende Anteil bei den Männern betrug 35,3 %. Bei einem Vergleich der beiden Gebietsteile zeigt sich wieder für das frühere Bundesgebiet einschließlich Berlin-Ost mit 22,3 % der Frauen sowie 36,5 % der Männer eine höhere Quote für die über 65jährigen, für die neuen Länder liegt die Quote für diese Altersgruppe mit 16,0 % bei den Frauen bzw. 28,9 % bei den Männern deutlich unter dem Gesamtwert.

Die meisten Behinderungen waren krankheitsbedingt, insgesamt 5,5 Mill. oder 84,2 %. Bei den Frauen war eine Krankheit in 89,3 % der Fälle relativ häufiger die Ursache der Behinderung als bei den Männern (79,8 %), bei denen dagegen das Leiden verhältnismäßig öfter durch eine Kriegsbeschädigung, einen Arbeits- bzw. Verkehrsunfall verursacht wurde.

Eine Beeinträchtigung der Funktion von inneren Organen war bei den weiblichen Schwerbehinderten mit 28,9 % am häufigsten. Darunter befanden sich allein 458 578 Herz- und Kreislaufkranke, das sind 15,1 % aller schwerbehinderten Frauen. Am zweithäufigsten wurde bei den weiblichen Schwerbehinderten eine Funktionseinschränkung der Wirbelsäule und des Rumpfes oder eine Deformierung des Brustkorbes als schwerwiegendste Behinderung festgestellt (siehe auch Anhangtab. A 8.3).

Generell zeigte sich, daß die Frauen im Falle einer Schwerbehinderung eher einen höheren Grad der Behinderung aufweisen als die Männer. Während beispielsweise der Grad der Behinderung bei 25,5 % der schwerbehinderten Frauen 100 betrug, belief sich dieser Anteil bei den Männern lediglich auf 22,5 %. Ebenso lag bei den schwerbehinderten Frauen der Anteil der Mehrfachbehinderungen mit 34,6 % höher als bei den schwerbehinderten Männern (30,7 %).

8.6 Sterbefälle nach Todesursachen

Grundlage für die Todesursachenstatistik ist der Leichenschauschein, auf dem bei jedem Sterbefall von einem Arzt die Todesursache vermerkt werden muß. Aufbauend auf diesen Angaben wird zu jedem Sterbefall das Grundleiden als Todesursache ermittelt und in der Statistik dargestellt. Innerhalb der Todesursachenstatistik werden u. a. die Unfallgestorbenen und Müttersterbefälle gesondert ausgewertet. Eine Vorstellung von den gesundheitlichen Risiken läßt sich anhand der Sterbefälle nach Todesursachen, gegliedert nach Altersgruppen und Geschlecht, gewinnen. Bei der Einschätzung der Ergebnisse ist zu beachten, daß bei jedem Todesfall nur eine Krankheit (Todesursache) – das sogenannte Grundleiden – statistisch erfaßt wird. Die Multimorbidität von älteren Personen ist mit dieser Statistik nicht zu erkennen. Die Zahl der Gestorbenen sagt allein auch noch nichts über die Sterbehäufigkeit aus. Deshalb werden Sterbeziffern, d. h. Todesfälle je 100 000 Einwohner gleichen Alters und Geschlechts, berechnet.

Im Jahr 1995 starben 473 925 Frauen und 410 663 Männer. Insgesamt überwogen eindeutig die natürlichen, also durch Krankheiten bedingten Todesursachen mit 95,5 %. Bei den Frauen lag mit 96,9 % der Anteil um 2,9 Prozentpunkte höher als bei den Männern (94,0 %). Somit haben Frauen ein relativ geringeres Risiko an einem Unfall oder einer sonstigen nicht natürlichen Todesursache zu sterben.

Bei der Betrachtung der verschiedenen Todesursachen ist zu berücksichtigen, daß 1995 87,1 % der Frauen und 68,3 % der Männer zum Zeitpunkt des Todes 65 Jahre und älter waren. Hierin drückt sich auch die etwa 8 Jahre längere Lebenserwartung der Frauen gegenüber den Männern aus. Beide Geschlechter starben überwiegend an Krankheiten des Herz-Kreislaufsystems. Mit 52,9 % lag der Anteil dieser Todesursachen bei den Frauen um 9,4 Prozentpunkte höher als bei den Männern. Weitere häufige Todesursachen für Frauen waren bösartige Neubildungen mit 22,1 %, Krankheiten der Atmungsorgane mit 5,2 %, Krankheiten der Verdauungsorgane mit 4,2 % und Unfälle mit 2,1 %. Etwa die gleiche Reihenfolge der Todesursachen ergibt sich auch bei den Männern (siehe Anhangtab. A 8.4).

Im Jahr 1995 wurden 2 495 Sterbefälle einer Todesursache mit einem Hinweis auf den Einfluß von Drogen oder Medikamenten zugeordnet. Die Drogen-/Medikamentenabhängigkeit erreichte mit 1 067 Sterbefällen (181 Frauen, 886 Männer) den höchsten Anteil. Unter den alkoholbedingten Todesfällen wurden im Jahr 1995

Abb. 8.2: Sterbefälle 1995 nach Todesursachen

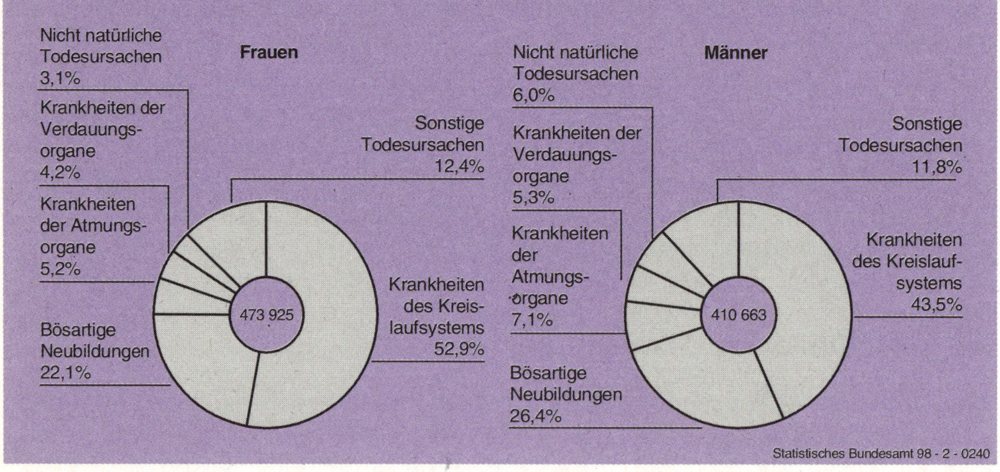

17 395 Personen registriert. Bei 5 490 Personen (4 308 Männer, 1 182 Frauen) wurde eine Alkoholabhängigkeit als Todesursache ausgewiesen, mit 6 968 Männern

und 2 641 Frauen stellten die Sterbefälle aufgrund einer alkoholischen Leberzirrhose die größte Gruppe innerhalb der alkoholbedingten Todesfälle.

Betrachtet man die Zahl der Gestorbenen nach Altersgruppen, so ergibt sich, daß die chronischen Krankheiten erst im höheren Alter eine bedeutende Ursache für den Tod sind. Demgegenüber spielen die Unfälle sowohl bei Frauen aber insbesondere bei Männern schon in früheren Lebensjahren eine größere Rolle. Die Sterbeziffern (Todesfälle pro 100 000 Einwohner gleichen Alters und Geschlechts) bestätigen diese Aussage. Bei allen genannten Todesursachen war die alterspezifische Sterblichkeit der Frauen im Jahr 1995 geringer als die der Männer. Bei den besonders häufigen Krankheiten des Kreislaufsystems ergibt sich für die Frauen mit 598,4 eine höhere Sterbeziffer als für die Männer (449,3). Aufgrund der längeren Lebenserwartung tritt ein altersbedingtes Versagen des Kreislaufsystems bei Frauen häufiger auf als bei Männern (siehe auch Anhangtab. A 8.4 und A 8.5).

8.7 Müttersterblichkeit

In der Bundesrepublik Deutschland ist die Müttersterblichkeit [1]). in den letzten Jahrzehnten stetig gesunken und hat sich auf einem, auch im internationalen Vergleich, niedrigen Niveau stabilisiert. Die Zahl der gestorbenen Mütter betrug 1995 nur noch gut ein Zehntel der Zahl von 1970 (siehe Anhangtab. A 8.6). In dieser Abnahme kommen allerdings auch die rückläufigen Geburtenzahlen zum Ausdruck. Doch zeigt auch der Bezug auf die Lebendgeborenen von 1970 bis 1995 einen deutlichen Rückgang auf etwas mehr als ein Neuntel des Wertes von 1970.

Es ist unverkennbar, daß die Risiken für Mutter und Kind steigen, je älter die Schwangeren sind und je mehr Belastungen sie ihrem Körper zumuten. wie z. B. Rauchen oder schwere Tätigkeiten. Bei Müttern ab 35 Jahren erhöht sich die Müttersterblichkeit gegenüber den jüngeren Müttern auf etwa das Doppelte.

8.8 Schwangerschaftsabbrüche

Obwohl die Statistiken über Schwangerschaftsabbrüche auch für vorhergehende Zeiträume vorliegen (für die Bundesrepublik Deutschland seit 1976 und für die ehemalige DDR von 1974 bis 1990), ist eine Zeitreihenbetrachtung der Schwangerschaftsabbrüche in Deutschland wegen der sich mehrfach geänderten Rechtslage und Methodik der Erhebung nicht angebracht. Zudem sind die absoluten Angaben für das frühere Bundesgebiet bis 1995 und für die neuen Bundesländer ab 1991 aufgrund der bis dahin gültigen anonymen Auskunftspflicht für niedergelassene Ärzte und Krankenhäuser und dem darauf beruhenden Dunkelbereich mit Vorbehalt zu betrachten. In der ehemaligen DDR wurde die Zahl der Schwangerschaftsabbrüche bis zum Jahre 1990 über das „Krankenblattprojekt" erfaßt, da sie nur stationär durchgeführt werden durften. Damit ist anzunehmen, daß dort alle Fälle gemeldet worden sind.

---

1) Nach der Definition der Weltgesundheitsorganisation (WHO) gilt als Müttersterbefall der Tod jeder Frau während der Schwangerschaft oder innerhalb von 42 Tagen nach Beendigung der Schwangerschaft, unabhängig von Dauer und Sitz der Schwangerschaft. Dabei gilt jede Ursache, die in Beziehung zur Schwangerschaft oder deren Behandlung steht oder durch diese verschlimmert wird, nicht aber Unfälle und zufällige Ereignisse.

Abb. 8.3: Schwangerschaftsabbrüche 1996 in Deutschland

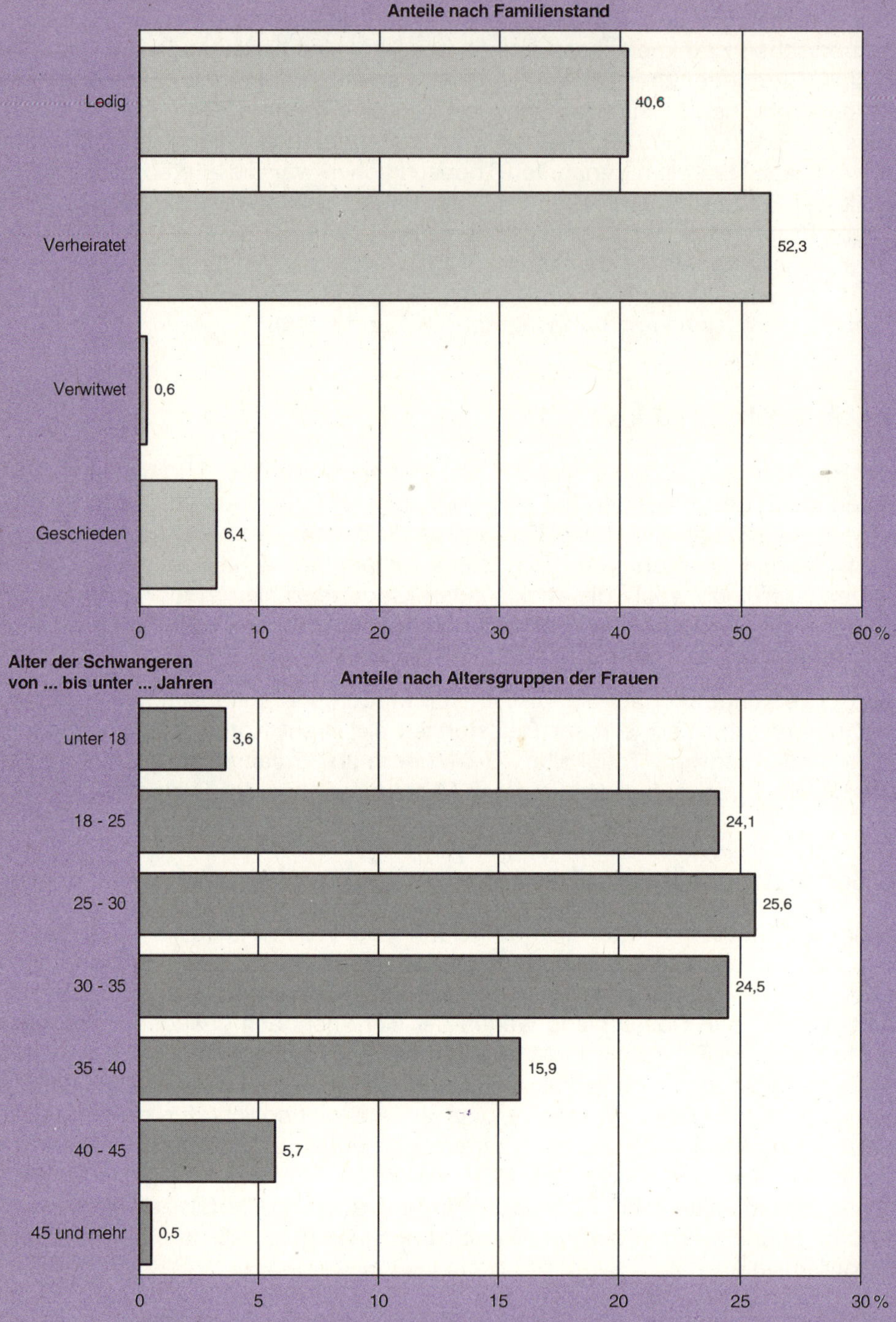

Statistisches Bundesamt 98 - 2 - 0241

Trotz verbesserter Methodik und kontrollierbarer Auskunftspflicht ab 1996 muß auch weiterhin, wenn auch mit einer weitaus geringeren Dunkelziffer gerechnet werden. Angaben über die im Ausland durchgeführten Schwangerschaftsabbrüche sind in der Erhebung nicht enthalten und sind auch nicht bekannt.

Die Erfassung und Auswertung nach dem Wohnland der Schwangeren erfolgt erst seit Januar 1996. Unterschiede sind beim Vergleich der statistischen Ergebnisse zwischen dem früheren Bundesgebiet und den neuen Bundesländern zu beobachten, wobei Berlin vollständig dem früheren Bundesgebiet zugeordnet ist. So wurden im Berichtsjahr 1996 in Deutschland 130 899 legale Schwangerschaftsabbrüche an das Statistische Bundesamt gemeldet. Davon entfielen auf das frühere Bundesgebiet 100 305 und auf die neuen Bundesländer 29 526. Gut die Hälfte der Eingriffe (52 %) wurden in einer ambulanten Praxis vorgenommen. In den neuen Ländern wurden vorwiegend Krankenhäuser aufgesucht (62 %), im früheren Bundesgebiet hingegen nur in 38 % der Fälle. 6 % der Frauen ließen den Eingriff in einer Einrichtung außerhalb ihres Wohnlandes vornehmen.

In 3,6 % der Fälle handelte es sich um Minderjährige. Der Anteil betrug hier im früheren Bundesgebiet 3,5 %, in den neuen Bundesländern 4,2 %. Mehr als die Hälfte der Frauen war verheiratet (früheres Bundesgebiet 51 %, neue Bundesländer 57 %).

In 25 % der Fälle hatte die Schwangere ein und in 38 % aller Fälle mehrere Kinder zu versorgen, rund 37 % der Frauen hatten zum Zeitpunkt des Schwangerschaftsabbruchs noch keine Kinder geboren (früheres Bundesgebiet 41 %, neue Bundesländer 20 %). Bei den Frauen zwischen 30 und 35 Jahren entschieden sich rund 14 % gegen die Schwangerschaft, obwohl in ihrem Haushalt bisher keine Kinder leben. Im Alter von 35 bis 40 Jahren betraf das noch fast 6 Prozent der Schwangeren.

Überwiegend (86,6 %) wurde der Schwangerschaftsabbruch durch Vakuumaspiration (Absaugung) ausgelöst. Da nur bei einer medizinischen Indikation der Eingriff jenseits der zwölften Schwangerschaftswoche zulässig ist, lag der Zeitpunkt im wesentlichen (98,4 %) vor der 13. Schwangerschaftswoche (davon 8,5 % vor der sechsten, bei 70,5 % zwischen der sechsten und zehnten sowie 19,4 % in der elften und zwölften Schwangerschaftswoche der Gravidität). (Näheres siehe auch Anhangtab. A 8.7 bis A 8.9.)

8.9 Frauen im Straßenverkehr: Geringeres Risiko zu verunglücken und seltener schuld an Unfällen als Männer

Das Risiko für Frauen, im Straßenverkehr zu verunglücken, ist deutlich geringer als das der Männer: 42 % aller Verunglückten und 26 % aller Getöteten im Straßenverkehr waren 1996 weiblichen Geschlechts. Dies wird auch deutlich, wenn man die Verunglücktenzahlen auf die Einwohnerzahl des jeweiligen Geschlechts bezieht: Je 100 000 Einwohner verunglückten 498 Frauen, aber 732 Männer im Straßenverkehr. Bei den Getöteten sind die Unterschiede zwischen den beiden Geschlechtern noch gravierender: Je 1 Mill. Einwohner starben 55 Frauen und 162 Männer im Straßenverkehr, damit wurden – bezogen auf die Einwohner – fast dreimal so viele Männer wie Frauen im Straßenverkehr getötet. Das im Vergleich zu den Männern geringere Unfallrisiko der Frauen betrifft alle Altersjahrgänge von den Kindern bis zu den Senioren bzw. Seniorinnen.

Abb. 8.4: Verunglückte 1996 nach Altersjahren je 100 000 Einwohner

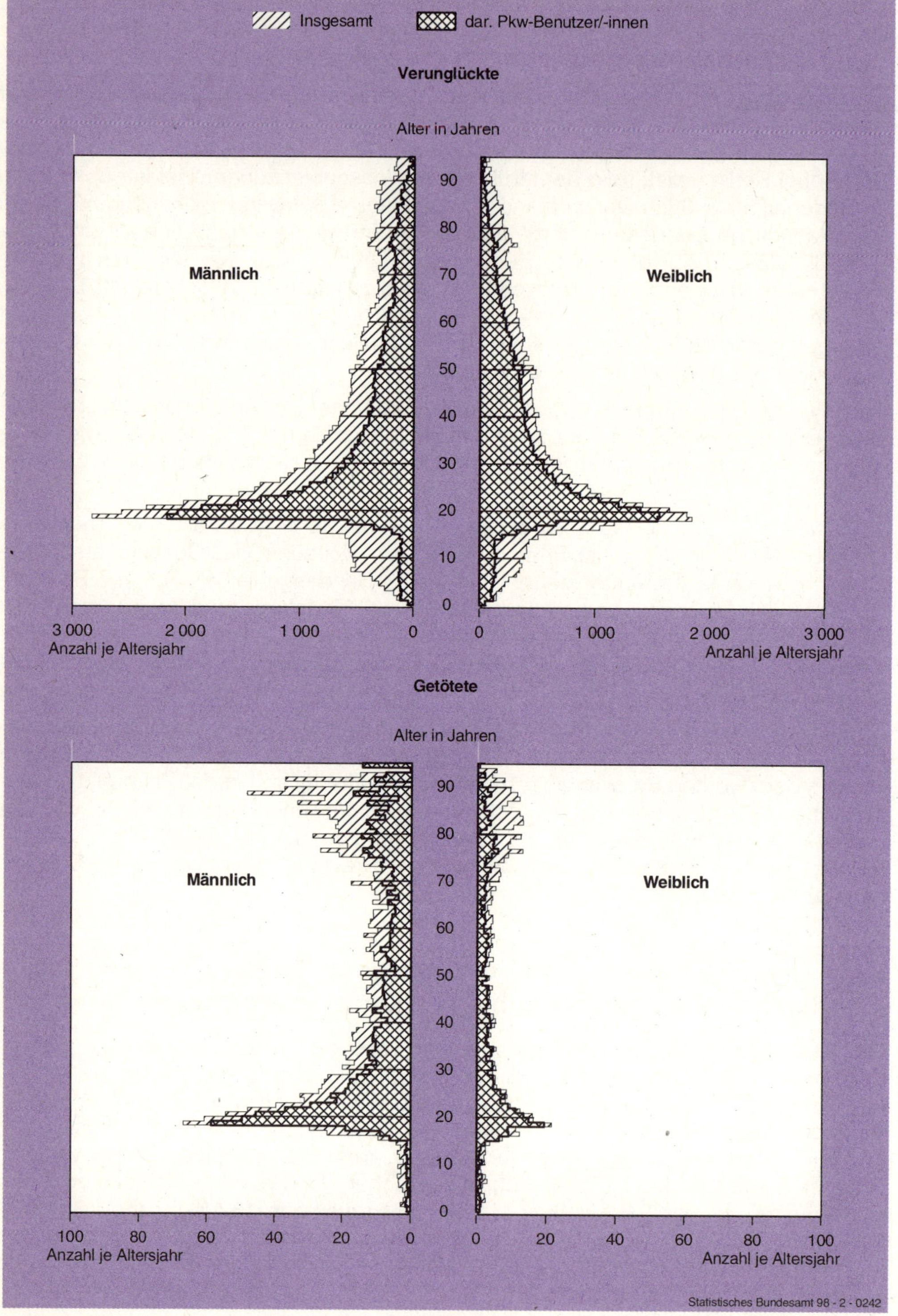

Wie bei den Männern sind Frauen im Alter zwischen 18 und 21 Jahren besonders unfallgefährdet: Je 1 Mill. Einwohner kamen hier 181 Frauen bei Straßenverkehrsunfällen ums Leben (Männer: 607). Deutlich geringer ist der Wert für Mädchen unter 15 Jahren mit 23 Getöteten je 1 Mill. Einwohner, für die der geringste Wert ermittelt wurde.

Seniorinnen über 65 Jahren sind – bezogen auf die jeweiligen Einwohnerzahlen – die Altersgruppe, die am seltensten bei Verkehrsunfällen verunglücken, nämlich 227 Seniorinnen je 100 000 Einwohner. Dies dürfte auch bedingt sein durch die geringere Verkehrsteilnahme der älteren Frauen. Diese haben jedoch mit 75 Getöteten je 1 Mill. Einwohner nach den 18- bis 20jährigen (181) und den Jugendlichen (104) das drittgrößte Risiko, im Straßenverkehr getötet zu werden. Hierin spiegelt sich zum einen die mit zunehmendem Alter nachlassende körperliche Widerstandskraft wider, zum anderen aber ist dieses höhere Risiko bedingt durch die Art der Verkehrsteilnahme: Ältere Frauen nehmen sehr häufig als (ungeschützte) Fußgängerinnen am Verkehr teil und sind daher einem größeren Risiko als Pkw-Fahrerinnen ausgesetzt, schwerwiegende Verletzungen zu erleiden.

Im Jahr 1996 verunglückten insgesamt 209 291 Frauen und Mädchen im Straßenverkehr. An den Unfallfolgen verstarben davon 2 319, 43 257 Frauen und Mädchen wurden schwer- und 163 715 leichtverletzt.

Die überwiegende Mehrheit der verunglückten Frauen kam im Pkw zu Schaden, nämlich 149 272 oder 71 %. 1 513 von ihnen wurden getötet. Besonders die Altersgruppen zwischen 18 und 45 Jahre verunglückten sehr häufig mit dem Pkw, die Anteile liegen jeweils bei über 80 %. Die getöteten 18- bis 24jährigen kamen sogar zu 89 % als Pkw-Insassinnen ums Leben. Frauen sitzen anscheinend noch immer seltener selbst am Steuer als Männer. Während nahezu fast die Hälfte (46 %) der Pkw-Insassinnen als Mitfahrerinnen verunglückten, saß nur jeder vierte verunglückte männliche Pkw-Fahrer nicht selbst am Steuer. Bei den Getöteten waren sogar 52 % der Frauen nur Mitfahrerinnen.

Tab. 8.4: Verunglückte Frauen im Straßenverkehr 1996 nach Art der Verkehrsbeteiligung

Im Alter von ... bis unter ... Jahren	Insgesamt	Darunter: Fahrer/-innen und Mitfahrer/-innen von Pkw	Fahrräder	Fußgänger/-innen
		% von insgesamt		
unter 15	20 269	*41,2*	*25,0*	*29,7*
15 - 18	12 333	*51,2*	*16,8*	*8,4*
18 - 25	43 988	*84,0*	*6,5*	*2,9*
25 - 35	45 708	*81,5*	*8,1*	*3,6*
35 - 45	29 049	*80,1*	*9,0*	*5,0*
45 - 55	21 333	*75,8*	*12,3*	*6,7*
55 - 65	17 982	*66,8*	*17,4*	*10,2*
65 und mehr	18 453	*48,0*	*18,1*	*26,2*
Ohne Angabe	176	*37,5*	*38,1*	*21,0*
Insgesamt	**209 291**	***71,3***	***12,2***	***9,3***

25 500 oder 12 % der Frauen verunglückten als Benutzerin eines Fahrrades, 174 von ihnen wurden getötet. Mit dem Fahrrad verunglückten relativ häufig Mädchen

unter 15 Jahren (zu 25 %) und ältere Frauen über 55 Jahre (zu 18 %) – also Altersgruppen, die noch nicht bzw. häufig nicht selbst über einen Pkw verfügen.

Als Fußgängerinnen kamen 19 566 bzw. 9,3 % der verunglückten Frauen zu Schaden. Auch hier waren Mädchen bzw. ältere Frauen besonders betroffen: Nahezu jedes dritte Mädchen unter 15 Jahren (30 %) und jede vierte Seniorin über 65 Jahre (26 %), die bei Unfällen zu Schaden kamen, verunglückten als Fußgängerinnen. Bei den Getöteten kam jedes dritte Mädchen (36 %) und nahezu die Hälfte aller Seniorinnen als Fußgängerinnen ums Leben. (Näheres siehe auch Anhangtab. A 8.10.)

Frauen fahren noch immer relativ selten mit motorisierten Zweirädern und verunglücken folglich auch deutlich seltener als Männer mit diesen Verkehrsmitteln: Nur 4,3 % der Frauen verunglückten mit einem Mofa, Moped oder Motorrad, dagegen waren es bei den Männern 15 %.

Abb. 8.5: Verunglückte 1996 nach Art der Verkehrsbeteiligung und Geschlecht

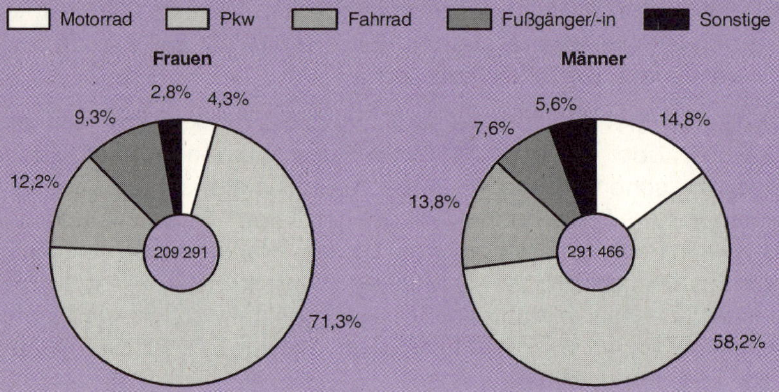

Statistisches Bundesamt 98 - 2 - 0243

31 % (bzw. 149 892) der 478 854 an Straßenverkehrsunfällen mit Personenschaden beteiligten Pkw wurden 1996 von Frauen gesteuert. Im früheren Bundesgebiet saß bei 32 % der an einem Unfall beteiligten Pkw eine Frau am Steuer, in den neuen Ländern und Berlin-Ost dagegen nur bei 27 %. Dieser Unterschied dürfte auch mit der zur Zeit noch geringeren Pkw-Verfügbarkeit in den neuen Ländern – u. a. weniger Zweitwagen – zusammenhängen. Am 1. Juli 1996 waren im früheren Bundesgebiet 515 Pkw je 1 000 Einwohner zugelassen, in den neuen Ländern und Berlin-Ost nur 455. Im früheren Bundesgebiet ist mit der Pkw-Verfügbarkeit auch der Anteil der unfallbeteiligten Autofahrerinnen beständig angestiegen: 1966 wurden bei 174 registrierten Pkw je 1 000 Einwohner 10 % der an einem Unfall beteiligten Pkw von einer Frau gesteuert, 1976 waren es 21 % bei 306 Pkw je 1 000 Einwohner und 1986 bereits 28 % bei 441 Pkw je 1 000 Einwohner.

Aus diesen Daten kann nicht auf das Fahrverhalten des weiblichen Geschlechts geschlossen werden, da sowohl die Pkw-Verfügbarkeit als auch die Fahrleistung von Frauen noch immer geringer ist als die von Männern. Mehr als die Hälfte (52 %) der

Frauen verfügt nicht und auch nicht zeitweise über einen Pkw. Insbesondere Frauen über 60 Jahre verfügen nur sehr selten (zu 15 %) ständig bzw. zeitweise über einen Pkw [1]). Sind Frauen im Besitz eines Pkw, so liegt die von ihnen erbrachte durchschnittliche Fahrleistung mit 11 400 km pro Jahr deutlich unter der Fahrleistung von Pkw's mit männlichen Hauptnutzern (14 400 km pro Jahr). Frauen bis 34 Jahre erbringen eine durchschnittliche Fahrleistung von 12 100 bis 12 800 km pro Jahr, jenseits dieser Altersgrenze sinkt die Fahrleistung mit zunehmendem Alter der Nutzerin bis auf 7 000 km pro Jahr bei den über 60jährigen. Insgesamt werden unter 40 % der gesamten Jahresfahrleistung privater Pkw von Fahrzeugen erbracht, deren Hauptnutzer Frauen sind [2]).

Geeignet für die Beurteilung der Fahrqualität sind Analysen der Unfallverursachung. Danach trugen Pkw-Fahrerinnen nicht so häufig die Hauptschuld am Unfall, in dem sie verwickelt waren, wie die Pkw-Fahrer. 55 % der unfallbeteiligten Männer waren Hauptverursacher eines Unfalls mit Personenschaden, aber nur 51 % der unfallbeteiligten Frauen. In allen Altersgruppen bis unter 55 Jahre wurden für das weibliche Geschlecht günstigere Werte als für die Männer ermittelt. Nur bei den Altersgruppen über 55 Jahre wurden für die Männer geringere Werte als für die Frauen festgestellt.

Unfälle, die von Pkw-Fahrerinnen verursacht wurden, waren zudem meist weniger folgenschwer als die von Pkw-Fahrern. Je 1 000 Unfälle mit Personenschaden, bei denen eine Frau Hauptverursacherin war, verunglückten insgesamt 1 392 Personen, davon wurden 14 Personen getötet, 278 schwer- und 1 100 leichtverletzt. Bei den von Pkw-Fahrern verursachten Unfällen verunglückten je 1 000 Unfälle mit Personenschaden 1 425 Personen, davon wurden 29 Personen getötet, 317 schwer- und 1 079 leichtverletzt.

Auch bei den anderen Arten der Verkehrsteilnahme trugen Frauen seltener die Schuld am Zustandekommen eines Unfalls als Männer. Besonders hoch sind die Unterschiede bei den Fahrradfahrern und Fußgängern. 34 % der an einem Unfall verwickelten Fahrradfahrerinnen, aber 46 % der beteiligten Fahrradfahrer sowie 29 % der beteiligten Fußgängerinnen, aber 39 % der beteiligten Fußgänger galten als Verursacher des Unfalls. Nur als Fahrerinnen eines Motorrades, Omnibusses oder Güterkraftfahrzeuges sind Frauen, wenn es zu einem Unfall gekommen ist, häufiger als Männer die Verursacher dieses Unfalls.

Bei der Analyse der Unfallursachen ergeben sich ebenfalls deutliche geschlechtsspezifische Unterschiede: Zwar stellte bei beiden Geschlechtern die Unfallursache „nicht angepaßte Geschwindigkeit" das häufigste Fehlverhalten dar, diese wurde mit 18 % den Autofahrern von der Polizei erheblich häufiger vorgeworfen als den Autofahrerinnen mit 12 %. Frauen fielen im Vergleich zu den Männern seltener durch „Alkoholeinfluß" (1,5 % zu 6,6 %) sowie durch „Fehler beim Überholen" (1,8 % zu 3,0 %) auf; sie begingen dagegen häufiger Vorfahrts-/Vorrangfehler (12 % zu 10 %) sowie „Fehler beim Abbiegen, Wenden etc." (10 % zu 9,5 %) als die männlichen Pkw-Fahrer.

---

1) Daten von 1991; Quelle: Sozio-ökonomisches Panel, Berechnungen des Deutschen Instituts für Wirtschaftsforschung. - 2) Quelle: Bundesanstalt für Straßenwesen: Inländerfahrleistung 1993.

Auch was die Motorleistung der benutzten Fahrzeuge betrifft, zeigen sich auffallende geschlechtsspezifische Unterschiede: Frauen waren im Vergleich zu den Männern häufiger mit leistungsschwächeren Fahrzeugen in Unfälle verwickelt. 19 % der unfallbeteiligten Frauen waren Fahrzeugführer eines Pkw mit einer Motorleistung unter 40 kW (54 PS), dagegen waren dies nur 7,8 % der Männer. 48 % der Frauen und 41 % der Männer saßen beim Unfall am Steuer eines Pkw mit einer Motorleistung zwischen 40 und 60 kW (54 bis 80 PS). Einen Pkw mit 75 bis 90 kW (102 bis 122 PS) Motorleistung fuhren 9,2 % der unfallbeteiligten Frauen, aber 15 % der unfallbeteiligten Männer. Am Steuer eines Pkw mit über 90 kW (122 PS) Motorleistung saßen nur 7,9 % der Frauen, aber 16 % der Männer.

8.10 Rauchgewohnheiten

Trotz der Warnungen vor den gesundheitlichen Gefahren des Rauchens verzichten viele Bundesbürger nicht darauf. So stuften sich im April 1995 über ein Viertel (26,7 %) der Bevölkerung im Alter von 10 und mehr Jahren mit Angaben zu den Rauchgewohnheiten als Raucher ein. Deutliche Unterschiede in den Rauchgewohnheiten traten bei den regelmäßigen Rauchern hinsichtlich Alter und Geschlecht auf.

Der Anteil der regelmäßig rauchenden Frauen war in allen Altersklassen niedriger als bei den Männern. Insgesamt betrug die Quote der regelmäßigen Raucher bei der männlichen Bevölkerung 29,4 %, bei der weiblichen dagegen „nur" 16,8 %.

Abb. 8.6: Regelmäßige Zigarettenraucher und -raucherinnen 1995[1)]

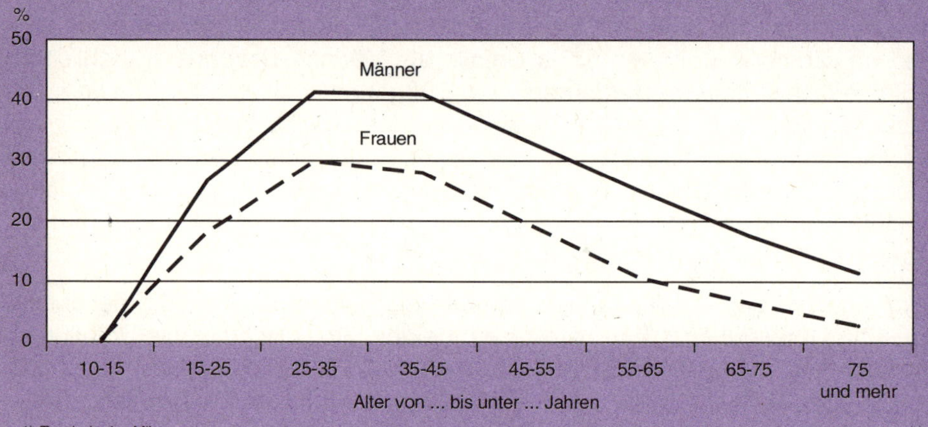

1) Ergebnis des Mikrozensus.

Statistisches Bundesamt 98 - 2 - 0244

Auch hinsichtlich der Höhe des täglichen Zigarettenkonsums gab es geschlechtsspezifische Unterschiede. So war bei den männlichen regelmäßigen Zigarettenrauchern fast jeder fünfte als starker Raucher (tagesdurchschnittlicher Konsum von mehr als 20 Zigaretten) einzustufen, bei den Frauen nur jede achte (siehe auch Anhangtab. A 8.11).

Der Familienstand hat ebenfalls Einfluß auf das Rauchverhalten. Geschiedene Personen haben unabhängig vom Geschlecht in allen Altersgruppen die höchsten Raucheranteile und dies insbesondere bei den starken Rauchern. In der Altersgruppe der 15- bis unter 40jährigen bezeichneten sich bei den geschiedenen Männern 61,5 % als regelmäßige und 19,5 % als starke Raucher, die geschiedenen Frauen rauchten hier zu 51,7 % regelmäßig und 9,6 % stark. In diesem Alter rauchten Ledige weniger (Männer 37,5 %, Frauen 27,9 %) als Verheiratete (47,5 % bzw. 32,6 %). Mit steigendem Alter rauchten ledige Personen im Vergleich zu verheirateten häufiger.

Deutliche Unterschiede in den Raucherquoten traten in Abhängigkeit vom ausgeübten Beruf auf. Bei den weiblichen Erwerbstätigen standen die Berufskraftfahrerinnen, die Fuhr- und Taxiunternehmerinnen und die in Hotel- und Gaststättenberufen tätigen Frauen mit einer Raucherquote von jeweils 44 % an erster Stelle. Hohe Prozentsätze (40 %) ergaben sich ebenfalls für weibliche Befragte, die in eher klassischen Männerberufen wie Hoch-, Tief- und Ausbau oder Wach- und Sicherheitsdienst arbeiteten. Ärztinnen, Apothekerinnen und Lehrerinnen nehmen mit jeweils 18 % das Ende der Rangfolge ein.

8.11 Gesundheit und soziale Integration

Die in den bisherigen Abschnitten dargestellten Ergebnisse zum Krankheitsgeschehen und Gesundheitszustand beleuchten objektive Sachverhalte. Die subjektive Einschätzung der Gesundheit ist jedoch nicht nur vom Vorhandensein oder Nichtvorhandensein von Krankheiten oder gesundheitlichen Beeinträchtigungen abhängig. So umfaßt nach der Definition der Weltgesundheitsorganisation Gesundheit auch ein zufriedenstellendes Maß an sozialer Integration. Diesbezüglich haben eine Vielzahl von Studien gezeigt, daß bei der Beurteilung des eigenen Gesundheitszustandes die Intensität der zwischenmenschlichen Lebenszusammenhänge und die Einbindung in familiäre und nachbarschaftliche Netzwerke eine große Rolle spielen. Diesem Zusammenhang zwischen sozialer Integration und eigenem gesundheitlichen Befinden soll mit Hilfe ausgewählter Daten des Europäischen Haushaltspanels nachgegangen werden.

Die Ergebnisse beziehen sich auf die Bevölkerung der Bundesrepublik Deutschland im Alter von mindestens 16 Jahren, sie werden aber auch getrennt für die Bevölkerung der alten und neuen Bundesländer dargestellt. Der Schwerpunkt liegt auf folgender Frage: Unterscheidet sich der individuell wahrgenommene allgemeine Gesundheitszustand von Frauen und Männern, und gibt es diesbezüglich Unterschiede in der gesundheitlichen Befindlichkeit abhängig von der Häufigkeit sozialer Kontakte?

Der Grad sozialer Integration wird hier durch die Häufigkeit der Kontakte zu Freunden und Verwandten und zu Nachbarn gemessen. Wenn Personen nicht zum eigenen Haushalt gehörende Freunde und Verwandte mindestens ein- oder zweimal pro Woche sehen, wird dies als „rege" Kontakthäufigkeit angesehen, und das gilt auch noch, wenn diese Treffen in der Regel ein- oder zweimal im Monat stattfinden und darüber hinaus fast täglicher Kontakt zu Nachbarn besteht. Die Hineinnahme von Kontakthäufigkeiten zu Nachbarn mag auf den ersten Blick unplausibel erscheinen, aber wegen der räumlichen Nähe sind sie im allgemeinen schneller und leichter erreichbar als Freunde und Verwandte und aus diesem Grund eine wichtige Quelle für Sozialkontakte und soziale Unterstützung. Personen mit „geringer" Kontakthäufigkeit sehen Freunde und Verwandte seltener als einmal im Monat und haben höchstens ein- bis zweimal pro Monat Kontakt mit Nachbarn, oder sie gehören sogar in die Gruppe, die Freunde und Verwandte eigentlich nie sehen und sich höchstens ein- bis zweimal wöchentlich mit Nachbarn unterhalten, einige wenige tun selbst das so gut wie nie. Personen, die zwischen diesen beiden Gruppen liegen, wird „mäßige" Kontakthäufigkeit zugeordnet.

Die Frage nach dem allgemeinen Gesundheitszustand hat sich in der empirischen Gesundheitsforschung als verläßlicher Indikator für das Vorhandensein bzw. das Fehlen von Beschwerden und Krankheiten erwiesen. Als stabiles situationsübergreifendes Maß bezieht es sich jedoch nicht unbedingt auf den aktuellen objektiven Gesundheitszustand. Betrachtet man die gesamte Bevölkerung, so beurteilen 66 % ihren Gesundheitszustand mit „sehr gut" oder „gut" und 34 % mit „mäßig", „schlecht" oder „sehr schlecht" (vgl. Tab. 8.5). Werden Männer und Frauen getrennt betrachtet, so zeigen sich geschlechtsspezifische Unterschiede: 70 % der Männer geben ihren Gesundheitszustand mit „sehr gut" oder „gut" an, während sich nur 63 % der Frauen in eine dieser Kategorien einordnen. Dieses Ergebnis ist nicht neu. In anderen Untersuchungen konnte gezeigt werden, daß Frauen ihre gesundheitliche Befindlichkeit bewußter und kritischer wahrnehmen und auch Ärzte öfter konsultieren als Männer. Besonders ausgeprägt ist der Unterschied zwischen Männern und Frauen in den neuen Bundesländern. Während auch hier 69% aller Männer ihren Gesundheitszustand mit „sehr gut" oder „gut" beurteilen, tun dies nur 59 % aller Frauen und 41 % bewerten ihn mit „mäßig" bis „sehr schlecht".

Tab. 8.5: Subjektive Bewertung des Gesundheitszustandes*)

Allgemeiner Gesundheitszustand	Deutschland			Früheres Bundesgebiet			Neue Länder und Berlin-Ost		
	insgesamt	Männer	Frauen	insgesamt	Männer	Frauen	insgesamt	Männer	Frauen
	%								
Sehr gut	16	18	15	17	18	15	15	17	13
Gut	50	52	48	50	52	48	49	52	46
Mäßig	25	23	28	25	23	27	28	24	32
Schlecht	7	6	8	7	6	8	6	(5)	(7)
Sehr schlecht	2	(2)	(2)	2	(2)	(3)	/	/	/

*) Betrachtet wird nur die Bevölkerung im Alter von mindestens 16 Jahren.

Quelle: Deutsche Stichprobe des Europäischen Haushaltspanels – Welle 1 (1994)

Tab. 8.6 zeigt den Grad der sozialen Integration, d. h. die Kontakthäufigkeit zu Freunden und Verwandten und zu Nachbarn. 79 % aller Personen geben an, regen Kontakt zu haben, während 18 % mäßigen Kontakt und nur 3 % geringen Kontakt haben. Betrachtet man die Verteilung getrennt nach alten und neuen Bundesländern, so lassen sich deutliche Unterschiede erkennen. 80 % der Bevölkerung in den alten Bundesländern haben regen Kontakt zu Freunden und Verwandten und zu Nachbarn, 7 Prozentpunkte mehr als in den neuen Bundesländern; dort sind es nur 73 %. Entsprechend häufiger wird von Personen in den neuen Bundesländern angegeben, lediglich mäßigen Kontakt zu haben. Möglicherweise spiegeln sich in diesen Zahlen die Auswirkungen des gesellschaftlichen Umbruchs und der häufig schwierigen wirtschaftlichen Situation, die für die meisten Menschen in den neuen Bundesländern mit großen Brüchen verbunden waren und auch noch sind. Werden Männer und Frauen innerhalb der beiden Gebietsstände verglichen, so fällt auf, daß Frauen sowohl in den alten (82 %) als auch in den neuen (74 %) Bundesländern über häufigere soziale Kontakte verfügen als die Männer (79 % bzw. 70 %).

Tab. 8.6: Kontakthäufigkeit zu Freunden/Verwandten und Nachbarn*)

Kontakthäufigkeit zu Freunden/ Verwandten und Nachbarn	Deutschland			Früheres Bundesgebiet			Neue Länder und Berlin-Ost		
	insgesamt	Männer	Frauen	insgesamt	Männer	Frauen	insgesamt	Männer	Frauen
	%								
Rege	79	77	81	80	79	82	73	70	74
Mäßig	18	20	17	17	18	15	24	26	22
Gering	3	3	3	3	3	(3)	(4)	/	/

*) Betrachtet wird nur die Bevölkerung im Alter von mindestens 16 Jahren.

Quelle: Deutsche Stichprobe des Europäischen Haushaltspanels – Welle 1 (1994)

Wird der individuell wahrgenommene allgemeine Gesundheitszustand in Beziehung zur Häufigkeit der sozialen Kontakte gesetzt (vgl. dazu Tab. 8.7), zeigt sich, daß der Anteil der Personen mit regem sozialen Kontakt um so größer ist, je besser der subjektiv empfundene Gesundheitszustand eingeschätzt wird. Dieses Ergebnis sagt nichts über eine Kausalität zwischen Integration und gesundheitlicher Befindlichkeit aus, denn anzunehmen ist, daß die Beziehungen hier wechselseitig sind: Gesundheitliche Probleme können sich negativ auf die Kontakthäufigkeit auswirken, und umgekehrt steigt mit dem Grad der sozialen Integration auch das gesundheitliche Wohlbefinden. Auffällig ist jedoch, daß sich bei Männern, die ihren Gesundheitszustand mit höchstens „mäßig" bezeichnen, der Anteil derer mit regen Sozialkontakten ziemlich konstant ist, während dieser Anteil bei Frauen mit „sehr schlechtem" Befinden (56 %) um 22 Prozentpunkte niedriger ist als bei denen, die ihren Gesundheitszustand mit „mäßig" beschreiben (78 %). Es kann also vermutet werden, daß der Zusammenhang zwischen Kontakthäufigkeit und gesundheitlicher Befindlichkeit bei Frauen stärker ausgeprägt ist als bei Männern.

Tab. 8.7: Kontakthäufigkeit zu Freunden/Verwandten und Nachbarn und subjektive Bewertung des Gesundheitszustandes*)

Kontakthäufigkeit zu Freunden/Verwandten und Nachbarn	Allgemeiner Gesundheitszustand				
	sehr gut	gut	mäßig	schlecht	sehr schlecht
	%				
Rege	87	80	75	70	61
Männer	86	78	71	72	(68)
Frauen	89	82	78	69	(56)
Mäßig	12	18	21	26	/
Gering	/	2	(4)	/	/

*) Betrachtet wird nur die Bevölkerung im Alter von mindestens 16 Jahren.

Quelle: Deutsche Stichprobe des Europäischen Haushaltspanels – Welle 1 (1994)

Mai	199…
April	199…
April	199…
April	199…
April	199…
April	199…
Mai	199…
April	199…
April	199…

Tab. A 7.1: Abgeordnete des Deutschen Bundestages seit 1949

Tag der Wahl	Einheit	Abgeordnete [1]) Insgesamt	davon SPD	CDU, CSU [2])	F.D.P.	GRÜNE [3])	PDS	Sonstige
14.08.1949	Anzahl	410 [4])	136 [5])	141 [5])	53	–	–	80
	Frauen %	7,1	9,6	7,8	1,9	–	–	5,0
06.09.1953	Anzahl	509 [6])	162					
	Frauen %	8,8	13,0					
15.09.1957	Anzahl	519 [6])	181					
	Frauen %	9,2	12,2					
17.09.1961	Anzahl	521 [7])	203					
	Frauen %	8,3	10,3					
19.09.1965	Anzahl	518	217					
	Frauen %	6,9	8,8					
28.09.1969	Anzahl	518	237					
	Frauen %	6,6	7,6					
19.11.1972	Anzahl	518	242					
	Frauen %	5,8	5,4					
03.10.1976	Anzahl	518	224					
	Frauen %	7,3	6,7					
05.10.1980	Anzahl	519 [5])	228 [5])					
	Frauen %	8,5	8,3					
06.03.1983	Anzahl	520 [4])	202 [4])					
	Frauen %							
25.01.1987	Anzahl							
	Frauen %							
02.12.1990	Anzahl							
	Frauen %							
16.10.1994	Anzahl							
	Frauen %							

1) Jeweils nach dem St…
in Bayern; 1957 auch …
5) Einschl. 1 Überhan…
8) Davon 1 AL. – 9) Da…
12) Einschl. von 4 Über…

Tab. A 6.1: Krankenversicherung der Frauen im Apri… und Art des Versicherungsschu…

1 000

Krankenkasse/ -versicherung	Insgesamt	pflicht- versichert	freiwillig ver- sichert
Erwerbstätige			
Ortskrankenkasse	4 998	4 333	232
Innungskrankenkasse	648	535	41
Betriebskrankenkasse	859	702	43
Ersatzkasse	7 075	6 188	572

Tab. A 8.9: Schwangerschaftsabbrüche 1996 nach Begründung, Familienstand und Alter der Schwangeren

Familienstand / Alter der Schwangeren von … bis unter … Jahren	Insgesamt	Davon nach der Begründung des Abbruchs: allgemein-mediz. Indikatoren	psychiatrische Indikation	ethische (kriminol.) Indikation	Beratung… regelun…
	Anzahl	%			
Ledig					
unter 18	4 660	2,1	0,4	0,2	97,3
18 – 25	23 432	1,9	0,2	0,1	97,8
				0,0	97,5
				0,0	96,9
				0,1	95,8
				–	95,1
				–	90,3
				0,1	97,4
				–	93,8
				0,0	95,8
				0,0	95,4
				0,0	95,5

9 Anhangtabellen

Tab. A 5.1: Haushalte von Frauen als Inhaber von Wohnungen nach Eigentumsverhältnissen*)

…ushaltsstruktur	Inhaberhaushalte insgesamt	Eigentümerhaushalte		Hauptmieterhaushalte	
	1 000		%	1 000	%
Deutschland					
…n Frauen insgesamt	10 223,0	2 750,3			
…nhaushalte	6 344,6	1 448,7			
…lterer Menschen [1])	4 189,0	1 280,5			
…t Kind(ern) [2])	737,3	84,3			
…aushalte insgesamt	32 233,3	12 504,1			
Früheres Bundesge…					
…n Frauen zusammen	8 147,8	2 406,0			
…nhaushalte	5 212,2	1 298,2			
…lterer Menschen [1])	3 382,1	1 140,5			
…t Kind(ern) [2])	526,7	71,3			
…aushalte zusammen	26 112,9	10 906,5			
Neue Länder und Berli…					
…n Frauen zusammen	2 075,2	344,3			
…nhaushalte	1 132,5	150,6			

Tab. A 6.2: Haushalte von Empfänger/-innen laufende… unterhalt in Deutschland außerhalb von Einrichtun…

Haushaltstyp	Insgesamt [1])	Bruttobedarf	Bruttokaltmiete	Anger… net… Einkom…
		monatlicher Durchschni…		
Haushalte insgesamt	1 279 180	1 458	487	6…
darunter:				
Ehepaare ohne Kinder	85 133	1 620	546	7…
Ehepaare mit Kindern [2])	161 086	2 430	733	1 2…
mit einem Kind	57 050	1 973	647	9…
mit 2 Kindern	57 855	2 369	723	1 2…
mit 3 und mehr Kindern	46 181	3 073	851	1 7…
Einzeln nachgewiesene				

Verzeichnis der Anhangtabellen

Seite

Tab. A 1.1: Familienstand und Alter der Bevölkerung 1996*)

Alter von ... bis unter ... Jahren	Männlich zusammen	Männlich davon ledig	verheiratet	verwitwet	geschieden	Weiblich zusammen	Weiblich davon ledig	verheiratet	verwitwet	geschieden
					1 000					
unter 20	9 073	9 070	3	0	0	8 601	8 574	27	0	0
20 - 30	5 648	4 720	874	2	52	5 321	3 689	1 530	8	95
30 - 40	7 199	2 737	4 017	18	427	6 732	1 606	4 564	59	503
40 - 50	5 682	796	4 308	43	535	5 502	449	4 293	158	602
50 - 60	5 369	431	4 367	118	453	5 330	268	4 080	460	521
60 - 70	4 147	207	3 497	239	204	4 587	287	2 938	1 070	292
70 - 80	1 997	61	1 601	279	55	3 660	315	1 333	1 822	190
80 und mehr	841	31	456	339	15	2 325	187	217	1 848	73
Insgesamt	**39 955**	**18 053**	**19 123**	**1 038**	**1 741**	**42 057**	**15 375**	**18 980**	**5 425**	**2 277**
					%					
unter 20	*100*	*100*	*0,0*	*0,0*	*0,0*	*100*	*99,7*	*0,3*	*0,0*	*0,0*
20 - 30	*100*	*83,6*	*15,5*	*0,0*	*0,9*	*100*	*69,3*	*28,7*	*0,1*	*1,8*
30 - 40	*100*	*38,0*	*55,8*	*0,2*	*5,9*	*100*	*23,9*	*67,8*	*0,9*	*7,5*
40 - 50	*100*	*14,0*	*75,8*	*0,8*	*9,4*	*100*	*8,2*	*78,0*	*2,9*	*10,9*
50 - 60	*100*	*8,0*	*81,3*	*2,2*	*8,4*	*100*	*5,0*	*76,6*	*8,6*	*9,8*
60 - 70	*100*	*5,0*	*84,3*	*5,8*	*4,9*	*100*	*6,2*	*64,1*	*23,3*	*6,4*
70 - 80	*100*	*3,1*	*80,2*	*14,0*	*2,8*	*100*	*8,6*	*36,4*	*49,8*	*5,2*
80 und mehr	*100*	*3,7*	*54,2*	*40,3*	*1,7*	*100*	*8,0*	*9,3*	*79,5*	*3,1*
Insgesamt	***100***	***45,2***	***47,9***	***2,6***	***4,4***	***100***	***36,6***	***45,1***	***12,9***	***5,4***

*) Bevölkerungsfortschreibung am 31.12.

Tab. A 1.2: Familienstand und Alter der Bevölkerung in Deutschland 1950 bis 1996

Alter von ... bis unter ... Jahren	Bevölkerung insgesamt zusammen	Bevölkerung insgesamt davon ledig	verheiratet	verwitwet	geschieden	Weibliche Bevölkerung zusammen	Weibliche Bevölkerung davon ledig	verheiratet	verwitwet	geschieden
	1 000	%				1 000	%			
					1950 [1]					
unter 20	20 251	*99,7*	*0,3*	*0,0*	*0,0*	9 932	*99,4*	*0,6*	*0,0*	*0,0*
20 - 30	9 411	*55,3*	*42,7*	*0,9*	*1,1*	5 173	*48,6*	*48,3*	*1,5*	*1,6*
30 - 40	8 150	*14,3*	*76,4*	*6,1*	*3,2*	4 745	*13,8*	*72,5*	*10,0*	*3,7*
40 - 50	10 545	*9,1*	*81,5*	*6,7*	*2,7*	5 750	*11,0*	*74,9*	*11,0*	*3,1*
50 - 60	8 179	*8,6*	*77,6*	*11,7*	*2,1*	4 624	*11,7*	*67,7*	*18,0*	*2,6*
60 - 70	5 741	*7,6*	*65,3*	*25,7*	*1,5*	3 233	*10,3*	*50,6*	*37,4*	*1,7*
70 und mehr	3 806	*7,1*	*41,4*	*50,8*	*0,8*	2 115	*9,2*	*26,1*	*63,9*	*0,8*
Insgesamt	**66 084**	***43,8***	***46,3***	***8,6***	***1,4***	**35 572**	***41,4***	***43,9***	***12,9***	***1,8***
					1970 [2]					
unter 20	23 413	*99,0*	*1,0*	*0,0*	*0,0*	11 415	*98,2*	*1,8*	*0,0*	*0,0*
20 - 30	10 091	*38,2*	*59,8*	*0,2*	*1,8*	4 898	*25,7*	*71,5*	*0,3*	*2,4*
30 - 40	11 474	*9,9*	*86,4*	*0,7*	*3,0*	5 521	*8,1*	*87,2*	*1,2*	*3,6*
40 - 50	9 649	*7,5*	*85,9*	*3,1*	*3,5*	5 214	*9,6*	*80,7*	*5,1*	*4,5*
50 - 60	7 875	*6,5*	*76,1*	*13,4*	*4,1*	4 650	*8,5*	*65,3*	*21,2*	*5,1*
60 - 70	8 999	*7,1*	*65,4*	*24,1*	*3,4*	5 228	*9,4*	*49,9*	*36,6*	*4,1*
70 - 80	5 032	*8,4*	*45,4*	*43,8*	*2,4*	3 195	*11,3*	*28,6*	*57,3*	*2,9*
80 und mehr	1 536	*8,5*	*23,0*	*67,1*	*1,4*	1 010	*10,9*	*9,9*	*77,4*	*1,7*
Insgesamt	**78 069**	***39,2***	***49,9***	***8,8***	***2,1***	**41 133**	***35,9***	***47,1***	***14,2***	***2,7***
					1996 [2]					
unter 20	17 674	*99,8*	*0,2*	*0,0*	*0,0*	8 601	*99,7*	*0,3*	*0,0*	*0,0*
20 - 30	10 969	*76,7*	*21,9*	*0,1*	*1,3*	5 321	*69,3*	*28,7*	*0,1*	*1,8*
30 - 40	13 931	*31,2*	*61,6*	*0,6*	*6,7*	6 732	*23,9*	*67,8*	*0,9*	*7,5*
40 - 50	11 184	*11,1*	*76,9*	*1,8*	*10,2*	5 502	*8,2*	*78,0*	*2,9*	*10,9*
50 - 60	10 698	*6,5*	*79,0*	*5,4*	*9,1*	5 330	*5,0*	*76,6*	*8,6*	*9,8*
60 - 70	8 734	*5,7*	*73,7*	*15,0*	*5,7*	4 587	*6,2*	*64,1*	*23,3*	*6,4*
70 - 80	5 656	*6,6*	*51,9*	*37,1*	*4,3*	3 660	*8,6*	*36,4*	*49,8*	*5,2*
80 und mehr	3 165	*6,9*	*21,2*	*69,1*	*2,8*	2 325	*8,0*	*9,3*	*79,5*	*3,1*
Insgesamt	**82 012**	***40,8***	***46,5***	***7,9***	***4,9***	**42 057**	***36,6***	***45,1***	***12,9***	***5,4***

1) Volkszählungsergebnisse. – Ohne Saarland und Berlin. – 2) Bevölkerungsfortschreibung am 31.12.

Tab. A 1.3: Lebendgeborene und zusammengefaßte Geburtenziffer

Jahr	Anzahl	Je 1 000 Einwohner	Nichteheliche je 100 Lebendgeborene	Zusammengefaßte Geburtenziffer 1)
		Deutschland		
1946	921 677	*14,3*	*17,0*	.
1950	1 116 701	*16,3*	*10,6*	.
1960	1 261 614	*17,3*	*7,6*	.
1970	1 047 737	*13,5*	*7,2*	.
1980	865 789	*11,0*	*11,9*	.
1989	880 459	*11,2*	*15,5*	.
1990	905 675	*11,4*	*15,3*	*1 454,1*
1991	830 019	*10,4*	*15,1*	*1 331,9*
1992	809 114	*10,0*	*14,9*	*1 292,4*
1993	798 447	*9,8*	*14,8*	*1 278,2*
1994	769 603	*9,5*	*15,4*	*1 242,5*
1995	765 221	*9,4*	*16,1*	*1 248,9*
1996	796 013	*9,7*	*17,0*	*1 315,6*
		Früheres Bundesgebiet		
1946	732 998	*15,9*	*16,4*	.
1950	812 835	*16,3*	*9,7*	*2 100,2*
1960	968 629	*17,4*	*6,3*	*2 365,7*
1970	810 808	*13,4*	*5,5*	*2 016,3*
1980	620 657	*10,1*	*7,6*	*1 444,9*
1989	681 537	*11,0*	*10,2*	*1 395,4*
1990	727 199	*11,5*	*10,5*	*1 450,1*
1991	722 250	*11,3*	*11,1*	*1 421,8*
1992	720 794	*11,1*	*11,6*	*1 401,6*
1993	717 915	*11,0*	*11,9*	*1 392,6*
1994	690 905	*10,5*	*12,4*	*1 347,2*
1995	681 374	*10,3*	*12,9*	*1 339,3*
1996	702 688	*10,5*	*13,7*	*1 395,9*
		Neue Länder und Berlin-Ost		
1946	188 679	*10,2*	*19,3*	.
1950	303 866	*16,5*	*12,8*	.
1960	292 985	*16,9*	*11,6*	*2 328,3*
1970	236 929	*13,9*	*13,3*	*2 192,5*
1980	245 132	*14,6*	*22,8*	*1 941,8*
1989	198 922	*12,0*	*33,6*	*1 572,3*
1990	178 476	*11,1*	*35,0*	*1 517,7*
1991	107 769	*6,8*	*41,7*	*977,2*
1992	88 320	*5,6*	*41,8*	*830,4*
1993	80 532	*5,1*	*41,1*	*774,9*
1994	78 698	*5,1*	*41,4*	*772,2*
1995	83 847	*5,4*	*41,8*	*838,2*
1996	93 325	*6,0*	*42,4*	*947,7*

1) Summe der altersspezifischen Geburtenziffern je 1 000 Frauen im Alter von 15 bis 49 Jahren; in den neuen Ländern und Berlin-Ost bis 1980 im Alter von 15 bis 45 Jahren und 1989 im Alter von 15 bis 44 Jahren.

Tab. A 1.4: Ehepaare mit und ohne Kinder sowie Alleinerziehende in Deutschland nach Familienstand und Altersgruppen der Bezugsperson*)

Zeitpunkt		Insgesamt	Ehepaare ohne Kinder	Familien mit Kindern	Davon	
					Ehepaare	Alleinerziehende
		1 000	% von Insgesamt			
			unter 25 Jahren			
April	1991	467	*27,3*	*72,7*	*35,6*	*37,1*
Mai	1992	445	*27,5*	*72,5*	*36,4*	*36,1*
April	1993	413	*27,0*	*73,0*	*34,0*	*39,0*
April	1994	349	*26,5*	*73,5*	*33,4*	*40,1*
April	1995	325	*27,8*	*72,2*	*32,6*	*39,6*
April	1996	309	*27,9*	*72,1*	*30,7*	*41,4*
			25 bis unter 45 Jahren			
April	1991	8 645	*14,9*	*85,1*	*71,0*	*14,1*
Mai	1992	8 691	*14,8*	*85,2*	*70,6*	*14,6*
April	1993	8 738	*14,6*	*85,4*	*70,2*	*15,2*
April	1994	8 727	*14,6*	*85,4*	*69,4*	*16,0*
April	1995	8 669	*14,4*	*85,6*	*68,7*	*16,9*
April	1996	8 581	*14,5*	*85,5*	*67,9*	*17,6*
			45 bis unter 65 Jahren			
April	1991	9 401	*44,2*	*55,8*	*47,2*	*8,6*
Mai	1992	9 429	*45,2*	*54,8*	*46,3*	*8,5*
April	1993	9 455	*46,0*	*54,0*	*45,5*	*8,5*
April	1994	9 379	*46,4*	*53,6*	*45,1*	*8,5*
April	1995	9 369	*47,1*	*52,9*	*44,5*	*8,4*
April	1996	9 367	*47,7*	*52,3*	*43,7*	*8,6*
			65 Jahre und mehr			
April	1991	3 519	*80,0*	*20,0*	*10,2*	*9,8*
Mai	1992	3 654	*80,2*	*19,8*	*10,1*	*9,7*
April	1993	3 744	*80,6*	*19,4*	*10,0*	*9,3*
April	1994	3 904	*81,1*	*18,9*	*9,7*	*9,2*
April	1995	4 032	*81,6*	*18,4*	*9,6*	*8,8*
April	1996	4 106	*82,4*	*17,6*	*9,7*	*7,9*
			Insgesamt			
April	1991	22 032	*38,1*	*61,9*	*50,4*	*11,5*
Mai	1992	22 219	*38,7*	*61,3*	*49,7*	*11,6*
April	1993	22 351	*39,2*	*60,8*	*49,0*	*11,8*
April	1994	22 358	*39,8*	*60,2*	*48,2*	*12,1*
April	1995	22 395	*40,4*	*59,6*	*47,4*	*12,2*
April	1996	22 363	*41,1*	*58,9*	*46,5*	*12,4*

*) Ergebnisse des Mikrozensus. – Bevölkerung am Familienwohnsitz.– Einschl. der Alleinerziehenden, die Partner in einer nichtehelichen Lebensgemeinschaft sind. – Als Alleinerziehende zählen auch Väter und Mütter mit volljährigen Kindern.

Tab. A 2.1: Schüler/-innen in allgemeinbildenden Schulen*)

Bildungsbereich Schulart	Schüler/-innen im Schuljahr 1980/81 1) insgesamt (absolut)	1980/81 1) dar. weiblich (absolut)	1980/81 1) dar. weiblich (%)	1996/97 2) insgesamt (absolut)	1996/97 2) dar. weiblich (absolut)	1996/97 2) dar. weiblich (%)
Primarbereich	**2 785 992**	**1 360 664**	*48,8*	**3 740 630**	**1 831 736**	*49,0*
dar. Grundschulen	2 772 844	1 354 008	*48,8*	3 691 348	1 807 228	*49,0*
Sekundarbereich I	**5 307 083**	**2 620 809**	*49,4*	**5 113 440**	**2 535 848**	*49,6*
Schulartunabhängige Orientierungsstufe	319 379	155 335	*48,6*	378 937	183 711	*48,5*
Hauptschulen	1 952 201	896 177	*45,9*	1 121 534	493 787	*44,0*
Schulen mit mehreren Bildungsgängen	–	–	–	376 954	173 640	*46,1*
Realschulen	1 351 070	724 491	*53,6*	1 202 952	614 860	*51,1*
Gymnasien	1 495 507	754 006	*50,4*	1 552 702	842 447	*54,3*
Integrierte Gesamtschulen	174 102	83 239	*47,8*	448 929	210 909	*47,0*
Freie Waldorfschulen	14 824	7 561	*51,0*	31 432	16 494	*52,5*
Sekundarbereich II	**641 689**	**316 813**	*49,4*	**690 621**	**376 361**	*54,5*
Gymnasien	623 512	308 014	*49,4*	628 860	343 737	*54,7*
Integrierte Gesamtschulen	14 140	6 772	*47,9*	51 708	27 234	*52,7*
Freie Waldorfschulen	4 037	2 027	*50,2*	10 053	5 390	*53,6*
Sonderschulen 3)	**354 316**	**139 431**	*39,4*	**398 566**	**144 944**	*36,4*
Abendschulen und Kollegs	**35 215**	**17 502**	*49,7*	**45 082**	**23 460**	*52,0*
Abendhauptschulen	–	–	–	1 093	560	*51,2*
Abendrealschulen	8 939	3 932	*44,0*	13 493	6 678	*49,5*
Abendgymnasien	16 403	8 310	*50,7*	16 990	9 374	*55,2*
Kollegs	9 873	4 960	*50,2*	13 506	6 848	*50,7*
Insgesamt	**9 124 295**	**4 455 219**	*48,8*	**9 988 339**	**4 912 349**	*49,2*

*) Ohne Vorschulbereich. – 1) Früheres Bundesgebiet. – 2) Deutschland. – 3) Aufgliederung nach Bildungsbereichen nicht möglich.

Tab. A 2.2: Schüler/-innen in beruflichen Schulen

Schulart	Schüler/-innen im Schuljahr 1980/81 1) insgesamt (absolut)	1980/81 1) dar. weiblich (absolut)	1980/81 1) dar. weiblich (%)	1996/97 2) insgesamt (absolut)	1996/97 2) dar. weiblich (absolut)	1996/97 2) dar. weiblich (%)
Berufsvorbereitende Schulen	**610 886**	**327 389**	*53,6*	**538 700**	**255 103**	*47,4*
Berufsvorbereitungsjahr	41 726	18 418	*44,1*	65 198	24 586	*37,7*
Berufsgrundbildungsjahr 3)	64 829	21 842	*33,7*	39 966	11 680	*29,2*
Berufsaufbauschulen	21 712	6 543	*30,1*	2 851	1 017	*35,7*
Berufsfachschulen	325 601	223 626	*68,7*	197 579	111 499	*56,4*
Fachoberschulen	79 328	26 025	*32,8*	81 679	39 157	*47,9*
Fachgymnasien	54 524	22 672	*41,6*	90 179	42 762	*47,4*
Kollegschulen	23 166	8 263	*35,7*	61 248	24 402	*39,8*
Berufsausbildende Schulen	**1 963 021**	**830 767**	*42,3*	**1 912 554**	**872 864**	*45,6*
Berufsschulen im dualen System 4)	1 863 099	746 108	*40,0*	1 625 426	654 809	*40,3*
Berufsfachschulen	–	–	–	132 441	102 748	*77,6*
Kollegschulen	3 262	1 529	*46,9*	19 998	10 082	*50,4*
Schulen des Gesundheitswesens	96 660	83 130	*86,0*	134 689	105 225	*78,1*
Berufliche Fortbildung	**98 997**	**42 873**	*43,3*	**162 862**	**88 302**	*54,2*
Berufsober-/Technische Oberschulen	4 026	1 111	*27,6*	3 743	1 494	*39,9*
Fachschulen	84 889	33 425	*39,4*	151 200	80 452	*53,2*
Fach-/Berufsakademien	10 082	8 337	*82,7*	7 919	6 356	*80,3*
Insgesamt 5)	**2 672 904**	**1 201 029**	*44,9*	**2 614 116**	**1 216 269**	*46,5*

1) Früheres Bundesgebiet. – 2) Deutschland. – 3) Ab Schuljahr 1996/97 ohne Berufsgrundbildungsjahr in kooperativer Form. – 4) Ab Schuljahr 1996/97 einschl. Berufsgrundbildungsjahr in kooperativer Form. – 5) Ohne 157 Schüler (davon 65 Schülerinnen) in Kollegschulen, die nicht nach Ausbildungsart zuzuordnen sind.

Tab. A 2.3: Schulentlassene aus allgemeinbildenden und beruflichen Schulen*)

Abschlußart/ Zeugnisart	Schulentlassene im Schuljahr					
	1979/80 [1])			1995/96 [2])		
	insgesamt	dar. weiblich		insgesamt	dar. weiblich	
	absolut		%	absolut		%
Allgemeinbildende Schulen						
Ohne Hauptschulabschluß	111 647	42 546	*38,1*	78 747	27 735	*35,2*
Mit Hauptschulabschluß	393 812	180 333	*45,8*	231 585	99 404	*42,9*
Mit Realschulabschluß	316 543	173 485	*54,8*	345 976	180 018	*52,0*
Mit Fachhochschulreife	4 299	2 195	*51,1*	5 328	2 923	*54,9*
Mit allgemeiner Hochschulreife ...	149 173	71 877	*48,2*	208 889	114 573	*54,8*
Insgesamt ...	**975 474**	**470 436**	***48,2***	**870 525**	**424 653**	***48,8***
Nachrichtlich: Abendschulen und Kollegs						
Mit Hauptschulabschluß	91	32	*35,2*	1 412	790	*55,9*
Mit Realschulabschluß	2 941	1 333	*45,3*	2 292	1 116	*48,7*
Mit Fachhochschulreife	102	26	*25,5*	1 154	563	*48,8*
Mit allgemeiner Hochschulreife ...	6 902	3 173	*46,0*	6 537	3 774	*57,7*
Insgesamt ...	**10 036**	**4 564**	***45,5***	**11 395**	**6 243**	***54,8***
Berufliche Schulen						
Abgangszeugnis	89 910	43 306	*48,2*	162 208	66 349	*40,9*
Abschlußzeugnis	867 494	403 542	*46,5*	762 877	356 545	*46,7*
darunter mit						
Hauptschulabschluß	22 162	8 549	*38,6*	33 051	13 489	*40,8*
Realschulabschluß	61 393	36 072	*58,8*	56 138	30 480	*54,3*
Fachhochschulreife	48 263	18 300	*37,9*	66 816	29 461	*44,1*
Allgemeiner Hochschulreife [3]) ...	13 170	5 067	*38,5*	26 205	12 050	*46,0*
Ohne Angabe einer Zeugnisart	4 564	3 604	*79,0*	6 402	2 633	*41,1*
Insgesamt ...	**961 968**	**450 452**	***46,8***	**931 487**	**425 527**	***45,7***
Nachrichtlich: Schulen des Gesundheitswesens						
Abgangszeugnis	284	216	*76,1*	1 299	940	*72,4*
Abschlußzeugnis	34 877	29 501	*84,6*	36 391	27 908	*76,7*
Insgesamt ...	**35 161**	**29 717**	***84,5***	**37 690**	**28 848**	***76,5***

*) Ohne externe Abschlußprüfungen. – 1) Früheres Bundesgebiet. – 2) Deutschland. – 3) Einschl. fachgebundener Hochschulreife.

Tab. A 2.4: Hauptberufliche Lehrkräfte an allgemeinbildenden und beruflichen Schulen

Schulart	Lehrkräfte im Schuljahr 1980/81 [1] insgesamt absolut	1980/81 [1] dar. weiblich absolut	1980/81 [1] dar. weiblich %	1996/97 [2] insgesamt absolut	1996/97 [2] dar. weiblich absolut	1996/97 [2] dar. weiblich %
Allgemeinbildende Schulen						
Grundschulen	.	.	.	200 427	167 012	*83,3*
Schulartunabhängige Orientierungsstufe [3]	248 013	158 470	*63,9*	24 425	16 868	*69,1*
Hauptschulen	.	.	.	74 986	37 674	*50,2*
Schulen mit mehreren Bildungsgängen	.	.	.	25 596	17 518	*68,4*
Realschulen	64 122	33 634	*52,5*	73 664	43 464	*59,0*
Gymnasien	115 832	42 167	*36,4*	153 983	70 146	*45,6*
Integrierte Gesamtschulen [4]	23 927	11 144	*46,6*	41 468	23 960	*57,8*
Freie Waldorfschulen	.	.	.	4 955	2 595	*52,4*
Sonderschulen	40 793	25 974	*63,7*	63 434	44 873	*70,7*
Abendschulen und Kollegs	2 041	611	*29,9*	3 431	1 562	*45,5*
Insgesamt	**494 728**	**272 000**	***55,0***	**666 369**	**425 672**	***63,9***
Vollbeschäftigte Lehrkräfte	**402 952**	**189 535**	***47,0***	**438 754**	**221 417**	***50,5***
Teilbeschäftigte Lehrkräfte	**91 776**	**82 465**	***89,9***	**227 615**	**204 255**	***89,7***
Berufliche Schulen						
Berufsschulen im dualen System [5]	33 118	6 819	*20,6*	47 203	14 804	*31,4*
Berufsvorbereitungsjahr	.	.	.	4 663	1 589	*34,1*
Berufsgrundbildungsjahr	5 333	1 367	*25,6*	2 895	592	*20,4*
Berufsaufbauschulen	844	239	*28,3*	207	76	*36,7*
Berufsfachschulen	20 607	9 901	*48,0*	25 883	12 376	*47,8*
Fachoberschulen	3 765	649	*17,2*	4 900	1 446	*29,5*
Fachgymnasien	4 326	1 040	*24,0*	7 370	2 697	*36,6*
Kollegschulen	937	287	*30,6*	3 717	1 133	*30,5*
Berufsober-/Technische Oberschulen	181	48	*26,5*	352	112	*31,8*
Fachschulen	5 313	1 819	*34,2*	9 860	4 187	*42,5*
Fach-/Berufsakademien	680	396	*58,2*	1 033	564	*54,6*
Insgesamt	**75 104**	**22 565**	***30,0***	**108 083**	**39 576**	***36,6***
Vollbeschäftigte Lehrkräfte	**68 647**	**17 234**	***25,1***	**86 393**	**23 643**	***27,4***
Teilbeschäftigte Lehrkräfte	**6 457**	**5 331**	***82,6***	**21 690**	**15 933**	***73,5***
Nachrichtlich: Schulen des Gesundheitswesens						
Schulen des Gesundheitswesens	**2 515**	**1 996**	***79,4***	**7 298**	**5 334**	***73,1***
Vollbeschäftigte Lehrkräfte	.	.	.	.	.	.
Teilbeschäftigte Lehrkräfte	.	.	.	.	.	.

1) Früheres Bundesgebiet. – 2) Deutschland. – 3) 1980/81 einschl. Grund- und Hauptschulen. – 4) 1980/81 einschl. Freier Waldorfschulen. – 5) Ab Schuljahr 1996/97 einschl. Berufsgrundbildungsjahr in kooperativer Form.

Tab. A 2.5: Frauenanteile in verschiedenen Stadien der akademischen Laufbahn

Gegenstand der Nachweisung	Frauenanteile in % [1] 1980	1985	1990	1991	1992	1993	1994	1995	1996
Studienanfänger und -anfängerinnen	40,2	39,8	39,4	40,9	43,3	44,4	45,1	47,8	47,6 [2]
Studierende	36,7	37,8	38,3	38,7	39,7	40,2	40,8	41,6	42,5 [2]
Absolventen und Absolventinnen	34,1	36,8	36,5	37,1	38,6	38,9	40,6	40,7	.
Promotionen	19,6	24,1	27,8	28,2	28,9	30,6	31,2	31,5	.
Habilitationen	4,8	7,2	10,0	9,8	12,9	12,1	13,5	13,8	12,9
Professoren und Professorinnen [3]	5,3	5,1	5,5	5,7	6,5	6,9	7,5	8,2	.
Bevölkerung insgesamt	**52,2**	**52,2**	**51,6**	**51,5**	**51,5**	**51,4**	**51,4**	**51,3**	.

1) Bis einschließlich 1991 früheres Bundesgebiet; ab 1992 Deutschland (Ausnahmen: Absolventen und Absolventinnen sowie Promotionen: ab 1993 Deutschland). – 2) Vorläufiges Ergebnis. – 3) Vgl. dazu auch Abschn. 3.1.10.

Tab. A 2.6: Studienanfänger/-innen und Studienanfängerquote

Berichtsjahr	Durchschnitt der Bevölkerung im Alter von 18 bis unter 22 Jahren	Studienanfänger/-innen [1] (1. Hochschulsemester)	Studienanfängerquote [2]
	1 000		%
	Insgesamt		
	Früheres Bundesgebiet		
1975/76	850,4	163,7	*19,3*
1980/81	975,4	192,9	*19,8*
1985/86	1 072,2	206,9	*19,3*
1990/91	913,2	277,9	*30,4*
1991/92	865,2	271,4	*31,4*
	Deutschland		
1992/93	989,8	290,8	*29,4*
1993/94	936,5	279,6	*29,9*
1994/95	881,4	267,9	*30,4*
1995/96	856,9	262,4	*30,6*
1996/97 [3]	862,8	268,9	*31,2*
	Männlich		
	Früheres Bundesgebiet		
1975/76	431,5	103,3	*23,9*
1980/81	501,5	115,3	*23,0*
1985/86	552,1	124,6	*22,6*
1990/91	466,7	168,5	*36,1*
1991/92	442,8	160,4	*36,2*
	Deutschland		
1992/93	506,8	164,8	*32,5*
1993/94	481,0	155,4	*32,3*
1994/95	452,8	147,1	*32,5*
1995/96	439,2	137,1	*31,2*
1996/97 [3]	442,4	140,9	*31,8*
	Weiblich		
	Früheres Bundesgebiet		
1975/76	418,8	60,4	*14,4*
1980/81	473,9	77,6	*16,4*
1985/86	520,1	82,3	*15,8*
1990/91	446,5	109,4	*24,5*
1991/92	422,3	111,0	*26,3*
	Deutschland		
1992/93	483,0	126,0	*26,1*
1993/94	455,4	124,2	*27,3*
1994/95	428,6	120,8	*28,2*
1995/96	417,7	125,3	*30,0*
1996/97 [3]	420,4	128,1	*30,5*

1) Sommer- und nachfolgendes Wintersemester (z. B. 1995 = SS 1995 und WS 1995/96). – 2) Anteil der Studienanfänger/-innen an der altersspezifischen Bevölkerung. – 3) Vorläufiges Ergebnis.

Tab. A 2.7: Studienanfänger/-innen nach Hochschularten

Studienjahr [1]	Studienanfänger/-innen insgesamt	Studienanfänger/-innen dar. Frauen		Ausländer/-innen zusammen	Ausländer/-innen dar. Frauen	
	1 000		%	1 000		%
Hochschulen insgesamt						
Früheres Bundesgebiet						
1975/76	163,7	60,4	*36,9*	11,2	4,1	*36,8*
1980/81	192,9	77,6	*40,2*	13,2	5,0	*37,7*
1985/86	206,9	82,3	*39,8*	15,4	6,5	*42,3*
1990/91	277,9	109,4	*39,4*	24,3	11,0	*45,4*
1991/92	271,4	111,0	*40,9*	27,2	12,4	*45,7*
Deutschland						
1992/93	290,8	126,0	*43,3*	32,1	14,7	*45,9*
1993/94	279,6	124,2	*44,4*	35,0	16,8	*48,0*
1994/95	267,9	120,8	*45,1*	36,8	18,4	*49,9*
1995/96	262,4	125,3	*47,8*	36,8	18,8	*51,2*
1996/97 [2]	268,9	128,1	*47,6*	37,1	18,8	*50,8*
Universitäten (einschl. Gesamthochschulen, Pädagogischen, Theologischen und Kunsthochschulen)						
Früheres Bundesgebiet						
1975/76	120,9	50,0	*41,4*	9,3	3,9	*41,7*
1980/81	138,3	60,0	*43,4*	11,2	4,6	*41,3*
1985/86	144,5	62,8	*43,5*	13,1	6,0	*45,4*
1990/91	197,9	84,6	*42,7*	20,6	9,9	*48,3*
1991/92	188,2	84,1	*44,7*	23,0	11,1	*48,3*
Deutschland						
1992/93	199,3	94,0	*47,1*	27,2	13,2	*48,5*
1993/94	188,1	91,6	*48,7*	29,7	15,0	*50,6*
1994/95	181,5	90,2	*49,7*	31,0	16,4	*52,7*
1995/96	179,9	94,4	*52,5*	30,9	16,7	*54,0*
1996/97 [2]	186,4	96,5	*51,8*	31,3	16,7	*53,3*
Fach- und Verwaltungsfachhochschulen						
Früheres Bundesgebiet						
1975/76	42,8	10,4	*24,2*	1,9	0,2	*12,8*
1980/81	54,7	17,7	*32,3*	2,0	0,4	*17,7*
1985/86	62,4	19,5	*31,2*	2,2	0,5	*24,0*
1990/91	80,0	24,9	*31,1*	3,7	1,1	*28,9*
1991/92	83,2	26,9	*32,3*	4,2	1,3	*31,3*
Deutschland						
1992/93	91,5	32,0	*35,0*	4,9	1 549,0	*31,4*
1993/94	91,5	32,6	*35,7*	5,2	1,7	*33,2*
1994/95	86,4	30,6	*35,4*	5,8	2,0	*34,9*
1995/96	82,5	30,9	*37,5*	5,9	2 166,0	*36,7*
1996/97 [2]	82,6	31,6	*38,2*	5,8	2,2	*37,0*

1) Sommersemester und nachfolgendes Wintersemester (z.B. 1995/96 = SS 1995 und WS 1995/96). – 2) Vorläufiges Ergebnis.

Tab. A 2.8: Studienanfänger/-innen nach Fächergruppen*)

Studienjahr 1)	Insgesamt	Davon in der Fächergruppe: Sprach- und Kulturwissenschaften	Rechts-, Wirtschafts- und Sozialwissenschaften	Mathematik, Naturwissenschaften	Humanmedizin	Ingenieurwissenschaften	Übrige
			1 000				
			Insgesamt				
			Früheres Bundesgebiet				
1980/81	190,0	38,9	56,0	28,0	10,2	37,7	19,2
1985/86	206,8	37,6	61,2	33,0	9,1	48,7	17,3
1990/91	277,9	50,1	87,7	46,6	9,7	64,8	18,8
1991/92	271,3	50,4	89,3	42,6	8,8	62,3	18,0
			Deutschland				
1992/93	283,1	53,9	94,3	42,0	11,6	62,2	19,1
1993/94	277,2	54,8	94,0	38,8	11,3	58,2	20,1
1994/95	266,0	54,6	91,9	35,8	10,9	52,9	19,8
1995/96	261,4	56,1	92,4	34,0	10,9	47,6	20,4
1996/97 2)	268,9	58,5	96,3	35,2	11,1	47,1	20,7
			Weiblich				
			Früheres Bundesgebiet				
1980/81	76,7	25,1	22,8	10,8	4,0	4,3	9,7
1985/86	82,3	25,4	26,4	11,4	4,0	5,7	9,4
1990/91	109,4	33,3	37,6	16,2	4,0	8,1	10,3
1991/92	110,9	34,2	39,3	15,1	4,0	8,6	9,8
			Deutschland				
1992/93	122,4	37,8	43,0	15,5	5,5	9,9	10,8
1993/94	123,3	38,2	43,6	14,5	5,5	9,9	11,5
1994/95	120,1	38,5	41,6	13,4	5,5	9,5	11,5
1995/96	124,9	40,2	43,5	13,9	5,8	9,4	12,1
1996/97 2)	128,1	41,4	44,9	14,5	5,6	9,3	12,4
			Frauenanteil in Prozent				
			Früheres Bundesgebiet				
1980/81	*40,4*	*64,6*	*40,8*	*38,6*	*39,6*	*11,3*	*50,6*
1985/86	*39,8*	*67,7*	*43,1*	*34,5*	*43,6*	*11,7*	*54,4*
1990/91	*39,4*	*66,4*	*42,9*	*34,7*	*41,0*	*12,4*	*54,5*
1991/92	*40,9*	*67,8*	*44,0*	*35,3*	*46,1*	*13,7*	*54,4*
			Deutschland				
1992/93	*43,3*	*70,1*	*45,6*	*36,8*	*47,1*	*15,9*	*56,5*
1993/94	*44,5*	*69,7*	*46,4*	*37,5*	*48,9*	*17,1*	*57,0*
1994/95	*45,1*	*70,5*	*45,3*	*37,4*	*50,4*	*17,9*	*58,3*
1995/96	*47,8*	*71,6*	*47,1*	*40,9*	*52,9*	*19,6*	*59,5*
1996/97 2)	*47,6*	*70,8*	*46,6*	*41,2*	*50,5*	*19,7*	*59,8*

*) Abweichungen zu den Tabellen 2.6 und 2.7 können sich durch die Nichtberücksichtigung von solchen Hochschulen ergeben, für die keine Ergebnisse nach Fächergruppen vorlagen. – 1) Sommersemester und darauffolgendes Wintersemester (z. B. 1995/96 = SS 1995 und WS 1995/96). – 2) Vorläufiges Ergebnis.

Tab. A 2.9: Studierende nach Hochschularten

Wintersemester	Studierende insgesamt	Studierende dar. Frauen		Ausländer/-innen zusammen	Ausländer/-innen dar. Frauen	
	1 000		%	1 000		%
Hochschulen insgesamt						
Früheres Bundesgebiet						
1980/81	1 036,3	380,2	*36,7*	57,7	17,2	*29,8*
1985/86	1 336,7	505,9	*37,8*	74,6	23,9	*32,0*
1990/91	1 579,0	605,3	*38,3*	99,8	37,1	*37,2*
1991/92	1 639,9	635,4	*38,7*	107,9	41,1	*38,1*
Deutschland						
1992/93	1 834,3	728,9	*39,7*	124,6	46,7	*37,5*
1993/94	1 867,3	751,1	*40,2*	134,4	52,0	*38,7*
1994/95	1 872,5	764,8	*40,8*	141,5	56,6	*40,0*
1995/96	1 857,9	774,6	*41,7*	146,5	60,0	*41,0*
1996/97 1)	1 838,5	782,0	*42,5*	150,1	63,0	*42,0*
Universitäten (einschl. Gesamthochschulen, Pädagogischen, Theologischen und Kunsthochschulen)						
Früheres Bundesgebiet						
1980/81	836,5	321,3	*38,4*	48,3	15,9	*32,9*
1985/86	1 035,7	418,9	*40,5*	60,8	21,4	*35,3*
1990/91	1 208,0	497,3	*41,2*	81,8	33,0	*40,4*
1991/92	1 251,4	520,5	*41,6*	88,6	36,4	*41,0*
Deutschland						
1992/93	1 414,6	601,3	*42,5*	102,9	41,3	*40,1*
1993/94	1 427,1	614,5	*43,1*	111,1	46,0	*41,4*
1994/95	1 423,7	623,0	*43,8*	116,1	49,8	*42,9*
1995/96	1 409,3	629,7	*44,7*	119,6	52,7	*44,0*
1996/97 1)	1 396,4	635,3	*45,5*	121,9	55,1	*45,2*
Fach- und Verwaltungsfachhochschulen						
Früheres Bundesgebiet						
1980/81	199,8	58,9	*29,5*	9,5	1,3	*13,7*
1985/86	301,0	86,9	*28,9*	13,8	2,4	*17,6*
1990/91	371,0	108,1	*29,1*	18,0	4,1	*22,8*
1991/92	388,5	114,9	*29,6*	19,4	4,7	*24,4*
Deutschland						
1992/93	419,8	127,6	*30,4*	21,7	5,4	*24,9*
1993/94	440,1	136,6	*31,0*	23,3	6,0	*25,8*
1994/95	448,8	141,8	*31,6*	25,4	6,8	*26,8*
1995/96	448,6	145,0	*32,3*	26,9	7,4	*27,5*
1996/97 1)	442,0	146,7	*33,2*	28,2	7,9	*28,1*

1) Vorläufiges Ergebnis.

Tab. A 2.10: Bestandene Prüfungen nach Prüfungsgruppen

Prüfungsjahr	Insgesamt	Davon			
		Diplom (U) und entsprechende Abschluß-prüfungen 1)	Promotionen	Lehramts-prüfungen	Fachhoch-schulabschluß
		1 000			
		Insgesamt			
		Früheres Bundesgebiet			
1980	123,7	46,3	12,2	30,5	34,7
1985	146,9	61,1	15,0	22,9	48,0
1990	166,1	81,5	18,5	10,2	55,9
1991	171,9	83,0	19,0	11,1	58,9
1992	177,9	86,0	20,0	11,3	60,6
		Deutschland			
1993	201,7	101,4	21,0	16,2	63,1
1994	219,5	102,0	22,4	23,7	71,4
1995	229,9	105,7	22,4	26,7	75,1
		Weiblich			
		Früheres Bundesgebiet			
1980	42,1	13,1	2,4	17,4	9,2
1985	54,0	20,1	3,6	14,4	15,9
1990	60,5	30,4	5,1	6,9	18,1
1991	63,8	31,4	5,4	7,7	19,4
1992	66,7	32,8	5,8	8,2	19,9
		Deutschland			
1993	78,6	39,5	6,4	12,0	20,6
1994	89,1	39,9	7,0	17,8	24,4
1995	93,5	41,0	7,0	19,6	25,8
		Frauenanteil in Prozent			
		Früheres Bundesgebiet			
1980	*34,1*	*28,3*	*19,6*	*57,1*	*26,6*
1985	*36,8*	*32,9*	*24,1*	*63,1*	*33,1*
1990	*36,5*	*37,3*	*27,8*	*67,9*	*32,3*
1991	*37,1*	*37,8*	*28,2*	*69,3*	*32,9*
1992	*37,5*	*38,2*	*28,7*	*72,3*	*32,9*
		Deutschland			
1993	*38,9*	*39,0*	*30,6*	*73,9*	*32,7*
1994	*40,6*	*39,2*	*31,2*	*75,1*	*34,1*
1995	*40,7*	*38,8*	*31,5*	*73,2*	*34,4*

1) Einschließlich der Prüfungsgruppen "Künstlerischer Abschluß" und "Sonstiger Abschluß".

Tab. A 2.11: Habilitierte nach Fächergruppen und Geschlecht*)

Fächergruppe ——— Geschlecht	1980	1985	1990	1991	1992	1993	1994	1995	1996
					Anzahl				
Sprach- und Kulturwissenschaften	187	189	198	243	259	278	309	302	320
Männer	152	155	158	204	189	224	224	223	250
Frauen	17	26	40	39	70	54	85	79	70
Rechts-, Wirtschafts- und Sozialwissenschaften	95	91	105	85	114	113	133	132	171
Männer	84	73	91	75	96	93	119	113	150
Frauen	3	10	12	9	18	20	14	19	21
Mathematik, Naturwissenschaften	300	271	278	308	361	376	355	438	424
Männer	278	255	257	288	330	343	318	395	381
Frauen	9	12	19	19	31	33	37	43	43
Humanmedizin	350	345	428	447	442	514	533	524	541
Männer	319	326	394	413	407	463	485	474	489
Frauen	16	17	34	34	35	51	48	50	52
Ingenieurwissenschaften	41	35	42	31	56	59	54	55	65
Männer	40	35	41	30	53	57	53	51	60
Frauen	1	–	1	1	3	2	1	4	5
Übrige	46	46	48	59	79	79	95	81	88
Männer	39	41	45	46	67	67	80	65	71
Frauen	–	4	3	13	12	12	15	16	17
Insgesamt	**1 019**	**977**	**1 099**	**1 173**	**1 311**	**1 419**	**1 479**	**1 532**	**1 609**
Männer	912	885	986	1 056	1 142	1 247	1 279	1 321	1 401
Frauen	46	69	109	115	169	172	200	211	208
Ohne Angabe	61	23	4	2	–	–	–	–	–
					Durchschnittsalter				
Insgesamt	***38,1***	***39,4***	***40,2***	***40,0***	***40,4***	***40,1***	***40,1***	***40,0***	***39,9***
Männer	*38,0*	*39,3*	*40,1*	*39,9*	*40,4*	*39,9*	*39,9*	*39,9*	*39,8*
Frauen	*38,6*	*40,8*	*41,2*	*40,8*	*40,7*	*41,3*	*41,4*	*40,7*	*40,7*

*) Bis einschließlich 1991 früheres Bundesgebiet; ab 1992 Deutschland.

Tab. A 3.1: Erwerbsquoten der Frauen und Männer nach Altersgruppen*)

Jahr	Gebietsstand	Insgesamt	Alter von ... bis unter ... Jahren							
			15 – 20	20 – 25	25 – 35	35 – 45	45 – 55	55 – 60	60 – 65	65 und mehr
					Männer					
1991	Früheres Bundesgebiet ..	71,8	40,7	77,8	91,0	97,3	94,3	81,4	35,0	5,1
	Neue Länder u. Berlin-Ost	76,3	59,6	88,9	97,5	99,1	96,7	72,8	26,8	1,6
	Deutschland	72,6	44,6	79,7	92,2	97,7	94,7	79,7	33,5	4,5
1996	Früheres Bundesgebiet ..	68,9	33,2	76,2	90,4	96,3	93,3	78,0	32,5	5,0
	Neue Länder u. Berlin-Ost	68,6	40,5	85,8	94,5	97,0	94,3	69,8	17,0	1,5
	Deutschland	68,9	34,9	78,0	91,1	96,4	93,4	76,4	29,3	4,4
					Frauen					
1991	Früheres Bundesgebiet ..	45,4	34,8	73,4	68,7	69,7	62,4	44,4	12,2	2,0
	Neue Länder u. Berlin-Ost	61,2	46,3	87,2	96,7	97,4	93,3	37,2	4,8	0,6
	Deutschland	48,5	37,2	75,9	74,2	75,2	68,6	42,9	10,7	1,7
1996	Früheres Bundesgebiet ..	46,1	26,1	66,9	71,1	72,7	68,0	48,9	13,5	1,9
	Neue Länder u. Berlin-Ost	56,6	30,0	78,1	91,0	94,9	90,1	64,8	4,0	0,6
	Deutschland	48,0	27,0	68,7	74,6	77,0	72,1	52,1	11,5	1,6
					davon: **Ledige Frauen**					
1991	Deutschland	61,7	36,9	77,8	86,9	91,3	85,7	66,9	16,3	2,6
1996	Deutschland	59,1	26,8	71,9	86,0	90,6	84,5	70,6	16,6	2,6
					Verheiratete Frauen					
1991	Früheres Bundesgebiet ..	47,2	43,4	61,9	59,8	65,2	58,1	40,0	10,7	2,7
	Neue Länder u. Berlin-Ost	73,0	93,4	94,7	97,1	97,5	93,4	36,5	4,6	/
	Deutschland	52,4	49,7	70,1	68,0	71,7	65,2	39,3	9,5	2,3
1996	Früheres Bundesgebiet ..	48,5	33,9	53,5	62,0	68,1	64,4	44,4	12,2	2,4
	Neue Länder u. Berlin-Ost	68,0	63,9	81,9	91,8	95,6	90,7	65,9	3,9	/
	Deutschland	52,1	35,3	56,5	67,3	73,5	69,2	48,7	10,5	2,1
					Verwitwete und geschiedene Frauen					
1991	Deutschland	24,8	/	76,5	86,3	89,8	82,1	50,6	12,2	1,3
1996	Deutschland	25,9	/	69,6	82,4	88,3	82,5	60,7	13,0	1,1

*) Ergebnisse des Mikrozensus. – Anteil der Erwerbspersonen an der Bevölkerung nach Geschlecht, Altersgruppen und Familienstand.

Tab. A 3.2: Erwerbstätige im April 1996 in ausgewählten Berufsordnungen nach Alter*)

1 000

Ausgewählte Berufsordnungen	Geschlecht	Insgesamt	Alter von ... bis unter ... Jahren				
			unter 25	25 – 35	35 – 45	45 – 55	55 Jahre und älter
Bürofachkräfte, kaufm. Angestellte o. n. A.	weiblich . .	1 137	152	310	303	254	118
	männlich .	480	54	128	117	110	71
Verkäufer, Verkäuferinnen o. n. A.	weiblich . .	668	76	171	168	163	90
	männlich .	137	20	48	30	26	12
Krankenschwestern/-pfleger, Hebammen, Entbindungspfleger	weiblich . .	664	111	225	182	104	43
	männlich .	118	27	40	29	14	9
Sekretäre, Sekretärinnen	weiblich . .	660	34	177	181	186	82
	männlich .	15	/	/	5	/	/
Gebäudereiniger/-innen, Raumpfleger/-innen	weiblich . .	616	21	109	174	169	143
	männlich .	65	9	22	14	10	10
Büro- und kaufmännische Sachbearbeiter/-innen a. n. g	weiblich . .	537	28	159	166	133	50
	männlich .	176	8	43	52	46	26
Verwaltungsfachleute (mittlerer Dienst) a. n. g.	weiblich . .	526	67	154	146	115	45
	männlich .	349	25	74	106	91	54
Sprechstundenhelfer, Sprechstundenhelferinnen	weiblich . .	484	159	144	112	52	17
	männlich .	10	/	/	/	/	/
Erzieher, Erzieherinnen	weiblich . .	396	60	127	125	63	20
	männlich .	29	/	9	9	6	/
Nahrungs- und Genußmittelverkäufer, -verkäuferinnen	weiblich . .	392	54	115	95	84	45
	männlich .	38	7	13	9	/	/
Bankfachleute	weiblich . .	321	67	111	79	47	16
	männlich .	276	40	79	67	61	29
Buchhalter, Buchhalterinnen	weiblich . .	296	9	64	84	92	47
	männlich .	69	/	17	20	17	14
Köche, Köchinnen	weiblich . .	294	26	68	83	76	41
	männlich .	160	32	62	38	22	7
Sonstige Fachverkäufer, Fachverkäuferinnen	weiblich . .	257	28	63	63	66	37
	männlich .	86	9	31	20	15	11
Lehrer, Lehrerinnen o. n. A.	weiblich . .	241	/	42	85	82	29
	männlich .	142	/	13	37	63	29
Hilfsarbeiter, Hilfsarbeiterinnen o. n. T.	weiblich . .	232	19	64	67	58	23
	männlich .	325	40	99	78	71	37
Friseure, Friseurinnen	weiblich . .	215	67	64	39	36	10
	männlich .	35	6	6	/	10	8
Grund-. Haupt-, Real-, Sonderschullehrer,-lehrerinnen	weiblich . .	210	/	39	72	70	26
	männlich .	88	/	9	24	37	17
Altenpfleger, Altenpflegerinnen	weiblich . .	209	21	50	64	52	22
	männlich .	32	13	9	6	/	/
Restaurantfachleute, Stewards, Stewardessen	weiblich . .	183	38	65	36	31	13
	männlich .	78	18	30	16	10	/
Erwerbstätige insgesamt	**weiblich . .**	**15 276**	**1 872**	**4 259**	**4 135**	**3 320**	**1 690**
	männlich .	**20 706**	**2 376**	**5 566**	**5 438**	**4 498**	**2 828**

*) Ergebnis des Mikrozensus. – o. n. A. = ohne nähere Angabe. – a. n. g. = anderweitig nicht genannt. – o. n. T. = ohne nähere Tätigkeitsangabe.

Tab. A 3.3: Erwerbstätige im April 1996 nach Alter, Stellung im Beruf und berufsbildendem Abschluß*)

1 000

Alter von ... bis unter ... Jahren — Stellung im Beruf	Geschlecht	Insgesamt	Ohne Angabe des Ausbildungsabschlusses 1)	Mit Angabe des Ausbildungsabschlusses				
				zusammen	Lehr-/Anlernausbildung 2)	Fachschulabschluß 3)	Fachschulabschluß der ehemaligen DDR	Fachhochschul-/Hochschulabschluß 4)
				nach Altersgruppen				
unter 25	weiblich ..	1 872	872	1 000	901	36	18	45
	männlich ..	2 376	1 209	1 167	1 115	27	/	21
25 – 35	weiblich ..	4 259	689	3 570	2 672	178	161	559
	männlich ..	5 566	915	4 651	3 323	480	36	814
35 – 50	weiblich ..	5 937	1 175	4 762	3 446	233	230	853
	männlich ..	7 803	1 118	6 685	4 198	856	97	1 535
50 und mehr	weiblich ..	3 209	989	2 220	1 694	107	117	301
	männlich ..	4 961	885	4 075	2 459	613	71	932
				nach Stellung im Beruf				
Selbständige 5)	weiblich ..	1 222	333	889	555	89	21	225
	männlich ..	2 572	427	2 145	1 007	530	34	574
Beamte und Beamtinnen	weiblich ..	692	60	632	153	21	9	449
	männlich ..	1 769	222	1 546	723	121	14	688
Angestellte 6)	weiblich ..	9 660	1 610	8 051	6 134	397	475	1 045
	männlich ..	7 092	970	6 122	3 087	965	121	1 949
Arbeiter/-innen 7)	weiblich ..	3 702	1 723	1 980	1 872	48	21	39
	männlich ..	9 273	2 508	6 765	6 277	360	38	91
Insgesamt	**weiblich ..**	**15 276**	**3 725**	**11 551**	**8 714**	**554**	**526**	**1 757**
	männlich ..	**20 706**	**4 127**	**16 579**	**11 095**	**1 976**	**207**	**3 302**

*) Ergebnis des Mikrozensus. – 1) Einschl. ohne berufsbildenden Abschluß. – 2) Einschl. gleichwertigen Berufsschulabschluß sowie berufliches Praktikum. – 3) Einschl. einer Meister-/Technikerausbildung. – 4) Einschl. Ingenieur- und Verwaltungsfachhochschulabschluß/Lehrerausbildung. – 5) Einschl. Mithelfende Familienangehörige. – 6) Einschl. Auszubildende in anerkannten kaufmännischen und technischen Ausbildungsberufen. – 7) Einschl. Auszubildende in anerkannten gewerblichen Ausbildungsberufen.

Tab. A 3.4: Erwerbstätige im April 1996 nach berufsbildendem Abschluß, Berufsbereichen und ausgewählten Berufsabschnitten*)

1 000

Berufsbereiche / Ausgewählte Berufsabschnitte	Geschlecht	Insgesamt	Ohne Angabe des Ausbildungsabschlusses 1)	Mit Angabe des Ausbildungsabschlusses				
				zusammen	Lehr-/Anlernausbildung 2)	Fachschulabschluß 3)	Fachschulabschluß der ehemaligen DDR	Fachhochschul-/Hochschulabschluß 4)
I. Land-, Tier-, Forstwirtschaft und Gartenbau	weiblich ...	432	159	273	237	19	5	12
	männlich ..	658	167	491	356	82	8	46
II. Bergleute, Mineralgewinner	weiblich ...	6	/	/	/	/	/	/
	männlich ..	130	33	97	88	7	/	/
III. Fertigungsberufe	weiblich ...	1 669	735	934	863	39	12	20
	männlich ..	7 902	1 846	6 057	5 156	782	33	86
IV. Technische Berufe	weiblich ...	398	51	347	187	32	20	108
	männlich ..	1 973	141	1 832	500	431	34	868
V. Dienstleistungsberufe insgesamt	weiblich ...	12 518	2 648	9 870	7 323	460	486	1 602
	männlich ..	9 626	1 747	7 879	4 836	653	129	2 261
darunter:								
Organisations-, Verwaltungs- und Büroberufe	weiblich ...	4 342	758	3 584	2 953	124	119	388
	männlich ..	2 776	370	2 405	1 320	256	46	784
Warenkaufleute	weiblich ...	1 908	418	1 490	1 374	35	30	51
	männlich ..	1 082	211	870	660	83	16	111
Gesundheitsdienstberufe	weiblich ...	1 658	272	1 385	932	103	146	204
	männlich ..	466	65	401	138	20	6	237
Sozial- und Erziehungsberufe	weiblich ...	1 621	181	1 440	453	89	158	740
	männlich ..	911	83	828	108	37	14	669
Sonstige Dienstleistungsberufe	weiblich ...	1 636	720	915	812	69	8	26
	männlich ..	451	171	280	218	42	/	16
VI. Sonstige Arbeitskräfte	weiblich ...	254	130	124	99	/	/	16
	männlich ..	417	193	224	159	22	/	40
Insgesamt	**weiblich ..**	**15 276**	**3 725**	**11 551**	**8 714**	**554**	**526**	**1 757**
	männlich ..	**20 706**	**4 127**	**16 579**	**11 095**	**1 976**	**207**	**3 302**

*) Ergebnis des Mikrozensus. – 1) Einschl. ohne berufsbildenden Abschluß. – 2) Einschl. gleichwertigen Berufsschulabschluß sowie berufliches Praktikum. – 3) Einschl. Meister-/Technikerausbildung. – 4) Einschl. Ingenieur- und Verwaltungshochschulabschluß/Lehrerausbildung.

Tab. A 3.5: Erwerbstätige im April 1996 in ausgewählten Berufsordnungen nach berufsbildendem Abschluß*)

1 000

Ausgewählte Berufsordnungen	Geschlecht	Insgesamt	Ohne Angabe des Ausbildungsabschlusses [1]	Mit Angabe des Ausbildungsabschlusses: zusammen	Lehr-/Anlernausbildung [2]	Fachschulabschluß [3]	Fachschulabschluß der ehemaligen DDR	Fachhoch-/Hochschulabschluß [4]
Bürofachkräfte, kaufm.	weiblich...	1 137	235	902	810	25	18	49
Angestellte o. n. A.	männlich..	480	91	389	309	28	/	49
Verkäufer,	weiblich...	668	148	520	494	9	9	8
Verkäuferinnen o. n. A.	männlich..	137	31	105	86	8	/	10
Krankenschwestern/-pfleger,								
Hebammen,	weiblich...	664	98	566	414	44	91	17
Entbindungspfleger	männlich..	118	27	91	74	9	/	5
Sekretäre, Sekretärinnen	weiblich...	660	108	552	489	19	10	34
	männlich..	15	/	12	9	/	/	/
Gebäudereiniger/-innen,	weiblich...	616	369	247	236	/	/	5
Raumpfleger/-innen	männlich..	65	31	34	30	/	/	/
Büro- und kaufmännische								
Sachbearbeiter/-innen	weiblich...	537	68	469	359	18	34	58
a. n. g.	männlich..	176	21	155	99	18	6	33
Verwaltungsfachleute	weiblich...							
(mittlerer Dienst) a. n. g.	männlich..	526	85	441	384	14	8	35
		349	49	300	231	24	/	43
Sprechstundenhelfer,	weiblich...	484	105	379	331	11	25	13
Sprechstundenhelferinnen	männlich..	10	/	7	/	/	/	/
Erzieher, Erzieherinnen	weiblich...	396	44	352	184	51	82	35
	männlich..	29	/	25	12	/	/	6
Nahrungs- und Genuß-								
mittelverkäufer,	weiblich...	392	94	298	287	/	/	/
-verkäuferinnen	männlich..	38	13	25	21	/	/	/
Bankfachleute	weiblich...	321	45	276	240	11	7	18
	männlich..	276	36	239	169	22	/	46
Buchhalter, Buchhalterinnen	weiblich...	296	32	264	219	12	16	17
	männlich..	69	6	62	46	6	/	9
Köche, Köchinnen	weiblich...	294	132	162	154	/	/	/
	männlich..	160	51	109	92	14	/	/
Sonstige Fachverkäufer,	weiblich...	257	46	211	200	/	/	/
Fachverkäuferinnen	männlich..	86	12	74	60	6	/	7
Lehrer, Lehrerinnen	weiblich...	241	15	226	6	/	22	195
o. n. A.	männlich..	142	7	135	/	/	/	127
Hilfsarbeiter, Hilfs-	weiblich...	232	137	95	91	/	/	/
arbeiterinnen o. n. T.	männlich..	325	182	142	132	6	/	/
Friseure, Friseurinnen	weiblich...	215	44	172	133	38	/	/
	männlich..	35	6	29	9	20	/	-
Grund-. Haupt-, Real-,								
Sonderschullehrer,	weiblich...	210	7	202	/	/	25	169
-lehrerinnen	männlich..	88	/	84	/	/	/	81
Altenpfleger, Alten-	weiblich...	209	48	161	140	9	6	6
pflegerinnen	männlich..	32	11	21	17	/	/	/
Restaurantfachleute,	weiblich...	183	75	108	98	/	/	5
Stewards, Stewardessen	männlich..	78	38	40	35	/	/	/
Erwerbstätige insgesamt	**weiblich ..**	**15 276**	**3 725**	**11 551**	**8 714**	**554**	**526**	**1 757**
	männlich..	**20 706**	**4 127**	**16 579**	**11 095**	**1 976**	**207**	**3 302**

*) Ergebnis des Mikrozensus. – o. n. A. = ohne nähere Angabe.- a. n. g. = anderweitig nicht genannt.- o. n. T. = ohne nähere Tätigkeitsangabe. – 1) Einschl. ohne berufsbildenden Abschluß. – 2) Einschl. gleichwertigen Berufsschulabschluß sowie berufliches Praktikum. – 3) Einschl. einer Meister-/ Technikerausbildung. – 4) Einschl. Ingenieur- und Verwaltungsfachhochschulabschluß/Lehrerausbildung.

Tab. A 3.6: Personal an Hochschulen nach Geschlecht

Berichtsjahr	Personal insgesamt	Wissenschaftliches und künstlerisches Personal (Lehrpersonal)				Verwaltungs-, technisches und sonstiges Personal
		zu-sammen	hauptberuflich		neben-beruflich	
			zusammen	dar. Professorinnen und Professoren		
			1 000			
			Insgesamt			
			Früheres Bundesgebiet			
1980	315,4	127,4	85,2	28,2	42,1	188,1
1985	327,1	139,0	92,9	30,3	46,1	188,0
1990	370,1	163,1	108,6	30,8	54,6	207,0
1991	383,0	171,0	112,9	31,0	58,1	212,0
			Deutschland			
1992	492,8	227,1	143,0	34,7	84,1	265,7
1993	506,5	239,4	145,5	36,4	93,9	267,1
1994	511,5	246,4	147,7	37,0	98,7	265,1
1995	521,9	251,9	152,4	37,7	99,5	270,0
			Weiblich			
			Früheres Bundesgebiet			
1980	x	19,0	10,7	1,5	8,3	x
1985	x	23,0	13,2	1,5	9,8	x
1990	x	32,0	19,2	1,7	12,8	x
1991	x	34,5	20,3	1,8	14,1	x
			Deutschland			
1992	240,5	56,2	30,9	2,2	25,3	184,3
1993	245,9	60,0	31,5	2,5	28,6	185,9
1994	248,1	63,4	32,4	2,8	31,1	184,6
1995	256,5	66,9	34,5	3,1	32,4	189,6
			Frauenanteil in Prozent			
			Früheres Bundesgebiet			
1980	x	*14,9*	*12,5*	*5,3*	*19,6*	x
1985	x	*16,5*	*14,2*	*5,1*	*21,2*	x
1990	x	*19,6*	*17,7*	*5,5*	*23,5*	x
1991	x	*20,1*	*18,0*	*5,7*	*24,3*	x
			Deutschland			
1992	*48,8*	*24,7*	*21,6*	*6,5*	*30,1*	*69,4*
1993	*48,6*	*25,1*	*21,6*	*6,9*	*30,4*	*69,6*
1994	*48,5*	*25,7*	*21,9*	*7,5*	*31,5*	*69,6*
1995	*49,1*	*26,5*	*22,6*	*8,2*	*32,5*	*70,2*

Tab. A 4.1: Wochenarbeitszeiten und Bruttoverdienste der Arbeiter/-innen im Produzierenden Gewerbe nach Leistungsgruppen

Leistungsgruppe	Frauen						
	Bezahlte Wochen-arbeitszeit	dar. Mehr-arbeitszeit	Bruttoverdienst je				Anteil an allen Arbeitern und Arbeiterinnen
			Stunde		Woche		
	Stunden		DM	%-Anteil am Verdienst der Männer	DM	%-Anteil am Verdienst der Männer	%
Früheres Bundesgebiet							
1975							
1	38,9	0,5	*8,11*	*73,6*	*317*	*68,9*	*5,9*
2	38,2	0,4	*7,65*	*77,3*	*293*	*72,2*	*46,0*
3	38,3	0,5	*7,30*	*82,8*	*280*	*77,6*	*48,2*
Insgesamt	**38,3**	**0,5**	***7,52***	***72,3***	***289***	***67,2***	***100***
1985							
1	39,6	0,5	*13,75*	*76,0*	*545*	*73,5*	*6,3*
2	39,5	0,4	*12,80*	*78,0*	*504*	*75,1*	*43,2*
3	39,5	0,5	*12,18*	*83,3*	*481*	*80,6*	*50,5*
Insgesamt	**39,5**	**0,4**	***12,54***	***72,8***	***494***	***70,1***	***100***
1995							
1	37,2	0,6	*22,56*	*80,6*	*839*	*77,1*	*9,4*
2	37,0	0,5	*20,00*	*79,2*	*739*	*75,9*	*41,9*
3	37,4	0,6	*18,96*	*85,8*	*709*	*81,7*	*48,6*
Insgesamt	**37,2**	**0,5**	***19,73***	***74,2***	***734***	***71,1***	***100***
Neue Länder und Berlin-Ost							
1992							
1	40,1	0,4	*11,85*	*82,9*	*476*	*80,7*	*26,9*
2	40,0	0,4	*10,51*	*80,2*	*421*	*77,8*	*51,8*
3	39,8	0,2	*9,79*	*79,0*	*391*	*76,2*	*21,3*
Insgesamt	**40,0**	**0,4**	***10,74***	***77,7***	***430***	***75,4***	***100***
1995							
1	39,0	0,5	*16,05*	*81,1*	*626*	*79,2*	*24,7*
2	38,9	0,6	*14,33*	*81,6*	*558*	*79,1*	*53,0*
3	39,2	0,5	*13,23*	*82,0*	*519*	*81,0*	*22,4*
Insgesamt	**39,0**	**0,5**	***14,51***	***77,4***	***566***	***75,6***	***100***

Tab. A 4.2: Bruttomonatsverdienste der weiblichen Angestellten im Produzierenden Gewerbe; Handel; Kredit- und Versicherungsgewerbe nach Leistungsgruppen und Beschäftigungsart

Leistungsgruppe	Insgesamt			Kaufmännische Angestellte			Technische Angestellte		
	Bruttomonatsverdienst	Anteil am Männerverdienst	Anteil [1]) an den weiblichen Angestellten	Bruttomonatsverdienst	Anteil am Männerverdienst	Anteil [1]) [2]) an der Leistungsgruppe	Bruttomonatsverdienst	Anteil am Männerverdienst	Anteil [1]) [2]) an der Leistungsgruppe
	DM	%		DM	%		DM	%	
Früheres Bundesgebiet									
1975									
II	2 423	*80,0*	*6,5*	2 399	*81,5*	*92,4*	2 760	*88,2*	*7,6*
III	1 842	*79,2*	*34,0*	1 834	*83,8*	*93,5*	1 969	*79,5*	*6,5*
IV	1 354	*77,6*	*49,9*	1 344	*81,9*	*94,6*	1 541	*77,4*	*5,4*
V	1 153	*76,9*	*9,6*	1 148	*77,7*	*96,2*	1 269	*76,9*	*3,8*
Insgesamt	**1 570**	***63,6***	***100,0***	**1 558**	***67,2***	***94,1***	**1 793**	***107,8***	***5,9***
1995									
II	6 096	*80,5*	*11,0*	6 014	*81,4*	*90,4*	6 879	*88,6*	*9,6*
III	4 482	*81,3*	*46,7*	4 446	*86,3*	*92,3*	4 913	*82,9*	*7,7*
IV	3 412	*83,4*	*37,1*	3 385	*87,6*	*93,0*	3 781	*81,0*	*7,0*
V	3 030	*87,0*	*5,2*	3 018	*90,6*	*95,0*	3 269	*80,1*	*5,0*
Insgesamt	**4 181**	***67,6***	***100,0***	**4 137**	***71,4***	***92,5***	**4 735**	***71,1***	***7,5***
Neue Länder und Berlin-Ost									
1992									
II	3 218	*87,9*	*11,1*	3 189	*88,0*	*82,7*	3 366	*91,4*	*17,3*
III	2 663	*86,2*	*41,1*	2 634	*91,1*	*82,8*	2 802	*88,3*	*17,2*
IV	2 140	*89,1*	*39,4*	2 136	*92,4*	*88,7*	2 163	*85,6*	*11,3*
V	2 061	*94,9*	*8,4*	2 065	*99,8*	*87,8*	2 034	*86,9*	*12,2*
Insgesamt	**2 473**	***77,0***	***100,0***	**2 449**	***80,8***	***85,5***	**2 607**	***78,8***	***14,5***
1995									
II	4 704	*85,8*	*11,3*	4 657	*83,7*	*80,9*	4 904	*90,1*	*19,1*
III	3 738	*85,7*	*47,6*	3 698	*90,3*	*85,8*	3 975	*88,5*	*14,2*
IV	2 975	*92,0*	*36,7*	2 965	*97,0*	*87,9*	3 046	*86,3*	*12,1*
V	2 656	*95,8*	*4,4*	2 665	*97,6*	*90,1*	2 573	*88,9*	*9,9*
Insgesamt	**3 520**	***75,5***	***100,0***	**3 477**	***79,6***	***86,2***	**3 785**	***78,5***	***13,8***

1) Bezogen auf den Oktober des jeweiligen Jahres. – 2) Anteil an den weiblichen Angestellten insgesamt der entsprechenden Leistungsgruppe.

Tab. A 4.3: Erwerbstätige im April 1996 nach Stellung im Beruf und monatlichem Nettoeinkommen*)

1 000

Stellung im Beruf	Insgesamt	Mit Angabe des Nettoeinkommens zusammen	Nettoeinkommen von ... bis unter ... DM						
			unter 600	600 – 1 000	1 000 – 1 400	1 400 – 1 800	1 800 – 2 200	2 200 – 2 500	2 500 und mehr
Erwerbstätige verheiratete Frauen									
Selbständige 1)	894	669	179	78	66	57	55	40	193
Beamtinnen	412	391	18	8	17	22	37	45	244
Angestellte 2)	5 623	5 377	631	701	853	711	793	613	1 075
Arbeiterinnen 3)	2 392	2 303	560	458	455	362	279	118	71
Zusammen	**9 320**	**8 740**	**1 389**	**1 246**	**1 392**	**1 151**	**1 163**	**817**	**1 583**
Erwerbstätige ledige, verwitwete und geschiedene Frauen									
Selbständige 1)	328	286	21	26	31	30	34	26	120
Beamtinnen	280	274	/	/	8	21	34	35	174
Angestellte 2)	4 037	3 914	165	337	294	537	895	651	1 035
Arbeiterinnen 3)	1 310	1 273	179	177	216	275	244	103	78
Zusammen	**5 956**	**5 747**	**365**	**542**	**548**	**864**	**1 207**	**813**	**1 407**
Erwerbstätige Frauen insgesamt									
Selbständige 1)	1 222	955	200	104	97	87	89	66	313
Beamtinnen	692	665	19	11	25	43	71	80	418
Angestellte 2)	9 660	9 291	796	1 038	1 147	1 248	1 688	1 264	2 110
Arbeiterinnen 3)	3 702	3 576	739	635	671	637	523	221	149
Insgesamt	**15 276**	**14 487**	**1 754**	**1 788**	**1 940**	**2 015**	**2 370**	**1 630**	**2 990**
davon:									
Früheres Bundesgebiet									
Selbständige 1)	1 069	817	184	84	76	68	74	55	276
Beamtinnen	639	614	18	10	23	39	63	73	388
Angestellte 2)	7 630	7 324	703	866	902	904	1 262	975	1 712
Arbeiterinnen 3)	2 937	2 833	648	496	455	469	438	194	133
Zusammen	**12 275**	**11 587**	**1 554**	**1 455**	**1 456**	**1 480**	**1 837**	**1 297**	**2 508**
Neue Länder und Berlin-Ost									
Selbständige 1)	153	138	16	20	21	19	15	11	37
Beamtinnen	53	52	/	/	/	/	8	7	30
Angestellte 2)	2 031	1 968	93	172	244	345	426	289	399
Arbeiterinnen 3)	766	743	91	140	216	168	85	27	16
Zusammen	**3 002**	**2 900**	**200**	**333**	**484**	**535**	**534**	**334**	**482**
nachrichtlich									
Erwerbstätige Männer insgesamt									
Selbständige 1)	2 572	2 054	64	67	97	122	165	147	1 393
Beamte	1 769	1 724	110	53	20	37	84	110	1 310
Angestellte 2)	7 092	6 819	112	271	190	268	567	645	4 766
Arbeiter 3)	9 273	9 002	317	397	403	901	1 628	1 686	3 670
Insgesamt	**20 706**	**19 599**	**604**	**787**	**709**	**1 328**	**2 444**	**2 588**	**11 139**

*) Ergebnis des Mikrozensus. – 1) Einschl. Mithelfende Familienangehörige. – Da Selbständige in der Landwirtschaft keine Angaben zu ihrem Nettoeinkommen zu machen brauchen, reduziert sich die Zahl der Selbständigen mit Angaben zum Einkommen um den entsprechenden Wert. – 2) Einschl. Auszubildende in anerkannten kaufmännischen und technischen Ausbildungsberufen. – 3) Einschl. Auszubildende in anerkannten gewerblichen Ausbildungsberufen.

Tab. A 5.1: Haushalte von Frauen als Inhaber von Wohnungen nach Eigentumsverhältnissen*)

Haushaltsstruktur	Inhaberhaushalte insgesamt	Eigentümerhaushalte		Hauptmieterhaushalte	
	1 000		%	1 000	%
		Deutschland			
Haushalte von Frauen insgesamt .	**10 223,0**	**2 750,3**	***26,9***	**7 472,7**	***73,1***
und zwar:					
Einpersonenhaushalte	6 344,6	1 448,7	*22,8*	4 895,9	*77,2*
Haushalte älterer Menschen [1]) ...	4 189,0	1 280,5	*30,6*	2 908,5	*69,4*
Elternteil mit Kind(ern) [2])	737,3	84,3	*11,4*	653,0	*88,6*
Nachrichtl. Haushalte insgesamt ..	32 233,3	12 504,1	*38,8*	19 729,2	*61,2*
		Früheres Bundesgebiet			
Haushalte von Frauen zusammen .	**8 147,8**	**2 406,0**	***29,5***	**5 741,8**	***70,5***
und zwar:					
Einpersonenhaushalte	5 212,2	1 298,2	*24,9*	3 914,0	*75,1*
Haushalte älterer Menschen [1]) ...	3 382,1	1 140,5	*33,7*	2 241,6	*66,3*
Elternteil mit Kind(ern) [2])	526,7	71,3	*13,5*	455,4	*86,5*
Nachrichtl. Haushalte zusammen ..	26 112,9	10 906,5	*41,8*	15 206,4	*58,2*
		Neue Länder und Berlin - Ost			
Haushalte von Frauen zusammen .	**2 075,2**	**344,3**	***16,6***	**1 730,9**	***83,4***
und zwar:					
Einpersonenhaushalte	1 132,5	150,6	*13,3*	981,9	*86,7*
Haushalte älterer Menschen [1]) ...	806,9	140,0	*17,4*	666,9	*82,6*
Elternteil mit Kind(ern) [2])	210,6	13,0	*6,2*	197,6	*93,8*
Nachrichtl. Haushalte zusammen ..	6 120,4	1 597,6	*26,1*	4 522,8	*73,9*

*) Ergebnis der Gebäude- und Wohnungsstichprobe 1993. – Alle Angaben beziehen sich ausschließlich auf Inhaberhaushalte in Wohnungen in Wohngebäuden, deren Bezugsperson eine Frau ist. – Nicht enthalten sind Haushalte in Ferien-/Freizeitwohneinheiten, in Wohnheimen sowie in völlig untervermieteten Wohneinheiten. – 1) Wohnungsinhaberin über 65 Jahre. – 2) Kinder: ledige Personen unter 18 Jahren.

Tab. A 5.2: Haushalte von Frauen als Inhaber von Wohnungen sowie Größe der Wohnungen*)

Haushaltsstruktur	Inhaber-haushalte insgesamt	Davon in Wohnungen mit einer Fläche von ... bis unter ... m²					Fläche je	
		unter 40	40 – 60	60 – 80	80 – 100	100 und mehr	Wohnung	Person
	1 000	%					m²	
		Deutschland						
Haushalte von Frauen								
insgesamt	**10 223,0**	***8,4***	***31,0***	***29,4***	***14,9***	***16,4***	***72,1***	***43,8***
davon:								
Eigentümerhaushalte	2 750,3	*1,3*	*9,0*	*22,9*	*23,3*	*43,6*	*99,1*	*52,9*
Hauptmieterhaushalte	7 472,7	*11,0*	*39,2*	*31,7*	*11,8*	*6,3*	*62,2*	*39,8*
und zwar:								
Einpersonenhaushalte	6 344,6	*12,5*	*37,9*	*28,1*	*11,9*	*9,5*	*63,6*	*62,3*
Haushalte älterer Menschen 1)	4 189,0	*8,5*	*34,2*	*29,2*	*14,4*	*13,7*	*69,1*	*58,2*
Elternteil mit Kind(ern) 2)	737,3	*2,4*	*29,8*	*37,6*	*16,8*	*13,4*	*73,0*	*29,5*
Nachrichtl.								
Haushalte insgesamt	32 233,3	*5,6*	*20,7*	*26,6*	*17,9*	*29,3*	*84,7*	*36,2*
		Früheres Bundesgebiet						
Haushalte von Frauen								
zusammen	**8 147,8**	***7,1***	***28,0***	***30,2***	***16,2***	***18,5***	***74,8***	***46,7***
davon:								
Eigentümerhaushalte	2 406,0	*1,2*	*8,3*	*22,6*	*23,0*	*44,9*	*100,3*	*54,6*
Hauptmieterhaushalte	5 741,8	*9,6*	*36,3*	*33,4*	*13,3*	*7,4*	*64,1*	*42,7*
und zwar:								
Einpersonenhaushalte	5 212,2	*10,4*	*35,3*	*30,4*	*13,2*	*10,8*	*65,9*	*64,4*
Haushalte älterer Menschen 1)	3 382,1	*5,5*	*31,2*	*31,6*	*16,1*	*15,6*	*72,4*	*60,6*
Elternteil mit Kind(ern) 2)	526,7	*1,9*	*23,4*	*38,3*	*20,2*	*16,2*	*76,7*	*31,0*
Nachrichtl.								
Haushalte zusammen	26 112,9	*5,0*	*17,7*	*25,7*	*19,0*	*32,6*	*88,1*	*37,8*
		Neue Länder und Berlin-Ost						
Haushalte von Frauen								
zusammen	**2 075,2**	***13,4***	***42,9***	***25,9***	***9,6***	***8,1***	***61,6***	***33,8***
davon:								
Eigentümerhaushalte	344,3	*1,9*	*13,6*	*24,7*	*25,1*	*34,7*	*90,1*	*42,8*
Hauptmieterhaushalte	1 730,9	*15,7*	*48,8*	*26,1*	*6,6*	*2,8*	*55,9*	*31,7*
und zwar:								
Einpersonenhaushalte	1 132,5	*22,4*	*49,9*	*17,7*	*6,2*	*3,8*	*53,3*	*52,4*
Haushalte älterer Menschen 1)	806,9	*21,0*	*47,0*	*19,2*	*7,5*	*5,3*	*55,4*	*47,7*
Elternteil mit Kind(ern) 2)	210,6	*3,4*	*45,9*	*35,8*	*8,5*	*6,5*	*63,9*	*25,8*
Nachrichtl.								
Haushalte zusammen	6 120,4	*8,5*	*33,4*	*30,0*	*13,2*	*15,0*	*70,1*	*29,5*

*) Ergebnis der Gebäude- und Wohnungsstichprobe 1993. – Alle Angaben beziehen sich ausschließlich auf Inhaberhaushalte in Wohnungen in Wohngebäuden, deren Bezugsperson eine Frau ist. – Nicht enthalten sind Haushalte in Ferien-/Freizeitwohneinheiten, in Wohnheimen sowie in völlig untervermieteten Wohneinheiten. – 1) Wohnungsinhaberin über 65 Jahre. – 2) Kinder: ledige Personen unter 18 Jahren.

Tab. A 5.3: Haushalte von Frauen als Inhaber von Wohnungen und Ausstattung der Wohnungen*)

Haushaltsstruktur	Inhaber-haushalte insgesamt	Davon leben in Wohnungen . . .				
		mit Bad/Dusche			ohne Bad/Dusche	
		WC und Sammelheizung	WC ohne Sammelheizung	ohne WC in der Wohnung	mit WC in der Wohnung	ohne WC in der Wohnung
	1 000	%				
		Deutschland				
Haushalte von Frauen insgesamt	**10 223,0**	***73,2***	***20,0***	***1,7***	***2,4***	***2,8***
davon:						
Eigentümerhaushalte	2 750,3	*75,8*	*19,0*	*1,8*	*1,6*	*1,9*
Hauptmieterhaushalte	7 472,7	*72,3*	*20,3*	*1,7*	*2,6*	*3,1*
und zwar:						
Einpersonenhaushalte	6 344,6	*72,2*	*19,7*	*1,7*	*3,0*	*3,3*
Haushalte älterer Menschen [1])	4 189,0	*68,5*	*22,0*	*1,8*	*3,7*	*4,1*
Elternteil mit Kind(ern) [2])	737,3	*73,4*	*21,0*	*1,8*	*1,4*	*2,4*
Nachrichtl. Haushalte insgesamt	32 233,3	*76,5*	*18,5*	*1,6*	*1,6*	*1,8*
		Früheres Bundesgebiet				
Haushalte von Frauen zusammen	**8 147,8**	***79,6***	***17,2***	***0,9***	***1,7***	***0,7***
davon:						
Eigentümerhaushalte	2 406,0	*79,8*	*17,7*	*0,8*	*1,2*	*0,5*
Hauptmieterhaushalte	5 741,8	*79,5*	*17,0*	*0,9*	*1,8*	*0,7*
und zwar:						
Einpersonenhaushalte	5 212,2	*78,5*	*17,5*	*1,0*	*2,1*	*0,8*
Haushalte älterer Menschen [1])	3 382,1	*75,4*	*20,1*	*0,9*	*2,6*	*0,9*
Elternteil mit Kind(ern) [2])	526,7	*81,8*	*16,5*	/	/	/
Nachrichtl. Haushalte zusammen	26 112,9	*81,7*	*15,8*	*0,8*	*1,1*	*0,5*
		Neue Länder und Berlin-Ost				
Haushalte von Frauen zusammen	**2 075,2**	***48,3***	***30,7***	***5,0***	***5,2***	***10,9***
davon:						
Eigentümerhaushalte	344,3	*47,9*	*28,0*	*8,5*	*4,3*	*11,4*
Hauptmieterhaushalte	1 730,9	*48,3*	*31,2*	*4,3*	*5,3*	*10,9*
und zwar:						
Einpersonenhaushalte	1 132,5	*43,4*	*29,9*	*4,8*	*7,1*	*14,8*
Haushalte älterer Menschen [1])	806,9	*39,5*	*29,7*	*5,2*	*8,1*	*17,5*
Elternteil mit Kind(ern) [2])	210,6	*52,4*	*32,4*	*4,5*	*3,2*	*7,5*
Nachrichtl. Haushalte zusammen	6 120,4	*54,1*	*29,8*	*5,2*	*3,5*	*7,4*

*) Ergebnis der Gebäude- und Wohnungsstichprobe 1993. – Alle Angaben beziehen sich ausschließlich auf Inhaberhaushalte in Wohnungen in Wohngebäuden, deren Bezugsperson eine Frau ist. – Nicht enthalten sind Haushalte in Ferien-/ Freizeitwohneinheiten, in Wohnheimen sowie in völlig untervermieteten Wohneinheiten. – 1) Wohnungsinhaberin über 65 Jahre. – 2) Kinder: ledige Personen unter 18 Jahren.

Tab. A 5.4: Hauptmieterhaushalte von Frauen in reinen Mietwohnungen*)

Haushaltsstruktur	Hauptmieterhaushalte insgesamt	Fläche je Wohnung	Durchschnittliche Miete je		Durchschnittliche Mietbelastung 2)
			Wohnung 1)	m² Wohnfläche 1)	
	1 000	m²	DM		%
Deutschland					
Haushalte von Frauen insgesamt .	**6 453,3**	***61,0***	***522***	***8,60***	***22,6***
und zwar:					
Einpersonenhaushalte	4 120,2	*55,2*	*476*	*8,66*	*26,2*
Haushalte älterer Menschen 3) . . .	2 306,9	*57,4*	*447*	*7,83*	*24,6*
Elternteil mit Kind(ern) 4)	609,9	*68,0*	*572*	*8,41*	*29,3*
Nachrichtl. Haushalte insgesamt . .	17 023,5	*66,5*	*573*	*8,64*	*19,2*
Früheres Bundesgebiet					
Haushalte von Frauen zusammen .	**4 858,4**	***62,8***	***594***	***9,49***	***24,6***
und zwar:					
Einpersonenhaushalte	3 240,0	*57,0*	*534*	*9,42*	*27,4*
Haushalte älterer Menschen 3) . . .	1 726,6	*60,1*	*512*	*8,55*	*26,2*
Elternteil mit Kind(ern) 4)	419,5	*71,0*	*674*	*9,50*	*32,9*
Nachrichtl. Haushalte zusammen . .	12 839,1	*68,7*	*652*	*9,53*	*21,1*
Neue Länder und Berlin-Ost					
Haushalte von Frauen zusammen .	**1 595,0**	***55,4***	***309***	***5,57***	***15,6***
und zwar:					
Einpersonenhaushalte	880,2	*48,5*	*265*	*5,47*	*19,9*
Haushalte älterer Menschen 3) . . .	580,3	*49,2*	*261*	*5,31*	*18,7*
Elternteil mit Kind(ern) 4)	190,4	*61,4*	*348*	*5,66*	*20,6*
Nachrichtl. Haushalte zusammen . .	4 184,4	*59,7*	*333*	*5,58*	*12,7*

*) Ergebnis der Gebäude- und Wohnungsstichprobe 1993. – Alle Angaben beziehen sich ausschließlich auf Inhaberhaushalte in Wohnungen in Wohngebäuden, deren Bezugsperson eine Frau ist. – Nicht enthalten sind Haushalte in Ferien-/Freizeitwohneinheiten, in Wohnheimen sowie in völlig untervermieteten Wohneinheiten. – 1) Nur für Haushalte mit Mietangabe. – 2) Nur für Haushalte mit verwertbarer Miet- und Einkommensangabe. – 3) Wohnungsinhaberin über 65 Jahre. – 4) Kinder: ledige Personen unter 18 Jahren.

Tab. A 6.1: Krankenversicherung der Frauen im April 1995 nach Krankenkasse und Art des Versicherungsschutzes*)

1 000

Krankenkasse/ -versicherung	Insgesamt	Davon pflicht-versichert	freiwillig ver-sichert	als Rentnerin versichert	als Familien-angehörige versichert	sonstige Ver-sicherung [1])
		Erwerbstätige				
Ortskrankenkasse	4 998	4 333	232	70	363	–
Innungskrankenkasse	648	535	41	7	65	–
Betriebskrankenkasse	859	702	43	7	107	–
Ersatzkasse	7 075	6 188	572	38	278	–
Übrige Kassen	267	112	15	15	125	–
Private Krankenversicherung	1 225	–	1 149	–	76	–
Sonstiger Versicherungsschutz	33	–	–	–	–	33
Versicherte zusammen	15 103	11 870	2 052	136	1 013	33
Nicht versichert bzw. ohne Angabe	6	–	–	–	–	–
		Nichterwerbstätige				
Ortskrankenkasse	11 762	898	176	5 043	5 644	–
Innungskrankenkasse	1 136	57	21	243	816	–
Betriebskrankenkasse	2 677	102	38	875	1 662	–
Ersatzkasse	7 392	589	290	2 006	4 506	–
Übrige Kassen	1 211	29	16	540	626	–
Private Krankenversicherung	1 888	–	965	–	923	–
Sonstiger Versicherungsschutz	684	–	–	–	–	684
Versicherte zusammen	26 750	1 675	1 507	8 707	14 177	684
Nicht versichert bzw. ohne Angabe	41	–	–	–	–	–

*) Ergebnis des Mikrozensus. – 1) Freie Heilfürsorge der Polizei und der Bundeswehr; anspruchsberechtigt als Sozialhilfeempfängerin, Kriegsschadenrentnerin oder Empfängerin von Unterhaltshilfe aus dem Lastenausgleich.

Tab. A 6.2: Haushalte von Empfänger/-innen laufender Hilfe zum Lebensunterhalt in Deutschland außerhalb von Einrichtungen am 31.12.1995

Haushaltstyp	Insgesamt [1])	Bruttobedarf	Bruttokaltmiete	Angerechnetes Einkommen	Nettoanspruch	Durchschnittliche bisherige Dauer der Hilfegewährung
		monatlicher Durchschnitt in DM				Monate
Haushalte insgesamt	**1 279 180**	**1 458**	**487**	**655**	**803**	***26,7***
darunter:						
Ehepaare ohne Kinder	85 133	1 620	546	771	849	*24,9*
Ehepaare mit Kindern [2])	161 086	2 430	733	1 270	1 160	*15,4*
mit einem Kind	57 050	1 973	647	948	1 025	*14,5*
mit 2 Kindern	57 855	2 369	723	1 228	1 141	*14,6*
mit 3 und mehr Kindern	46 181	3 073	851	1 721	1 352	*17,4*
Einzeln nachgewiesene Haushaltsvorstände	512 249	1 032	410	381	652	*34,5*
männlich	224 675	957	369	274	683	*25,5*
weiblich	287 574	1 092	442	464	627	*41,6*
Alleinerziehende Frauen mit Kindern [2])	289 177	1 928	630	927	1 001	*21,2*
mit einem Kind	163 692	1 637	576	698	939	*20,9*
mit 2 Kindern	89 211	2 135	671	1 093	1 042	*21,8*
mit 3 und mehr Kindern	36 274	2 734	772	1 552	1 182	*21,1*

1) Die Angaben weisen eine geringfügige Untererfassung (ca. 23 000 Haushalte) auf. – 2) Kinder unter 18 Jahren.

Tab. A 7.1: Abgeordnete des Deutschen Bundestages seit 1949

Tag der Wahl	Einheit	Abgeordnete [1]) insgesamt	davon SPD	CDU, CSU [2])	F.D.P.	GRÜNE [3])	PDS	Sonstige
14.08.1949	Anzahl	410 [4])	136 [5])	141 [5])	53	–	–	80
	Frauen %	*7,1*	*9,6*	*7,8*	*1,9*	–	–	*5,0*
06.09.1953	Anzahl	509 [6])	162	249 [4])	53	–	–	45 [5])
	Frauen %	*8,8*	*13,0*	*7,6*	*5,7*	–	–	*4,4*
15.09.1957	Anzahl	519 [6])	181	277 [6])	43	–	–	18
	Frauen %	*9,2*	*12,2*	*7,9*	*7,0*	–	–	*5,6*
17.09.1961	Anzahl	521 [7])	203	251 [7])	67	–	–	–
	Frauen %	*8,3*	*10,3*	*7,2*	*6,0*	–	–	–
19.09.1965	Anzahl	518	217	251	50	–	–	–
	Frauen %	*6,9*	*8,8*	*6,0*	*4,0*	–	–	–
28.09.1969	Anzahl	518	237	250	31	–	–	–
	Frauen %	*6,6*	*7,6*	*5,6*	*6,5*	–	–	–
19.11.1972	Anzahl	518	242	234	42	–	–	–
	Frauen %	*5,8*	*5,4*	*6,4*	*4,8*	–	–	–
03.10.1976	Anzahl	518	224	254	40	–	–	–
	Frauen %	*7,3*	*6,7*	*7,5*	*10,0*	–	–	–
05.10.1980	Anzahl	519 [5])	228 [5])	237	54	–	–	–
	Frauen %	*8,5*	*8,3*	*7,6*	*13,0*	–	–	–
06.03.1983	Anzahl	520 [4])	202 [4])	255	35	28 [8])	–	–
	Frauen %	*9,8*	*10,4*	*6,7*	*8,6*	*35,7*	–	–
25.01.1987	Anzahl	519 [5])	193	234 [5])	48	44 [9])	–	–
	Frauen %	*15,4*	*16,1*	*7,7*	*12,5*	*56,8*	–	–
02.12.1990	Anzahl	662 [10])	239	319 [10])	79	8	17	–
	Frauen %	*20,5*	*27,2*	*13,8*	*20,3*	*37,5*	*47,1*	–
16.10.1994	Anzahl	672 [11])	252 [12])	294 [13])	47	49	30	–
	Frauen %	*26,3*	*33,7*	*14,3*	*17,0*	*59,2*	*43,3*	–

1) Jeweils nach dem Stand bei der Wahl. – Bis einschl. 1987 früheres Bundesgebiet, ab 1990 Deutschland. – 2) CSU nur in Bayern; 1957 auch im Saarland neben der CDU. – 3) 1990: B90/Gr. – 4) Einschl. von 2 Überhangmandaten. – 5) Einschl. 1 Überhangmandat. – 6) Einschl. von 3 Überhangmandaten. – 7) Einschl. von 5 Überhangmandaten. – 8) Davon 1 AL. – 9) Davon 2 AL. – 10) Einschl. von 6 Überhangmandaten. – 11) Einschl. von 16 Überhangmandaten. – 12) Einschl. von 4 Überhangmandaten – 13) Einschl. von 12 Überhangmandaten.

Tab. A 7.2: Abgeordnete in den deutschen Landtagen

Land	Tag der Wahl	Einheit	Abgeordnete [1]						
			Ins-gesamt	davon					
				SPD	CDU/ CSU [2]	F.D.P.	GRÜNE [3]	PDS	Sonstige
Baden-Württemberg	24.03.1996	Anzahl ..	155	39	69	14	19	–	14 [4]
		Frauen %	*15,5*	*10,3*	*15,9*	*14,3*	*36,8*	–	–
Bayern	25.09.1994	Anzahl ..	204	70	120	–	14	–	–
		Frauen %	*21,1*	*30,0*	*11,7*	–	*57,1*	–	–
Berlin	22.10.1995	Anzahl ..	206	55	87	–	30	34	–
		Frauen %	*38,8*	*54,5*	*18,4*	–	*53,3*	*52,9*	–
Brandenburg	11.09.1994	Anzahl ..	88	52	18	–	–	18	–
		Frauen %	*35,2*	*38,5*	*11,1*	–	–	*50,0*	–
Bremen	14.05.1995	Anzahl ..	100	37	37	–	14	–	12 [5]
		Frauen %	*38,0*	*48,6*	*29,7*	–	*50,0*	–	*16,7*
Hamburg	21.09.1997	Anzahl ..	121	54	46	–	21	–	–
		Frauen %	*35,5*	*38,9*	*21,7*	–	*57,1*	–	–
Hessen	19.02.1995	Anzahl ..	110	44	45	8	13	–	–
		Frauen %	*30,9*	*29,5*	*26,7*	*25,0*	*53,8*	–	–
Mecklenburg-Vorpommern	16.10.1994	Anzahl ..	71	23	30	–	–	18	–
		Frauen %	*28,2*	*34,8*	*13,3*	–	–	*44,4*	–
Niedersachsen	13.03.1994	Anzahl ..	161	81	67	–	13	–	–
		Frauen %	*24,2*	*22,2*	*20,9*	–	*53,8*	–	–
Nordrhein-Westfalen	14.05.1995	Anzahl ..	221	108	89	–	24	–	–
		Frauen %	*29,4*	*29,6*	*23,6*	–	*50,0*	–	–
Rheinland-Pfalz	24.03.1996	Anzahl ..	101	43	41	10	7	–	–
		Frauen %	*29,7*	*30,2*	*24,4*	*30,0*	*57,1*	–	–
Saarland	16.10.1994	Anzahl ..	51	27	21	–	3	–	–
		Frauen %	*33,3*	*29,6*	*38,1*	–	*33,3*	–	–
Sachsen	11.09.1994	Anzahl ..	120	22	77	–	–	21	–
		Frauen %	*28,3*	*36,4*	*19,5*	–	–	*52,4*	–
Sachsen-Anhalt	26.06.1994	Anzahl ..	99	36	37	–	5	21	–
		Frauen %	*29,3*	*30,6*	*10,8*	–	*60,0*	*52,4*	–
Schleswig-Holstein	24.03.1996	Anzahl ..	75	33	30	4	6	–	2 [6]
		Frauen %	*38,7*	*36,4*	*36,7*	*50,0*	*50,0*	–	*50,0*
Thüringen	16.10.1994	Anzahl ..	88	29	42	–	–	17	–
		Frauen %	*27,3*	*34,5*	*14,3*	–	–	*47,1*	–

1) Jeweils nach dem Stand der Wahl. – 2) CSU nur in Bayern. – 3) In Hamburg: GRÜNE/GAL, in Brandenburg: GRÜNE/B90, in Sachsen-Anhalt: BÜ90/GRÜNE. 4) REP. – 5) Arbeit für Bremen und Bremerhaven (AFB). –6) Südschleswigscher Wählerverband.

Tab. A 7.3: Einzelmitglieder im Deutschen Sportbund nach ausgewählten Spitzenverbänden*)

Spitzenverband/ Sportart	Mitglieder					
	1986			1996		
	insgesamt	weiblich		insgesamt	weiblich	
	Anzahl		%	Anzahl		%
Insgesamt	**18 656 597**	**6 495 282**	***34,8***	**23 621 713**	**8 719 682**	***36,9***
Aero	–	–	–	73 682	7 583	*10,3*
Amateur-Boxen	46 012	4 082	*8,9*	54 465	9 218	*16,9*
Badminton	117 502	50 102	*42,6*	220 981	90 066	*40,8*
Basketball	111 046	37 900	*34,1*	201 405	56 756	*28,2*
Behindertensport	136 313	49 514	*36,3*	255 632	110 055	*43,1*
Billard	–	–	–	38 566	5 035	*13,1*
Bob und Schlitten	–	–	–	9 786	3 244	*33,1*
Eissport	139 527	36 614	*26,2*	169 871	41 316	*24,3*
Fechten	21 642	7 503	*34,7*	25 130	8 860	*35,3*
Fußball	4 732 935	450 709	*9,5*	5 878 412	706 346	*12,0*
Gehörlosensport	–	–	–	12 742	4 352	*34,2*
Gewichtheben	–	–	–	43 810	11 398	*26,0*
Golf	74 115	33 312	*44,9*	252 559	104 655	*41,4*
Handball	777 074	255159	*32,8*	832 232	294 528	*35,4*
Hockey	48 113	14 968	*31,1*	61 778	19 974	*32,3*
Judo	207 302	57 230	*27,6*	266 392	81 012	*30,4*
Kanu	91 343	30 703	*33,6*	111 124	38 300	*34,5*
Karate	59 008	14 756	*25,0*	116 921	83 869	*71,7*
Kegeln	225 056	70 041	*31,1*	275 067	84 649	*30,8*
Lebensrettungs-gesellschaft	467 961	191 151	*40,8*	546 329	237 879	*43,5*
Leichtathletik	797 203	357 397	*44,8*	822 572	381 291	*46,4*
Radsport	112 008	26 411	*23,6*	153 816	39 264	*25,5*
Rasenkraftsport	–	–	–	9 160	2 661	*29,1*
Reiten	510 796	297 071	*58,2*	694 373	460 041	*66,3*
Ringen	71 835	160	*0,2*	77 615	10 116	*13,0*
Rollsport	–	–	–	22 223	12 842	*57,8*
Rudern	67 679	16 853	*24,9*	78 397	23 610	*30,1*
Schach	83 814	3 126	*3,7*	95 536	5 302	*5,5*
Schützen	1 260 191	239 153	*19,0*	1 558 971	342 579	*22,0*
Schwimmen	554 495	271 100	*48,9*	630 983	316 356	*50,1*
Segeln	158 709	33 297	*21,0*	190 423	43 428	*22,8*
Ski	666 669	278 725	*41,8*	690 120	297 399	*43,1*
Sportfischer	523 493	17 012	*3,2*	623 824	22 748	*3,6*
Squash Rackets	21 568	6 656	*30,9*	24 932	6 038	*24,2*
Taekwondo	–	–	–	48 530	13 583	*28,0*
Tanzsport	144 016	78 443	*54,5*	250 155	151 033	*60,4*
Tennis	1 813 675	784 590	*43,3*	2 292 659	929 410	*40,5*
Tischtennis	686 494	177 187	*25,8*	740 585	172 710	*23,3*
Triathlon	–	–	–	23 655	4 462	*18,9*
Turnen	3 567 625	2 428 007	*68,1*	4 646 068	3 235 708	*69,6*
Volleyball	361 378	176 350	*48,8*	500 232	250 006	*50,0*

*) 1986: früheres Bundesgebiet, 1996: Deutschland.

Quelle: Deutscher Sportbund

Tab. A 7.4: Mitglieder im Deutschen Sängerbund*)

Mitgliedsbund	Aktive Mitglieder 1986 insgesamt	1986 weiblich		Aktive Mitglieder 1996 insgesamt	1996 weiblich	
	Anzahl	Anzahl	%	Anzahl	Anzahl	%
Badischer Sängerbund	64 357	18 070	*28,1*	62 314	21 282	*34,2*
Bayerischer Sängerbund	12 587	4 422	*35,1*	14 316	5 814	*40,6*
Chorverband Bayern-Schwaben [1])	11 474	3 624	*31,6*	12 354	4 618	*37,4*
Berliner Sängerbund	3 014	1 637	*54,3*	6 220	3 954	*63,6*
Brandenburgischer Chorverband	.	.	.	5 598	3 077	*55,0*
Fränkischer Sängerbund	49 485	15 940	*32,2*	47 807	17 559	*36,7*
Chorverband Hamburg	3 163	1 357	*42,9*	3 445	1 689	*49,0*
Hessischer Sängerbund	65 634	21 707	*33,1*	64 042	25 907	*40,5*
Maintal Sängerbund	8 042	2 584	*32,1*	8 171	3 220	*39,4*
Chorverband Mecklenburg-Vorpommern	.	.	.	2 528	1 829	*72,3*
Mitteldeutscher Sängerbund	24 896	9 755	*39,2*	24 485	10 465	*42,7*
Chorverband Niedersachsen-Bremen 2)	47 730	20 687	*43,3*	48 871	23 095	*47,3*
Sängerbund Nordrhein-Westfalen	113 760	26 588	*23,4*	108 575	31 117	*28,7*
Pfälzischer Sängerbund	25 822	7 781	*30,1*	24 895	9 349	*37,6*
Sängerbund Rheinland-Pfalz	48 837	13 360	*27,4*	46 800	14 877	*31,8*
Saar Sängerbund	12 354	2 885	*23,4*	11 828	3 260	*27,6*
Chorverband Sachsen	.	.	.	3 507	2 212	*63,1*
Chorverband Sachsen-Anhalt	.	.	.	9 177	4 474	*48,8*
Sächsischer Sängerbund	.	.	.	1 858	207	*11,1*
Sängerbund Schleswig-Holstein	13 217	5 591	*42,3*	14 524	6 935	*47,7*
Schwäbischer Sängerbund	68 789	26 953	*39,2*	68 208	29 633	*43,4*
Deutsche Sängerschaft	500	-	-	185	85	*45,9*
Sudetendeutscher Sängerbund	506	271	*53,6*	302	156	*51,7*
Thüringer Sängerbund	.	.	.	10 206	4 696	*46,0*
Deutsche Chöre im Ausland	11 855	4 210	*35,5*	12 580	4 545	*36,1*
Insgesamt	**586 022**	**187 422**	***32,0***	**612 796**	**234 055**	***38,2***

*) 1986: früheres Bundesgebiet, 1996: Deutschland. – 1) Früher Schwäbisch-Bayerischer Sängerbund. – 2) Früher Sängerbund Nordwestdeutschland.

Quelle: Deutscher Sängerbund e.V.

Tab. A 8.1: Aus dem Krankenhaus entlassene vollstationäre Patienten und Patientinnen 1995 nach Diagnoseklassen*)

ICD/9	Diagnoseklasse Behandlungsanlaß	Behandlungsfälle		Darunter Frauen		
		insgesamt	Durchschnittliche Verweildauer	zusammen	Anteil an Insgesamt	Durchschnittliche Verweildauer
		Anzahl	Tage	Anzahl	%	Tage
	Insgesamt	**14 832 194**	***12,5***	**8 239 948**	***55,6***	***12,4***
001 - 999	Krankheiten, Verletzungen und Vergiftungen	14 639 829	*12,5*	8 119 304	*55,5*	*12,5*
001 - 139	I. Infektiöse und parasitäre Krankheiten	278 084	*10,9*	136 312	*49,0*	*10,6*
140 - 239	II. Neubildungen	1 677 302	*11,9*	957 667	*57,1*	*11,7*
240 - 279	III. Endokrinopathien, Ernährungs- und Stoffwechselkrankheiten sowie Störungen im Immunitätssytem	446 747	*13,1*	296 821	*66,4*	*13,1*
280 - 289	IV. Krankheiten des Blutes u. der blutbildenden Organe	87 312	*10,9*	51 853	*59,4*	*11,5*
290 - 319	V. Psychiatrische Krankheiten	764 888	*38,1*	351 675	*46,0*	*40,2*
320 - 389	VI. Krankheiten des Nervensystems und der Sinnesorgane	890 281	*9,8*	501 959	*56,4*	*9,4*
390 - 459	VII. Krankheiten des Kreislaufsystems	2 413 429	*13,8*	1 156 733	*47,9*	*14,9*
460 - 519	VIII. Krankheiten der Atmungsorgane	998 778	*9,5*	451 126	*45,2*	*9,8*
520 - 579	IX. Krankheiten der Verdauungsorgane	1 441 991	*10,5*	719 535	*49,9*	*10,7*
580 - 629	X. Krankheiten der Harn- und Geschlechtsorgane	1 075 032	*8,3*	711 516	*66,2*	*7,8*
630 - 676	XI. Komplikationen der Schwangerschaft, der Entbindung und im Wochenbett	1 052 761	*6,7*	1 052 761	*100,0*	*6,7*
680 - 709	XII. Krankheiten der Haut u. des Unterhautzellgewebes	223 548	*13,5*	106 612	*47,7*	*14,5*
710 - 739	XIII. Krankh. des Skeletts, der Muskeln und des Bindegewebes	1 021 788	*14,2*	546 126	*53,4*	*15,8*
740 - 759	XIV. Kongenitale Anomalien	115 865	*10,1*	49 890	*43,1*	*10,7*
760 - 779	XV. Bestimmte Affektionen, die ihren Ursprung in der Perinatalzeit haben	126 948	*12,9*	58 643	*46,2*	*13,4*
780 - 799	XVI. Symptome u. schlecht bezeichnete Affektionen	435 125	*8,0*	226 341	*52,0*	*8,7*
800 - 999	XVII. Verletzungen und Vergiftungen	1 589 950	*11,5*	743 734	*46,8*	*13,3*
	Ohne Diagnoseangabe	77 876	*14,6*	43 609	*56,0*	*13,1*
V01 - V82	Faktoren, die den Gesundheitszustand und die Inanspruchnahme von Einrichtungen des Gesundheitswesens beeinflussen	114 489	*6,5*	77 035	*67,3*	*5,9*

*) Ohne Stundenfälle.

Tab. A 8.2: Aus dem Krankenhaus entlassene vollstationäre Patientinnen 1995 in deren 20 häufigsten Hauptdiagnosen*)

ICD/9	Diagnoseklasse Behandlungsanlaß	Frauen insgesamt	Verweildauer	Davon im Alter von ... bis unter ... Jahren			
				0 – 14	15 – 44	45 – 64	65 und mehr
		Anzahl	Tage	%			
650	Normale Entbindung	497 123	5,8	0,1	99,9	0,0	0,0
174	Bösartige Neubildung der weiblichen Brustdrüse	194 000	9,8	0,0	14,9	52,9	32,2
366	Katarakt (Grauer Star)	183 456	4,7	0,1	1,0	9,3	89,5
414	Sonstige Formen von chronischen ischämischen Herzkrankheiten	166 535	11,2	0,0	2,7	30,5	66,8
715	Osteoarthrose und entsprechende Affektionen	143 600	20,9	0,4	5,2	31,4	62,9
474	Chron. Affektionen der Tonsillen und des adenoiden Gewebes	133 889	5,1	58,3	38,5	2,7	0,5
574	Cholelithiasis (Gallensteinleiden)	132 029	11,1	0,2	26,8	37,9	35,1
428	Herzinsuffizienz	127 323	19,4	0,1	0,6	6,7	92,6
250	Diabetes mellitus (Zuckerkrankheit)	118 290	17,1	3,2	12,0	23,7	61,1
454	Varizen der unteren Extremitäten	105 617	8,2	0,0	27,1	54,6	18,3
427	Herzrhythmusstörungen	103 745	13,1	1,6	7,8	21,8	68,8
436	Akute aber mangelhaft bezeichnete Hirngefäßkrankheiten	95 097	21,8	0,0	1,4	9,5	89,1
669	Sonstige Wehen- und Entbindungskomplikationen, a.n. klassifiziert	92 123	10,1	0,0	99,9	0,1	0,0
820	Fractura colli femuris (Oberschenkelhalsbruch)	85 135	27,9	0,4	1,3	6,9	91,3
401	Essentielle Hypertonie	82 260	12,5	0,3	6,6	33,0	60,1
626	Menstruationsstörungen und sonstige abnorme Blutungen aus dem weiblichen Genitaltrakt	81 984	4,7	0,3	56,7	39,6	3,5
850	Commotio cerebri (Gehirnerschütterung)	80 680	4,5	34,7	32,9	11,1	21,3
540	Akute Appendizitis	78 230	7,9	31,1	53,9	8,7	6,3
218	Uterusleiomyom (Uterusmyom)	75 375	12,4	0,0	46,6	50,0	3,3
780	Allgemeine Symptome (Schwindel, Schlafstörung, Asthenie)	74 552	9,3	13,6	16,4	19,2	50,7

*) Ohne Stundenfälle.

Tab. A 8.3: Schwerbehinderte am 31.12.1995 nach Art der schwersten Behinderung

Art der schwersten Behinderung	Insgesamt	Davon im Alter von ... bis ... Jahren				
		unter 25	25 – 45	45 – 55	55 – 65	65 und mehr
		Männlich				
Verlust oder Teilverlust von Gliedmaßen	96 302	1 423	8 345	6 848	14 887	64 799
Funktionseinschränkung von Gliedmaßen	539 617	11 801	49 056	57 257	145 059	276 444
Funktionseinschränkung der Wirbelsäule und des Rumpfes, Deformierung des Brustkorbes	509 999	2 285	24 123	58 110	193 527	231 954
Blindheit und Sehbehinderung	140 151	6 275	15 877	13 811	31 074	73 114
Sprach- und Sprechstörungen, Taubheit, Schwerhörigkeit, Gleichgewichtsstörungen	142 308	9 276	16 109	14 609	38 871	63 443
Verlust einer Brust oder beider Brüste, Kleinwuchs, Entstellungen	4 934	559	861	719	1 041	1 754
Beeinträchtigung der Funktion von inneren Organen bzw. Organsystemen	1 144 301	22 904	66 186	118 903	359 072	577 236
Querschnittslähmung, zerebrale Störungen, geistig-seelische Behinderungen, Suchtkrankheiten	485 586	62 450	140 749	64 373	96 372	121 642
Sonstige und ungenügend bezeichnete Behinderungen	390 708	25 817	48 829	47 647	106 854	161 561
Insgesamt	**3 453 906**	**142 790**	**370 135**	**382 277**	**986 757**	**1 571 947**
		Weiblich				
Verlust oder Teilverlust von Gliedmaßen	21 108	888	2 879	1 928	3 817	11 596
Funktionseinschränkung von Gliedmaßen	455 610	8 960	36 020	38 545	92 599	279 486
Funktionseinschränkung der Wirbelsäule und des Rumpfes, Deformierung des Brustkorbes	504 090	2 817	21 444	41 015	118 095	320 719
Blindheit und Sehbehinderung	190 014	4 970	12 290	11 078	24 018	137 658
Sprach- und Sprechstörungen, Taubheit, Schwerhörigkeit, Gleichgewichtsstörungen	109 094	7 584	13 438	10 918	19 011	58 143
Verlust einer Brust oder beider Brüste, Kleinwuchs, Entstellungen	154 331	422	12 313	32 764	47 149	61 683
Beeinträchtigung der Funktion von inneren Organen bzw. Organsystemen	879 149	17 863	52 193	73 942	178 290	556 861
Querschnittslähmung, zerebrale Störungen, geistig-seelische Behinderungen, Suchtkrankheiten	416 079	43 629	101 507	51 434	71 021	148 488
Sonstige und ungenügend bezeichnete Behinderungen	313 152	19 329	42 542	39 852	71 835	139 594
Insgesamt	**3 042 627**	**106 462**	**294 626**	**301 476**	**625 835**	**1 714 228**

Tab. A 8.4: Sterbefälle 1995 nach Todesursachen

Anzahl

Todesursachen	Insgesamt		Darunter im Alter von ... bis unter ... Jahren			
			45 – 65		65 Jahre und älter	
	männlich	weiblich	männlich	weiblich	männlich	weiblich
Natürliche Todesursachen	385 984	459 237	92 530	44 637	273 886	403 385
Infektiöse und parasitäre Krankheiten	4 631	3 498	1 320	438	1 904	2 677
Bösartige Neubildungen	108 334	104 579	34 034	22 695	70 606	77 932
darunter:						
der Luftröhre, Bronchien, Lunge	28 887	8 260	10 668	2 307	17 695	5 697
der Brustdrüse	133	18 674	41	6 272	89	11 236
der Gebärmutter	–	5 147	–	1 179	–	3 568
des Eierstocks und sonstiger Adnexe der Gebärmutter	–	6 258	–	1 896	–	4 163
des lymphat. und hämatop. Gewebes	7 427	7 741	2 080	1 426	4 708	5 873
Diabetes mellitus	8 000	15 328	1 738	967	6 021	14 262
Psych. Krankheiten, des Nervensystems u. der Sinnesorgane	13 787	12 271	4 176	1 643	6 620	9 699
Krankheiten des Kreislaufsystems	178 495	250 912	32 828	11 189	141 902	238 146
darunter:						
akuter Myokardinfarkt	48 918	38 821	13 497	3 160	34 125	35 419
Sonstige Ischämische Herzkrankheiten	39 189	56 808	5 392	1 528	33 538	55 215
Krankheiten des zerebrovaskulären Systems	36 228	64 806	4 450	2 526	31 170	61 778
Krankheiten der Atmungsorgane	29 076	24 822	4 091	1 556	24 405	22 913
dar. Pneumonie	7 556	10 057	809	310	6 491	9 623
Krankheiten der Verdauungsorgane	21 747	20 074	8 980	3 671	10 355	15 453
dar. chron. Leberkrankheit und -zirrhose	12 832	6 613	6 980	2 632	4 020	3 281
Krankheiten der Harn- u. Geschlechtsorgane	4 249	5 627	657	419	3 486	5 123
Symptome u. schlecht bez. Affektionen	10 583	12 173	3 376	1 129	5 163	10 089
Alle sonstigen natürlichen Todesursachen	7 082	9 953	1 330	930	3 424	7 091
Nicht natürliche Todesursachen	24 679	14 688	6 667	2 307	6 581	9 244
dar. Vergiftungen und tox. Wirkungen	1 801	1 143	470	317	328	441
Insgesamt	**410 663**	**473 925**	**99 197**	**46 944**	**280 467**	**412 629**
darunter:						
Unfälle	13 656	10 162	3 061	955	4 008	7 463
Selbstmord und Selbstbeschädigung	9 222	3 666	3 085	1 150	2 320	1 523
Sonstige Gewalteinwirkungen	1 801	860	521	202	253	258

Tab. A 8.5: Sterbefälle 1995 nach Todesursachen

je 100 000 Einwohner

Todesursachen	Insgesamt		Darunter im Alter von ... bis unter ... Jahren			
			45 – 65		65 und älter	
	männlich	weiblich	männlich	weiblich	männlich	weiblich
Natürliche Todesursachen	971,5	1095,2	903,5	436,3	6063,2	4969,6
Infektiöse und parasitäre Krankheiten	11,7	8,3	12,9	4,3	42,1	33,0
Bösartige Neubildungen	272,7	249,4	332,3	221,8	1563,0	960,1
darunter:						
der Luftröhre, Bronchien, Lunge	72,7	19,7	104,2	22,5	391,7	70,2
der Brustdrüse	0,3	44,5	0,4	61,3	2,0	138,4
der Gebärmutter	x	12,3	x	11,5	x	44,0
des Eierstocks und sonstiger Adnexe der Gebärmutter	x	14,9	x	18,5	x	51,3
des lymphat. und hämatop. Gewebes	18,7	18,5	20,3	13,9	104,2	72,4
Diabetes mellitus	20,1	36,6	17,0	9,5	133,3	175,7
Psych. Krankheiten, des Nervensystems u. der Sinnesorgane	34,7	29,3	40,8	16,1	146,6	119,5
Krankheiten des Kreislaufsystems	449,3	598,4	320,6	109,4	3141,4	2933,9
darunter:						
akuter Myokardinfarkt	123,1	92,6	131,8	30,9	755,4	436,4
Sonstige Ischämische Herzkrankheiten	98,6	135,5	52,7	14,9	742,4	680,2
Krankheiten des zerebrovaskulären Systems	91,2	154,6	43,5	24,7	690,0	761,1
Krankheiten der Atmungsorgane	73,2	59,2	39,9	15,2	540,3	282,3
dar. Pneumonie	19,0	24,0	7,9	3,0	143,7	118,6
Krankheiten der Verdauungsorgane	54,7	47,9	87,7	35,9	229,2	190,4
dar. chron. Leberkrankheit und -zirrhose	32,3	15,8	68,2	25,7	89,0	40,4
Krankheiten der Harn- u. Geschlechtsorgane	10,7	13,4	6,4	4,1	77,2	63,1
Symptome u. schlecht bez. Affektionen	26,6	29,0	33,0	11,0	114,3	124,3
Alle sonstigen natürlichen Todesursachen	17,8	23,7	13,0	9,1	75,8	87,4
Nicht natürliche Todesursachen	62,1	35,0	65,1	22,5	145,7	113,9
dar. Vergiftungen und tox. Wirkungen	4,5	2,7	4,6	3,1	7,3	5,4
Insgesamt	**1033,6**	**1130,3**	**968,6**	**458,8**	**6208,9**	**5083,5**
darunter:						
Unfälle	34,4	24,2	29,9	9,3	88,7	91,9
Selbstmord und Selbstbeschädigung	23,2	8,7	30,1	11,2	51,4	18,8
Sonstige Gewalteinwirkungen	4,5	2,1	5,1	2,0	5,6	3,2

Tab A 8.6: Müttersterbefälle nach Altersgruppen

Anzahl

Jahr	Insgesamt	Davon im Alter von ... bis unter ... Jahren						
		15 – 20	20 – 25	25 – 30	30 – 35	35 – 40	40 – 45	45 und älter
				Früheres Bundesgebiet				
1960	1 030	30	135	210	266	295	83	11
1970	420	21	51	97	116	92	37	6
1971	393	30	62	56	98	96	44	7
1972	300	19	44	50	64	81	38	4
1973	292	15	60	52	71	55	34	5
1974	213	6	32	44	54	50	25	2
1975	238	18	42	59	47	49	23	–
1976	219	15	45	60	41	41	16	1
1977	198	14	37	57	38	37	12	3
1978	147	10	28	35	35	25	13	1
1979	128	13	32	31	24	20	8	–
1980	128	11	22	35	33	14	12	1
1981	125	7	18	41	28	14	14	3
1982	110	5	21	35	29	13	6	1
1983	68	6	16	21	13	6	5	1
1984	63	3	11	17	22	5	4	1
1985	63	3	12	20	20	6	2	–
1986	50	1	11	14	13	8	1	2
1987	56	2	9	25	10	9	1	–
1988	60	3	9	19	16	10	3	–
1989	36	2	6	5	12	9	2	–
				Deutschland				
1990	82	2	17	25	24	10	4	–
1991	72	–	14	21	24	10	3	–
1992	54	1	9	15	16	11	2	–
1993	44	3	5	12	14	9	1	–
1994	40	–	5	12	12	7	4	–
1995	41	–	8	18	8	6	1	–

Tab. A 8.7: Schwangerschaftsabbrüche 1996 nach vorangegangenen Lebendgeborenen der Schwangeren und nach Bundesländern (Wohnsitz)

Bundesland	Je 1 000 Lebend- u. Totgeborene	Schwangerschaftsabbrüche insgesamt	Davon nach ... vorangegangenen Lebendgeborenen der Schwangeren					
			keine	1	2	3	4	5 und mehr
	Anzahl		%					
Baden-Württemberg	127,9	14 728	*40,6*	*21,4*	*25,5*	*9,3*	*2,4*	*0,9*
Bayern	97,9	12 726	*41,6*	*23,3*	*24,4*	*7,8*	*2,2*	*0,8*
Berlin	391,2	11 762	*40,7*	*28,2*	*22,2*	*6,4*	*1,6*	*0,9*
Brandenburg	371,5	5 654	*20,7*	*29,3*	*37,0*	*9,2*	*2,7*	*1,1*
Bremen	286,7	1 908	*51,8*	*20,7*	*17,9*	*6,5*	*2,1*	*0,9*
Hamburg	232,6	3 877	*50,3*	*22,6*	*18,1*	*6,3*	*1,9*	*0,7*
Hessen	165,8	10 391	*47,3*	*20,8*	*21,4*	*7,7*	*2,0*	*0,8*
Mecklenburg-Vorpommern	369,7	4 118	*20,0*	*27,4*	*37,0*	*11,6*	*3,2*	*0,9*
Niedersachsen	119,6	10 047	*38,8*	*23,9*	*25,2*	*8,7*	*2,2*	*1,2*
Nordrhein-Westfalen	139,5	26 415	*39,4*	*23,2*	*24,6*	*8,9*	*2,6*	*1,3*
Rheinland-Pfalz	105,8	4 350	*36,5*	*25,5*	*25,1*	*9,2*	*2,6*	*0,9*
Saarland	132,8	1 330	*39,3*	*25,4*	*23,5*	*8,4*	*2,3*	*1,1*
Sachsen	311,8	8 464	*20,2*	*30,4*	*36,8*	*9,3*	*2,2*	*1,0*
Sachsen-Anhalt	374,1	6 080	*18,9*	*32,9*	*33,1*	*10,5*	*2,9*	*1,7*
Schleswig-Holstein	113,2	3 271	*41,2*	*21,6*	*24,4*	*9,4*	*2,3*	*1,1*
Thüringen	339,9	5 210	*20,4*	*31,7*	*35,5*	*9,5*	*2,1*	*0,9*
Ausland	.	568	*40,0*	*25,5*	*21,3*	*7,7*	*3,9*	*1,6*
Insgesamt	**163,7**	**130 899**	***36,5***	***25,0***	***26,5***	***8,6***	***2,3***	***1,0***

Tab. A 8.8: Schwangerschaftsabbrüche 1996 je 10 000 Frauen der gleichen Altersgruppe*)

Bundesland	Insgesamt	Alter der Schwangeren von ... bis unter ... Jahren							
		10 – 15	15 – 20	20 – 25	25 – 30	30 – 35	35 – 40	40 – 45	45 – 50
Baden-Württemberg	67	1	46	102	90	76	58	23	2
Bayern	51	1	36	73	68	57	45	18	2
Berlin	155	2	104	260	238	172	112	40	4
Brandenburg	106	4	58	143	183	145	89	34	3
Bremen	139	3	137	212	190	145	103	43	4
Hamburg	108	2	91	164	140	122	84	31	3
Hessen	83	2	56	126	112	95	69	29	2
Mecklenburg-Vorpommern	105	2	51	136	187	148	91	35	3
Niedersachsen	63	1	50	90	82	73	53	24	2
Nordrhein-Westfalen	71	1	53	112	97	81	59	25	2
Rheinland-Pfalz	53	1	39	88	75	60	46	14	2
Saarland	60	3	48	96	83	72	47	20	1
Sachsen	93	2	39	113	153	134	92	33	4
Sachsen-Anhalt	109	4	53	152	177	147	95	38	5
Schleswig-Holstein	60	1	48	87	75	69	53	21	2
Thüringen	100	2	50	128	166	144	88	33	4
Insgesamt	**77**	**2**	**52**	**113**	**109**	**92**	**65**	**26**	**3**

*) Nach dem Wohnsitz; berechnet aufgrund vorläufiger Angaben.

Tab. A 8.9: Schwangerschaftsabbrüche 1996 nach Begründung, Familienstand und Alter der Schwangeren

Familienstand ——— Alter der Schwangeren von ... bis unter ... Jahren	Insgesamt	Davon nach der Begründung des Abbruchs			
		allgemein-mediz. Indikatoren	psychiatrische Indikation	ethische (kriminol.) Indikation	Beratungsregelung
	Anzahl	%			
		Ledig			
unter 18	4 660	2,1	0,4	0,2	97,3
18 – 25	23 432	1,9	0,2	0,1	97,8
25 – 30	14 390	2,2	0,3	0,0	97,5
30 – 35	7 464	2,7	0,3	0,0	96,9
35 – 40	2 621	3,5	0,6	0,1	95,8
40 – 45	597	4,2	0,7	–	95,1
45 und mehr	31	6,5	3,2	–	90,3
Zusammen	**53 195**	**2,2**	**0,3**	**0,1**	**97,4**
		Verheiratet			
unter 18	64	4,7	1,6	–	93,8
18 – 25	7 666	3,8	0,4	0,0	95,8
25 – 30	16 970	4,2	0,4	0,0	95,4
30 – 35	21 471	4,0	0,4	0,0	95,5
35 – 40	15 778	4,6	0,3	0,0	95,1
40 – 45	5 976	5,1	0,6	–	94,4
45 und mehr	599	6,7	0,5	–	92,8
Zusammen	**68 524**	**4,3**	**0,4**	**0,0**	**95,3**
		Verwitwet			
unter 18	–	–	–	–	–
18 – 25	47	–	–	–	100,0
25 – 30	140	2,1	2,1	–	95,7
30 – 35	235	3,8	0,4	–	95,7
35 – 40	216	5,1	0,5	–	94,4
40 – 45	114	4,4	–	–	95,6
45 und mehr	8	–	–	–	100,0
Zusammen	**760**	**3,7**	**0,7**	**–**	**95,7**
		Geschieden			
unter 18	–	–	–	–	–
18 – 25	462	1,3	0,4	–	98,3
25 – 30	1 946	1,6	0,6	0,1	97,7
30 – 35	2 939	1,9	0,6	–	97,5
35 – 40	2 252	2,7	0,4	0,1	96,7
40 – 45	771	4,9	0,9	–	94,2
45 und mehr	50	6,0	–	–	94,0
Zusammen	**8 420**	**2,3**	**0,6**	**0,0**	**97,1**
		Insgesamt			
unter 18	4 724	2,1	0,4	0,2	97,3
18 – 25	31 607	2,4	0,3	0,1	97,3
25 – 30	33 446	3,2	0,4	0,0	96,4
30 – 35	32 109	3,5	0,4	0,0	96,0
35 – 40	20 867	4,3	0,3	0,0	95,4
40 – 45	7 458	5,0	0,6	0,0	94,4
45 und mehr	688	6,5	0,6	0,0	92,9
Insgesamt	**130 899**	**3,3**	**0,4**	**0,0**	**96,3**

Tab. A 8.10: Verunglückte und getötete Frauen im Straßenverkehr 1996 nach Art der Verkehrsbeteiligung

Alter von ... bis unter ... Jahren	Insgesamt	Darunter					
		Fahrer/-innen und Mitfahrer/-innen von				Fußgänger/-innen	
		Pkw		Fahrräder			
		Anzahl	% von insg.	Anzahl	% von insg.	Anzahl	% von insg.
Verunglückte							
unter 15	20 269	8 356	*41,2*	5 071	*25,0*	6 025	*29,7*
15 - 18	12 333	6 314	*51,2*	2 070	*16,8*	1 040	*8,4*
18 - 25	43 988	36 969	*84,0*	2 848	*6,5*	1 276	*2,9*
25 - 35	45 708	37 268	*81,5*	3 721	*8,1*	1 646	*3,6*
35 - 45	29 049	23 262	*80,1*	2 626	*9,0*	1 450	*5,0*
45 - 55	21 333	16 166	*75,8*	2 631	*12,3*	1 423	*6,7*
55 - 65	17 982	12 015	*66,8*	3 134	*17,4*	1 834	*10,2*
65 und mehr	18 453	8 856	*48,0*	3 332	*18,1*	4 835	*26,2*
Ohne Angabe	176	66	*37,5*	67	*38,1*	37	*21,0*
Insgesamt	**209 291**	**149 272**	***71,3***	**25 500**	***12,2***	**19 566**	***9,3***
dar. Getötete							
unter 15	151	74	*49,0*	19	*12,6*	54	*35,8*
15 - 18	135	106	*78,5*	8	*5,9*	7	*5,2*
18 - 25	414	368	*88,9*	6	*1,4*	5	*1,2*
25 - 35	369	301	*81,6*	7	*1,9*	22	*6,0*
35 - 45	244	186	*76,2*	13	*5,3*	23	*9,4*
45 - 55	172	121	*70,3*	16	*9,3*	29	*16,9*
55 - 65	220	128	*58,2*	34	*15,5*	53	*24,1*
65 und mehr	613	229	*37,4*	71	*11,6*	294	*48,0*
Ohne Angabe	1	0	*0,0*	0	*0,0*	1	*100,0*
Insgesamt	**2 319**	**1 513**	***65,2***	**174**	***7,5***	**488**	***21,0***

Tab. A 8.11: Raucher/-innen im April 1995 nach Altersgruppen und Geschlecht*)

Alter von ... bis unter ... Jahren	Bevölkerung mit Angaben über die Rauchgewohnheiten	Darunter Raucher/-innen			
		zusammen	davon		
			gelegentlich	regelmäßig	
				zusammen	dar. starke [1]) Zigarettenraucher/-innen
	1 000	%			
Männer					
10 - 15	2 006	*(0,5)*	/	/	/
15 - 25	4 304	*32,0*	*5,2*	*26,7*	*2,5*
25 - 35	6 150	*46,7*	*5,4*	*41,3*	*7,6*
35 - 45	5 405	*45,6*	*4,6*	*41,0*	*9,9*
45 - 55	4 851	*36,9*	*4,0*	*32,9*	*8,7*
55 - 65	4 984	*28,3*	*3,3*	*25,0*	*5,2*
65 - 75	3 029	*20,9*	*3,3*	*17,6*	*2,0*
75 und mehr	1 465	*14,2*	*2,7*	*11,5*	*0,7*
Zusammen	**32 195**	***33,4***	***4,1***	***29,4***	***5,8***
Frauen					
10 - 15	1 881	*0,7*	/	*(0,4)*	-
15 - 25	4 007	*23,0*	*4,8*	*18,2*	*1,2*
25 - 35	5 842	*35,9*	*5,9*	*29,9*	*3,4*
35 - 45	5 330	*33,0*	*5,0*	*28,0*	*4,1*
45 - 55	4 771	*22,8*	*3,6*	*19,2*	*2,7*
55 - 65	5 056	*13,0*	*2,4*	*10,6*	*1,1*
65 - 75	4 347	*8,5*	*2,0*	*6,5*	*0,5*
75 und mehr	3 275	*3,6*	*0,9*	*2,7*	/
Zusammen	**34 508**	***20,4***	***3,5***	***16,8***	***2,0***
Insgesamt					
10 - 15	3 887	*0,7*	*(0,3)*	*0,4*	/
15 - 25	8 311	*27,6*	*5,0*	*22,6*	*1,9*
25 - 35	11 992	*41,4*	*5,7*	*35,8*	*5,6*
35 - 45	10 735	*39,4*	*4,8*	*34,6*	*7,0*
45 - 55	9 622	*29,9*	*3,8*	*26,1*	*5,8*
55 - 65	10 040	*20,6*	*2,8*	*17,8*	*3,1*
65 - 75	7 376	*13,6*	*2,5*	*11,1*	*1,1*
75 und mehr	4 741	*6,9*	*1,5*	*5,4*	*0,3*
Insgesamt	**66 704**	***26,7***	***3,8***	***22,9***	***3,8***

*) Ergebnis des Mikrozensus. – 1) Starke Raucher/-innen sind entsprechend der Weltgesundheitsorganisation (WHO) regelmäßige Raucher/-innen mit einem tagesdurchschnittlichen Konsum von mehr als 20 Zigaretten.

10 Erläuterungen

Mikrozensus

Der Mikrozensus ist eine Haushaltsbefragung der amtlichen Statistik, bei der die Haushaltsmitglieder durch Interviewer(innen) befragt werden. Damit werden grundlegende Daten über die Struktur der Bevölkerung, die Entwicklung des Arbeitsmarktes und die Art der Erwerbsbeteiligung im gesamten Bundesgebiet ermittelt. Den Mikrozensus gibt es seit 1957. Seine Durchführung ist gesetzlich vorgeschrieben und geregelt. Der Mikrozensus wird als jährliche repräsentative Haushaltsstichprobe mit einem Auswahlsatz von 1 % durchgeführt.

Einkommens und Verbrauchsstichprobe (EVS)

Mit der Einkommens- und Verbrauchsstichprobe (EVS) werden ca. 0,2 % private Haushalte erfaßt. Sie ist eine freiwillige Erhebung und wird in der Bundesrepublik Deutschland seit 1962/63 in der Regel fünfjährig erhoben. Die letzte Erhebung fand 1993 statt, bei der erstmalig private Haushalte der neuen Länder und Berlin-Ost in die Erhebung einbezogen wurden. Generell nicht befragt werden Personen in Gemeinschaftsunterkünften und Anstalten. Aufgrund der geringen Fallzahlen werden Haushalte mit einem hohen monatlichen Haushaltsnettoeinkommen (1993: über 35 000 DM) nicht in der Auswertung berücksichtigt [1]).

Da die EVS keine personenbezogene Erhebung ist, können im Rahmen dieser Broschüre nur Ergebnisse für alleinlebende Frauen bereitgestellt werden.

Erhebung über die Arbeitskräfte in der Landwirtschaft

Die bis einschließlich 1993 jährliche Erhebung über die Arbeitskräfte in der Landwirtschaft wird – beginnend 1993 – repräsentativ bei höchstens 100 000 Erhebungseinheiten nur noch in jedem 2. Jahr durchgeführt. In den Ländern Brandenburg, Mecklenburg-Vorpommern, Sachsen, Sachsen-Anhalt und Thüringen wurden die Arbeitskräftedaten auch 1994 erhoben.

Erhebungseinheiten sind die Betriebe mit einer landwirtschaftlich genutzten Fläche von mindestens einem Hektar oder mit weniger als einem Hektar, aber mit natürlichen Erzeugungseinheiten, die mindestens dem durchschnittlichen Wert einer jährlichen Markterzeugung von einem Hektar landwirtschaftlich genutzter Fläche entspricht.

Handwerkszählung

In der Handwerksberichterstattung (HwB) werden ausschließlich die Unternehmen von selbständigen Handwerkern erfaßt, die gemäß § 6 der Handwerksordnung

---

1) Siehe: „Aufgabe, Methode und Durchführung", Einkommens- und Verbrauchsstichprobe 1993, Fachserie 15, Heft 7

(HwO) in die Handwerksrolle eingetragen sind. Dies bedeutet, daß Angaben über die nach § 7 Absatz 5 der HwO ebenfalls in die Handwerksrolle einzutragenden Nebenbetriebe nicht erhoben werden. Auch für das handwerksähnliche Gewerbe (§ 18 HwO) werden keine Daten erhoben. Die Handwerksberichterstattung (HwB) ist eine repräsentative Stichprobenerhebung. Nach der Rechtsgrundlage sind in ganz Deutschland maximal 55 000 Stichprobeneinheiten zulässig.

Wahlen

Wahlberechtigt sind bei Bundestagswahlen nur Deutsche. Voraussetzung für die Stimmabgabe (aktives Wahlrecht) sind u. a. die Vollendung des 18. Lebensjahres am Wahltag (erstmals bei der Bundestagswahl 1972) und das Innehaben einer Wohnung oder eines gewöhnlichen Aufenthalts in der Bundesrepublik Deutschland seit mindestens drei Monaten. Seit der Bundestagswahl 1987 sind unter bestimmten Voraussetzungen auch Deutsche, die im Ausland leben, wahlberechtigt.

Für die Wählbarkeit (passives Wahlrecht) muß seit der Bundestagswahl 1976 ebenfalls das 18. Lebensjahr am Wahltag vollendet sein. Gewählt wird nach den Grundsätzen einer mit der Personenwahl verbundenen Verhältniswahl. Jeder Wähler hat zwei Stimmen, eine Erststimme für die Wahl eines Wahlkreisabgeordneten und eine Zweitstimme für die Wahl einer Landesliste.

Gesundheitswesen

Kranke Personen werden nach dem Mikrozensus-Gesetz vom 10.6.1985 und entsprechenden Verordnungen in mehrjährigen Abständen, zuletzt alle 3 Jahre, in einem Ergänzungsprogramm „Fragen zur Gesundheit" erhoben. Im April 1995 wurden Angaben im Zusammenhang mit einer bestehenden Krankheit/Unfallverletzung für den Befragungstag und/oder den vorausgegangenen 4-Wochenzeitraum ermittelt.

Rauchgewohnheiten werden ebenfalls im Ergänzungsprogramm zum Mikrozensus erfragt. Im April 1995 wurden Fragen zum Rauchverhalten und der Rauchintensität gestellt.

Todesursachen: Für jeden Sterbefall muß vom Arzt eine Todesbescheinigung (Leichenschauschein) ausgestellt werden. In die Todesursachenstatistik geht nur das sogenannte Grundleiden ein, d. h. jene Krankheit oder Verletzung, die den Ablauf der zum Tode führenden Ereignisse ausgelöst hat (unikausale Statistik). Die Verschlüsselung der Todesursachen und die Auswahl des Grundleidens richten sich nach der vierstelligen Internationalen Klassifikation der Krankheiten, Verletzungen und Todesursachen (ICD) 1979 der Weltgesundheitsorganisation (WHO) und deren Klassifizierungsregeln.

Die Säuglings- und Müttersterbefälle werden nach ausgewählten Todesursachen gesondert nachgewiesen. Zu den Unfallgestorbenen erfolgt ein eigener Nachweis u. a. nach Unfallkategorien.

Berufe des Gesundheitswesens: Die Angaben zu den im Gesundheitswesen tätigen Personen werden seit 1985 über die Kammern und Dachorganisationen von Berufsgruppen (Ärzte, Zahnärzte, Tierärzte und Apotheker) bezogen oder auf Basis von Stichprobenerhebungen (sonstige Gesundheitsdienstberufe) hochgerechnet.

11 Definitionen

Bevölkerung – Familie – Kinder

Wohnbevölkerung (bis etwa Mitte 1983 in der Statistik maßgeblicher Begriff für die Zuordnung von Personen mit mehr als einem Wohnsitz):

Personen mit nur einer Wohnung werden der Gemeinde zugerechnet, in der sich die Wohnung befindet. Bei Personen, die mehr als eine Wohnung oder sonstige Unterkunft haben, sei es in derselben Gemeinde oder in verschiedenen Gemeinden, ist für die Zuordnung zur Wohnbevölkerung diejenige Wohnung bzw. Unterkunft maßgebend, von der aus sie ihrer Arbeit oder Ausbildung nachgehen. Soweit sie weder berufstätig sind, noch in der Ausbildung stehen, ist die Wohnung oder Unterkunft entscheidend, in der sie sich überwiegend aufhalten.

Bevölkerung am Ort der Hauptwohnung (Kurzform: Bevölkerung):

Bevölkerungsbegriff aufgrund der Neuregelung des Melderechtsrahmengesetzes vom 16. August 1980. Personen mit nur einer Wohnung werden wie bisher der Gemeinde zugeordnet, in der sich die Wohnung befindet. Personen mit mehr als einer Wohnung oder sonstigen Unterkunft werden am Ort der vorwiegend benutzten Wohnung/Unterkunft zur Bevölkerung gerechnet. Hauptwohnung einer verheirateten Person, die nicht dauernd von ihrer Familie getrennt lebt, ist die vorwiegend benutzte Wohnung der Familie. In Zweifelsfällen ist die Hauptwohnung dort, wo der Schwerpunkt der Lebensbeziehungen der betreffenden Person liegt.

Wohnberechtigte Bevölkerung:

Hierzu zählen alle in der Gemeinde wohnhaften Personen, unabhängig davon, ob sie noch eine weitere Wohnung oder Unterkunft besitzen und von wo aus sie zur Arbeit oder Ausbildung gehen bzw. wo sie sich überwiegend aufhalten (Doppelzählungen). Auch ist es unerhebllich, ob sie in Privathaushalten (außerhalb oder innerhalb eines Anstaltsbereiches) leben oder zur Anstaltsbevölkerung zählen, d. h. im Anstaltsbereich wohnen und keinen eigenen Haushalt führen.

Bevölkerung in Privathaushalten:

Alle Personen, die allein oder zusammen mit anderen eine wirtschaftliche Einheit (Privathaushalt) bilden, sind die Bevölkerung in Privathaushalten. Privathaushalte im Anstaltsbereich (z. B. Haushalt des Hausmeisters) sind darin enthalten. Die Bevölkerung in Privathaushalten ergibt sich somit aus der wohnberechtigten Bevölkerung abzüglich der Anstaltsbevölkerung. Da eine Person in mehreren Privathaushalten wohnberechtigt sein kann, sind Doppelzählungen möglich. So ist z. B. die abwesende Bezugsperson, die in einer anderen Gemeinde arbeitet und dort als Untermieter/-in eine zweite Wohnung hat, Angehörige(r) von zwei Haushalten. Einmal zählt sie zum Haushalt ihrer Familie, zum anderen bildet sie als Untermieter/-in einen Einpersonenhaushalt.

Bevölkerung am Familienwohnsitz:

Wird von der Bevölkerung in Privathaushalten abgeleitet und ist zahlenmäßig geringer als diese. Personen mit mehr als einem Wohnsitz werden nur am Wohnsitz der

Familienangehörigen, Alleinlebende (Verwitwetete, Geschiedene und verheiratete getrennt Lebende) an ihrem Hauptwohnsitz erfaßt. Alleinlebende ledige Personen zählen nicht zur Bevölkerung am Familienwohnsitz, da sie keine Familie sind. Diese Personen werden, sofern sie in einem Privathaushalt leben, der Bevölkerung in Privathaushalten zugerechnet. Die Anstaltsbevölkerung gehört nicht zur Bevölkerung am Familienwohnsitz.

Ausländische Bevölkerung:

Alle Personen, die nicht Deutsche im Sinne des Art. 116. 1 des Grundgesetzes sind. Dazu zählen auch die Staatenlosen und die Personen mit ungeklärter Staatsangehörigkeit. Deutsche, die zugleich eine fremde Staatsangehörigkeit besitzen, gehören nicht zur ausländischen Bevölkerung. Die Mitglieder der Stationierungsstreitkräfte sowie der ausländischen diplomatischen und konsularischen Vertretungen unterliegen mit ihren Familienangehörigen nicht den Bestimmungen des Ausländergesetzes und werden somit auch statistisch nicht erfaßt.

Eheschließungen:

Standesamtliche Trauungen von deutschen und/oder ausländischen Partnern, mit Ausnahme der Fälle, in denen beide Ehegatten zu den im Bundesgebiet stationierten ausländischen Streitkräften bzw. zu den ausländischen diplomatischen und konsularischen Vertretungen und ihren Familienangehörigen gehören.

Geborene (Geburten):

Die Unterscheidung zwischen ehelich und nichtehelich Geborenen richtet sich nach den Vorschriften des Bürgerlichen Gesetzbuches. Als Totgeborene zählen seit dem 1.7.1979 nur Kinder, deren Geburtsgewicht mindestens 1 000 g Geburtsgewicht, (vorher mindestens 35 cm Körperlänge) betrug. Fehlgeburten (seit 1.7.1979 unter 1 000 g Geburtsgewicht, vorher weniger als 35 cm lang) werden standesamtlich nicht registriert und bleiben daher in der Geburtenstatistik außer betracht. Am 1.4.1994 änderte sich die Abgrenzung zwischen Totgeborenen und Fehlgeburten. Danach gilt als Grenze ein Geburtsgewicht von 500 g.

Bis zum 31.12.1974 erwarben die in Ehen zwischen einem Ausländer und einer Deutschen geborenen Kinder in der Regel die **Staatsangehörigkeit** des Vaters, nichtehelich geborene die der Mutter. Eheliche Kinder einer deutschen Mutter und eines ausländischen Vaters waren nur dann Deutsche, wenn sie sonst staatenlos gewesen wären. Alle anderen wurden auf den Weg der Einbürgerung verwiesen. Das am 1.1.1975 in Kraft getretene Gesetz zur Änderung des Reichs- und Staatsangehörigkeitsgesetzes (RuStAÄndG 1974) vom 20.12.1974 (BGBl. I S. 3714) bestimmt u. a., daß das eheliche Kind durch Geburt die deutsche Staatsangehörigkeit erwirbt, wenn ein Elternteil die deutsche Staatsangehörigkeit besitzt. Darüber hinaus konnten bis zum 31.12.1977 alle Kinder, die nach dem 31.3.1953, aber vor Inkrafttreten des neuen Gesetzes in Ehen zwischen einer Deutschen und einem Ausländer geboren wurden, durch einfache Erklärung die deutsche Staatsangehörigkeit erwerben. Ab dem 1.7.1993 erhalten nichtehelich geborene Kinder einer ausländischen Mutter und eines deutschen Vaters die deutsche Staatsangehörigkeit, sobald die Vaterschaft festgestellt ist.

Haushalt (Privathaushalt):

Zusammenwohnende und eine wirtschaftliche Einheit bildende Personengemeinschaft sowie Personen, die allein wohnen und wirtschaften. Zum Haushalt können verwandte und familienfremde Personen gehören. Anstalten gelten nicht als Haushalte, können aber Privathaushalte beherbergen. Haushalte mit mehreren Wohnungen werden u. U. mehrfach gezählt.

Familie:

Familien sind Ehepaare bzw. alleinerziehende Mütter und Väter, die mit ihren ledigen Kindern zusammenleben (Zweigenerationenfamilie). In der Familienstatistik wird in Anlehnung an Empfehlungen der Vereinten Nationen von einem idealtypisch abgegrenzten Familienzyklus ausgegangen; das bedeutet, daß als Familie auch Ehepaare vor der Geburt eines Kindes gelten. Nach dieser Abgrenzung des Familienbegriffs können in einem Privathaushalt mehrere Familien leben.

Bezugsperson:

Um die Haushalte und Familien in der Statistik typisieren zu können, wird eine Bezugsperson angegeben. Das ist die Person, die sich im Erhebungsbogen als solche bezeichnet. Ihre Erhebungsmerkmale (z. B. Alter, Familienstand, Nettoeinkommen) werden dann in der Statistik nachgewiesen.

Kinder:

Ledige Personen, die mit ihren Eltern oder einem Elternteil in einem Haushalt zusammenleben. Eine Altersbegrenzung für die Zählung als Kind besteht nicht.

Bildung

Grundschulen:

Sie werden von allen Kindern besucht und umfassen die ersten vier Schuljahre (Klassen 1 bis 4).

Orientierungsstufen:

In ihnen sind die Klassen 5 und 6 zusammengefaßt. Sie sind entweder den weiterführenden Schulen zugeordnet (schulartabhängige Orientierungsstufe) oder werden von ihnen getrennt geführt (schulartunabhängige Orientierungsstufe) und dienen der Förderung und Orientierung der Schülerinnen und Schüler im Hinblick auf die weitere Schullaufbahn.

Hauptschulen:

Sie sind weiterführende Schulen, die fünf bis sechs Schuljahre (Klassen 5 bis 9 bzw. 10) oder drei bis vier Schuljahre nach Besuch einer zweijährigen Orientierungsstufe (Klasse 7 bis 9 bzw. 10) umfassen und eine allgemeine Bildung als Grundlage für eine praktische Berufsausbildung vermitteln.

Schularten mit mehreren Bildungsgängen:

Sie vermitteln eine allgemeine und berufsvorbereitende Bildung und schaffen die Voraussetzung für eine berufliche Qualifizierung. Ab der 7. Klasse beginnt eine Differenzierung. Die Schüler erwerben mit erfolgreichem Besuch der 9. Klasse den Hauptschulabschluß und mit erfolgreichem Besuch der 10. Klasse und bestandener Prüfung den Realschulabschluß.

Realschulen:

Weiterführende Schulen (Klasse 5 bzw. 7 bis 10), die im Anschluß an die Grundschule oder die Orientierungsstufe besucht werden. Das Abschlußzeugnis der Realschule berechtigt zum Besuch der Fachoberschule, des Fachgymnasiums oder zum Übergang auf ein Gymnasium in Aufbauform.

Gymnasien:

Weiterführende Schulen, die üblicherweise unmittelbar an die Grundschule oder die Orientierungsstufe anschließen. Die Schulbesuchsdauer beträgt im Regelfall neun (Klassen 5 bis 13) bzw. sieben Jahre (Klassen 7 bis 13). Es gibt außerdem Gymnasien in Aufbauform, deren Besuch im allgemeinen den Realschulabschluß voraussetzt. Das Abschlußzeugnis des Gymnasiums gilt als Befähigungsnachweis zum Studium an Hochschulen.

Integrierte Gesamtschulen:

Schulen, in denen die Schülerinnen und Schüler ohne Zuordnung zu einer bestimmten Schulart gemeinsam unterrichtet werden. Der Unterricht wird im Rahmen unterschiedlicher Differenzierungsmodelle erteilt. Es können die verschiedenen Abschlüsse der Schulen des gegliederten Schulwesens (Hauptschule, Realschule, Gymnasium) erworben werden.

Sonderschulen:

Sie haben in der Regel den gleichen Bildungsauftrag wie die Grund- und Hauptschulen. Sie dienen der Förderung und Betreuung körperlich, geistig und seelisch benachteiligter sowie sozial gefährdeter Kinder, die nicht oder nicht mit ausreichendem Erfolg in normalen Schulen unterrichtet werden können. Zu den Sonderschulen zählen u. a. auch alle übrigen selbständigen allgemeinbildenden Schulen für Behinderte wie z. B. Realsonderschulen und Gymnasialsonderschulen.

Berufsschulen:

Sie haben die Aufgabe, die Allgemeinbildung der Schülerinnen und Schüler zu vertiefen und die für den Beruf erforderliche fachtheoretische Grundausbildung zu übermitteln. Sie werden i.d.R. pflichtmäßig nach Erfüllung der neun- bzw. zehnjährigen Vollzeitschulpflicht von denjenigen besucht, die in der beruflichen Erstausbildung mit Ausbildungsvertrag oder in einem anderen Arbeitsverhältnis stehen und das 18. Lebensjahr noch nicht vollendet haben. Der Unterricht erfolgt in Teilzeitform an einem oder mehreren Wochentagen oder in zusammenhängenden Teilabschnitten (Blockunterricht). Den Berufsschulen werden auch die Berufssonderschulen zugeordnet, die der beruflichen Förderung körperlich, geistig oder seelisch benachteiligter oder sozial gefährdeter Jugendlicher dienen.

Auszubildende:

Auszubildende (früher: Lehrlinge) sind Personen, die aufgrund eines Ausbildungsvertrages nach dem Berufsbildungsgesetz eine betriebliche Berufsausbildung in einem anerkannten Ausbildungsberuf durchlaufen. Nicht als Auszubildende gelten Personen, deren berufliche Ausbildung ausschließlich an beruflichen Schulen erfolgt (z. B. an Berufsfachschulen) oder die in einem öffentlich-rechtlichen Dienstverhältnis ausgebildet werden (z. B. Beamtinnen und Beamte im Vorbereitungsdienst).

Hochschulen:

Als Hochschulen werden alle nach Landesrecht anerkannten Hochschulen, unabhängig von der Trägerschaft, ausgewiesen. Diese dienen der Pflege und der Entwicklung der Wissenschaften und der Künste durch Forschung, Lehre und Studium und bereiten auf berufliche Tätigkeiten vor, die die Auswertung wissenschaftlicher Erkenntnisse und Methoden oder die Fähigkeit zu künstlerischer Gestaltung erfordern. Das Studium an Universitäten, pädagogischen und theologischen Hochschulen sowie in den wissenschaftlichen Studiengängen der Gesamthochschulen setzt die allgemeine oder fachgebundene Hochschulreife voraus.

Fachhochschulen:

Fachhochschulen bieten eine stärker anwendungsbezogene Ausbildung in Studiengängen für Ingenieure und für andere Berufe, vor allem in den Bereichen Wirtschaft, Sozialwesen, Gestaltung und Informatik. Das Studium ist in der Regel kürzer als an wissenschaftlichen Hochschulen.

Berufsleben – Beschäftigung – Berufssituation – Karriere

Beteiligung am Erwerbsleben (Erwerbskonzept):

In der Gliederung nach der Beteiligung am Erwerbsleben wird zwischen Erwerbspersonen und Nichterwerbspersonen unterschieden.

Erwerbspersonen:

Alle Personen mit Wohnsitz im Bundesgebiet (Inländerkonzept), die eine unmittelbar oder mittelbar auf Erwerb gerichtete Tätigkeit suchen oder ausüben (Selbständige, mithelfende Familienangehörige, Abhängige), unabhängig von der Bedeutung des Ertrages dieser Tätigkeit für ihren Lebensunterhalt und ohne Rücksicht auf die von ihnen tatsächlich geleistete oder vertragsmäßig zu leistende Arbeitszeit. Als Erwerbspersonen zählen Erwerbstätige und die Erwerbslosen.

Erwerbsquoten:

Sie bezeichnen den prozentualen Anteil der Erwerbspersonen an der jeweiligen Bevölkerungsgruppe.

Erwerbstätige:

Personen, die in einem Arbeitsverhältnis stehen (Beamtinnen und Beamte einschl. Soldaten, Arbeiter/-innen, Angestellte, Auszubildende und geringfügig Beschäftigte) oder selbständig ein Gewerbe oder eine Landwirtschaft betreiben oder einen freien Beruf ausüben sowie alle mithelfenden Familienangehörigen.

Erwerbslose:

Personen ohne Arbeitsverhältnis, die sich jedoch um eine Arbeitsstelle bemühen, unabhängig davon, ob sie beim Arbeitsamt als Arbeitslose gemeldet sind. Insofern ist der Begriff der Erwerbslosen umfassender als der Begriff der Arbeitslosen. Andererseits zählen Arbeitslose, die vorübergehend geringfügige Tätigkeiten ausüben, nach dem Erwerbskonzept (Volkszählung, Mikrozensus) nicht zu den Erwerbslosen, sondern zu den Erwerbstätigen.

Selbständige:

Personen, die einen Betrieb oder eine Arbeitsstätte gewerblicher oder landwirtschaftlicher Art wirtschaftlich und organisatorisch als Eigentümer/-in oder Pächter/-in leiten (einschl. selbständiger Handwerker/-innen) sowie alle freiberuflichen Tätigen, Hausgewerbetreibenden und Zwischenmeister/-innen.

Mithelfende Familienangehörige:

Familienangehörige, die in einem landwirtschaftlichen oder nichtlandwirtschaftlichen Betrieb, der von einem Familienmitglied als Selbständigem geleitet wird, mithelfen, ohne hierfür Lohn oder Gehalt zu erlangen und ohne daß für sie Pflichtbeiträge zur gesetzlichen Rentenversicherung gezahlt werden.

Abhängige:

Beamtinnen und Beamte, Angestellte, Arbeiterinnen und Arbeiter sowie Auszubildende.

Nichterwerbspersonen:

Alle Personen, die keinerlei auf Erwerb gerichtete Tätigkeit ausüben oder suchen.

Arbeitslose:

Personen ohne Arbeitsverhältnis – abgesehen von einer geringfügigen Beschäftigung – die sich als Arbeitslose beim Arbeitsamt gemeldet haben, eine Beschäftigung von mindestens 18 und mehr Stunden für mehr als drei Monate suchen, für eine Arbeitsaufnahme sofort zur Verfügung stehen, nicht arbeitsunfähig erkrankt sind und das 65. Lebensjahr noch nicht vollendet haben.

Sozialversicherungspflichtig beschäftigte Arbeitnehmerinnen und Arbeitnehmer:

Arbeiter/-innen, Angestellte und Personen in beruflicher Ausbildung, die in der gesetzlichen Renten- und Krankenversicherung und/oder Arbeitslosenversicherung pflichtversichert sind oder für die Beiträge zur gesetzlichen Rentenversicherung gezahlt werden.

Betriebsinhaber/-in:

Diejenige natürliche oder juristische Person, für deren Rechnung der Betrieb bewirtschaftet wird, ohne Rücksicht auf die jeweiligen individuell gestalteten Eigentumsverhältnisse.

In anderer Erwerbstätigkeit beschäftigt:

Betriebsinhaber/-in und seine/ihre auf dem Betrieb lebenden Familienangehörigen, die im Berichtszeitraum außerbetriebliche Tätigkeiten ausüben, gleichgültig, ob sie regelmäßig oder nur gelegentlich ausgeübt werden. Hierzu rechnen alle auf Erwerb ausgerichteten außerbetrieblichen Tätigkeiten (z. B. in gewerblichen Betrieben anderer Eigentümer (Industrie, Handel), im öffentlichen Dienst, in einem Gewerbebetrieb des Betriebsinhabers/der Betriebsinhaberin; in einem fremden Forstbetrieb, z. B. als Waldarbeiter aufgrund eines Heimarbeitsvertrages).

Nicht zur anderen Erwerbstätigkeit rechnen dagegen die Nachbarschaftshilfe in einem anderen Betrieb sowie die Tätigkeit in der – in steuerlicher Hinsicht – „gewerblichen" Viehaltung des eigenen Betriebes.

Familienarbeitskräfte:

Betriebsinhaber/-innen und ihre auf dem Betrieb lebenden Familienangehörigen, die während des Berichtszeitraums in den für die Darstellung der Ergebnisse zugrundegelegten Arbeitsbereichen

- landwirtschaftlicher Betrieb
- landwirtschaftlicher Betrieb einschl. Haushalt des Betriebsinhabers/der Betriebsinhaberin

beschäftigt sind.

Private Lebensweisen - Wohnen

Eigentümer/Eigentümerinnen:

Personen, denen das Eigentum an dem Gebäude oder der Wohnung rechtlich ganz oder teilweise zusteht (Grundbucheintragung).

Hauptmieter/Hauptmieterin:

Als Hauptmieter/-in gilt, wer das Recht zur Wohnungsnutzung durch Mietvertrag mit dem Eigentümer/der Eigentümerin des Gebäudes bzw. der Wohnung erworben hat. Hierbei ist es gleichgültig, ob für die Wohnung tatsächlich Miete gezahlt wird oder nicht.

Wohneinheiten:

Wohneinheiten sind Zusammenfassungen von nach außen abgeschlossenen, einzelnen oder zusammenhängenden Räumen, die ausschließlich oder überwiegend

Wohnzwecken dienen und die Führung eines eigenen Haushalts ermöglichen. Hierbei ist es gleichgültig, ob in der Wohneinheit ein Haushalt oder mehrere Haushalte untergebracht sind oder ob die Wohneinheit leersteht bzw. eine Freizeitwohnung ist. Mehrere Wohneinheiten in einem Gebäude, die von nur einem Haushalt genutzt werden, gelten als eine Wohneinheit. Bei den Wohneinheiten wird unterschieden zwischen Wohnungen und sonstigen Wohneinheiten.

Wohnungen:

Als Wohnungen gelten Wohneinheiten in Gebäuden nur dann, wenn sie mit Küche bzw. Kochnische ausgestattet sind.

Sonstige Wohneinheiten:

Hierzu zählen alle Wohneinheiten, die nicht mit Küche oder Kochnische ausgestattet sind sowie alle Wohneinheiten in ständig bewohnten Unterkünften.

Wohnfläche:

Die Gesamtwohnfläche der Wohnung setzt sich zusammen aus der Fläche aller Wohn- und Schlafräume, auch solcher außerhalb des Wohungsabschlusses (z. B. Mansarden), der Küche/Kochnische, des Badezimmers, der Toilette, Besen-, Speise- und Abstellkammer, Veranda, des Flurs, Balkons und der gewerblich genutzten Wohnräume. Unter einer Schräge liegende Flächen wurden nur halb gerechnet, Balkone nur zu einem Viertel. Keller- und Bodenräume (Speicher), soweit sie nicht zu Wohnzwecken ausgebaut sind, waren nicht zu berücksichtigen.

Soziale Sicherung

Arbeitsförderung:

Leistungen nach dem Arbeitsförderungsgesetz (AFG) durch die Bundesanstalt für Arbeit sowie Leistungen im Auftrag von Bund und Ländern und gleichartige Leistungen des Bundes. Sie umfassen u. a. Berufsberatung, Arbeitsvermittlung, Förderung der beruflichen Bildung, Gewährung von berufsfördernden Leistungen zur Rehabilitation, Maßnahmen zur Erhaltung und Schaffung von Arbeitsplätzen, Leistungen bei Arbeitslosigkeit (Zahlung von Arbeitslosengeld und -hilfe) sowie bei Zahlungsunfähigkeit des Arbeitgebers (Konkursausfallgeld). Sozialversicherungsbeiträge zur Kranken- und Rentenversicherung für Leistungsempfänger/-innen der Bundesanstalt für Arbeit werden als »Barerstattung« ausgewiesen.

Beitragspflichtig sind alle als Arbeiter/-innen oder Angestellte gegen Entgelt Beschäftigten oder zu ihrer Berufsausbildung beschäftigten Personen, außerdem jugendliche Behinderte, die in Einrichtungen für Behinderte an einer berufsfördernden Maßnahme teilnehmen, und Jugendliche, die in Einrichtungen der Jugendhilfe für eine Erwerbstätigkeit befähigt werden sollen, Personen, die wegen einer berufsfördernden Rehabilitationsmaßnahme Übergangsgeld beziehen, Wehr- und Zivildienstleistende sowie unter bestimmten Voraussetzungen auch Strafgefangene. Der Beitragssatz ist in gleichen Teilen vom Arbeitgeber und Arbeitnehmer zu entrichten.

Arbeitslosengeld:

Anspruchsberechtigt ist, wer sich beim Arbeitsamt arbeitslos gemeldet hat, der Arbeitsvermittlung zur Verfügung steht, die Anwartschaft erfüllt hat sowie Arbeitslosengeld beantragt hat. Die Dauer des Anspruchs richtet sich nach der vorherigen beitragspflichtigen Beschäftigungsdauer und dem Lebensalter.

Arbeitslosenhilfe:

Anspruch auf Arbeitslosenhilfe hat, wer die Voraussetzungen erfüllt, die auch für den Bezug von Arbeitslosengeld maßgeblich sind, aber keinen Anspruch auf dieses hat, weil die Anwartschaft nicht erfüllt ist, oder im Anschluß an eine ausgelaufene Arbeitslosengeldzahlung. Die Arbeitslosenhilfe wird, im Anschluß an den Bezug vom Arbeitslosengeld, ohne zeitliche Begrenzung geleistet.

Kurzarbeiter:

Erwerbstätige, die Anspruch auf Kurzarbeitergeld haben. Ein Anspruch besteht, wenn in einem Betrieb ein unvermeidbarer, vorübergehender Arbeitsausfall eintritt und beim Arbeitsamt angezeigt wurde.

Unterhaltsgeld:

Aufgrund des Arbeitsförderungsgesetzes erhalten Teilnehmer/-innen an Fortbildungs- und Umschulungsmaßnahmen mit ganztägigem Unterricht Unterhaltsgeld. Das Unterhaltsgeld wird unter bestimmten Voraussetzungen als Zuschuß gewährt.

Sozialhilfe:

Die Sozialhilfe wird nach dem Bundessozialhilfegesetz (BSHG) als Hilfe zum Lebensunterhalt oder als Hilfe in besonderen Lebenslagen an Personen, die sich in einer Notlage befinden, innerhalb und außerhalb von Einrichtungen gewährt. Sie greift immer dann ein, wenn andere Personen, andere Sozialleistungssysteme oder sonstige Stellen Leistungen nicht vorsehen oder keine zulänglichen Hilfen erbringen. Im Gegensatz zu den Leistungen anderer Sozialleistungsträger ist die Gewährung von Sozialhilfe nicht an die Zugehörigkeit zu einem bestimmten Personenkreis oder an Vorleistungen gebunden. Durch individuelle Leistungen nach dem Subsidiaritätsprinzip soll die Sozialhilfe dem Hilfeempfänger/der Hilfeempfängerin ein der Würde des Menschen entsprechendes Leben ermöglichen und ihn/sie wieder zur Selbstversorgung befähigen. Die Hilfe zum Lebensunterhalt, die die notwendigen Bedürfnisse des täglichen Lebens abdeckt, wird weitgehend nach Leistungspauschalen (Regelsätzen) berechnet; spezielle Notstände werden durch Hilfe in besonderen Lebenslagen behoben (u. a. Eingliederungshilfe für Behinderte, Tuberkulosehilfe, Hilfe zur Pflege, Krankenhilfe, Hilfe zum Aufbau oder zur Sicherung der Lebensgrundlage und Hilfe zur Überwindung besonderer sozialer Schwierigkeiten).

Leistungen nach dem Asylbewerberleistungsgesetz:

Das Asylbewerberleistungsgesetz ist im November 1993 in Kraft getreten. Asylbewerber und -bewerberinnen und abgelehnte Bewerber und Bewerberinnen, die zur Ausreise verpflichtet sind, sowie geduldete Ausländerinnen und Ausländer erhalten seitdem anstelle der Sozialhilfe Leistungen nach dem Asylbewerberleistungsgesetz. Dieser Personenkreis ist seit 1994 nicht mehr in der Sozialhilfestatistik enthalten. Bei den Leistungen nach dem Asylbewerberleistungsgesetz unterscheidet man zwischen den Regelleistungen zur Deckung des täglichen Bedarfs und den besondere Leistungen, die bei Krankheit, Schwangerschaft oder Geburt gewährt werden.

Weitere methodische Hinweise und Definitionen sind den Fachserien zu entnehmen.

12 Quellenverzeichnis und ausgewählte weiterführende Veröffentlichungen des Statistischen Bundesamtes

Fachserie 1: Bevölkerung und Erwerbstätigkeit

Reihe 1	Gebiet und Bevölkerung
Reihe 2	Ausländische Bevölkerung
Reihe 3	Haushalte und Familien
Reihe 4.1.1	Stand und Entwicklung der Erwerbstätigkeit
Reihe 4.1.2	Beruf, Ausbildung und Arbeitsbedingungen der Erwerbstätigen

Einzelveröffentlichungen:

Wahl zum 13. Deutschen Bundestag am 16. Oktober 1994

Heft 1:	Ergebnisse und Vergleichszahlen früherer Bundestags-, Europa- und Landtagswahlen sowie Strukturdaten für die Bundestagswahlkreise
Heft 3:	Endgültige Ergebnisse nach Wahlkreisen
Heft 5:	Textliche Auswertung der Wahlergebnisse

Fachserie 3: Land- und Forstwirtschaft, Fischerei

Reihe 2.2	Arbeitskräfte

Fachserie 4: Produzierendes Gewerbe

Reihe 7.1	Beschäftigte und Umsatz im Handwerk

Fachserie 5: Bautätigkeit und Wohnungen

1%-Gebäude- und Wohnungsstichprobe 1993

Heft 1	Gebäude und Grundstücke
Heft 2	Wohneinheiten/Wohnungen
Heft 3	Haushalte

Fachserie 8: Verkehr

Reihe 3	Straßenpersonenverkehr
Reihe 7	Verkehrsunfälle

Fachserie 10: Rechtspflege

Reihe 3	Strafverfolgung

Fachserie 11: Bildung und Kultur

Reihe 1	Allgemeinbildende Schulen
Reihe 2	Berufliche Schulen
Reihe 3	Berufliche Bildung
Reihe 4.1	Studierende an Hochschulen
Reihe 4.2	Prüfungen an Hochschulen
Reihe 4.4	Personal an Hochschulen

Fachserie 12: Gesundheitswesen

Reihe 1	Ausgewählte Zahlen für das Gesundheitswesen
Reihe 2	Meldepflichtige Krankheiten
Reihe 3	Schwangerschaftsabbrüche
Reihe 4	Todesursachen in Deutschland
Reihe 5	Berufe des Gesundheitswesens
Reihe 6.1	Grunddaten der Krankenhäuser und Vorsorge- oder Rehabilitationseinrichtungen
Reihe 6.2	Diagnosedaten der Krankenhauspatienten
Reihe 6.3	Kostennachweis der Krankenhäuser
Reihe S.2	Ausgaben für Gesundheit
Reihe S.3	Fragen zur Gesundheit

Fachserie 13: Sozialleistungen

Reihe 1	Versicherte in der Kranken- und Rentenversicherung
Reihe 2	Sozialhilfe
Reihe 7	Leistungen an Asylbewerber

Fachserie 15: Wirtschaftsrechnungen

Heft 1	Langlebige Gebrauchsgüter privater Haushalte
Heft 2	Vermögensbestände und Schulden privater Haushalte
Heft 4	Einnahmen und Ausgaben privater Haushalte

Im Blickpunkt

Familien heute (erschienen 1995)
Ausländische Bevölkerung in Deutschland (erschienen 1995)
Leben und Arbeiten in Deutschland – 40 Jahre Mikrozensus (erschienen 1998)

Beiträge in Wirtschaft und Statistik:

40 Jahre Mikrozensus, Heft 3/1997
Strukturen der Privathaushalte, Heft 5/1997
Lebensverhältnisse von Einpersonenhaushalten, Heft 6/1997
Bevölkerungsentwicklung 1996, Heft 12/1997
Ehescheidungen 1996, Heft 12/1997

Literaturverzeichnis Zeitbudgeterhebung

Becker-Schmidt, R. u. a. (1982): Nicht wir haben die Minuten – die Minuten haben uns. Zeitprobleme und Zeiterfahrungen von Arbeitermüttern in Fabrik und Familie. Studie zum Projekt: Probleme lohnabhängig arbeitender Mütter, Bonn

Garhammer, M., Gross, P. (1991): Synchronisation von Sozialzeit: eine moderne Gestaltungsaufgabe der Familie. In: Cyprian, G., Laux, L. u. a. (Hrsg.), Forschungsforum, Berichte aus Otto-Friedrich-Universität Bamberg, Heft 3, S. 92-99

Jurczyk, K., Rerrich, M. S. (Hrsg.) (1993b): Die Arbeit des Alltags, München

Methfessel, B. (1992): Hausarbeit zwischen individueller Lebensgestaltung, Norm und Notwendigkeit. Ein Beitrag zur Sozioökonomie des Haushalts, Baltmannsweiler

Resch, M. G. (1991): Haushalt und Familie: Der zweite Arbeitsplatz, Reihe Schriften zur Arbeitspsychologie Nr. 51, Bern, Göttingen, Toronto

Rieken, I. (1989): Der zergliederte Alltag – Frauen im Umgang mit Zeit. In: Frauenforschung. Informationsdienst des Institutes für Frau und Gesellschaft, Hannover, S. 56-71

Rinderspacher, J. P. (1992): Zeitstrukturen und private Haushalte im Wandel. In: Gräbe S. (Hrsg.), Alltagszeit-Lebenszeit, Frankfurt/M., New York

Schweitzer, R. von (1992): Zeitstrukturen zur Darstellung von Sozialstrukturen und Lebensweisekonzepten. In: Gräbe, S. (Hrsg.), Alltagszeit-Lebenszeit, Frankfurt/M., New York, S. 77-94

Sichtermann, B. (1982): Vorsicht Kind. Eine Arbeitsplatzbeschreibung für Mütter, Väter und andere, Berlin

Fotos:

Bavaria Bildagentur München:

Titelseite.

epa, Evangelischer Pressedienst, Frankfurt a. M.:

Seite 37, 83 und 127.

Manfred Vollmer, Fotograf, Essen:

Seite 5, 55, 101, 141 und 151.